U0708668

河南寺廟道觀碑刻集成

洛陽卷二

楊振威 主編

中州古籍出版社
·鄭州·

圖書在版編目（CIP）數據

河南寺廟道觀碑刻集成．洛陽卷．二 / 楊振威主編．— 鄭州：中州古籍出版社，2020.6

ISBN 978-7-5348-9175-5

Ⅰ．①河… Ⅱ．①楊… Ⅲ．①寺廟－碑刻－匯編－洛陽 Ⅳ．①K877.42

中國版本圖書館CIP數據核字(2020)第091807號

河南寺廟道觀碑刻集成

HENAN SIMIAO DAOGUAN BEIKE JICHENG

責任編輯：吕兵偉

責任校對：米　敏

出 版 社：中州古籍出版社

（地址：鄭州市鄭東新區祥盛街27號6層　郵政編碼：450016）

發行單位：新華書店

承印單位：河南瑞之光印刷股份有限公司

開　　本：787×1092mm　1/8　　**印　　张**：51.5

字　　數：450千字　　**印　　數**：1—1000册

版　　次：2020年6月第1版　　**印　　次**：2020年6月第1次印刷

定价：410.00元

《河南寺廟道觀碑刻集成》
叢書編輯委員會

總　　編：楊振威　余扶危

《洛陽卷二》編輯委員會

主　　編：楊振威
執行主編：郭茂育　郭水濤
副 主 編：王理香　顧　濤　張建文　鄭學通

序言

河南地處中原，歷史悠久，文化燦爛，是華夏文明的重要發源地之一。目前，全省各級文物保護單位達八千餘處，館藏文物一百七十萬件（套）。這些文物，類别多様，内涵豐富。在衆多文物中，碑刻文物具有鮮明的特色。古代刻碑之風，肇始於先秦，發展成熟於東漢，鼎盛於唐宋，明清漸至衰落。由於碑刻材質堅硬，利於保存，幾千年來，洋洋大觀，流傳至今，數量極爲龐大。河南這些碑刻分佈廣泛，反映的内容上自國家大政，下至風土民情，自然的、社會的、官方的、民間的、宗教的，無所不有，包羅萬象。據不完全統計，河南現存碑刻不下萬通，主要分佈在鄭州、洛陽、開封、南陽、安陽、焦作、新鄉、濟源等地，其中大多隸屬于寺廟道觀。這些保存在廟觀或散落在田野中的碑刻文物從一個側面反映了我國古代政治、經濟、文化、軍事以及宗教文化等狀況，是前人留給我們的實貴文化遺産，是研究中國歷史文化極爲重要的實證資料，是中華文明的重要載體之一。

近年來，伴隨着中華古代文明及古代思想史研究的深入，國内外學術界對於宗教歷史及宗教文化遺存的關注度日益提高。宗教思想作爲人類文明的重要組成部分，是社會科學研究不可或缺的内容。正確理解與認識宗教思想，是保持社會和諧、文明進步的需要。在我省保存的歷代石刻中，有關宗教思想的資料蔚爲大觀。其内容涉及寺廟建設、高僧生平、宗派流衍、社團活動、公益事業等，展現了一部廣闊詳盡的社會宗教歷史和展示了一幅生動靈活的民俗畫卷。因此，當代有志者編録的宗教石刻資料彙集陸續問世，彌補了有關學術空白，受到社會各界的普遍好評。

我省近十幾年來，雖則出版了一些古代碑刻方面的著録，但系統梳理宗教碑刻文物一直是學術空缺。河南省文物建築保護研究院摭拾寺廟碑刻這一專題，把河南現存的寺廟石刻文獻，以原拓圖版和釋文對照的形式，編匯《河南寺廟道觀碑刻集成》，旨在通過整理石刻文獻，挖掘、開發古代寺廟宫觀文化，爲學者和社會提供豐富可靠的石刻資料及研究寺廟文化平臺，也是編著者爲保護古代碑刻遺産所做的一項有意義的文物保護基礎工作。

碑刻作爲不可再生的文化資源和不可置换的文化載體，其重要性毋庸置疑。因此，挖掘、整理、研究這一文化遺産刻不容緩，也是一件功在當代、利在千秋的好事。作爲我省重要品類的碑刻文物，一件件重要的古代石刻不僅是濃縮的國家民族歷史，也在某些方面代表和反映着民族精神，其在維繫和彙集廣大民眾的愛國熱情與民族自豪感中能夠發揮其獨特價值和作用。保護搶救寺廟碑刻文物就是保護和傳承我們的歷史和傳統文化。長期以來，河南省委、省政府高度重視文化文物工作，在國家批准的中原經濟區規劃的五個定位之中，專題制定了建設華夏歷史文明傳承創新區規劃。省十次黨代會也提出了打造河南“全國重要的文化高地”的建設目標。最近，中共中央辦公廳、國務院辦公廳印發了《關於加强文物保護利用改革的若干意見》，指出文物承載燦爛文明，傳承歷史文化，維繫民族精神，是弘揚中華優秀傳統文化的珍貴財富，是促進經濟社會發展的優勢資源，是培育社會主義核心價值觀、凝聚共築中國夢磅礴力量的深厚滋養。保護文物功在當代、利在千秋。要從堅定文化自信、傳承中華文明、實現中華民族偉大復興中國夢的戰略高度，提高對文物保護利用重要性的認識，增强責任感、使命感、緊迫感，進一步解放思想、轉變觀念，深化文物保護利用體制機制改革，加强文物政策制度頂層設計，切實做好文物保護利用各項工作。面對新時代黨中央、國務院提出的新目標新要求，我省文物保護工作者要以《關於加强文物保護利用改革的若干意見》爲指針，深入研究河南各級各類文物保護利用改革開放的新舉措、新路徑，爲弘揚中原文化，打造中原品牌做出新貢獻。河南省文物建築保護研究院編録出版《河南寺廟道觀碑刻集成》，其意義也在此。

是爲序。

中共河南省文化廳黨組書記、廳長　宋麗萍

二〇一八年十月

前言

自古以來，中國就是一個熱愛和崇敬文化的國度。今天，我們更加清醒地認識到，每個國家都有自己的文化，文化是一個國家的靈魂，文化興則國家興，文化亡則國家亡。洛陽是河洛文化的中心地區，是國家首批歷史文化名城，十三朝古都的歷史蘊積了無比燦爛的豐厚文化。煌煌祖宗業，永懷河洛間。歷史事實告訴我們，洛陽及其附近地區是中國最早的文化發源地之一，並在相當長時間内一直是華夏文化的核心區域，因此洛陽也長期成爲中國政治、經濟、文化的中心。洛陽文化的繁榮體現在諸多方面，不僅儒學、玄學、理學等肇始於此，古代中國的宗教不少也源起於此，尤其是道教和佛教與洛陽有着十分密切的關係。

從普遍的人類歷史看，宗教是一種重要的文化現象，在不同民族和國家的發展史上都發揮過重要而獨特的作用，即使到今天，宗教對世界上許多國家仍然具有巨大的現實影響力，因此以理性與科學的態度看待和研究宗教才是我們應有的態度。我們要傳承和弘揚華夏文化，同樣不能回避這一問題。衆所周知，古代宗教不僅在我國本土起源很早，而且不斷吸收融合外來宗教，形成了多種宗教互相借鑒、共生共長的複雜局面和形態，對我國社會文化的方方面面都産生了相當廣泛而深刻的影響，並不斷融入中國人的精神世界、習俗文化和日常生活之中，早已成爲我們傳統文化的重要組成部分。作爲古代文化中心的洛陽，其宗教文化自然不可忽視。從原始宗教、民間宗教和道教、佛教等各種宗教的發展和傳播來看，洛陽這片土地聚留了無數的宗教印記和宗教元素，雖歷經千年的滄桑歲月，但仍需要凝聚我們的目光和心力去探尋其中蘊藏的文化智慧，挹取其精華，剔除其糟粕，爲我們今天的文化建設服務。

從本土宗教來看，道教無疑是對中國文化影響最大的一種宗教。追尋道教的源頭和歷史，必然就會探源尋根到洛陽。道家乃至道教都尊崇老子，老子是春秋時期著名的思想家、道家學説的創始人，在洛陽做官和居住，長期擔任東周王室的“守藏室之史”，即國家圖書館館長。老子精通歷史，在洛陽他飽覽文獻，匯通古今，仰觀宇宙，俯察天下，從而撰寫出藴含無限智慧的《道德經》。老子的學説被稱作道家學説，在道家學説的基礎上，衍生演化而形成道教，自然老子也成爲世代膜拜的道教創始人。洛陽周圍的嵩山、王屋山等後來也成爲道教名山，使道教在洛陽及其附近發展傳承下來。

與道教不同，佛教是外來宗教，在東漢永平年間傳入都城洛陽，由官方在洛陽建造了當時中國第一座佛教寺院白馬寺。以此爲濫觴，佛教在中國以洛陽爲中心向四方傳播，開始並逐步完成了其中國化的進程。到北魏時，由於綿延賡續幾百年的傳播，加上數代統治者的大力提倡，社會上信佛崇佛之人眾多，佛教之風已經吹遍中華大地，及北魏遷都洛陽後，佛教在洛陽更是達到頂峰，據《洛陽伽藍記》載，北魏後期僅洛陽一地的寺廟就多達一千多座，可謂遍地開花，洛陽成爲名符其實的佛教中心。今天，名聞中外的世界文化遺産、位於洛陽城南的巍峨壯觀的龍門石窟，就是開鑿於北魏，歷經隋、唐諸朝，斷斷續續數百年而形成的佛教石窟，是古代洛陽佛教興盛的一個縮影和最好見證。

宗教信仰的興盛必然帶來宗教文化藝術的興盛。道教、佛教等宗教的存在和長期發展，不僅促進了社會文化的交流和融合，也促進了與宗教相關的建築、繪畫、音樂、雕塑等文化藝術的發展。同時，獨具中國特色的文化藝術載體碑刻與書法藝術、宗教緊密結合在一起，這些特點在古都洛陽充分體現出來。由於歲月侵蝕、戰爭破壞等各種原因，洛陽歷史上北魏寺廟道觀林立的景象早已不復存在（少量頑强保留到現在的寺觀也大多保護力度不夠），同時消失的還有大量的宗教建築和雕塑壁畫等宗教藝術作品，但值得慶幸的是，由於石頭本身的堅固不朽，洛陽的許多宗教碑刻仍然保存了下來。洛陽現存道教的道觀有北邙的上清宫、下清宫、吕祖庵，洛陽老城的祖師廟、城隍廟，洛陽關帝廟，新安縣的洞真觀，欒川的老君山等，這些道觀保存下了許多非常珍貴的碑刻，尤其是興建于元朝的祖師廟、洞真觀，保存下來了一些珍貴罕見的元朝碑刻，關林的關帝廟保存下來的明清民國時期的一百多塊碑刻也十分珍貴。相比較而言，佛教碑刻遺存數量更多，現在洛陽佛教寺廟白馬寺、大福先寺、洛陽廣化寺、龍門香山寺、偃師唐僧寺、伊川净土寺、嵩縣雲岩寺、宜陽靈山寺、汝陽觀音寺、偃師白雲寺、洛寧羅玲香山寺等都保存下來大量的碑刻，有些碑刻如白馬寺的北宋《御賜封號碑》、金代《大金國重修河南府左街東白馬寺釋迦舍利塔記碑》等都屬於珍稀碑刻。

據不完全統計，洛陽及周邊縣區現存的寺廟道觀碑刻不下數千方，這些碑刻真實地記録了當時的社會政治、經濟、軍事、文化、民俗等方方面面的資訊，對於研究者是不可多得的珍貴碑刻文獻，是極其重要的第一手資料。尤其是那些已經不存在寺廟的宗教碑刻，它們無所附麗，没有建築物的遮擋，也無人看管和保護，由於長期裸露在室外和荒野，常年日曬雨淋，有些碑刻已經漫漶不清，亟需搶救性地進行保護、整理和研究。否則，隨着時間的推移，這些碑刻將逐漸從我們的視野消失，到那時其損失將是無法彌補的。現在，我們把這些碑刻裒輯整理並出版面世，就是希望保存這些珍貴的文化資源，並期望引起世人的關注，共同來保護和傳承包括碑刻在内的優秀民族文化。

宗教碑刻雖只是洛陽古代文化的一個小的側面，但它所藴含的歷史智慧和文化資訊卻可以使我們洞察天下，知古鑒今。“若問古今興廢事，請君只看洛陽城”，先哲的話言猶在耳。文化興衰事關民族復興之成敗，以洛陽爲中心的河洛文化是中華文化的核心和源頭，它不僅在古代規塑和滋養了中華民族的精神和心靈，我們相信，在傳統文化涅槃重生的今天，它也必將焕發出新的動人光彩！

凡例

一、《河南寺廟道觀碑刻集成》的收録範圍爲佛寺、道觀碑刻。佛寺包括佛教的寺、廟、堂、殿、庵等，道觀包括道教的觀、廟、殿、庵、洞、宫、閣等。

二、《河南寺廟道觀碑刻集成》的各册先按市、縣、區排列，再依佛寺、道觀分别排列。碑刻則依其年代先後順序排列。

三、本書的釋文部分，以忠實於原文爲原則，使用規範的繁體字，碑别字、俗字等改爲規範的繁體字。

四、碑刻因年代久遠、風雨剥蝕，或出土過程中出現的刮痕、石花及漫漶不清等，字迹無法辨識者，釋文中用“□”標出。若連續出現多字無法辨識的，則用“……”表示。

五、凡碑刻有首題的，統一置於釋文的第一行。無確切題名，或首題不能準確表達其内容的，自擬題目。

六、凡碑首有題字的，釋文時將其題字放在首行，并在其題字前加“〔〕：”。若碑首有不同内容的題字，則在不同題字中間空二個字符。例如：“〔碑首〕：流傳百代　日月”。

七、凡碑刻中的施錢符號統一用“銀”或“錢”表示。

目録

偃师市

佛寺

道觀

孟津縣

佛寺

道觀

新安縣

佛寺

道觀

圖版／釋文

TUBAN SHIWEN

【〇〇一】 修蓋觀音堂碑記

年代：明嘉靖二十七年

尺寸：高 50 釐米，寬 70 釐米

立石地點：偃師市府店鎮夾溝村

修蓋觀音堂碑記

夫夾溝土梁村今有本社北村善人韓公藍發心喜，捨一席之地修蓋觀音堂，塑繪三大師合堂聖像，週遍□方世界慶衆生，無不是也，獨力難成呼？相與本社父老薛君朋、張君寶議，二人同發心，普化善人，同結良緣，喜捨資財。嘉靖拾柒年戊戌叁月初叁吉日，隨年貳月拾玖日，佛聖壽之辰祭祀，吉保一方人民康泰，戶戶平安，吉祥如意。

石匠：張孝。木匠：李廷章、李廷源。

薛臣、薛朋李氏、母李氏長□薛增、韓杲、吴紀、韓悦、高聰、高山、喬斐、母楊氏、韓資、韓現、蘇唤、李瓚、張庫、薛道、薛黄、薛威、薛現、薛廷蘭、薛雷、□男、薛住、薛騰、薛芥、薛景、薛倫、薛廷高、薛廷守、韓恭、薛金、薛遷、薛淵、薛木、薛方、薛萌、薛琪、薛佐、馬遷、薛連、韓贊、薛敖、吴虎、吴泰、吴玉、吴月、韓禮、薛保、翟寶、高還、陳忠、高富、高進、高寶、高友、常仲喜、高景新、高景春、母李氏、長男韓朝進、薛學、薛九天女、薛應魁、薛應宿、韓何、高仁義、高禮、韓計宗、胡大忠、高玉、韋全、李甫、喬全、喬寅、喬謹、蘇盤、喬福、蘇宫、蘇孝、蘇廷香、蘇朝金、蘇連、蘇如、蘇行、齊廷洪、王隆、王虎、張科、張如、高名、周臣、郭奉、郭鑾、李振、李現、張守幼、喬梅、喬玘、喬學、喬盤、李森、李謙、谷庫、張琪、楊福長男、母戴氏、薛添智、韋佐、蘇氏長男、李永昌、喬士唤、喬滕肖、韓佑、張朝莨、張朝光、張朝吉、常仲金、楊禮、張仲金、韓郎、韓進、韓景其、韓景南、韓景東、韓順、韓仁、韓孝、陳厚、高吴、高詹、韓有智、韓有才、韓需、勾氏鎮康載母楊氏長男、蘇佑母蘇氏長男。

嘉靖貳拾柒年戊申二月十三日吉日立。

皇清
日
月
請龍泉洞碑記
從來地址促狹非所以安神也風雨漂搖非所以明敬也偃治西十五里馬鞍山諸龍泉閣舊有[illegible]
衆神之靈爽寔憑式焉前已鋪砌地基金粧神像奈地臨山坡風雨損傷寔甚未幾何特此洞前[illegible]
玘矣舊功德主薛君宇雲劉君文煥劉君紹繼叔王君起蛟劉君繼宗及功德主馬君[illegible]
女募化四方共得布施銀十五兩並遂將拜殿復修使神有所依以壯觀瞻未廣從而開拓[illegible]
土壇焉今而後庶可以安神而以明敬也爰即其事之顛末而爲之叙
功德主[illegible]
化主[illegible]
旹乾隆拾陸年 孟秋月

【〇〇二】 諸龍泉洞碑記

年代；清乾隆十六年

尺寸：高 150 釐米，寬 51 釐米

立石地點：偃師市城關鎮潘屯村上洞全佛寺

諸龍泉洞碑記

〔碑首〕：皇清　日月

從來地趾促狹，非所以妥神也；風雨漂摇，非所以明敬也。偃治西十五里馬鞍山諸龍泉間舊有洞數座，衆神之靈爽實憑式焉。前已鋪設地基，金粧神像，奈地臨山坡，風雨損傷寔甚。未幾何時，將洞前拜殿漸傾圮矣。舊功德主薛君守雲、劉君文焕、劉君繼秋、王君起蛟、劉君繼冬，又功德主馬君三丑，目睹心傷，因約衆信女募化四方，共得布施銀十五兩整，遂將拜殿復修，使神有所依。又嫌形勢未廣，從而開擴焉。歌舞無地，新建土壇焉。今而後庶可以妥神，可以明敬也。爰即其事之巔末而爲之敍。

功德主：王建、馬三丑、劉繼秋、劉文焕、薛守雲、王起蛟、劉繼冬、王建德。

化主：劉門張氏、劉門鎖氏、劉門□氏、王門李氏、馬門□氏。

督工：劉治邦、常起龍、潘西和、潘西候。

……

木匠：劉繼春。

時乾隆拾陸年孟秋月吉旦立碑。

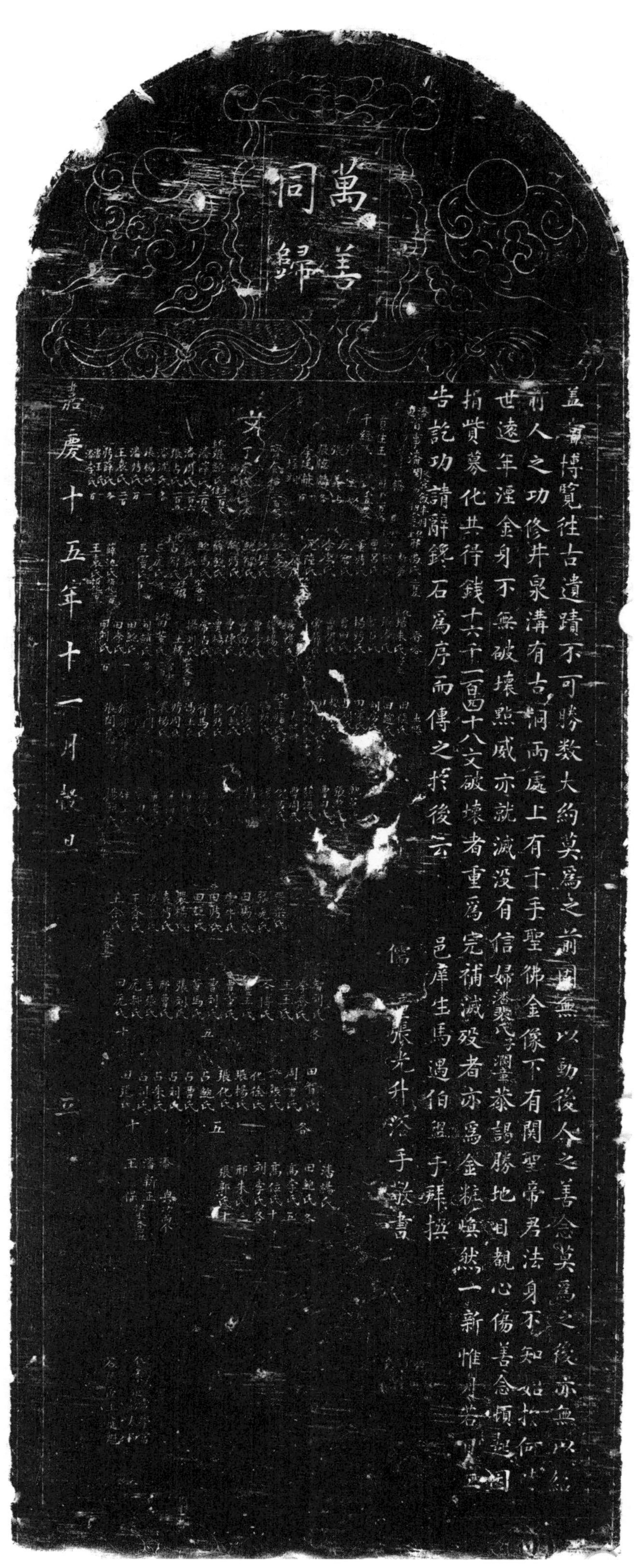
萬善同歸

蓋聞博覽往古遺蹟不可勝数大約莫爲之前雖美無以勳後今之善念莫爲之後亦無以紹
前人之功修井泉溝有古洞兩處上有千手聖佛金像下有関聖帝君法身不知始於何
世遠年湮金身不無破壞黙感亦就滅没有信婦潘樊氏子潘■蓉謁勝地目覩心傷善念頓起因
捐貲募化共得錢十六千一百四十八文破壞者重爲完補滅没者亦爲金粧煥然一新惟其若
告訖功請辭鐫石爲序而傳之於後云
邑庠生馬遇伯盥手拜撰
儒■張光升沐手敬書

嘉慶十五年十一月穀旦　立

【〇〇三】 重修井泉溝古洞及金粧佛像碑記

年代：清嘉慶十五年

尺寸：高 125 釐米，寬 47 釐米

立石地點：偃師市城關鎮潘屯村上洞全佛寺

〔碑首〕：萬善同歸

蓋嘗博覽往古遺迹，不可勝數。大約莫爲之前，固無以動後人之善念；莫爲之後，亦無以紹前人之功修。井泉溝有古洞兩處，上有千手聖佛金像，下有關聖帝君法身，不知始於何時，世遠年湮，金身不無破壞，點威亦就滅没。有信婦潘裴氏子潤章恭謁勝地，目睹心傷，善念頓起，因捐貲募化，共得錢十六千一百四十八文，破壞者，重爲完補，滅歿者，亦爲金粧，焕然一新。惟月若日立告，訖功請辭，鋟石爲序，而傳之於後云：

儒童張光升沐手敬書。

潘屯首事潘閆章捐錢三十，又管飯□月。石橋貢生王□周錢一百文。千總王□武錢五百文。張堂、張義、張德麟、李廷獻各八百。窑頭：齊奎楊二百文。丁松氏一千文。潘屯化主：張鮑氏子信一百文。潘薛氏二百文。潘周氏一百六。張占氏一百五。潘沈氏、張楊氏、潘張氏各一百。王袁氏二百。張薛氏、潘王氏、潘李氏各一百。邢馮氏二百五。新寨：化主馬邱氏、曹吕氏、董張氏、龐智氏、李李氏、龐陸氏、鮑李氏、鮑智氏、鮑張氏、薛鮑氏、鮑馬氏，以上各一百。占智氏子符四百。占龐氏、馬竇氏各一百。香塔：化主楊未氏、張潘氏、常占氏、楊張氏、曹田氏、曹閻氏、常薛氏，以上各一百。楊韓氏二百。韓楊氏、曹李氏、賈田氏、曹陳氏、賈楊氏、常占氏、楊劉氏，以上各一百。土樓：田董氏子富生二百。劉趙氏、田鮑氏、田李氏、田劉氏、田侯氏、田趙氏、劉房氏、田常氏、占劉氏、楊占氏、田□氏，以上各一百。馬劉氏六十四。大槐樹：化主潘張氏、馮甄氏、余潘氏、李鮑氏、穆張氏、齊馬氏、馮王氏、張周氏、裴楊氏、齊閆氏，以上各一百。喂羊莊：張郭氏二百五。張閆氏捐化二百。鮑范氏、張鮑氏、曹田氏、薛潘氏、曹周氏、倪黄氏、楊劉氏、張常氏、潘王氏、常方氏、潘侯氏、楊牛氏、賈尚氏、賈常氏、賈田氏、薛王氏、楊鮑氏，以上各五十。張樂氏、張龐氏、田馬氏、常牛氏、田張氏、田□氏、裴楊氏、袁張氏、裴王氏、王齊氏、王余氏，以上各五十。智劉氏、李喬氏、王王氏、文傅氏、曹王氏、曹董氏、曹劉氏、曹馬氏、張劉氏、邢曹氏、吉張氏、龐郝氏、田龐氏各五十。田智氏、周董氏、許張氏、化徐氏、張楊氏、張化氏、占鮑氏、占曹氏、占劉氏、占朱氏、占劉氏、田張氏各五十。潘楊氏、田鮑氏、高李氏、高位氏各五十。劉李氏、邢朱氏、張郭氏各三十。潘興工兩個，潘新正、王保、担水各四担。

金塑匠：常學富、彭太和。石匠：王庭魁。

嘉慶十五年十一月穀旦立。

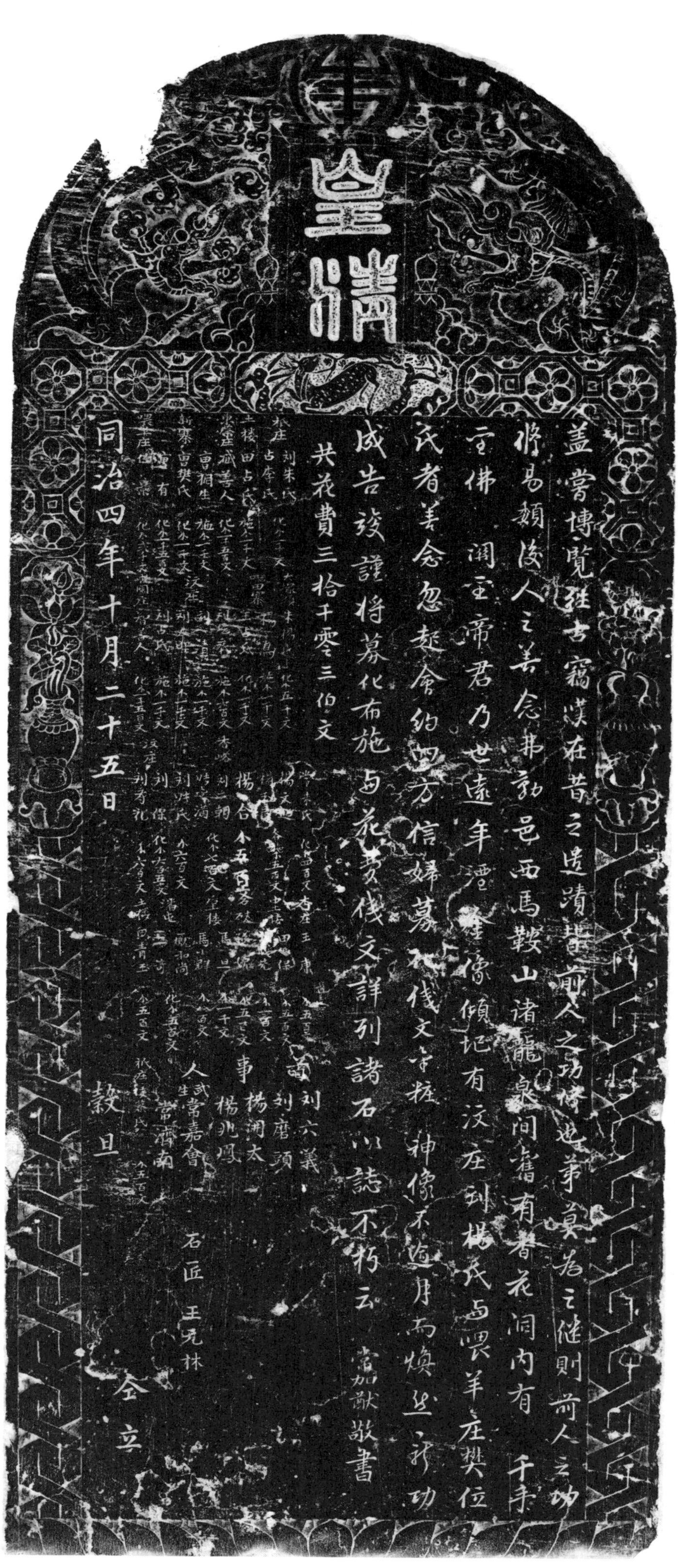
皇清

蓋嘗博覽往古，竊嘆在昔之遺蹟，皆前人之功博也。第莫爲之繼，則前人之功將易頽，後人之善念弗就。邑西馬鞍山諸龍泉間舊有者花洞，内有千手靈佛、洞靈帝君，乃世遠年湮，殿宇傾圮。有汉庄刘杨氏、西畏羊庄樊位氏者，善念忽起，會約四方信婦，募化錢文，守維神像，不過月而煥然新，功成告竣。謹將募化布施、西花費錢文，詳列諸石，以誌不朽云。

嵩嘉猷敬書

共花費三拾千零三佰文

首事人：刘六義　刘磨頭　楊润太　楊兆鳳　武生常嘉會　常濟南

石匠　王兒林

同治四年十月二十五日　穀旦　仝立

【〇〇四】 金粧香花洞神像碑

年代：清同治四年

尺寸：高 127 釐米，寬 52 釐米

立石地點：偃師市城關鎮潘屯村上洞全佛寺

〔碑首〕：皇清

蓋嘗博覽往古，竊嘆在昔之遺迹，皆前人之功修也。第莫爲之繼，則前人之功將易頹，後人之善念弗動。邑西馬鞍山諸龍泉間舊有香花洞，内有千手聖佛、關聖帝君，乃世遠年湮，金像傾圮。有汶莊劉楊氏與喂羊莊樊位氏者，善念忽起，會約四方信婦，募化錢文，金粧神像。不逾月而焕然一新，功成告竣，謹將募化佈施與花費錢文詳列諸石，以誌不朽云。

常加猷敬書。

共花費三拾千零三百文。

祗莊劉朱氏、占李氏化錢一千文。土樓田占氏施錢一千文。東蔡莊臧善人化錢一千五百文。曹相生施錢一千文。新寨曹樊氏化錢一千文。曹有化錢一千五百文。喂羊莊任景化錢貳千文。大塚墳朱楊氏化錢五千文。楊鳥施錢一千文。嚇田寨王占氏化錢一千文。劉圪底施錢七百文。劉清施錢一千文。汶莊劉大旺施錢一千文。劉占氏施錢一千文。杏園莊智善人化錢一千五百文。常朱氏化錢四百文。楊文超、楊玉良、各施錢五百文。楊合錢五百文。香裕劉二朝化錢七百文。張□滿、劉張氏錢六百文。汶莊劉保化錢六百五十文。劉學禮錢六百文。杏莊王康錢五百文。中土樓田保錢五百文。□成先錢一百文。孫妮錢五百文。後土樓馬旦錢一千文。馬小群錢八百文。潘屯龎和尚、王奇化錢五百文。土樓田青玉錢五百文。祗莊侯蔡氏錢五百文。

首事人：劉六義、劉磨頭、楊開太、楊兆鳳、武生常嘉會、常濟南。石匠：王元林。

同治四年十月二十五日穀旦仝立。

【〇〇五】 三光洞誌善碑

年代：清同治十二年

尺寸：高 169 釐米，寬 63.7 釐米

立石地點：偃師市城關鎮潘屯村上洞全佛寺

三光洞誌善碑

偃治西二十里許馬厥山有諸龍泉間，舊有□香花佛洞、觀音菩薩洞，創修於前者人，善不可没也。相其處，群峰拱朝，泉源在下，静幽爽秀，乃邙陽都會勝地也。所可惜者基址促狹，難闢衆洞。有墳莊善人薛守雲黯發善願，志復□□規模，又恐獨力不能成功，會約本村善人劉文焕、香裕善人王啓□，偕同各村善男信女隨心募化，共得衆施銀十五兩許，僱倩善工，開鑿地基，舉前之促狹者，一旦而廣闊之，創修三光菩薩洞、三花娘子洞、塑龍王聖像六尊，衆善協力，乃□告厥成功焉。因顔其名曰“三光洞”。又念善人薛守雲自捐□□，獨建接□殿三間，好善踈財固焉，薛氏兩勷功成德者，劉文焕亦與有功焉，至後功雖云□端，□□三人稽監工首事□□□□□觀羡，述其功德而爲之序。

……

同治十二年歲次……

【〇〇六】　重修七聖廟碑記

年代：清道光二十三年

尺寸：高 141 釐米，寬 59 釐米

立石地點：偃師市邙嶺鎮西蔡莊村

〔碑首〕：清

蓋聞有功德於民者，載在祀典。偃邑西蔡莊村舊有七聖廟三楹，世遠年湮，創建失傳，僅於碱砆班剥間得天順、正德、嘉靖及大清康熙年間重修字樣，迄今歷年久遠，摧殘剥落，不忍注目。倘遲之又久，當不無灰塵之萎矣。幸有善士趙萬興、趙進禎約請村衆公同商議，并觀音堂同興修理，衆等樂傾囊貲，鳩工庀材，又輪誠募化，以共勷厥事。蓋瓦零落者補葺之，棟梁黑朽者黝堊之，殿壁崩烈者筑理，大小神像裝飾不全者粧繪之，庶其妥我神靈，壯我觀瞻，則嚴肅奚似。功竣索文勒石，余思七聖同廟，英靈彌於宗宙；一方福庇，人物賴以生成。神功浩蕩，弗能悉名詳述，僅砌字刻石，幸不没善士虔敬誠心，亦可啓來兹重修者一助。云爾。

津邑庠生楊書酉撰文。

功德主：趙萬興錢十二千文。趙進禎錢一千文。

勷事人李廷舉錢三千一百文。趙收甫錢六百文。趙如錢一千五百文。賈庚錢一千五百文。李玉香錢一千二百文。趙九鼎錢八百文。趙玉府錢一千五百文。張忠錢一千五百文。趙文俊錢一千一百文。李廷蘭錢四千文。趙萬選錢一千三百文。張東川錢四千文。趙璽錢二千文。趙雲衢錢三千文。趙登榜錢一千五百文。趙良璧錢一千八百文。趙尊榮錢四千文。韓振聲錢一千文。藺庚錢一千文。郭禄錢一千文。李洋泰錢四百文。元亨堂錢三百文。李述錢二千文。趙天淵錢二千文。趙九式錢二千文。牛矛錢二千五百文。趙萬良錢一千文。趙禄得錢一千文。趙若應錢八百文。趙衡錢五百文。趙九職錢五百文。李廷耀錢四百文。藺水錢四百文。賈純錢八百文。梁正順錢八百文。賈汝萬錢六百文。王官錢五百文。李□社錢四百文。張福興錢四百文。李和錢四百文。李廷秀錢四百文。天源號錢四百文。趙尊王錢四百文。趙松年錢四百文。趙春午錢四百文。趙發興錢四百文。趙文虎錢三百文。趙傑錢三百文。李廷芳錢三百文。李二印錢四百文。李仁賓錢三百文。趙一進錢三百文。李廷元錢三百文。……王雲、張全、趙禄新、趙玉璽、趙保新、趙玉佩、趙財仲、趙德新、賈興，以上各二百文。□木和錢一百文。李五星錢三百文。李廷殿、李廷太、李堂、趙士喜、于長庚、趙長昇，以上各二百文。趙金箱、趙明義、趙虎山、韓際南 ……

桐樹一株賣錢拾柒千文，修廟使費。

金粧匠：王平安。鐵筆：牛中科。

道光二十三年十月二十六日立。

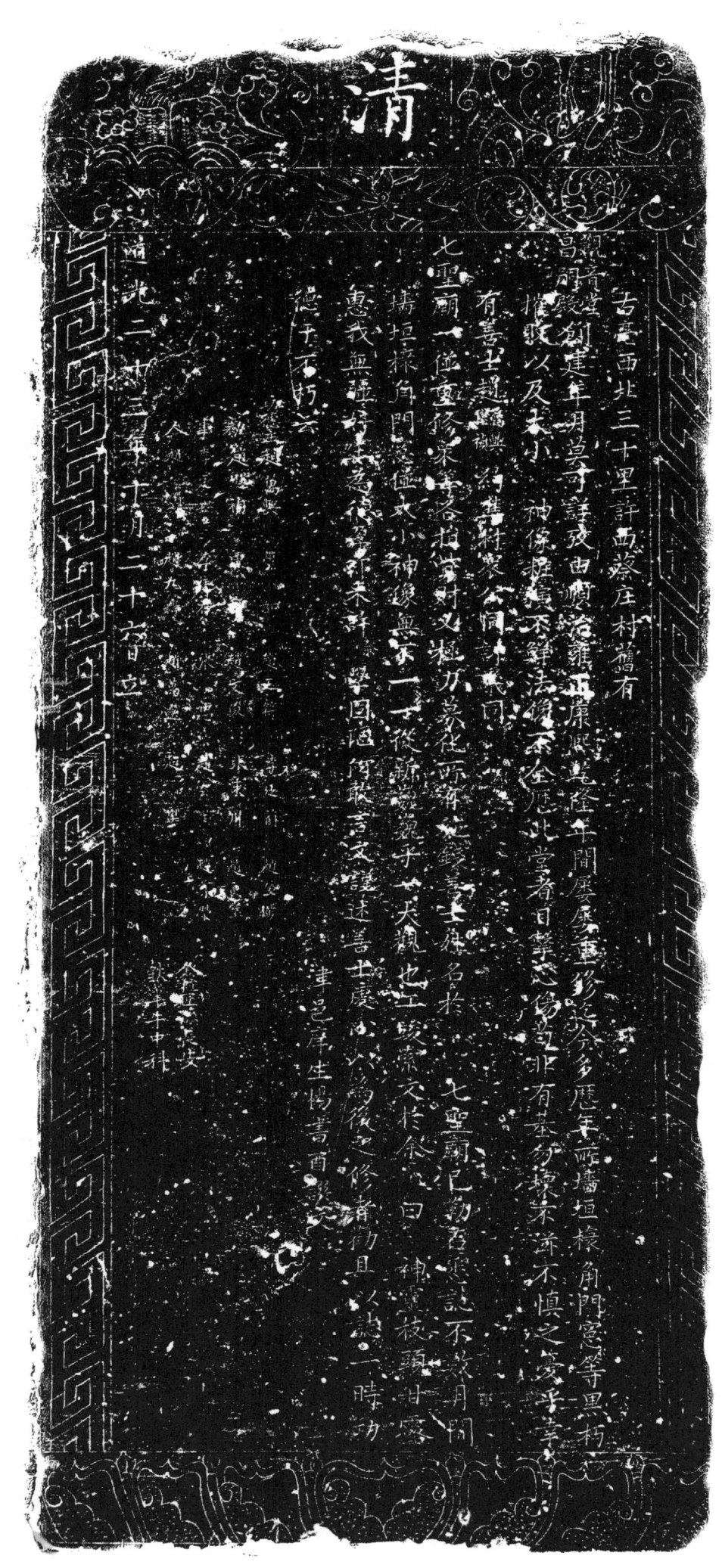

【〇〇七】 重修觀音堂碑記

年代：清道光二十三年

尺寸：高 115 釐米，寬 50 釐米

立石地點：偃師市邙嶺鎮西蔡莊村

〔碑首〕：清

古亳西北三十里許西蔡莊村舊有觀音堂昌嗣殿，創建年月莫可詳考，由順治、雍正、康熙、乾隆年間屢屢重修，迄今多歷年所，墻垣、榱角、門窗等黑朽摧敗，以及大小神像粧演不鮮，法像不全，歷此堂者，目擊心傷，茍非有基勿壞不滋不慎之憂乎？幸有善士趙萬興、趙進禎約集村衆公同諫議，同七聖廟一并重修，衆等各捐貲財，又極力募化，所有施錢善士姓名於七聖廟已勒石悉誌。不數月間墻垣、榱角、門窗并大小神像無不一一從新，巍巍乎一大觀也。工竣，索文於余曰：神靈枝頭甘露，惠我無疆，好生爲德，孕爾來許。余學固陋，何敢言文，謹述善士虔心，以爲後之修者勸，且以誌一時功德于不朽云。

功德主：趙萬興、趙進禎，勷事人李廷舉、趙收甫、趙如、賈庚、李玉香、趙九鼎、趙玉府、趙文俊、張忠、趙萬選、李廷蘭、張東川、趙雲衡、趙璽、趙金榜、趙良璧、趙尊榮。

金粧匠：孫長安。鐵筆：牛中科。

道光二十三年十月二十六日立。

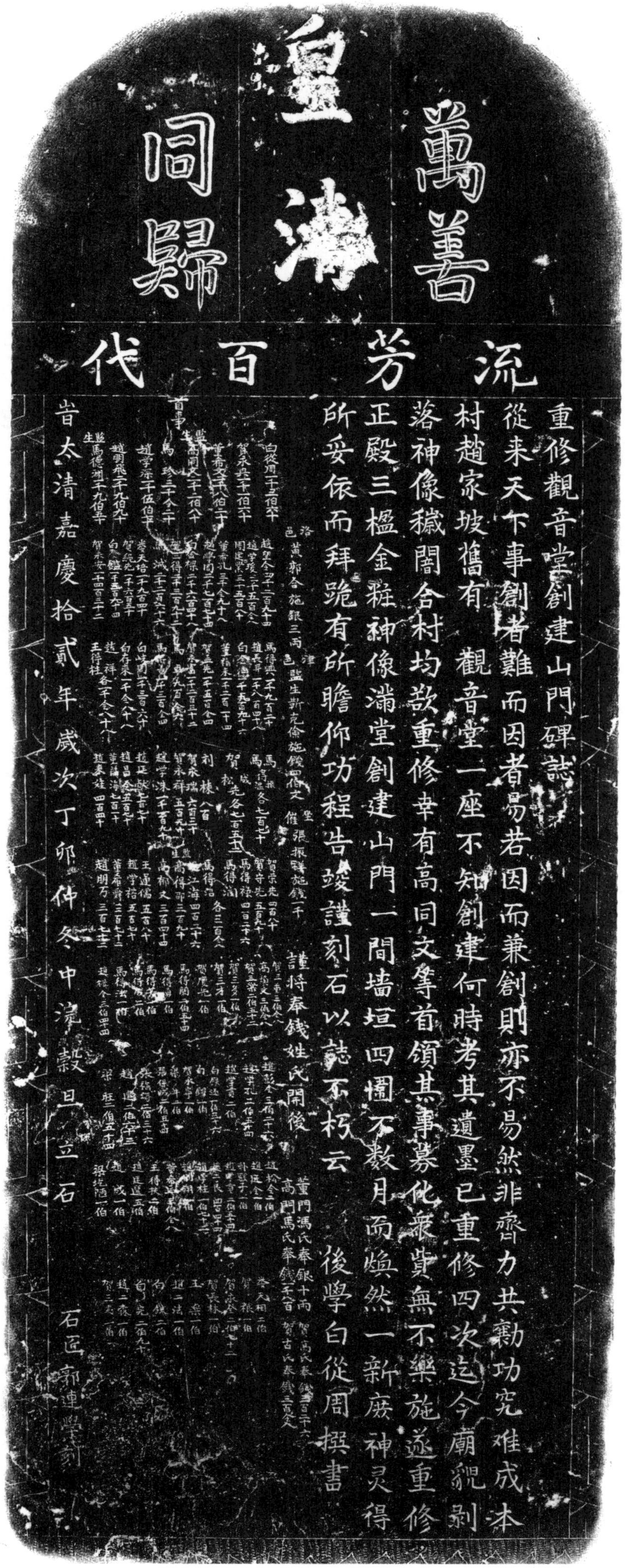
皇清
萬善同歸
流芳百代
重修觀音堂創建山門碑誌
從來天下事創者難而因者易若因而兼創則亦不易然非齊力共勸功究难成本村趙家坡舊有　觀音堂一座不知創建何時考其遺墨已重修四次迄今廟貌剝落神像殘闇合村均欲重修幸有高同文等首領其事募化衆貴無不樂施遂重修正殿三楹金粧神像滿堂創建山門一間墻垣四圍不數月而煥然一新廟神灵得所妥依而拜跪有所瞻仰功程告竣謹刻石以誌不朽云　後學白從周撰書
洛邑黄郭合施銀三兩
津邑監生靳克儉施錢四佰文
堂侄張振鐸施錢一千
謹將奉錢姓氏開後
董門馮氏奉銀十兩
高門馬氏奉錢一千八百
峕大清嘉慶拾貳年歲次丁卯仲冬中浣穀旦立石
石匠郭連學刻

【〇〇八】 重修觀音堂創建山門碑誌

年代：清嘉慶十二年

尺寸：高 147 釐米，寬 56 釐米

立石地點：偃師市邙嶺鎮趙坡村

重修觀音堂創建山門碑誌

〔碑首〕：皇清　萬善同歸　流芳百代

從來天下事創者難而因者易，若因而兼創則亦不易，然非齊力共勸，功究難成。本村趙家坡舊有觀音堂一座，不知創建何時，考其遺墨，已重修四次。迄今廟貌剥落，神像穢闇，合村均欲重修。幸有高同文等首領其事，募化眾貲，無不樂施，遂重修正殿三楹，金粧神像滿堂，創建山門一間、牆垣四圍，不數月而焕然一新，庶神靈得所妥依，而拜跪有所瞻仰。功程告竣，謹刻石以誌不朽云。

後學白從周撰書。

謹將奉錢姓氏開後：

首事白從周一千三百六十。賀永興一千一百六十。董希文二千八百二十。監生高同文二千二百八十。馬珍三千零二十。趙學深一千五百七十。趙明飛二千九百九十。監生馬德淵一千九百五十。洛邑黄郭合施銀三兩，津邑監生靳克儉施銀四百文，坐催張振祥施錢一千。趙望令四千二百九十四。趙學瑗二千五百零八。周建業三千五百八十。董希孔三千零九十八。趙學周二千七百七十四。白金棟二千六百四十八。賀二得二千三百九十二。馬诚二千二百六十。婁天培一千九百四十。賀繩先一千六百五十。白鑒一千三百九十四。賀未安一千四百三十二。馬得興一千九百二十。趙長昇一千八百四十八。白金德一千九百九十六。董福來一千二百一十四。賀孟先一千五百零四。賀永富一千二百三十二。馬卓九百零六。馬口善一千三百零四。白岐周一千三百六十。白存來一千零八十八。趙祥、王得柱一千零八十八。馬得振、馬得温七百七十。賀成先、賀松先七百五十二。劉棟八百。賀永瑞六百三十。趙學洙一千一百九十。趙廷獻七百七十。趙昌令五百七十。董福海七百一十。趙來娃四百四十。賀榮先四百八十。賀守先五百九十。馬得禄四百二十六。馬得潤、馬得沼三百零八。趙江海四百二十六。監生高得邵三百九十。高郁文三百四十四。王運儒五百八十。趙學裕五百七十。董希舜三百七十二。趙朋萬三百七十二。賀三重三百零八。高焕文三百零八。賀三樂二百五十二。賀三多一百。賀三才一百。賀慶先一百。馬得閑二百五十四。馬得勇一百。馬得芳一百。馬得成二百。馬得法一百。

……

石匠：郭連學刻。

時大清嘉慶拾貳年歲次丁卯仲冬中浣穀旦立石。

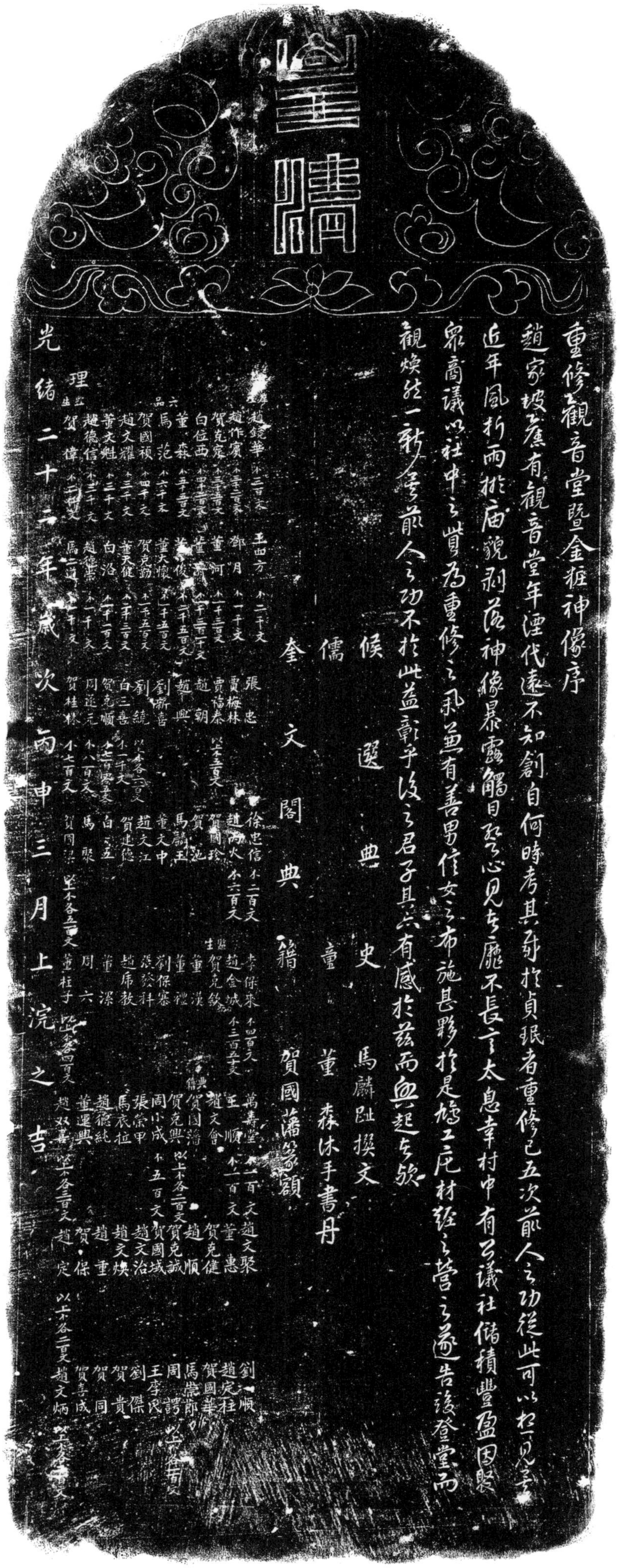

皇清

重修觀音堂暨金粧神像序

趙家坡舊有觀音堂，年湮代遠，不知創自何時。考其碑於貞珉者，重修已五次，前人之功從此可以想見矣。近年風折雨推，廟貌剝落，神像暴露，觸目驚心，見之靡不長吁太息。幸村中有公議社儲積豐盈，因聚衆商議，以社中之貲爲重修之用，兼有善男信女之布施甚夥，於是鳩工庀材，經之營之，遂告竣。登堂而觀，煥然一新，念前人之功不於此益彰乎？後之君子其亦有感於茲而興起乎歟。

候選典史馬麟趾撰文

儒童董森沐手書丹

奎文閣典籍賀國藩篆額

庠生趙鏡華小三百文　趙作賓小二千二百文　賀克家小二千一百文　白位西小四千一百文　董森小五千一百文　六品馬范小六千文　賀國禎小四千文　趙文耀小三千文　董文魁小三千文　趙德信小三千文　監生賀偉小二千四百文

王四方小二千文　鄧月小一千文　董河小二千三百文　董濟小二千三百一十文　趙俊小二千五百文　董大懷小一千五百文　賀克勤小一千五百文　董天健小二千三百文　白洛小二千一百文　趙德崇小一千文　馬二道小三千文

張忠　賈梅林　賈福泰以上小各五百文　趙朝　趙興　劉嘶喜　劉續　白三喜以上小各三百文　賀克順小一千文　周遜元小八百文　賀桂林小七百文

徐忠信小二百文　趙丙火小六百文　賀國珍　賀池　馬麟王　董文中　趙文江　賀建德　白五　馬聚　賀周梁以上小各五百文

李保來小四百文　趙金城小三百五十文　監生賀克欽　董漢　董禮　劉保寨　張發科　趙席教　董深　周六　董柱子以上小各四百文

萬壽堂小二百文　王順小二百文　趙文會　儒士賀國藩　賀克興以上小各二百文　周小成小五百文　張榮甲　馬衣拉　趙德純　董運興　趙双喜以上小各三百文

趙文聚　董惠　賀克健　趙順　賀克誠　賀國域　趙文治　趙文煥　趙重　賀保　趙定以上小各二百文

劉順　趙定柱　賀國華　馬崇節　周誇　王李民　劉傑　賀貴　賀同　賀喜成　趙文炳以上小各一百文

理

光緒二十二年歲次丙申三月上浣之吉

【〇〇九】 重修觀音堂暨金粧神像序

年代：光緒二十二年

尺寸：高 147 釐米，寬 58 釐米

立石地點：偃師市邙嶺鎮趙坡村

重修觀音堂暨金粧神像序

〔碑首〕：皇清

趙家坡舊有觀音堂，年湮代遠，不知創自何時，考其年於貞珉者，重修已五次。前人之功，從此可以想見兮。近年風折雨淤，廟貌剥落，神像暴露，觸目警心，見者靡不長言太息。幸村中有公議社，儲積豐盈，因聚眾商議，以社中之貲爲重修之舉，兼有善男信女之佈施甚夥，於是鳩工庀材，經之營之，遂告竣。登堂而觀，焕然一新。是前人之功，不於此益彰乎？後之君子，其亦有感於兹而興起者歟！

候選典史馬麟趾撰文，儒童董森沐手書丹，奎文閣典籍賀國藩篆額。

庠生趙鏡華錢三百文。趙作賓錢三千二百文。賀克定錢三千五百文。白位西錢四千二百文。董森錢五千五百文。六品馬范錢六千文。賀國禎錢四千文。趙文耀錢三千文。董文魁錢三千文。趙德信錢三千文。監生賀偉錢二千文。王四方錢二千文。鄧月錢一千文。董河錢一千三百文。董清錢一千三百一十文。董俊錢二千五百文。董大懷錢一千五百文。賀克勤錢一千五百文。董天健錢二千三百文。白洛錢一千一百文。趙德崇錢一千文。馬二道錢一千文。張忠、賈梅林、賈福泰，以上錢五百文。趙朝、趙興、劉新喜、劉繞，以上各錢六百文。白三喜錢一千文。賀克順錢七百零五文。周遂元錢八百文。賀桂林錢七百文。徐忠信錢二百文。趙丙火錢六百文。賀國珍、賀池、馬麟玉、董文中、趙文江、賀建德、白五、馬聚、賀國梁，以上錢各五百文。李保來錢四百文。趙金城錢三百五十文。監生賀克欽、董漢、董禮、劉保寨、張發科、趙虎教、董潔、周六、董柱子，以上錢各四百文。萬壽堂錢一百文。王順錢一百文。趙文會、典籍賀國藩、賀克興，以上錢各二百文。周小成錢五百文。張榮甲、馬底拉、趙德純、董運興、趙雙喜，以上錢各三百文。趙文聚、董惠、趙順、賀克誠、賀國域、趙文治、趙文焕、趙重、賀保、趙定，以上錢各二百文。劉順、趙定柱、賀國華、馬崇節、周諤，以上錢各一百文。王李氏、劉傑、賀貴、賀同、賀喜成、趙文炳，以上錢各二百文。

光緒二十二年歲次丙申三月上浣之吉。

重修茄藍殿金粧聖像並煖閣供桌告竣碑

【〇一〇】　補修茄藍殿金粧聖像竝煖閣供桌告竣碑

年代：清道光六年

尺寸：高 144 釐米，寬 56 釐米

立石地點：偃師市緱氏鎮緱氏村

補修茄藍殿金粧聖像竝煖閣供桌告竣碑

〔碑首〕：大清

梵書那茄龜也，竭茄犀也，僧茄藍殿園也。園取生植義，浮屠所居，故謂之護塵茄藍，蓋以金持三教，而正氣常伸於韷地也。吾鎮禮□寺内茄藍殿，創建已古，福蔭無窮，歷年久，雨風損剥。本鎮信士趙蘭、康國祥、李樹年虔意捐金，復廣享緣募化之，爰興土木，焕然一新，峻宇繡閣，鳳闕流未，雲楶藻棁，龍角雕鏤。工竣，禮得所憑依人，固不容没也。是爲記。

邑庠生柳緒展亦穌氏薰沐撰并書。

道光六年歲次丙戌孟冬穀旦立石。

【〇一一】 重修觀音堂昌嗣殿碑記

年代：清光緒二十九年

尺寸：高 119 釐米，寬 50 釐米

立石地點：偃師市邙嶺鎮西蔡莊村

〔碑首〕：清

西蔡莊舊有觀音堂、昌嗣殿兩廟並建，不知創自何時，屢加重修。同治年間，廟外有楸樹一株，沽之得錢七百文，十二家輪流經營放債，至數十餘千。至光緒三年遭荒社廢，社首僅餘六家同心經理，復積錢一百仟有零，又另外置地三畝六分七厘。邇來，廟貌無光，神像頹敗，登拜之間，目顧心惻。合社公議，將社中所積錢文從新修理，由是神像金粧，輝煌可觀，廟貌焕然一新，除村衆梆人工外，共花費錢一百仟有零。工竣勒石，以誌不朽云。

增廣生員趙誠一沐手撰文，邑庠生劉瓚沐手書丹。

花地一段，坐落村南山，計地叁畝六分七厘，其地東西畛，東至墻邊，西至墻邊，南至墻根，北至墻邊，四至分明。每畝糧照六分，下地過割。戶名，觀音堂，東横六弓一尺五寸，中横九弓一尺，中順九十九弓四尺，西横八弓三尺。此地東西頭北邊弓口外包荒錢一千五百文，此地路從東頭李生、李街地出入，行車得便。

衆社首監生張兆祥、賈口、潭姬、趙豬、趙連三……趙亭。

監生張兆魁施廟地一角、施工貳個。增生張兆元施工二十一個。趙木頭施錢二百五十文。李二狗施工六個。趙勸施工六個。趙連成施工五個。趙小英施工貳個。……

木匠：趙木頭、趙豬。金粧匠：黄八。

龍飛光緒二十九年卯月穀旦仝立。

皇清
重修觀音堂碑記
此地舊有觀音堂一座不知起之何年重修
衆目睹必傳因捐募資財而竣厥功爰立石以誌
首事人
石匠老師車文堂
龍飛光緒叁拾四年十一月初一

【〇一二】 重修觀音堂碑記

年代：清光緒三十四年

尺寸：高 132 釐米，寬 50 釐米

立石地點：偃師市邙嶺鎮東蔡莊村

重修觀音堂碑記

〔碑首〕：皇清

從來作於前者無以承於後，則前功盡棄；創於始者無以繼於終，則始基咸失。此地舊有觀音堂一座，不知起之何年，重修何時。迄今廟宇因其神像傾頽，街衆目睹心傷，因捐資財而竣厥功，爰立石以誌。

邑庠生石松生沐手撰文，童生李峻基書丹。

功德主：……

南王合社施錢一仟伍百文。塑匠老師：張拾斤。石匠老師：車文堂。

龍飛光緒叁拾四年十一月初一穀旦。

【〇一三】 重修白雲禪寺記

年代：明崇禎元年

尺寸：高 186 釐米，寬 86 釐米

立石地點：偃師市顧縣鎮回龍灣村

重修白雲禪寺記

〔碑首〕：重修白雲寺記

白雲禪寺創自開皇，其來遠矣。但北枕河，南鄰崖，水衝崖傾，易于頹敗，兇荒旱頻遭焚，修乏人。寺内殿宇佛像風雨毁壞，基趾久被塵埋。鄰近鄉民貧者不能修，富者不肯修，即衆人亦無有同心協力而共修者。獨乾溝村有澗西魏君諱江者，廣積貲財，缺少後嗣，凡遇庵觀寺院修蓋不及者，非施磚瓦工飯，即捨梁檁木植，齋僧濟衆，廣施粟財，不能盡述。惟萬曆二十八年，猛然思曰：遠處寺觀尚且修蓋，近有白雲古寺，何不重修？即央族兄魏志賢督工，遂請陰陽擇選吉日，先筑崖運土，刮平地基，後蓋正殿三間，左右配殿六間，鄰路殿三間，門窗格扇，前後俱全。正殿塑毗盧佛、香花二菩薩，左殿塑伽藍□古長者并奇駝太子，右殿塑六祖朝觀音，鄰路殿塑四天王。又筑崖掘出佛窑二空，南窑有釋迦佛、二菩薩及廿八羅漢，東窑有地藏佛并十地閻君。殿内佛像，窑内古佛，俱是大紅大緑，渾金粧塑，又置鐘一錁，鼓一面，磬三錁，爐一尊，神前供獻。復募衆僧分爲兩院，輪流焚香，朝夕誦經。又捨地肆拾畝，以爲僧家焚修之資，許種不許賣。是人有感，神亦有應，六十以後，連生三子，復胤多孫，此見陞作善之明驗也。故刻石傳世，以俟後之善士繼而行之。

修寺効勞人：魏國慶、魏朝獻、王孔信。僧：普登，徒廣新，孫□□。兼工人：魏閆泰、魏閆賓、張克勤。主持僧：圓寶，徒明梅法，孫真全。陰陽：何現西、肖邦印。木匠：王悦士。泥水匠：崔登第。塑匠：王陞。石匠：張進真。

獨力修造施主義官：魏江，室人柴氏，男魏國喜、魏國和、魏國學，孫小名興、小解睦仝立。

時大明崇禎元年歲次戊辰仲夏吉旦。

【〇一四】　重修白雲寺碑記

年代：清康熙五十年

尺寸：高151釐米，寬54釐米

立石地點：偃師市顧縣鎮回龍灣村

重修白雲寺碑記

〔碑首〕：終古如一日

天下事莫爲之前，後無所鐘；莫爲之後，前無所賴。此作吾□□□均甚□□□即□德行善亦然之。鞏治西，離城六十里許乾溝村舊有白雲寺，其來甚久，創始者不知何代。……壯偉而險極。皇明天順年間，吾家先鄉進士諱章者，讀書其中，謂玉處不□□□人，又何□□。於是……鳩工庀材，重建□佛殿三楹。由是而左有伽藍殿矣，由是而右有觀音殿矣。□□士大夫□□□□□□莫不歎爲盛地。踵其事者，則魏江也。不意明末兵蠹，又廢爲丘墟。及我朝定鼎之後，張君思學者，欲重修之，但多□年以來，□風雨飄摇，殿宇傾圮，不復昔日莊嚴。幸有魏□君□、趙□、郭森□、董□昌、魏治君、魏長□、魏□□□□□□□□□□重修之功德，□□張君也。遂令諸其令孫邑□□□□□者之家，相與商之，席卜□□任兩□□□楊氏美大興□□□□□□葵葵哉。各捐貲有，由是其……復起而葺之。今工程告竣，焕然一新……文以志不朽。余曰：此……有張君一門屢繼於後，則此寺也，將千古爲昭矣。余故考……記之，……蟠龍踞……何敢贅。

……

時康熙五十年歲次辛卯二陽之吉。

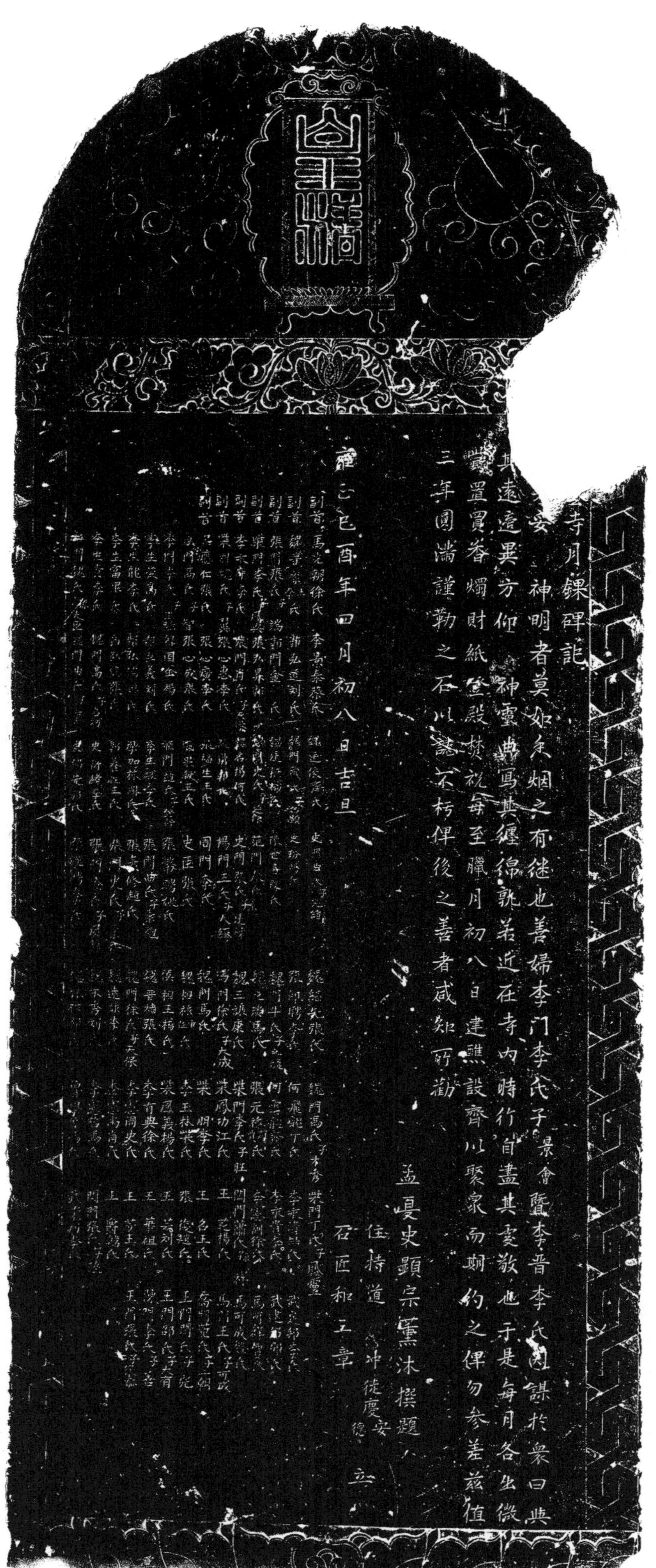

【〇一五】 白雲寺月錁碑記

年代：清雍正七年

尺寸：高 140 釐米，寬 55 釐米

立石地點：偃師市顧縣鎮回龍灣村

□□寺月錁碑記

〔碑首〕：皇清

□□妥神明者，莫如香煙之有繼也。善婦李門李氏子景會暨李晉李氏因謀於衆曰：興其遠適異方，仰神靈曲寫其纏綿，孰若近在寺内，時行自盡其處敬也。於是，每月各出微貲，置買香燭、財紙，登殿焚祝。每至臘月初八日建醮設齋，以聚眾而期約之，俾勿參差。茲值三年圓滿，謹勒之石，以誌不朽，俾後之善者咸知所勸。

孟夏史顯宗薰沐撰題，主持道沖，徒慶安、慶德立。

副首馬光朝徐氏，副首魏晉燦王、李氏，副首張門張氏、子端，副首柴門李氏、子鳳興，副首李永壽、李氏，副首柴門魏氏、子翼，副首吕應仁、張氏，耿門高氏、子智，李門李氏、子生禄，李生榮高氏，李生龍李氏，李生富畢氏，和門魏氏，孫大臣，李景泰蔡氏，郭弘道劉氏，郭門金氏，張弘昇郭氏，張門肖氏、子天保，張心惠李氏，張心廣李氏，張心成張氏，韓國全楊氏，郭弘義劉氏，郭弘儒魏氏，郭弘德張氏，魏門高氏、子名河，魏門曲氏、子名玉，魏廷俊齊氏，魏門武氏、子名顯，魏廷樞楊氏，魏門史氏、子延傑，魏名揚何氏，閆門郭氏，張福生王氏，張果獻王氏，姬門趙氏、子登科，李生麟李氏，梁加林謝氏，郭養性王氏，史衍緒李氏，史紹先郭氏，史門田氏、子光緒，史玢楊氏，陳世喜段氏，范門張氏，史門張氏，孫廷棟，楊門王氏、子大經，周門李氏，史臣張氏，張幣聘姚氏，張門曲氏、子素袍，張素修趙氏，張門史氏、子素秋，張門李氏、子夙蘊，張旌聘禮氏，魏繼先張氏，張印聘禮氏，魏門牛氏、子之連，魏之琰馬氏，魏三讓康氏，馮門徐氏、子大成，魏門馬氏，魏相禄申氏、任氏，后相王楊氏，魏門徐氏、子天保，魏遠祚李氏，魏永秀劉氏，魏林祚邵氏，魏門馮氏、子才秀，何飛龍丁氏，何雲龍齊氏，張元祚趙賈氏，柴門李氏、子旺，柴鳳功江氏，柴朋李氏，李玉林柴氏，柴鳳義楊氏，李有典徐氏，李憲周史氏，李憲禹肖氏，李憲哲馬氏，魯學曾馮氏，柴門丁氏、子鳳靈，李永清楊氏，李永貴楊氏，李憲訓徐氏，閆門蕭氏孫祥，王芝楊氏，王名王氏，張復趙氏，王蕓劉氏，王華祖氏，王芳王氏，王爵韓氏，閆門張氏、子陸，武榮邦李氏，武定邦李氏，武建邦邵氏，馬可祥賈氏，馬可成魏氏，馬門王氏、子可成，喬門董氏、子二朝，王門閆氏、子完，王門邵氏、子大有，陳門李氏、子善，王門張氏、子復泰。

石匠：和三章。

雍正己酉年年四月初八以吉旦。

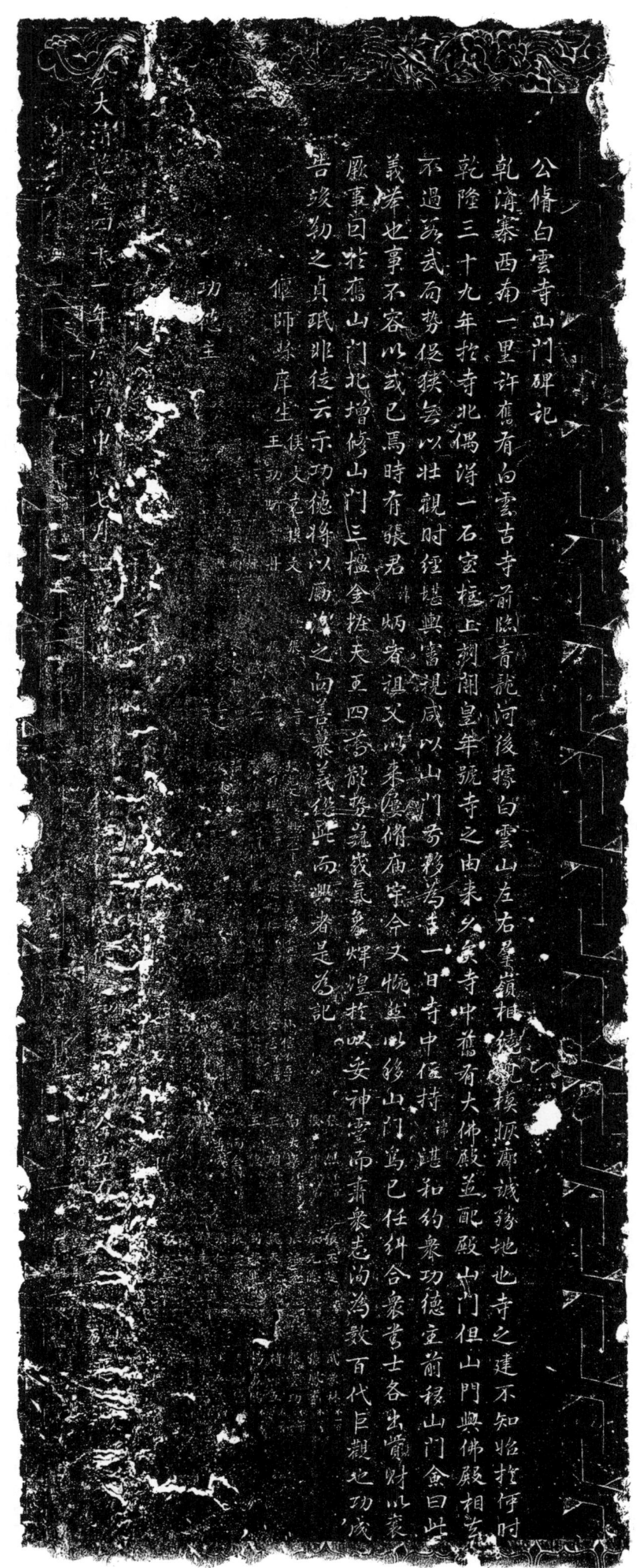

公脩白雲寺山門碑記

乾海寨西南一里許舊有白雲古寺前臨青龍河後據白雲山左右羣嶺相繞[illegible]接振廓誠勝地也寺之建不知始於何时

乾隆三十九年於寺北偶得一石室極上刻開皇年號寺之由來久矣寺中舊有大佛殿並配殿山門但山門與佛殿相去

不過咫武而勢促狹無以壯觀时經堪輿審視咸以山門當移為吉一日寺中住持[illegible]和約衆功德至前移山門僉曰此

義舉也事不容以或已焉時有張君[illegible]炳者祖父以來屢脩廟宇今又慨然以移山門爲己任糾合衆善士各出資財以襄

厥事曰於舊山門北增修山門三楹金粧天王四尊殿勢巍峨氣象輝煌於以安神靈而肅衆志尚為數百代巨觀也功成

告竣勒之貞珉非徒云示功德將以勵鄉之向善慕義從此而興者是為記

儒師 [illegible]庠生 王[illegible] 撰文

功德主 [illegible]

大清乾隆四十一年歲次丙申[illegible]七月[illegible]

【〇一六】　公修白雲寺山門碑記

年代：清乾隆四十一年

尺寸：高 172 釐米，寬 65 釐米

立石地點：偃師市顧縣鎮回龍灣村

公修白雲寺山門碑記

乾溝寨西南一里許，舊有白雲寺，前臨青龍河，後據白雲山，左右群嶺相繞，規模恢廓，誠勝地也。寺之建，不知始於何時。乾隆三十九年，於寺北偶得一石，寶柱上刻開皇年號，寺之由來久矣。寺中舊有大佛殿并配殿、山門，但山門與佛殿相去不過若武，局勢促狹，無以壯觀。時經堪與審視，咸以山門前移爲吉。一日，寺中主持諱湛和約眾功德主前移山門，僉曰：此義舉也。事不容以式已焉。時有張君諱炳者，祖父以來，屢修廟宇，今又慨然以移山門爲己任，糾合眾業主各出貲財，以襄厥事。因於舊山門北增修山門三楹，金粧天王四尊，體勢巍峨，氣象輝煌，於以妥神靈而肅眾志，洵爲數百代巨觀也。功成告竣，勒之貞珉，非徒云示功德，將以勵後之向善慕義，從此而興者。是爲記。

偃師縣庠生侯文克撰文，王功□書丹。

功德主：……

大清乾隆四十一年歲次丙申□七月上浣穀旦。

【〇一七】 重修白雲寺碑記

年代：清同治十年

尺寸：高139釐米，寬75釐米

立石地點：偃師市顧縣鎮回龍灣村

□山大關，率多占之。若吾鞏邑白雲禪寺，在縣西南……相大來也，昔白公道成斯地，群□□□□，白雲□□，前有灰地□廣數百，内有一石望柱……者，惟□比丘之□。開皇元年，□□□土窑數空，皆其舊基趾也。所得□者，□有祠未□生之……李之衰，由宋而無以□□□□守之，因重想之從矣。肆我……方□此因而掇造大窑一空，以位佛像、羅漢……得以之居藏庫僧。有皈依人可仰……七年，有方僧了清□吾父謀□爲功德大□也。……空，工程各備，□石題……十年，逢遭荒旱，僧衆盡去。至二十三年，□□上人……主持焚□□火，章因致政歸，亦常避暑於……白□年月，水圍繞帶，金龜□其左，玉獅□其右，花木足觀，瓜菜適取。引清風而邀明月，幕光天而席潔地。且喜迷□□不□□山奚，僧然之良久曰：惜乎！窑殿壞□，佛像弊缺，院宇卑狹耶！予直以爲己任，遂謀諸近寺居士安銘、王會等十有三善人，各瀉所有，不假强爲，□其有丘矣。然有財此有用□猶不敢。自是與衆議之，乃曰：凡有之功過，侈而易敗，淲□不存，□殿瑶之飾，能幾在耶？不若鑿岩□穴，樸善薄聖用，□少□□□功多。衆皆悦之。遂先買民地五分，以廣其院囿，中□衆意爲之，乃下土平地，損高增卑其南，□開其大窑一空，中塑釋迦佛，左右二窑，□□勒聖僧十八羅漢。其東又鑿一小洞，□彫□□像，不日成之，無礙又思，宜陽□□□者，衆故……同治四年辛酉……月初九日功落成也，十年丁巳八月二日□□之意耶，故記□。

鞏縣致政鄉官前湖廣按察司副使馬隆篆，鞏縣致政鄉官前山東萊州府通判王章撰，鞏縣致政鄉官前直隸新安縣知縣李俊書。

……

□□重修白雲寺正殿暨山門□□

前龍之表，白雲之某有□□□□日□流□洄，清冷瀑見，回嶺中臨，林木蓊蘢，空闊謀心，是真佳境，罕

川有且尋常之菴觀□□□者昔□所謂白雲，俗之所謂□□也。予于春今至乾溝，為張君會甲賓，見學外運樽櫺命車

以緣者有大興作者□日見張君而問曰：有事乎？曰：有。問何事。張君曰：此事所由來遠矣。憶少時從母省親過白雲

其祖母嘗指而謂之曰：汝□此寺何盼乎？開堂以來即有之。其□僧□乃先世思學公重脩之，再傳而三聘公復修

也，二傳而□蘊嘉益□□又衍之，□□此山門移州三楹，規模始大，乃汝祖諱炳率衆而力創之者也。會謹誌其言

□闇者自寺反偶，以□□山門□□頹圮之狀言於家母，乃慨然曰：倉廩不開者不可以救凶荒，橋梁不成

□行□廟宇不完者不可以□□神靈，且汝獨怠乎？側并告之言于吾鄉之好善樂施者甚衆，而若需以待

者之□□事乎為□□□會，乃唯唯從命，並隃時物，託堂侄孫新貴董理其事，□者堅之，缺者完之，檐楠

□□□□□也，予所見為有事也。余聞其言而□之，天下事莫為之前，雖美弗彰，此寺之創繼何莫先

之跡□而俾此寺之修理何專，又有一張君也。微張君不克為數世之□缺，微張君有賢母亦不

□□□□而□□為焚香□會之地者，其在是役也。自茲迄□閱□□□□以張姓族衆請

□□□□□之□□□□乎樹者之□也，回翁□舊，因以聞張君之述母命者，□其巔末，俾若積善賞

偃邑廩膳生□秀□裕繡撰

□□□□生張新貴書

主□白□□立　隸□州分州會甲孫□□理

□族人　立　石

□六月下浣之吉　住持甚可　徒□□聚

【〇一八】 重修白雲寺正殿暨山門碑記

年代：清代
尺寸：高 145 釐米，寬 64.5 釐米
立石地點：偃師市顧縣鎮回龍灣村

青龍之表，白雲之麓，有□□□□□□蒼翠謀目；溪流瀠洄，清冷謀耳；田疇平膴，林木蔥蘢，空闊謀心。是真佳境罕到，有非尋常之庵觀，匹禱者昔之所謂白雲，俗之所謂藏梅也。庚子春，余至乾溝，爲張君會甲賓，見學外運樽櫨車馬，疑若有大興作者，然一日見張君而問曰有事乎？有問曰何事？張君曰：此事所由來遠矣。憶少時從母省親，過白雲寺側，母嘗指而謂之曰：汝知此寺何昉乎？開皇以來即有之，其佛殿乃先世思學公重修之，再傳而三聘公復修之，歷三傳而夙蘊、素蘊二公又修之者也。其山門移前三楹，規模始大，乃汝祖諱炳率眾而力創之者也。會謹誌其言，□□識其意。間者自寺反偶以正殿、山門飄摇傾圮之狀言於家母，乃蹙然曰：倉廩不開者，不可以救兇荒；橋梁不成者，不可以有行旅；廟宇不完者，不可以妥神靈。且汝獨忘寺側詳告之言乎？吾鄉之好善樂施者甚眾，而若需以待□□□□，以累世之遺事專爲汝責乎？會乃唯唯從命，急輸財物，託堂侄孫新貴董理其工，朽者堅之，缺者完之。檐桷□□□□□之，神粧金之。此即子所見爲有事也。余問其言而思之：天下事，莫爲之前，雖美弗彰。此寺之創繼，何幸先□□□□□□。莫爲之後，雖盛弗傳。此寺之修理，何幸又有一張君也。微張君不克爲數世之繩承，微張君有賢母，亦不□□□□□□□□謂繼志述事，而不僅爲焚香拜會之地者。其在是役，與自春迄夏，閲數月而告竣，張姓族眾請□□□□□□□□□□，爲揚善之意，余以爲稱孝之心也。固辭不獲，因以聞張君之述母命者，誌其巔末，他若積善賞□□□□□□□□虚也。

偃邑廩膳生喬裕繡撰，武生張新貴書。□□主張白氏子直隸州分州會甲孫毓瑝。

族人立石。

主持：湛可、湛舉。徒：寂儀、寂聚。

……六月下浣之吉。

創砌石路碑記

【〇一九】 義修菩薩祠神路碑記

年代：明萬曆四十三年

尺寸：高 83 釐米，寬 64.5 釐米

立石地點：偃師市大口鎮山張村

義修菩薩祠神路碑記

〔碑首〕：創砌石路碑記

邑西南五十里許，一峰巖巖，蔚然獨秀，曰牛心山……驗若響之應聲，是以四方遐邇，跋涉匍匐……便，往來目擊者，往往抱憂。義士古峰馬君……路成。乙卯春，設醮祭告成功。復徵予言，刻……修神路，善行也。而所以修不奧焉。蓋吾人……不患其無閫奧也；行遠登高，不患其無階梯……其基行恕以達其階以立禮，由義爲性，來以……正者，勿令其□曲；大者，勿令其險阻。如是而……修往即以利人之，修往近而州里，遠而蠻……仰止景行，止之□峰，諸君所當奮力，於今日……

西蔣村社首：馬可久、室人齊氏，同弟馬鳳圖。管社：付登水助米一斗。管社：張從信助米二斗。隨社人：馬大富、楊汝寅、付登高、楊汝明、東大田、南塢村、偃師縣西關劉峰、楊汝效、馬登科、付登仙、李天貴、楊汝魁、馬登雲、温世秋、曹璞、馬登仕、楊汝松、张惟乾、張惟佐、張惟好、張惟富、付登泉、温德嚴、李朝鑾、張守節、袁三樂、楊汝棣、楊法新、楊北洞、張倉、温汝放、董海、楊汝强、楊聲誉、馬守君、付大河、白邦譽、史子政、馬選……

時大明萬曆乙卯仲春之吉。

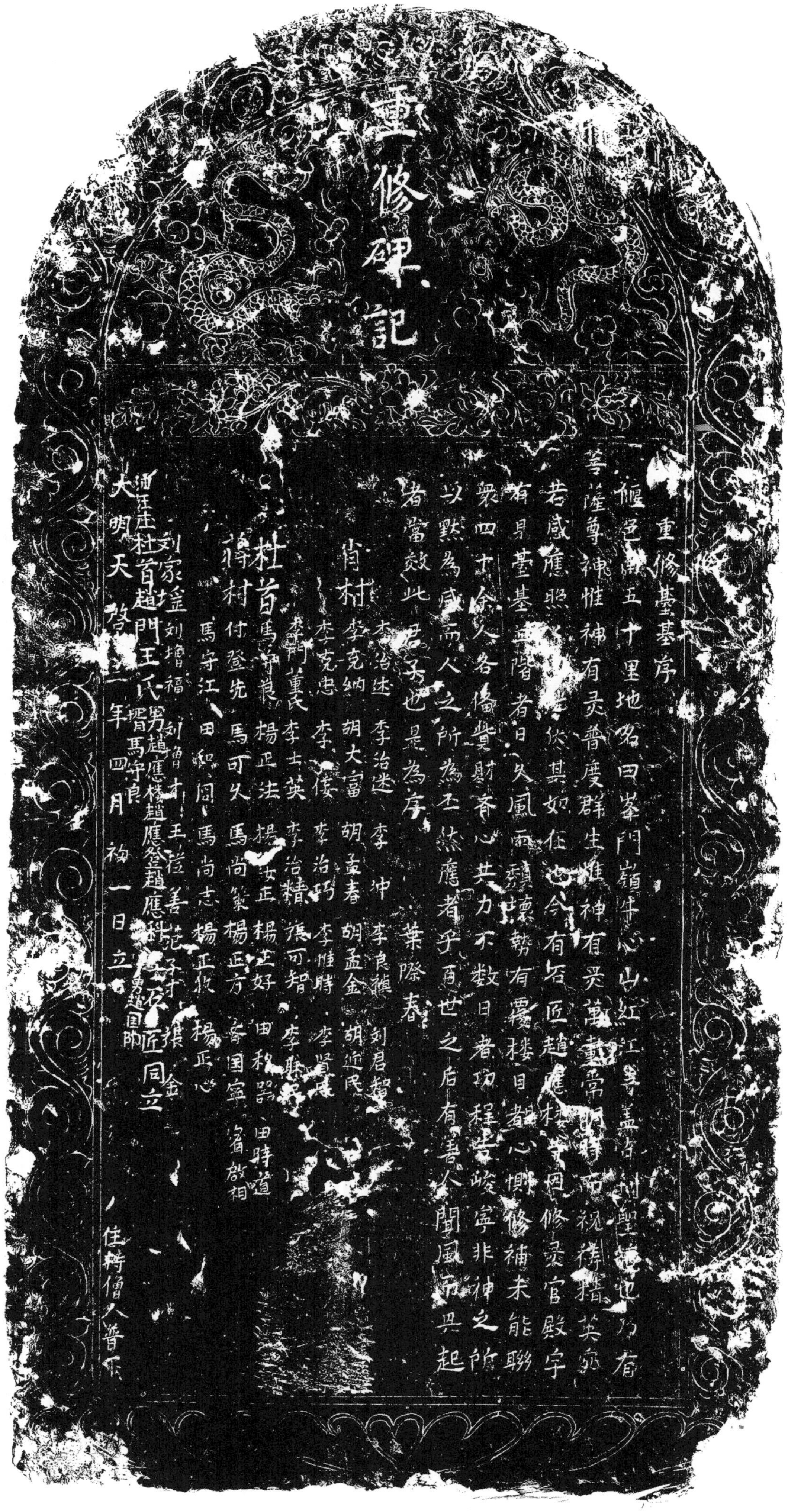
重修碑記
重修臺基序
大明天啓

【〇二〇】 重修臺基序

年代：明天啓三年

尺寸：高 126 釐米，寬 63 釐米

立石地點：偃師市大口鎮山張村

重修臺基序

〔碑首〕：重修碑記

偃邑南五十里地，名曰峰門嶺牛心山紅江寺，蓋古刹聖壇也，乃有菩薩尊神，惟神有靈，普度群生；惟神有靈，萬載常明。時而祝禱精英，宛若感應照□□，恍然其如在也。今有石匠趙應樓等，因修靈官殿宇，有見臺基并階者，日久風雨頹壞，勢有覆樓，目睹心惻，修補未能，聯衆四十餘人，各備貲財，齊心共力，不數日者，功程告竣，寧非神之所以默爲感，而人之所爲丕然應者乎。百世之後，有善人聞風而興起者，當效此君子也。是爲序。葉際春。

肖村：李治述、李克納、李克忠、李門董氏、李冶迷、胡大富、李侫、李士英、李沖、胡孟春、李治巧、李治精、李良禎、胡孟金、李推時、張可智、劉君智、胡近民、李賢民、李旺民。

社首：馬守良、楊正法、楊汝正、楊正好、田和器、田時道。

蔣村：付登先、馬守江、馬可久、田和周、馬尚策、馬尚志、楊正方、楊正收、齊國寧、楊正心、寧啓相。

劉家窑：劉增福、劉增才、王從善、范子才、張金。

油汪莊社首趙門王氏，男趙應樓、趙應登、趙應科，婿馬守良。

石匠：趙國帥。主持僧人：普下。

大明天啓三年四月初一日立。

重修天王殿碑記

縣邑南牛心山[illegible]寺創建之時不測何歲[illegible]之人

不詳幾代居其前有天王殿是欲以一

菩薩化千万菩薩也風雨漂挫楨壞[illegible]散神於此時何[illegible]依乎

神於此無[illegible]惆乎予覩乎此[illegible]然興思[illegible]然動[illegible]為之輸

財為之鳩工一脩而廟貌革故一[illegible]神[illegible]新[illegible]不敢

於道之中祈神釀福祗於重脩之後勒碑[illegible]

壹年文神路中建石井一源作日後脩造殿[illegible]使用

邑庠生裴居时新頓首拜撰

信士郭天福同男郭應登重脩

木匠李可教　泥水匠宋希孟　馬守良　住持[illegible]

石匠趙應樓　趙應登　趙應科　同立

崇禎庚午歲二月十[illegible]日

【〇二一】 重修天王殿碑記

年代：明崇禎三年

尺寸：高 102 釐米，寬 53 釐米

立石地點：偃師市大口鎮山張村

重修天王殿碑記

偃邑南牛心山紅江寺，創建之時不測何歲，葺營脩之人，不計幾代。居其前有天王殿，是欲以一菩薩化千萬菩薩也。風雨漂摇，損壞没敝，神於此將何憑依乎？神於此無怨恫乎？予睹乎此，穆然興思，勃然動念，爲之輸財，爲之鳩工，一修而廟貌革故，一□而神色焕新。雖不敢於冥冥之中，祈神釀福，祗候重修之後，勒碑刻石。又輸錢壹千文，神路中建石井一源，作日後修造殿宇取水便用。

邑庠生裴君時新頓首拜撰。

信士郭天福同男郭應登重修。

木匠：李可教。泥水匠：宋希孟、馬守良。石匠：趙應樓、趙應登、趙應科。住持：裘普庵，徒通玄、净元。

崇禎庚午歲二月吉日同立。

【〇二二】 重脩牛心山送子大士正殿並拜殿碑記

年代：清雍正七年

尺寸：高 208 釐米，寬 87 釐米

立石地點：偃師市大口鎮山張村

重脩牛心山送子大士正殿並拜殿碑記

聞之：創建難，增脩易，此固古今之通論也。而其實不然。蓋創建不無樸陋就簡之爲，而增脩則有踵事增華之美也。是山舊有文殊、觀音、普賢大士正殿三楹，磚砌瓦屋，已極一時之盛。奈年深日久，頹損破壞，非復昔日之舊矣。有貢監生李公諱晉侯者，目擊心傷，慨然有重修擴大之志，幸而善人影從，有李光宗、李奇光等群以化主自任，推李公爲功德主，拮據從事，歷寒暑者三載，勤勞募化，費金銀幾二千，易磚墻而爲石壁，倍增其舊矣；瓦屋而爲琉璃，焕然一新。外而殿宇輝煌，不患風雨飄折；内而金粧精彩，并與日月争光。此固增修也，而即謂之創也可。兹當告成之日，爰有立石之舉，雖不没始事之勤，亦以著樂施之善爾。

賜進士及第翰林院庶吉士李學裕薰沐拜撰，賜進士及第文林郎知汾西縣事武紹周盥手書丹。

功德主貢監生李晉侯施銀十兩。

募化主：趙維培、張月二兩。……楊成生、馬儼然、馬夢麟、焦周智……蔣國楨六錢。趙歸周六錢。合社人李文學六錢。大穀堆頭李廷柏、秦英、黄玄、寧六奇、秦午業、吕文光、孫正儒、靳克先、梁□□、袁九雲……張弘治、張義、張旺、秦昌、秦柱業、秦崑、秦龍、秦少業、秦坤、秦祥業、王德先、崔丙、宋運曉、宋家籃、李廷華、郭名蔚、李寧國……昝可替、孫纘緒、孫纘烈、王存禮、王保合、王自存、張錦、劉節、劉進忠、張起朝、黄魁儒、劉文昌、楊繼先、石若錦、倪可中、王燦、李男吉、朱文説、李良史……張國賢、肖文秀、楊群生、高奇、何銀圖、袁九鵬、袁九鳳、温孝、張宗良、張宗澤、張法良、張惠、張述良、張鴻良、張澤良、張繼良、温忠、閻胡月、楊文彩、張□弘、楊宗堯、張宗朝、楊中生、車忠良、楊連□、王惠良、武加侯、白贊、張祥林、崔登應、馬朋、焦鼎義、焦宗禮、董元直、董拔奇、董時哉、董國仕、李登榮、李供、張瑛、張璉、張基、潘仟、黄日民、張耘、胡名世、黄聚社、張連元、張建利、鐵成奇、王學□、任文高、楊名漢、張蘭生、黨彦學、喬六龍、賀賓、石天佑、焦鎔、焦鐸、焦同煜、李昌泰、焦得霑、宋應仕、董宰中、張克敬……

雍正己酉花月中浣吉旦。

日
皇清
月
牛心山重修五龍神祠碑記

【〇二三】 牛心山重修五龍神祠碑記

年代：清乾隆六年

尺寸：高 129 釐米，寬 56 釐米

立石地點：偃師市大口鎮山張村

牛心山重修五龍神祠碑記

〔碑首〕：皇清　日月

嘗讀《易》至乾卦九二云："見龍在田。"蓋取象龍爲陽剛之德，出而興雲致雨，田即其施德之所也。是知興土，功資萬物，而零露膏澤，非龍莫助。龍之爲德，昭昭也。囊者牛心山坡中側，有五龍神祠，由來久矣。詎意風雨飄搖，既不免有折棟摧桷之傷，兼之雷小日捐，又不能無破壁壞垣之□，而廟貌、神像傾圮殆盡。吾先君生員來先氏諱題，祝朝峰頂，每過其地，悚然心動，幾欲仍其舊趾重修建功，奈家空無資，非獨立所能成也。因謀之族祖貢監□九氏諱民則、表叔宋公彦卿氏諱應選，併善士郭靈山考諱勳、李繼公考諱承嗣、翟相臣考諱良甯、翟育萬考諱覆生、生員朱清遠考諱永桂、監生翟鳴九考諱鶴諸公，莫不欣然樂從，身任其事，各出資財，募化四方。何規模甫就，吾先君遽而遐昇，是神祠未成，即吾先君之志事未遂也。余念及此，晝夜焦勞，不遑寧處。去年春，復約衆善士，皆曰："素願未終，焉能已也。"於是，竭衆人之力，爲久遠之謀。不必巧而惟拙，墻垣期其鞏固；務去華而尚樸，金粧可以不事。而廟貌觀成列石，憑依衆善士向善之公心，固已遂其願也，吾先君數年之憂勤，不亦可安於地下乎？從兹妥神有地，斯民咸賴，行見龍德，普護莫往，非陽剛之助，大田被澤，隨在盡霖雨之施，大有裨於吾鄉者，其在斯乎？是爲序。

邑庠生員董書林同文氏謹譔，府庠生員董酉生學山氏較正，後學居士董均子安氏篆額，候選州同董賦直錫菴氏書丹。

功德主翟良甯子理生施銀一兩。生員朱永桂施銀一兩五錢。郭勳施銀一兩一錢。貢監董民則子坦施銀一兩二錢。生員董題子生員書林施銀一兩五錢。宋應選施銀一兩五錢。李承嗣施銀一兩五錢。監生翟鶴子羽文施銀一兩。翟覆生、貢生董暹五錢。李光如、郭允蔚、李廷葦、郭信昌、石宋，上各三錢。董綏麟、翟淳、董桂、張法良、董裔哉、郭德昌、曹振民、鐵鎧、楊全生、舉人董顯、張連方、監生鐵重□、張弘結、張玷、郭又成、張杲、陳中起、監生楊新生、郭儒、郭廷、郭允第、石琦、石炳、□拔起，上各二錢。郭臣、監生董易、袁楷、董昂、李鶴、李澤、焦録祥、白晨，上各一錢……

泥水匠：翟珩。石匠：車名方。畫匠：郭臣。仝立。

時乾隆六年歲次辛酉二月。

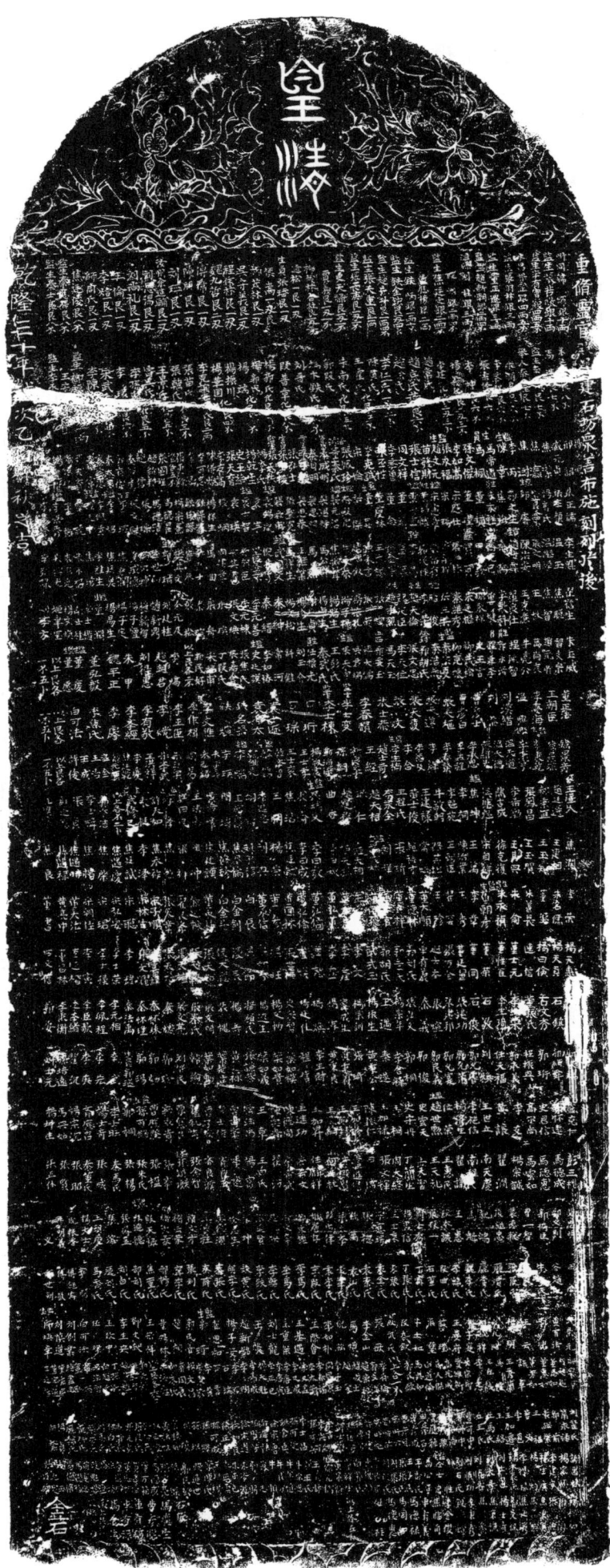

【〇二四】 重脩靈官殿並建石坊衆善布施碑

年代：清乾隆三十年

尺寸：高 180 釐米，寬 65.5 釐米

立石地點：偃師市大口鎮山張村

〔碑首〕：皇清

重脩靈官殿並建石坊衆善布施碑刻於後：

州同韓輝銀十兩。監生張若暾銀十兩。監生李有實銀四兩五錢。來昌煤窯銀四兩五錢。監生張羽林銀三兩。監生童正遷銀三兩。監生趙新朝銀二兩四錢。温縣劉柱銀三兩。段淵銀二兩四錢。監生焦廷文銀二兩一錢。萬應榜銀二兩。監生鐵炳銀二兩。監生鐵金鋏銀一兩四錢。監生趙先升銀一兩四錢。監生張天重銀一兩。監生張長庚銀一兩一錢。監生史天禄銀一兩一錢。賈義銀一兩一錢。柳茂林合社銀一兩二錢。逯松一銀一兩。生員張璠銀一兩。侯嵩銀一兩。柳茂林銀一兩。吴守義銀一兩。程作林銀一兩。魏九哲銀二兩。傅偉銀一兩。陳朋銀一兩。劉玶銀一兩。汝州余進輔銀一兩。劉思湯銀一兩。劉尚禮銀一兩。王倫銀一兩。李煊銀一兩。師周氏銀一兩。焦廷俊銀八錢。監生秦應聘銀八錢。監生秦士良銀八錢。張延□銀八錢。馬進銀七錢。監生李金須銀七錢。舉人秦金星銀七錢。裴潤臯銀六錢。李學程銀六錢。張素修銀六錢。李坤銀六錢。楊義化銀二兩三錢。李建化銀二兩三錢。趙常氏、趙底氏、趙徐氏共化銀六錢。李任氏一錢二文。陳黄氏、王霍氏化銀五錢。朱南氏化銀五錢。郭段氏、端木鐵氏化銀□錢。劉晉氏、段普章化銀八錢。楊郭氏化銀五錢。楊郭氏、楊端化銀五錢。楊振川、楊華國化銀四錢。李克讓王氏銀二兩。張苗氏、張韓氏化銀三錢。王景氏化銀五錢。宫吴氏、李孫氏化銀五錢。李環化銀六錢。宋武氏化銀四錢。李陳氏銀四錢。監生柳福□銀一兩。王守□銀四錢。監生李承□……

石匠馬廣生、曹彦聰、車有福、車有禄、馬金生，以上共銀八文。仝立石。

乾隆三十年歲次乙酉仲秋之吉。

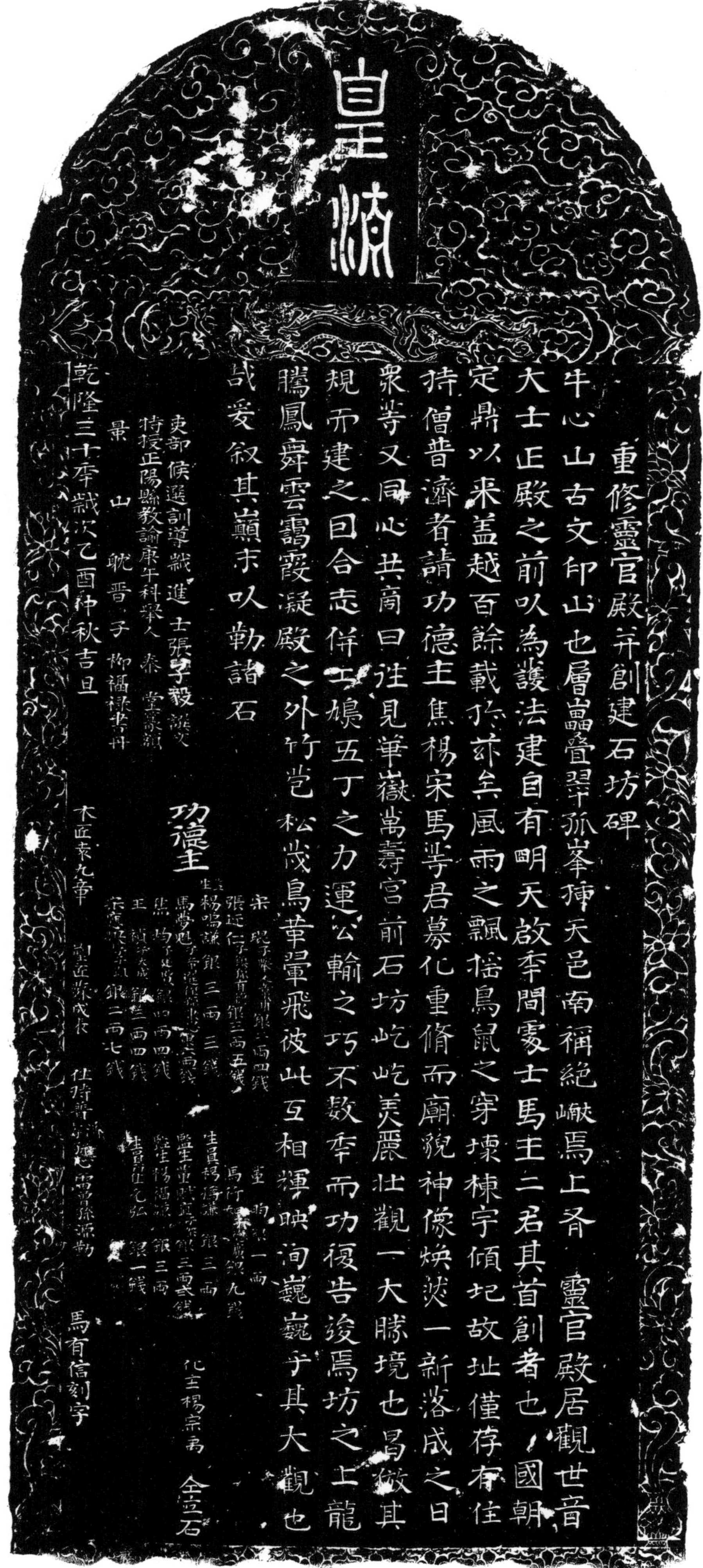

皇清

重修靈官殿并創建石坊碑

牛心山古文印山也層巒疊翠孤峯插天邑南稱絕巘焉上建 靈官殿居觀世音大士正殿之前以為護法建自有明天啟年間處士馬王二君其首創者也 國朝定鼎以來蓋越百餘載於茲矣風雨之飄搖鳥鼠之穿壞棟宇傾圮故址僅存有住持僧普濟者請功德主焦楊宋馬等君募化重脩而廟貌神像煥然一新落成之日衆等又同心共商曰往見華嶽嵩壽宮前石坊屹屹美麗壯觀一大勝境也曷倣其規而建之因合志併工鳩五丁之力運公輸之巧不數年而功復告竣焉坊之上龍騰鳳舞雲靄霞凝殿之外竹苞松茂鳥革翬飛彼此互相輝映洵巍巍乎其大觀也因爰叙其巔末以勒諸石

吏部候選訓導戊戌進士張子毅譔文

特授正陽縣教諭庚午科舉人 泰 堂篆額

邑 山 晚晉 子 柳福祿書丹

功德主

宋 琨子[illegible]銀二兩四錢

張延仁子[illegible]銀三兩五錢

生員楊鳴謙銀三兩三錢

馬夢魁子[illegible]銀六兩[illegible]錢

焦 均子[illegible]銀四兩四錢

王 禎[illegible]銀三兩四錢

宋[illegible]銀二兩七錢

董 昫 銀一兩

馬行[illegible]銀九錢

生員楊[illegible]謙銀三兩

監生[illegible]銀三兩貳錢

監生楊[illegible]銀三兩

生員[illegible]弘銀一錢

化主楊宗禹 仝立石

木匠袁九章 塑匠[illegible]成[illegible] 住持普[illegible] 雷[illegible]孫[illegible] 馬有信刻字

乾隆三十年歲次乙酉仲秋吉旦

【〇二五】 重修靈官殿并創建石坊碑記

年代：清乾隆三十年

尺寸：高 164 釐米，寬 67 釐米

立石地點：偃師市大口鎮山張村

重修靈官殿并創建石坊碑記

〔碑首〕：皇清

牛心山，古文印山也。層壘疊翠，孤峰插天，邑南稱絶巘焉。上有靈官殿，居觀世音大士，正殿之前以爲護法，建自有明天啓年間。處士馬、王二君其首創者也。國朝定鼎以來，蓋越百餘載，於兹矣，風雨之飄摇，鳥鼠之穿壞，棟宇傾圮，故址僅存。有住持僧普濟者，請功德主焦、楊、宋、馬等君，募化重修，而廟貌、神像焕然一新。落成之日，衆等又同心共商曰：往見華嶽萬壽宫前石坊屹屹，美麗壯觀，一大勝境也！曷仿其規而建之。因合志并工，鳩五丁之力，運公輸之巧，不數年而功復告竣焉。坊之上，龍騰鳳舞，雲靄霞凝；殿之外，竹苞松茂，鳥革翬飛。彼此互相輝映，洵巍巍乎其大觀也哉！爰敍其巔末，以勒諸石。

吏部候選訓導歲進士張子毅譔文，特授正陽縣教諭庚午科舉人秦堂篆額，景山躭晉子柳福禄書丹。

功德主：宋琨子舉人章甫銀二兩四錢。張近仁子鎮、孫有德銀三兩五錢。監生楊鳴謙銀三兩三錢。馬夢魁子帝選、侄孫秉忠銀六兩一錢。焦均子廷賢銀四兩四錢。王禎子天成銀三兩四錢。宋應舉子子顯銀二兩七錢。董昀銀一兩。馬行如子德廣銀九錢。生員楊撝謙銀三兩。監生董賦直子架銀三兩貳錢。監生楊福謙銀三兩。生員翟允弘銀一錢。

化主：楊宗禹。木匠：袁九章。塑匠：蘇成表。住持：普濟、普壽，孫心雷，曾孫源勤。馬有信刻字仝立石。

乾隆三十年歲次乙酉仲秋吉旦。

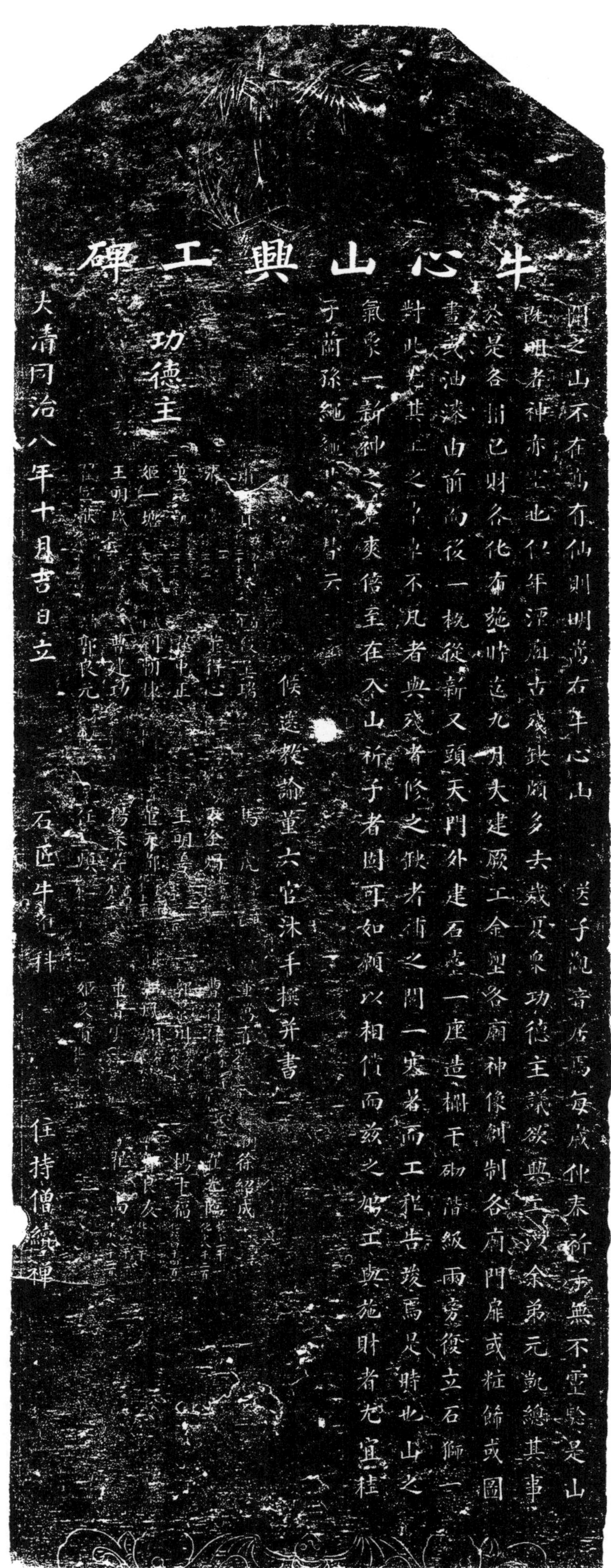
牛心山興工碑
大清同治八年十月吉日立

【○二六】 牛心山興工碑

年代：清同治八年

尺寸：高 168 釐米，寬 61 釐米

立石地點：偃師大口鎮山張村

牛心山興工碑

聞之：山不在高，有仙則明。嵩右牛心山，送子觀音居焉。每歲仲春祈子，無不靈驗。是山既明者，神亦靈也。但年湮廟古，殘缺頗多。去歲夏，衆功德主議欲興工，以余弟元凱總其事。於是各捐己財，各化布施，時迄九月，大建厥工，金塑各廟神像，創制各廟門扉，或粧飾，或圖畫，或油漆，由前而後，一概從新。又頭天門外建石臺一座，造欄干，砌階級，兩旁復立石獅一對，此尤其工之卓卓不凡者。與殘者修之，缺者補之，閱一寒暑，而工程告竣焉。是時也，山之氣象一新，神之靈爽倍至。在入山祈子者，固可如願以相償，而茲之鳩工與施財者，尤宜桂子蘭孫，繩繩其無替云。

候選教諭董六官沐手撰并書。

功德主：蕭永貞施錢五千、化錢十二千文。張當施錢一千文、化錢三十七千。董元凱施錢三千文、化錢二十二千六百文。姬一塘施錢二十五千文、化錢十四千文。王明盛施錢□□文、化錢□□文。翟宣猷施錢兩千文、化錢十二千四百文。貢生段呈瑞、董得心、翟中正，武生劉朝棟、曹建功、郭良元、馬虎施錢一千文、化錢十千文。□金燭化錢五千文。王明善、董天都施錢二千文、化錢十一千文。楊采芹施錢兩千、化錢九千。任煥化錢五千一百。武生董萬清化錢七千一百。曹得禄施錢一千、化錢七千三百。郭景川施錢一千五百、化錢八千一百。郭鳳翔施錢□□。董青雲化錢七千一百。姬文賢化錢六千六百。徐紹成施錢兩千。翟先臨施錢一千文、化錢八千二百文。楊十福化錢四千四百文。郭良友化錢三千文。翟尚施錢一千文、化錢八千一百文。

石匠：牛進科。住持僧：續禪。

大清同治八年十月吉日立。

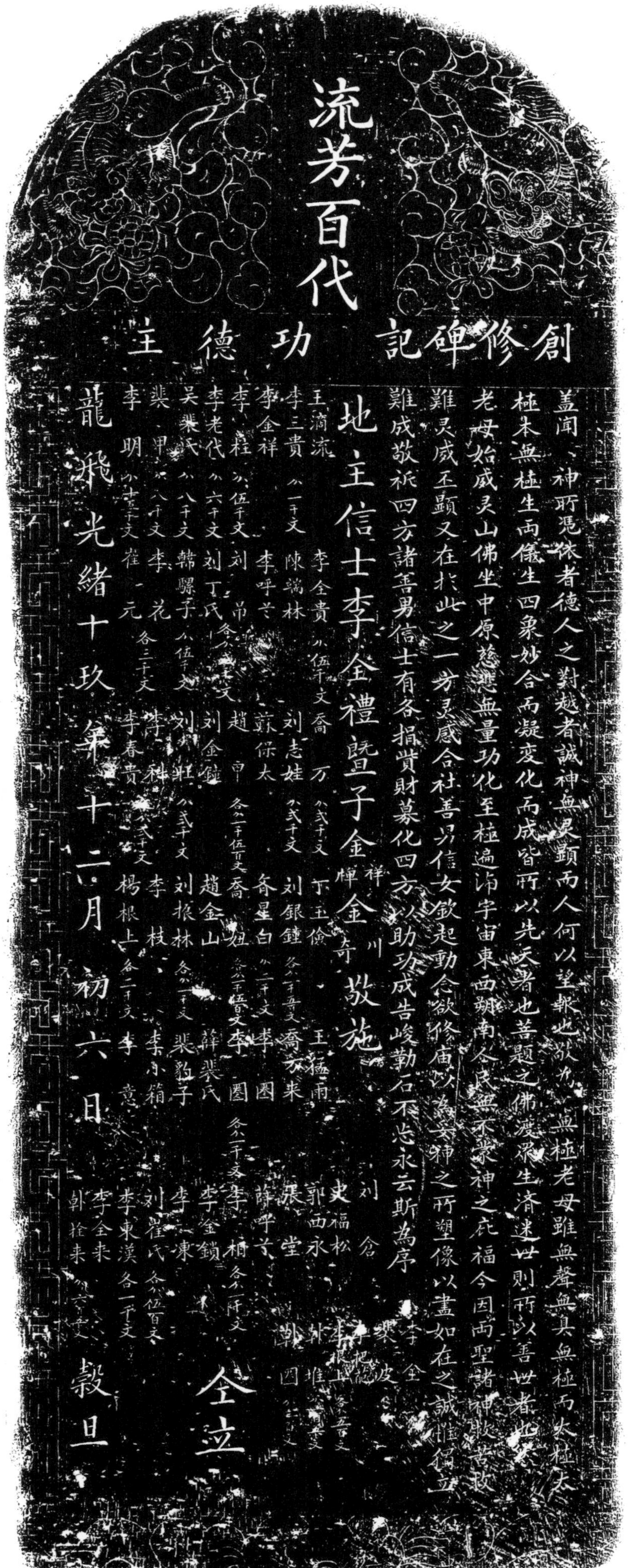
流芳百代
創修碑記功德主
地主信士李金禮暨子金牌金奇敬施
仝立
龍飛光緒十玖年十二月初六日
穀旦

【〇二七】　創修碑記

年代：清光緒十九年

尺寸：高 146 釐米，寬 56 釐米

立石地點：偃師市府店鎮來定村老母洞

創修碑記

〔碑首〕流芳百代

蓋聞：神所憑依者德，人之對越者誠，神無靈顯，而人何以望報也。敬爲無極老母，雖無聲無臭，無極而太極，太極本無極，生兩儀，生四象，妙合而凝變化而成，皆所以先天者也。菩題之佛渡衆生、濟迷世，則所以善世者也。然老母始威靈山，佛坐中原，慈悲無量，功化至極，遍滿宇宙，東西朔南人民無不蒙神之庇福。今因兩聖諸神救苦救難，靈威丕顯，又在於此之一方靈感，合社善男信女欽起動念，欲修廟以爲妥神之所，塑像以盡如在之誠。惟獨立難成，敬祈四方諸善男信士，有各捐貲財，募化四方，以助功成。告竣勒石，不忘永云，斯爲序。

功德主地主信士李全禮暨子金祥、金牌、金川、金奇敬施。

王滴流、李三貴錢一千文。李金祥、李柱錢五千文。李老代錢六千文。吴裴氏錢八千文。裴甲錢八千文。李明錢十五千文。李全貴錢五千文。陳端林、李呼蘭、劉吊、劉丁氏各錢二千文。韓騾子錢五千文。李花、崔元各三千文。喬萬錢二千文。劉志娃錢二千文。蘇保太、趙甲、劉金鐘各錢一千五百文。劉旺錢二千文。李科、李春貴各錢二千文。丁玉儉、劉銀鐘各錢一千五百文。齊星白錢二千文。喬妞各錢一千五百文。趙金山、劉振林各錢一千文。李枝、楊根上各二千文。王猛雨、喬萬來、李圈、李圈、薛裴氏、裴豹子、李小箱、李意各錢一千文。劉倉、史福松、郭西永、張堂、薛呼蘭、李相各錢一千文。劉崔氏、李金鎖、李凍各錢五百文。李東漢、李全來各一千文。韓拴來錢六百五十文。李全、裴皮、李把葩、李根上各錢五百文。韓堆錢二百五十文。韓圈錢二百文。

龍飛光緒十九年十二月初六日穀旦仝立。

萬古流傳
創修

【〇二八】　創修三聖洞三極洞三皇洞代輩洞碑記

年代：清光緒二十三年

尺寸：高 148 釐米，寬 40 釐米

立石地點：偃師市府店鎮來定村老母洞

〔碑首〕：萬古流傳　創修

且神之爲德也，其盛矣乎。神有靈感而人豈敢不報矣。原緣三極聖母、三皇聖祖並暨代輩聖母以暨諸神廣施威靈，有求必應，其功大矣，惟德動人。合社人等欲建三聖洞塑像，以答神惠，以顯神光。修三極洞、三皇洞、代輩洞，並有諸神之洞周圍院墻，神有妥依，人有敬所，神矣人矣，可得各銘其意云。合社等由光緒六年修，及二十三年其功乃成，其心乃盡。猶恐世遠年湮，莫識歲時，因勒刻諸石，永垂不朽云爾。斯爲序。

撰文史書蘭沐手頓書。

此地主大社首時定功、定義暨子時正德、正運廟院壹所，正用大錢拾仟敬施。

合社功德主李金奇施錢四千。高尾巴施錢一千五。李宗元施錢二千一。時鎖施錢三千。李文學施錢二千。陳書貴施錢七千。陳天義施錢三千一。李根上施錢六千三。任貨施錢六千九。張鐵頭施錢六千一。李銀平施錢五千二。李長富施錢五千一。李花朋施錢四千二。韓來遲施錢三千六。時寔施錢三千四。李黑漢施錢三千四。裴煤粧施錢三千三。李臭灘施錢三千一。時石山施錢一千八。張書印施錢二千五。李煥施錢二千七。胡三多施錢二千七。牛堃施錢二千三。張順施錢二千。李理氏施錢二千。時信娃施錢二千。郭一須施錢一千八。陳庫施錢一千三。薛路施錢一千三。李全施錢一千三。李書奇施錢一千三。李心法施錢一千一。杜龍娃施錢五百。裴豹子施錢七百。李如意施錢五百。李榮科施錢二百。王晚成施錢五百。裴富施錢三百。仝立石。

石匠金丙戌刻立。

永垂不朽

關聖帝君大殿碑記

三義號補修

王金山 楊舒 武功跋 張允齡 武席祺 武國寧 武鎮 庵纂

嘉慶二十二年八月穀旦

【〇二九】　關聖帝君大殿碑記

年代：清嘉慶二十二年

尺寸：高 135 釐米，寬 51.5 釐米

立石地點：偃師市府店鎮府北村關帝廟

關聖帝君大殿碑記

〔碑首〕：永垂不朽

三義號：王金山、武功竣、席祺、武鎮、楊舒、張九齡、武國寧、席篆補修。

嘉慶二十二年八月穀旦。

重修

關帝廟西垣墻碑記

本鎮信士開列於後

陳福智施錢四千七百文

齊裕菴錢一千八百三十

曹福壽錢一千八百三十

席棠錢十千八百三十

武鑑錢一千一百文

何天柱錢六百文

臧東魯錢一千一百文

石匠李方瑞

大清道光元年十月初一日立

【〇三〇】　重修關帝廟西垣墻碑記

年代：清道光元年

尺寸：高 50.5 釐米，寬 56 釐米

立石地點：偃師市府店鎮府北村關帝廟

重修關帝廟西垣墻碑記

本鎮信士開列於後：

陳福智施錢四千七百文。齊裕菴錢一千八百三十。曹福壽錢一千八百三十。席棠錢一千八百三十。武鑒錢一千一百文。何天柱六百文。臧棟魯錢一千一百文。

石匠：李方瑞。

大清道光元年七月初一日立。

火帝真君神像補修廟宇碑記
大清道光二年三月初十日

【〇三一】　火帝真君神像補修廟宇碑記

年代：清道光二年

尺寸：高 110 釐米，寬 44.5 釐米

立石地點：偃師市府店鎮府北村關帝廟

火帝真君神像補修廟宇碑記

合社人等：席天魁、武功臣、齊尊乙、戚相臣、席天福、席允、武鑄、王金山、齊相金粧。

木匠：劉創。塑匠：吴有禮、高林山。石匠：車榮先。

大清道光二年三月初十日穀旦。

大清
武當山進香還鄉修醮碑
龍飛道光三年二月吉日穀旦
新合社
祖成 席萬選
馬其健 王銀山
張永亮 戚貴鄉
王廷浴 武國士
梁福林 武國妆
楊舒 何傑
仝立

【〇三二】　武當山進香還鄉修醮碑

年代：清道光三年

尺寸：高 149.5 釐米，寬 57.5 釐米

立石地點：偃師市府店鎮府北村關帝廟

武當山進香還鄉修醮碑

〔碑首〕：大清

新合社：祖成、馬其健、張永亮、王廷治、梁福林、楊舒、席萬選、王銀山、戚貴鄉、武國士、武國牧、何傑仝立。

龍飛道光三年二月吉日穀旦。

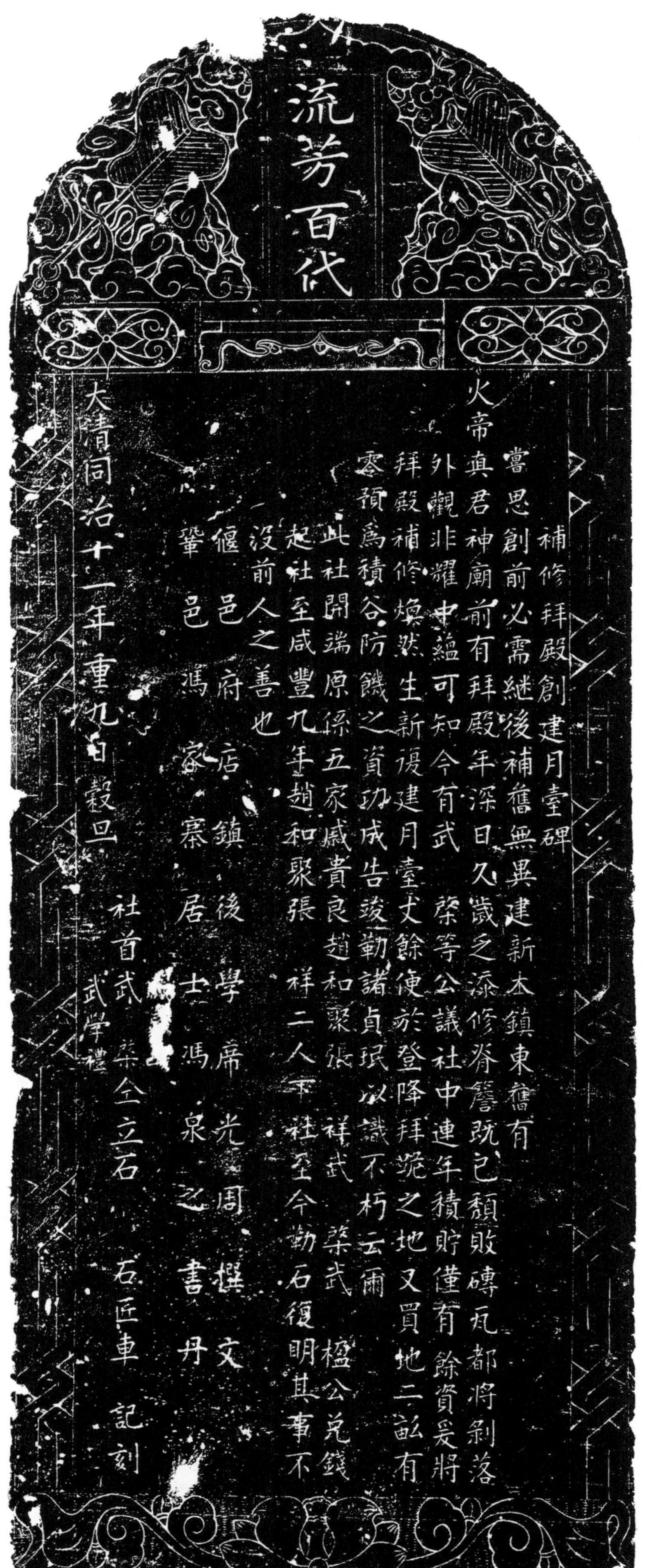

流芳百代

補修拜殿創建月臺碑

嘗思創前必需繼後，補舊無異建新。本鎮東舊有
火帝真君神廟，前有拜殿，年深日久，歲乏添修，脊簷既已頹敗，磚瓦都將剝落，
外觀非耀，中縕可知。今有武　榮等公議，社中連年積貯，僅有餘資，爰將
拜殿補修，煥然生新，復建月臺丈餘，俾於登降拜跪之地。又買地二畝有
零，預爲積谷防饑之資。功成告竣，勒諸貞珉，以識不朽云爾。
此社開端原係五家：武貴良、趙和聚、張　祥、武　榮、武　楹公兑錢
起社。至咸豐九年，趙和聚、張　祥二人下社。至今勒石，復明其事，不
没前人之善也。

偃邑府庠鎮後學席光周撰文
鞏邑馮家寨居士馮泉之書丹

大清同治十一年重九日穀旦　社首武　榮仝立石　石匠車　記刻
武學禮

【〇三三】 補修拜殿創建月臺碑

年代：清同治十一年

尺寸：高 143 釐米，寬 54 釐米

立石地點：偃師市府店鎮府北村關帝廟

補修拜殿創建月臺碑

〔碑首〕：流芳百代

嘗思創前必需繼後，補舊無異建新。本鎮東舊有火帝真君神廟，前有拜殿，年深日久，歲乏添修，脊簷既已頹敗，磚瓦都將剥落，外觀非耀，中蘊可知。今有武棨等公議，社中連年積貯，僅有餘資，爰將拜殿補修，焕然生新。復建月臺丈餘，便於登降拜跪之地。有買地二畝有零，預爲積穀防饑之資。功成告竣，勒諸貞珉，以識不朽云爾。

此社開端原系五家：戚貴良、趙和聚、張祥、武棨、武楹公兑錢起社，至咸豐九年，趙和聚、張祥二人下社，至今勒石，復明其事，不没前人之善也。

偃邑府店鎮後學席光周撰文，鞏邑馮家寨居士馮泉之書丹。

社首：武棨、武學禮仝立石。

石匠：車記刻。

大清同治十一年重九日穀旦。

皇清

重修

圈神廟功程告竣碑記

昔先王之制祀典也凡有功烈於民者皆祀之有其舉之莫

國朝康熙四十二年創立　圈神廟迄今年湮廟宇頹矣　神像圮

目皆不忍視不重修之則廢之也必矣時則有衆善士目擊而

修莫不悅從於是各捐貲財更廣募化鳩工庀材不踰月而功遂

神像煥然一新雖曰功不甚巨要未始非善事也用勒琪珉永垂不朽

樂善者勸

邑庠生員曹延齡譔文

邑庠生員武經修書丹

何楸備古山門照壁後官路

錢伍千文

陳鈕　陳書　何楸

勷事人武模　監生武東周　陳清和

武修文　陳磨

曹煊　曹書堂　武圀協

石匠劉義

光緒十[illegible]年歲次辛卯十月中浣吉日立

【〇三四】　重修圈神廟功程告竣碑記

年代：清光緒十七年

尺寸：高 144 釐米，寬 57 釐米

立石地點：偃師市府店鎮府北村關帝廟

重修圈神廟功程告竣碑記

〔碑首〕：皇清

昔先王之制祀典也，凡有功烈於民者，皆祀之，有其舉之……國朝康熙四十二年創立圈神廟，迄今年湮，廟宇頽也，神像圮也，……目皆不忍視，不重修之，則廢之也必矣。時則有衆善士目擊而心傷，……修，莫不悦從。於是，各捐貲財，則更廣募化，鳩工庀材，不踰月而功遂告竣。神像焕然一新，雖曰功不甚巨要，未始非善事也。用勒貞珉，永垂不朽。

邑庠生員曹延齡譔文，邑庠生員武經修書丹。

何揪借占山門照壁後官路，錢伍仟文。

勷事人：陳鈕、武模、曹煊、陳書、監生武東周、武修文、曹書堂、何揪、陳清和、陳磨、武國協。

石匠：劉義。

光緒十七年歲次辛卯十月中浣吉日立。

閻夫子華傘告成記
予考漢壽亭侯曰閻夫子忠義
正大后人值像誌不忘也歲壬
樂庄建廟旧矣前歲重新之旹
敬菴其人也惟傘議作者久益
菴聯衆成美請予題石予曰廳
天下事待人而成益菴為傘尊
神也時使之乏兆第濟美允矣
一時盛事然必如孟子親睦訓
者神自福尔子孫矣時
萬曆十三年夏四月吉蘇我民題
社首常增傘匠田雷石匠張萬臣
合社善士常仲臣高士儒高捷孫光祖
常善孫宗堯高君詔韓東劉進忠常科
高汝勤常仲奉常孟儒常進思常壽常進德
晋權常仲懷常志順常進明芦子京芦子成
芦子周劉大艮楊大善薛應支王國成趙山

【〇三五】 關夫子華傘告成記

年代：明萬曆十三年
尺寸：高 42 釐米，寬 58 釐米
立石地點：偃師市府店鎮劉村韋窑自然村

關夫子華傘告成記

予考漢壽亭侯曰：關夫子忠義正大，後人值像誌不忘也。茲土欒莊建廟舊矣，前歲重新之者，敬菴其人也。惟傘樣作者久，益菴聯衆成美，請予題石，予曰：噫！天下事待人而成，益菴爲傘尊神也。時使之也，兄弟濟美允也。一時盛事，然必如孟子親睦訓者，神自福爾子孫矣。

蘇我民題。

社首：韋增。傘匠：田雷。石匠：張萬臣。

合社善士：韋仲臣、高士儒、高捷、孫光祖、高善、孫宗堯、高君詔、韓東、劉盡忠、韋科高汝勤、韋仲峯、韋孟儒、韋盡思、韋志高、韋進德、賈權、韋仲懷、韋志順、韋進明、盧子京盧子成、盧子周、劉大銀、楊大善、薛應支、王國成、趙山。

時萬曆十三年夏四月吉。

日　月

碑記

重修關王廟門墻記

[illegible]師曉摩生望我蘇我民主人普[illegible]

昔漢紀雲長關夫子義勇武蓋世無双惠曾安刻万代[illegible]

仰以故世[illegible]在在前祀爲[illegible]洛南樂庄勝[illegible]屋維東當西[illegible]

二[illegible]河面九龍山古[illegible]廟[illegible][illegible][illegible]前隆慶[illegible][illegible][illegible]

君請使面者[illegible][illegible][illegible][illegible]爲歲[illegible]降西善人行情[illegible]

至萬曆十九年[illegible][illegible]靜[illegible]宗[illegible][illegible]神棲起敢無以

称泰祀竟陳[illegible][illegible][illegible]子[illegible]講[illegible][illegible]孫季之慶一旦

修乎然薦[illegible]墻[illegible]太門[illegible][illegible][illegible]當[illegible]議三綱

又[illegible]人日者[illegible]迹煙[illegible]立門三[illegible]門請予[illegible]記予四齊祠

部邊[illegible]知門[illegible]門[illegible]傳[illegible]三[illegible]知自修其門墻乎夫神

[illegible]在[illegible]在[illegible]人[illegible]閣[illegible][illegible]墻[illegible]抑門道[illegible]以爲之地忠信

[illegible][illegible][illegible]仁[illegible]爲[illegible]以[illegible]發際也[illegible]聽以爲垣墻[illegible]六

[illegible]爲之[illegible]門[illegible]孝子以[illegible][illegible]此礼以爲門[illegible][illegible]義氣

[illegible]也[illegible]則[illegible]常子出爲招[illegible]身未謂[illegible]門[illegible]則[illegible]良將

[illegible][illegible][illegible]門墻修偽則[illegible]也匠常則爲間士哀則爲[illegible]

晏[illegible]之墻[illegible]出謂廟[illegible]神必爲[illegible]後先矣樂庄爲

[illegible]之望[illegible][illegible][illegible]門墻之修將道以自修之道[illegible][illegible]祈神[illegible]

也予是乎[illegible][illegible]時在[illegible]

大明萬曆二十三年歲次乙未春三月吉旦廟主常志孝[illegible]

叔父常[illegible]增

善人高仕儒　韓東　高捷　劉集忠　張[illegible]　[illegible][illegible]

石工　鞏邑張[illegible][illegible][illegible]

【〇三六】　重修關王廟門墻記

年代：明萬曆二十三年

尺寸：高 88 釐米，寬 50 釐米

立石地點：偃師市府店鎮劉村韋窑自然村

重修關王廟門墻記

〔碑首〕：碑記　日月

昔漢記雲長關夫子義勇武略，蓋世無雙，破曹安劉，萬代瞻仰，以故世人在在廟祀焉。偃治南樂莊勝區居緱東嵩西，臨二龍河，面九龍山。古傳廟門久而□矣。前隆慶年，□□若常君諱仲臣者重新之，造門墻□狀。奈歲兇降，而善人作惜哉。至萬曆十九年，□□仲子静軒諱□□□門，神棲圮敝，無以稱奉祀，意□□□□蠹太完其所未□□□□□季之廢，一旦修□，焕然改舊，門墻竦立，門宇□□□□長孫嵩溪諱三綱，又□異日者，□跡湮没無傳，三□予門請予爲記。予曰：廟祠報功人知聞，而門中固乃垣墻□，知自修其門墻乎？夫神不在廟中，在人一念，祠事初發際也，必道德以爲之地，忠信以爲之基，仁以爲之義，以爲路，禮以爲門，廣恥以爲垣墻，六經以爲之輔，忠□以爲松樺，此身未謁廟間，宛然桃園義氣在□也。入則爲孝子，出則爲忠臣，常則爲義士，變則爲良將，是吾心之門墻常修，倘一謁廟而神必爲之後先矣。樂莊爲偃之望地，固吾因門墻之修，將進以自修之道，預圖祈神□也。于是乎記。

偃師縣庠生望我蘇我民主人書。

廟主韋志孝叔父韋增、善人高仕儒、韓東、高捷、劉進忠、孫崇堯、盧子京。

石工：鞏邑張萬□刻。

大明萬曆二十三年歲次乙未春三月吉旦。

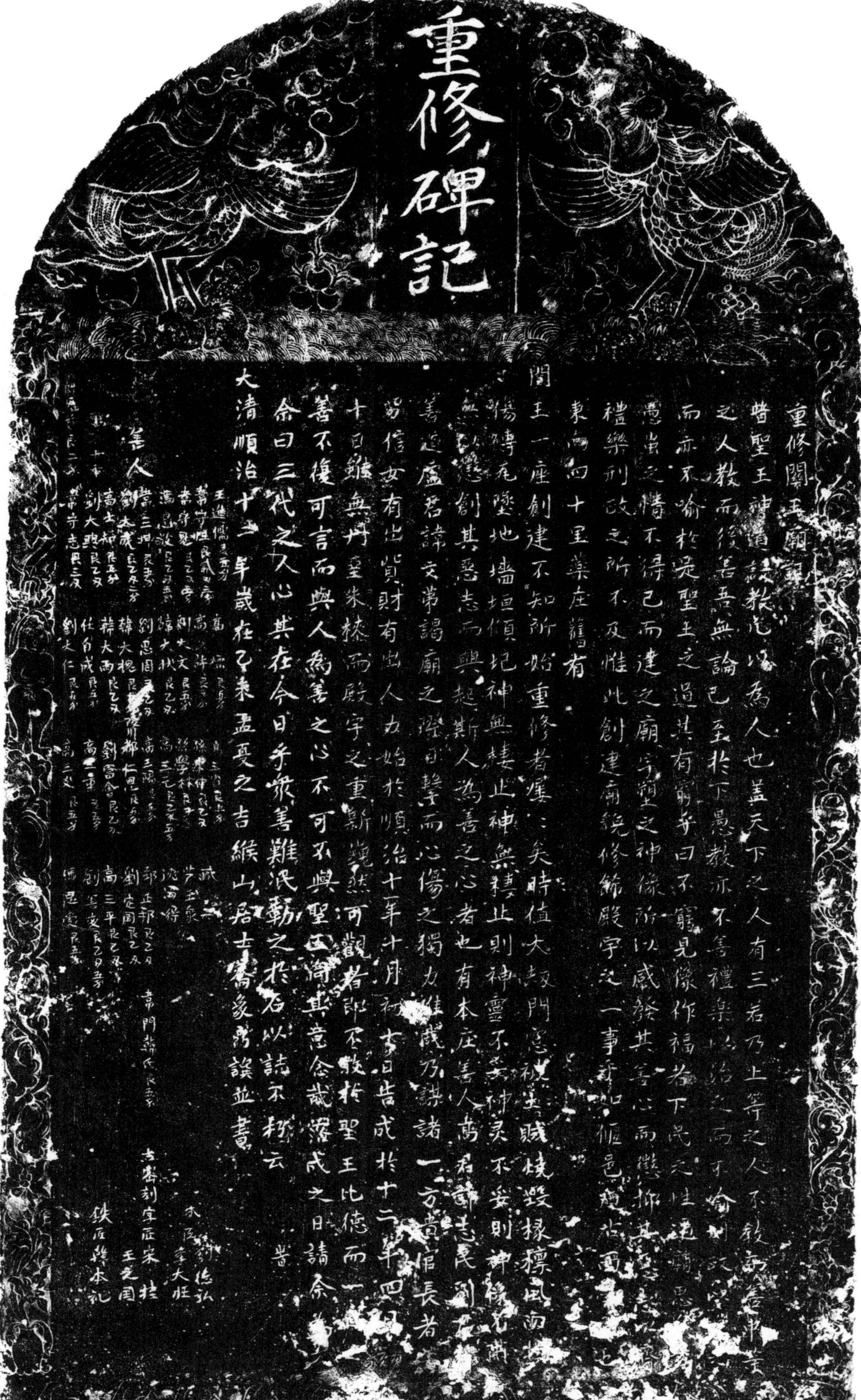
重修碑記

【〇三七】 重修關王廟記

年代：清順治十二年

尺寸：高 107.5 釐米，寬 61.5 釐米

立石地點：偃師市府店鎮刘村韋窑自然村

重修關王廟記

〔碑首〕：重修碑記

昔聖王神道設教，凡以爲人也，蓋天下之人有三：若乃上等之人不教而善；中等之人教而後善，吾無論已；至於下愚，教亦不善。禮樂以治之而不喻，則政以□之而亦不喻。於是，聖王之道其有窮乎？曰：不窮。見像作福者，下民之性；遇廟思陰者，愚蚩之情。不得已而建之廟宇，塑之神像，所以感發其善心，而懲抑其惡志，以濟禮樂刑政之所不及。惟此創建廟貌，修飾殿宇之一事乎？如偃邑西古西□□也，東南四十里藥莊舊有關王一座，創建不知所始，重修者屢屢矣。時值大劫，門窗被土賊燒毁，椽檩風雨損傷，磚瓦墜地，墻垣傾圮。神無棲止，則神靈不妥，神靈不妥，則神像不肅，無以懲創其惡志，而興起斯人爲善之心者也。有本莊善人高君諱志民、劉君諱善道、盧君諱文第，謁廟之際，目擊而心傷之。獨力難成，乃謀諸一方貴官長者、善男信女，有出貲財，有出人力。始於順治十一年十月初十日，告成於十二年四月初八日。雖無丹堊朱漆，而殿宇之重新巍然可觀者，即不敢於聖王比德，而一□□善不復可言，而與人爲善之心，不可不與聖王同其意念哉！落成之日，請余爲文，余曰：三代之人心，其在今日乎？衆善難泯。勒之於石，以誌不朽云。

緱山居士喬象鼎撰并書。

善人：馮龍銀十千。薛君首銀二錢。王進儒銀五分。韋守恒銀二兩三錢。韋守見銀乙兩五錢。馮思敬銀乙兩五錢。韋三坤銀五分。劉大成銀乙兩二錢。高士知銀五分。劉大興銀乙兩。韋守志銀三兩。高標銀五錢。高許銀五錢。劉大文銀五錢。韓大狀銀乙兩。劉思周銀乙兩。韓大槐銀五錢。韓大雨銀乙兩。任自成銀五錢。劉大仁銀五錢。高三省銀五錢。孫聚伸銀乙兩。孫學林銀五錢。高三元銀乙兩五錢。高三陽銀五錢。郝仁恩銀五錢。劉富會銀乙兩。高三重銀五錢。高三友銀五錢。臧二、盧玉泉、沈留得、郅正邦銀乙兩。劉定周銀乙兩。高三平銀乙兩。劉善變銀乙兩五錢。馮思愛銀五錢。韋門韓氏銀五錢。

木匠：劉德弘、李大旺。古密刻字匠：宋桂、王元國。鐵匠：韓本禮。

時大清順治十二年在乙未孟夏之吉。

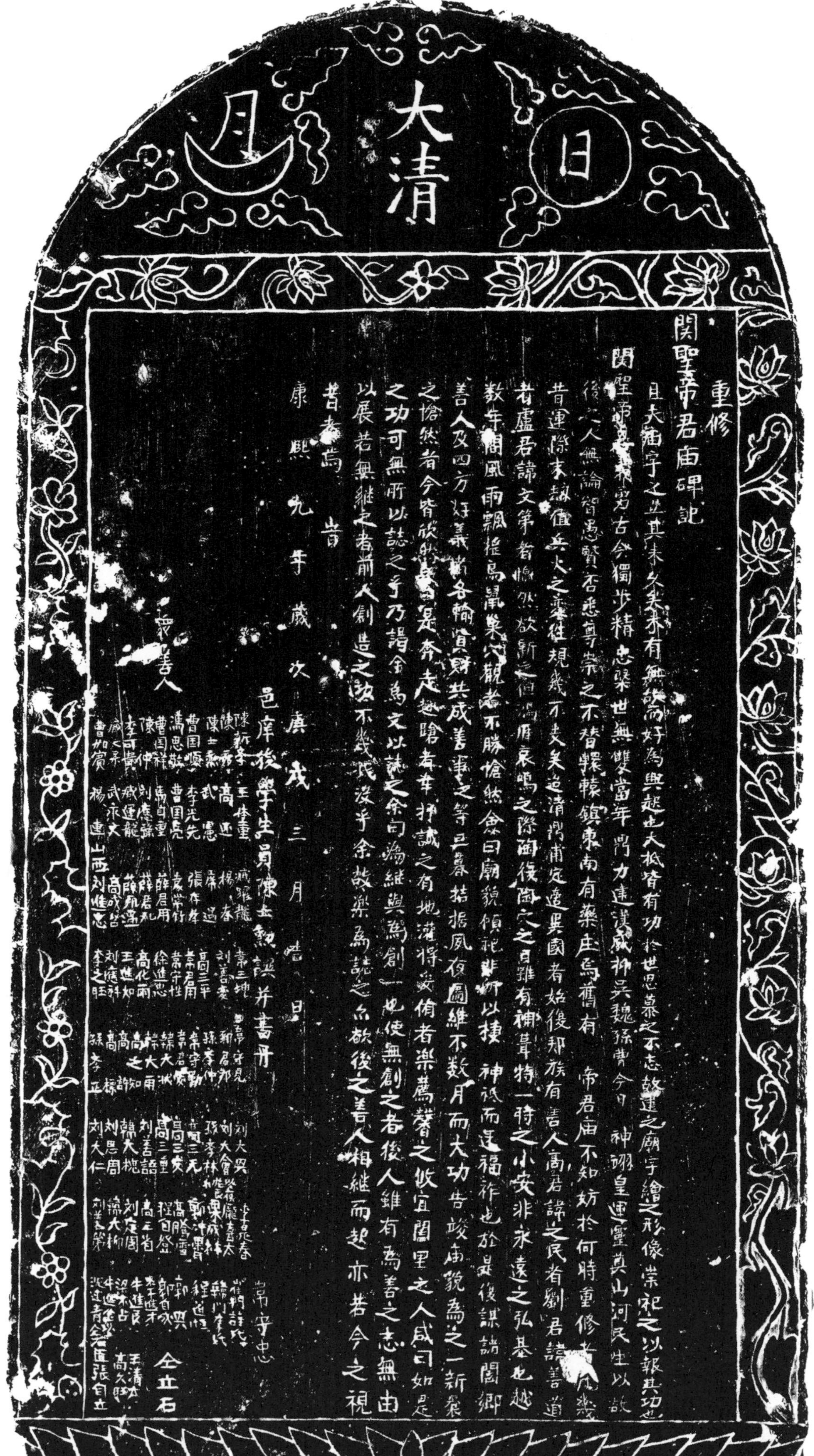

【〇三八】　重修關聖帝君廟碑記

年代：清康熙九年

尺寸：高 100 釐米，寬 51 釐米

立石地點：偃師市府店鎮劉村韋窑自然村

重修關聖帝君廟碑記

〔碑首〕：大清　　日月

且夫廟宇之立，其來久矣。未有無故而好爲興起也，大抵皆有功於世，思慕之不忘，故建之廟宇，繪之形像崇祀之，以報其功也。關聖帝君義勇古今，獨步精忠，蓋世無雙，當年鼎力建漢威，抑吴魏孫曹，今日神翊皇運，靈奠山河民生，以故後之人，無論智愚賢否，悉尊崇之不替。軒轅鎮東南有藥莊焉，舊有帝君廟，不知妨於何時，重修者凡幾。昔運際末劫，值兵火之變，往規幾萬支矣。迨清鼎甫定，適異國者始復邦族。有善人高君諱之民者、劉君諱善道者、盧君諱文第者，慨然欲新之。但鴻雁哀鳴之際，陶復陶穴之日，雖有補葺，特一時之小安，非永遠之弘基也。越數年間，風雨飄摇，鳥鼠巢穴，觀者不勝愴然。僉曰廟貌傾圮，非所以棲神祇，而□福祚也。於是復謀諸閭鄉善人及四方好義者，各輸貲財，共成善事之等。旦暮拮据，夙夜圖維，不數月而大功告竣，廟貌爲之一新，曩之愴然者今皆欣然矣。由是奔走趣者，幸抒誠之有地；灌將妥侑者，樂薦馨之攸宜。閭里之人咸曰：如是之功，可無所以誌之乎！乃謁余爲文以誌之，余曰：爲繼與爲創一也，使無創之者，後人雖有爲善之志，無由以展；若無繼之者，前人創造之功，不幾泯没乎？余故樂爲誌之，亦欲後之善人相繼而起，亦若今之視昔者焉。

邑庠後學生員陳士勳譔并書丹。

衆善人：陳新學、陳秀、陳士勳、曹國順、馮思敬、曹國祥、陳仲、李可貴、臧大昇、曹加賓、王體重、高還、武憲、李光先、曹國亮、馬自重、劉應强、臧運龍、武永久、楊連、臧躍龍、楊春、席遇、張存孝、袁常竹、薛君用、薛君禮、薛邦遇、高成召、山西劉進忠、韋三坤、劉善變、高三平、韋君用、韋守性、徐進忠、高化雨、王進如、劉應祥、李之旺、韋守見、郭君邦、孫學仲、韋守勤、韋君俊、韓大狀、韓大雨、高之知、高許、高標、孫學正、劉大興、 劉大會、孫學林、高三元 、高三友、高三重、劉善語、韓大槐、劉思周、劉大仁、李是春、龐喜太、果成林、郭沖霄、高騰雪、程自登、高三省、劉定周、韓大柳、劉善第、韋守忠、崔門許氏、韓門李氏、程道恒、郭興、郭自成、李進才、牛進銀、梁不占、牛進金、沈過青。

石匠：王清立、高久旺、張自立仝立石。

時康熙九年歲次庚戌三月吉日。

【〇三九】　重建藥王藥聖碑記

年代：清康熙二十五年

尺寸：高 107 釐米，寬 49.5 釐米

立石地點：偃師市府店鎮劉村韋窑自然村

重建藥王藥聖碑記

〔碑首〕：流芳百代

考之炎帝始興藥名，味草木之滋，察寒温平熱之性，辨君臣佐使之義，遂作方書，以療疾疢。由此人無夭扎疵癘之患，嗣是相起而有功于世者，不乏神醫。但其中能心天地之心者，尤莫如藥王藥聖尊神是已。如亳邑岳莊有藥王藥聖廟，其所由來尚矣，論其創也，不知始於何代，其間重修也，亦不知幾何氏。自被流寇兵焚以後，殘壞蕩空。迨我皇清定鼎，不惟墻垣悉爲土壤，即磚瓦片木亦自無存，迄今惟有遺趾之徒存耳。顧瞻徘徊，有不禁歔欷之無人以修之者。一日有山西平陽府太平縣客醫□拱昉、本村韋宣用共目擊心傷，發善念恢復舊制，洵一經承盛典也，其爲善豈淺鮮也哉！是役也，興于二十一年，告竣于二十二年。今乘其請曰：厥功之成，非余一人手足之烈也，厚賴四方之衆善，相與有成也，願丐其文，用勒貞珉，以彰同善於不朽。兹援筆而書之。是爲記。

賜進士出身文林郎前壽州霍丘縣知縣令陞内閣中書府姬之篙撰文。劉山友、劉化育撰書。

李起龍三兩六錢。高三平一兩。孫學仲九錢。韋居相八錢。高三元七錢。高三茂七錢。劉善道七錢。劉善變六錢。郭興八錢。高三友六錢。韋大用六錢。王要先六錢。任自成五錢。高三隆、盧文第四錢。韋天授四錢。高三變三錢二分。劉定周、盧化斗、秦紋周俱三錢。胡仲生三錢。高許、郅君邦、劉大惠、劉善雷俱二錢。韋君用、韋守勤、盧化昇俱三錢。韓大雨、高騰霖、韋君受六錢。韋天禄、韋忠、强曾谷、薛東哲、曹爾珍、高騰雲、武于倉二錢。楊其福、丁鳳皞、高騰雷、高騰雨、孫學正、孫治邦、高三省、高三光、高三綱、高登雲、郭燦星、韓之榮、劉善弟、劉善語、韓之花、馮盡善、劉萁范、劉善行、劉善繼、韓之孝、韓之壽、李人龍、王玉桂、賀霖漢、康聚忠、高化雨、高起鳳、高起英、臧大林、趙得友、劉德弘、高化麟、趙起旺、劉君召、薛秉良、王者興、王加楨、薛秉義、薛秉智、樂爾英、郭景熙、王雲、郭景春、郭景龍、郭景遇、丁王氏、王體重、席其易、盧三省、王謨、蔡焕、楊鳳來、史自便、李可學、張士彦、盧三德、張三思、張選、吉秀、郭金城、郭得春、王俊德、杜國宰、趙光耀、高萬興。……

木匠：李之寬。畫匠：蕭魁宇。西河石工：武之尚刻。

康熙二十五年歲次丙寅六月吉旦。

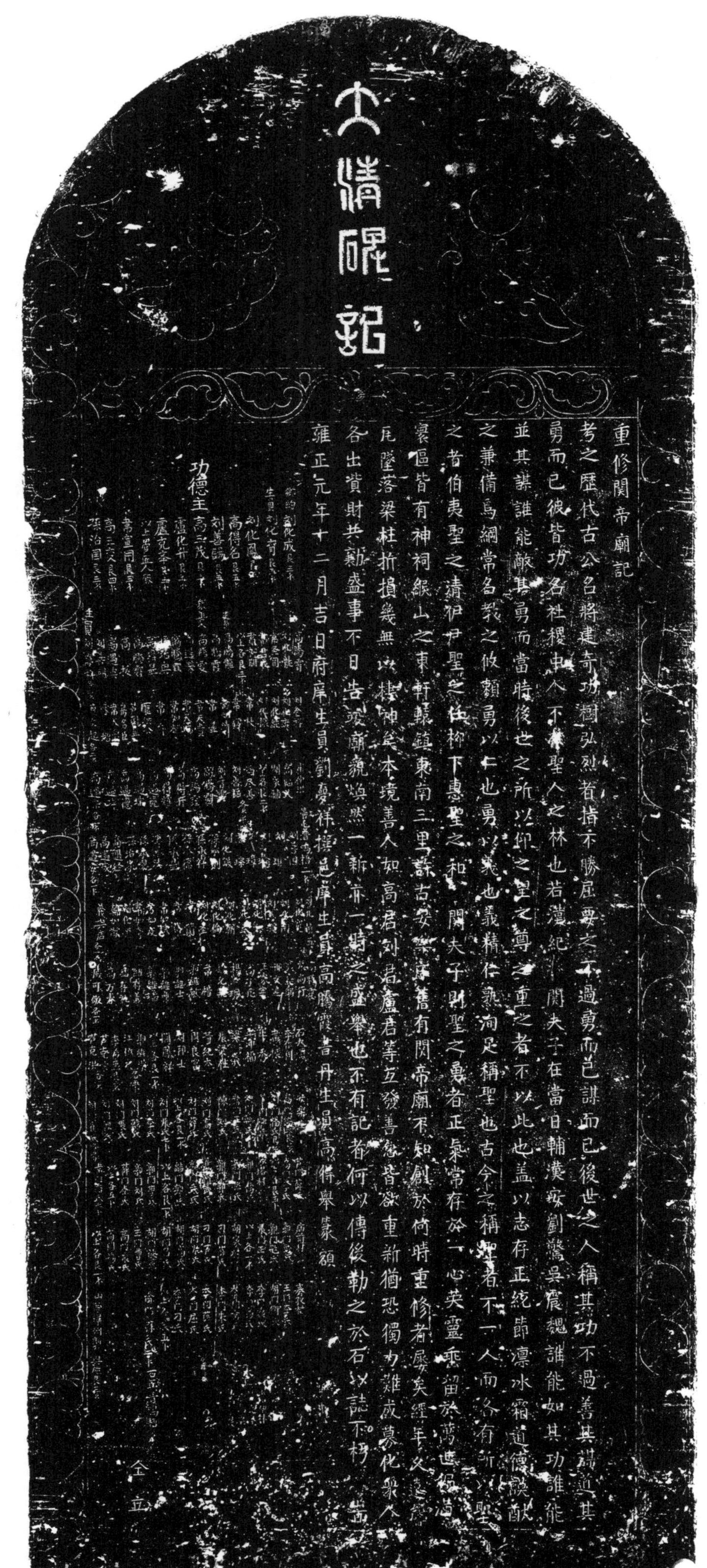

大清碑記

重修關帝廟記

考之歷代古公名將建奇功樹弘烈者指不勝屈要之不過勇而已謀而已後世之人稱其功不過善其謀道其勇而已彼皆功名社稷中人不(?)聖人之林也若漢紀(?)關夫子在當日輔漢安劉驚吳震魏誰能如其功誰能並其謀誰能敵其勇而當時後世之所以仰之望之尊之重之者不以此也蓋以志存正統節凜冰霜道德謨猷之兼備爲綱常名教之攸賴勇以仁也勇以義也義精仁熟洵足稱聖也古今之稱聖者不一人而各有所以聖之者伯夷聖之清伊尹聖之任柳下惠聖之和關夫子則聖之勇者正氣常存於一心英靈垂留於萬世綿邈寰區皆有神祠緱山之東軒轅鎮東南三里許古安樂店舊有關帝廟不知創於何時重修者屢矣經年久遠傾圮墜落梁柱折損幾無以棲神矣本境善人如高君劉君盧君等互發善念皆欲重新猶恐獨力難成募化衆人各出貲財共勷盛事不日告竣廟貌煥然一新亦一時之盛舉也不有記者何以傳後勸之於石以誌不朽云爾

雍正元年十二月吉日府庠生員劉夢祥撰邑庠生員高騰霞書丹生員高傑舉篆額

功德主

仝立

【〇四〇】 重修關帝廟記

年代：清雍正元年

尺寸：高 151 釐米，寬 62 釐米

立石地點：偃師市府店鎮劉村韋窑自然村

重修關帝廟記

〔碑首〕：大清碑記

考之歷代古公名將建奇功樹弘烈者，指不勝屈，要之不過勇而已，謀而已。後世之人稱其功，不過善其謀，道其勇而已，彼皆功名社稷中人，不入聖人之林也。若漢紀關夫子，在當日輔漢安劉驚吴震魏，誰能如其功，誰能並其謀，誰能敵其勇。而當時後世之所以仰之、尊之、重之者，不以此也。蓋以志存正統、節凜冰霜、道德謨猶之兼備焉。綱常名教之攸，賴勇以仁也、勇也、義也；義精仁熟，洵足稱聖也。古今之稱聖者，不一人而各有所以。聖之者，伯夷聖之清，伊尹聖之任，柳下惠聖之和，關夫子則聖之勇者，正氣長存於一心，英靈垂留於萬世，偏滿寰區皆有神祠。緱山之東、軒轅鎮東南三里許，古安樂莊舊有關帝廟，不知創於何時，重修者屢矣。經年久遠，簷瓦墜落，梁柱折損，幾無以棲神矣。本鎮善人如高君、劉君、盧君等互發善念，皆欲重新，猶恐獨力難成，募化衆人，各出貲財，共勷盛事。不日告竣，廟貌焕然一新，亦一時之盛舉也。不有記者，何以傳後，勒之於石，以誌不朽。

府庠生員劉夢祥撰，邑庠生員高騰霞書丹，生員高得舉篆額。

功德主：鄉約劉化成銀三錢。生員劉化育銀五錢。高得名銀五錢。劉善錫銀五錢。高三茂銀五錢。盧化昇銀五錢。盧克學銀五錢。以上管匠人飯。韋宣用銀三錢。高三變銀四錢。孫治國銀三錢。高騰霄、劉化龍、韋聖用、韋君成、韋如朋，以上各銀三錢。高騰龍、高騰霞、高騰雯、高遇榮、高騰霖、高治興、高得顯、高騰□、高拔、高遇興、劉善明、生員劉夢祥各二錢。劉金祥、劉化雍、劉化純、劉化振、韋枝、韋鐸、韋如清、韋顯、韋天貴、韋天瑞、韋如林、韋弁、龐洪公、盧國顯、房名臣、韋天爵、陳炤、連問起各二錢。崔仲洪、高臨民、胡家鋪，以上各二錢。馮盡善、劉善福、劉青雲、高騰雷、高騰霆、高得昇、高得耀、高遇範、高遇瑞、高遇德、高遇時、高遇宗各一錢。管茅晉鳴梧二錢。劉善國、劉琪、劉瑜、劉璋、劉琮、劉化岐、孫承則、孫承祥、孫承德、孫承顯、孫承法、孫承恩、孫治家、高遇經、高遇成、高遇安各一錢。劉化禎、劉化寬、劉化南、劉善樂、劉化禹、劉化民、劉化朝、劉化倫、劉化聖、韋蘭、韋岱、韋如武、韋如度、韋如奇、劉化順、韓加猷、義興店各一錢。高騰震、張尚行、張繼緒、邢文達、王家宰、高子凡、楊珮、趙允□、韋楷、郭維獻、郭維士、郭維廉、郭維璠、結存義、結存禮、高萬春、臧可敬……

石匠：晉鳴梧仝立。

時雍正元年十二月吉日。

【〇四一】　重修盧醫殿碑記

年代：清乾隆二十三年

尺寸：高 121 釐米，寬 51 釐米

立石地點：偃師市府店鎮劉村韋窑自然村

重修盧醫殿碑記

〔碑首〕：流芳百代

神人相藉，自古爲然。人非神無以爲福，神非人亦無所棲止。夫神堂古廟，年深日久，亦烏能常新而不敝，倘不復爲修理，則神無所止，而人亦無以獲福。是以古亳東南安樂韋家莊，舊有盧醫藥王藥聖廟一座，某創修也，不知始於何時，其重修者屢屢，多歷年所，曠日遲久，風雨損壞，墻垣傾圮，廟貌神像無色，并無人修。忽有本村善人盧君諱慧、韋君諱顯等目擊心傷，動念興修，獨力難成，募化合村人等，各出貲財，共勷盛事。不月告竣，廟貌神像焕然一新，此亦一時之盛舉也。請余爲文，余曰：善不可没，而衆人之善愈不可無，故援筆勒之於石，以誌不朽。

後學劉化聖撰，韋兆麟書丹。

功德主：韋天德施銀八錢二分。韋如昇、盧思成施銀七錢。盧慧施銀七錢五分。魏顯施銀二兩一錢。衆善人韋枝銀一兩六錢。韋學禮銀一兩三錢五分。盧德銀六錢。盧聰銀五錢二分。盧成銀五錢五分。盧祥銀五錢五分。盧魁銀五錢。盧聚、盧信銀四錢五分。韋學孔銀四錢五分。韋訓銀四錢。韋瓚銀三錢五分。韋照銀三錢。盧運銀三錢。韋典銀三錢。韋象銀三錢。韋府銀二錢五分。韋學端銀二錢五分。韋學正銀二錢五分。牛盡孝銀二錢。牛盡敬銀二錢。韋玥銀二錢。韋俊銀二錢。盧宗孔銀一錢三分。盧宗堯銀一錢三分。高本固銀一錢。韋學冉銀一錢。劉化聖銀一錢。魏瑞銀五分。高本立銀一錢。李信銀五分。盧明銀五分。韋禎銀五分。

畫匠：張丙亮銀一錢。木匠：郭永慶銀一錢。

乾隆貳拾叁年歲次戊寅拾壹月甲子吉旦。

流芳百代
乾隆五十二年重脩垣墻碑記
嘉慶八年八月十三日立
重修
藥王廟金粧神像碑記
道光十八年季春穀旦立

【〇四二】 乾隆五十二年重修垣墻碑記

年代：清道光十八年

尺寸：高 75 釐米，寬 61.5 釐米

立石地點：偃師市府店鎮劉村韋窑自然村

乾隆五十二年重修垣墻碑記

〔碑首〕：流芳百代

功德主：盧運錢一百二十文，工十七個。韋兆鶴錢三百五十文，工三十三個。韋振鸞錢五百四十文，工十三個。韋兆書錢四百五十文，工十六個。韋希焕錢四百四十文，工二十個。韋兆豪錢六百文，工二十四個。韋敬、韋朝宗、韋兆魁、韋兆先……

重修關帝廟餘下簿事錢修蓋武樓與……

功德主：韋兆鶴錢六千三百文，工七十二個。盧宗乾錢二千八百文，工三十八個。韋文焕錢一千九百文，工二十五個。韋兆魁錢三千五百文，工二十四個。蘆宗顔錢五百文，工八個。韋敬錢四千五百文，工三十六個。韋學有錢七八十文，工二個。韋兆書錢四千文，工三十二個。韋朝宗錢三千五百文，工二十二個。韋振巒錢三千二百文，工十六個。韋振河錢二千九百文，工十五個。韋兆豪錢一千四百文，工四個。蘆宗林、韋朝陽、韋文吉、盧成美、韋文道、韋兆先……

嘉慶八年八月十三日立。

重修藥王廟金粧神像碑記。

功德主韋朝拔錢一千七八文。盧成美錢一千文。韋朝用錢一千文。韋朝見錢六百文。韋景玉錢六百文。韋學行錢五百文。韋式潤錢五百文。韋朝楝錢四百文。韋式舉錢三百文。韋式振錢三百。韋榮宗錢二百文。

道光十八年季春穀旦立。

重修玄帝廟記

【〇四三】　龍鳳虎頭山重修玄帝廟記（碑陽）

年代：明嘉靖五年

尺寸：高 142 釐米，寬 62 釐米

立石地點：偃師市府店鎮佛光村祖師廟

□□□□龍鳳虎頭山重修玄帝廟記

〔碑首〕：重修玄帝廟記

夫天下名山，悉有其神，以建其廟也。未有所謂山無其名，神無其廟焉。玆龍鳳虎頭山，中州河河南，在偃師縣南五十餘許，東至鹿耳山，南至方山寨，西至捨身崖，北至石橋洞。四至環繞於外，名山獨處於中，其山勢巔巒巖巖，維石巍巍，其高足以聳雲霄而侵雲漢也。朝馬雲覆，夕馬□□，草木森蔚，鳥語笙喧，真乃名山洞府不凡之地，正神之所宜處也。殆見天地氣運循還，山山將興，神見其光。適洛陽處士劉公諱表字子正者，乃當時元老大師之，戶部主事、都察院監察御史二公之叔父也，自幼博覽儒書，不尚名利，懷材抱德，隱居山此，下耕食鑿，優游自得，樵釣水泮渙自樂。一日晨出獨步，偶然此山頂紫霧豪光、旗刀俱昇，□若真玄帝顯其神像於斯也。劉公子默然顧之良久，慨然遂興建廟之心，□於一鄉善士、君子，無不應之曰："可。"遂托僧鐵山募緣，以助木石工匠之所不及，其重建斯廟，不一載之餘，倏然而成，有若神靈陰祐之所爲也。於此山頂營建正殿三間，圖塑玄帝神像四帥，龜蛇二將，旗刀俱備。餘修靈官廟一所，遂感激四方，善人、君子進香，往往相繼，繩繩而不斷焉。吾以爲斯廟一逢煥然一新，足增此山之光輝，起斯□之民望也，使不勒之以石，恐歲久而湨綸矣。遂請建廟之紀，命匠鑽之以石，耿耿不磨，垂名於後，爲千載奇逢之盛□矣！故記。

伊洛庠生孫良撰，任灤州致仕訓導劉美拙書，功德施主劉表、董工。

木匠：陳亨。瓦匠：黃景山。素匠：張爵。塑匠：李敉、胡志學。刊字匠：劉成、劉懷。

時嘉靖五年丙戌季春月初旬日吉日立石。

十方施主
本社 張佑 王祥 張彪 刘復亨 刘成亨 孫遠 李成 李仁 胡志李
李昌 刘安 許紀 閻謹 張文會
西坡村社首許鼎 曾孫恒 李寧 韓表 韓儒
孫儒 孫洗 孫道 孫建 孫璋 孫真 許鼎 許鼎 孫瑞 孫珂 李教 孫遜 鄭相 孫正
二廟廟社首 齊定 齊景
社首 李深 李五 宋山 李行道 李名 李行會 李譚 李孟陽 宋文 李福 董洪 李教 李住 焦充讓 宋茂 李六
李仁 李友 宋廷 董圭 董佑 張世錄 李廷 潘珂礼
社首 宋敏

【〇四四】　龍鳳虎頭山重修玄帝廟記（碑陰）

年代：明嘉靖五年

尺寸：高 142 釐米，寬 62 釐米

立石點點：偃師市府店鎮佛光村祖師廟

〔碑首〕：十方施主

本社：張佑、王祥、張彪、劉復享、劉咸享、孫違、李成、李仁、胡志學、李暠、劉安、許紀、關謹、張文會。西坡村社首：許鼐、昌哲、孫恒、李峯、韓表、韓儒、孫儒、孫洗、孫道、孫廷璋、孫真、許鼎、孫瑞、孫珂、李敖、孫遂、鄭相、孫玉。二郎廟社首：齊定、齊景、社首李深、李五、朱山、李名道、李行會、李譚、李孟陽、朱文、李錀、董洪、李敖、李住、焦克讓、朱茂、李六、李仁、李受、宋進、董圭、董佑、張世録、李述、潘珣禮。

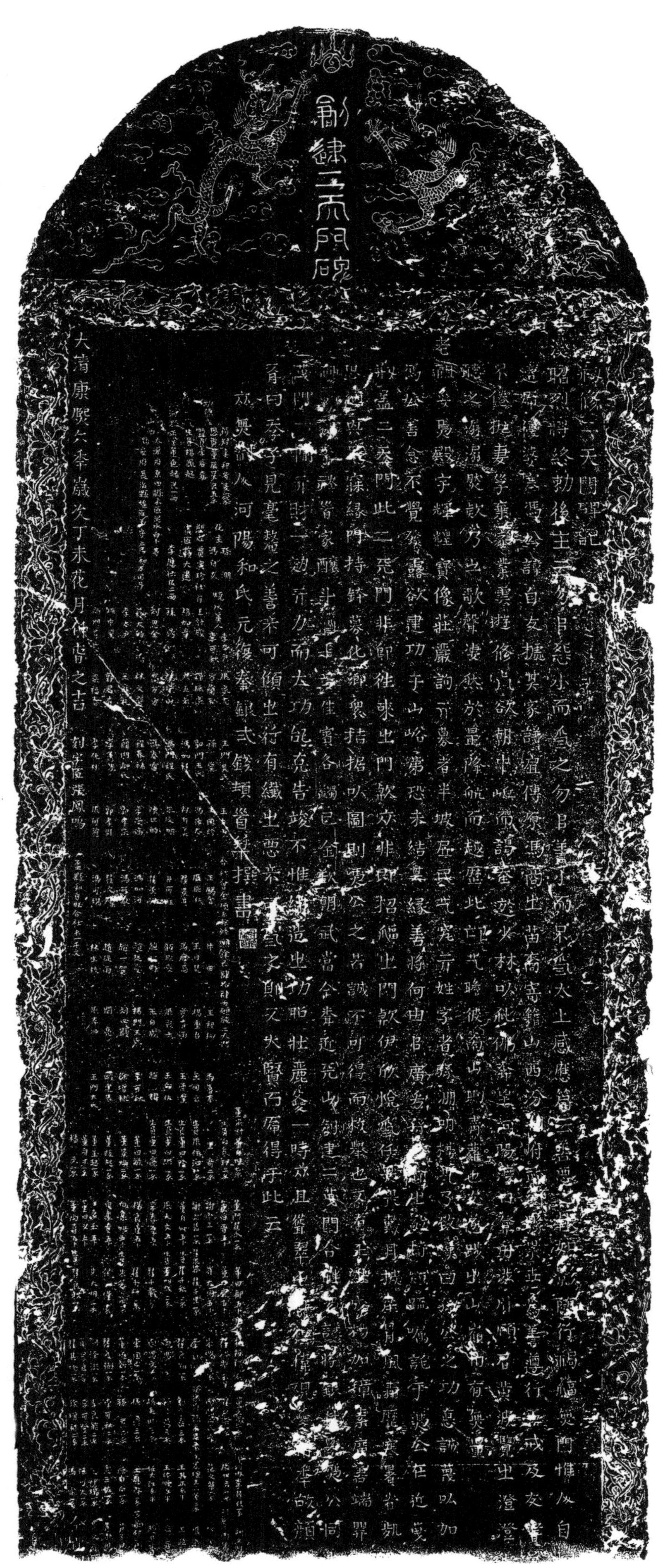

【〇四五】　創修二天門碑記

年代：清康熙六年

尺寸：高 201 釐米，寬 77 釐米

立石地點：偃師市府店鎮佛光村祖師廟

創修二天門碑記

〔碑首〕：創建二天門碑

漢昭烈將終，敕後主云：勿以惡小而爲之，勿以善小而不爲。《太上感應篇》云：善惡之報，如影隨行；禍福無門，惟人自爲。適厭優婆塞馮公諱自友，據其家譜所傳，原馮商之苗裔，寄籍山西汾州府武鄉縣，累世爲善，遵行五戒。及友當□不倦，拋妻子，棄家業，雲遊修道，欲朝中岳而謁□，遊少林以禮佛。奔□河陽渡口，登舟涉川，顧看黄波，覽之澄澄然，聽之潺潺然，欸乃之歌聲淒然。於是降航而越歷北邙也，瞻彼南山，則青蘿也。友遂跋之山巔，而有無量老祖妥焉，殿宇輝煌，寶像莊嚴。詢其募者，半坡村民□□，其姓字者孫溯明樓也，乃致嘆曰：孫公之功德，誠蔑以加□。馮公善念，不覺發露，欲建功于山峪，第恐未結其緣，善將何由。以廣看孫氏□之敬，持短疏囑託於馮公，在近天□創蓋二天門，此二天門非即往來之門歟，亦非即招福之門歟。伊欣悦爲任無畏，戴月披星，冒風霜，歷寒暑。時饑□，思納興眾寐緣門，持鉢募化，鄉眾拮据以圖，則馮公之若誠，不可得而枚舉也。又有王繼成、楊加璋素廣善端，□□神廟，投□□首，家釀斗酒，以宴佳賓，各蠲己金，欲朝武當，今聞近堯山創建二天門，合群眾議，將銀付與馮公，同造二天門，一輸其才，一効其力，而大功□克告竣，不惟締造之功，昭壯麗變一時，亦且聳翠之勢，樹偉觀變□年，故顏邕□。又曰：天子見毫釐之善，不可傾之，行有纖之惡，不可爲之。則又大賢而焉得於此云。

眾無□人河陽和氏元復奉銀貳錢頓首拜撰書。

功德主：待封里邦省麥一袋。恩貢董辰星銀五錢。監貢李若桃、生員楊鳳起、洛河先正堂董色起銀一兩。

化主：孫溯、馮自友。李應仕銀二兩。

社首：王計成、楊加章、孫鼎、劉思全、蘇大的、李本戸、姚中舉、尚門李氏、張永亢、方蘭石、程振宗、□五云、林守山、高萬方、林文選、王應禮、郭君秀、梁福春、王門吴氏、孫業、郭門王氏、馮加祥、馮門程氏、馮春雷、程養禄、藺門郝氏、李惠芳、李化林、王自山、王國珍、馮汝太、林自美、宋文明、陳世的、李崇高、郭孝宗、郭孝引、張可道、王錫舍、張從仁、翟景定、井可旺、翟景河、馮加河……

山西太原府原曲縣木匠、泥水白卜等。山西潞安府長治縣窑匠王守鸞、和萬國等。塑匠：賈寅珍。畫匠：蘇大運。燒灰善人：李本戸、李可秋。刻字匠：張鳳鳴。

大清康熙六年歲次丁未花月仲春之吉仝立。

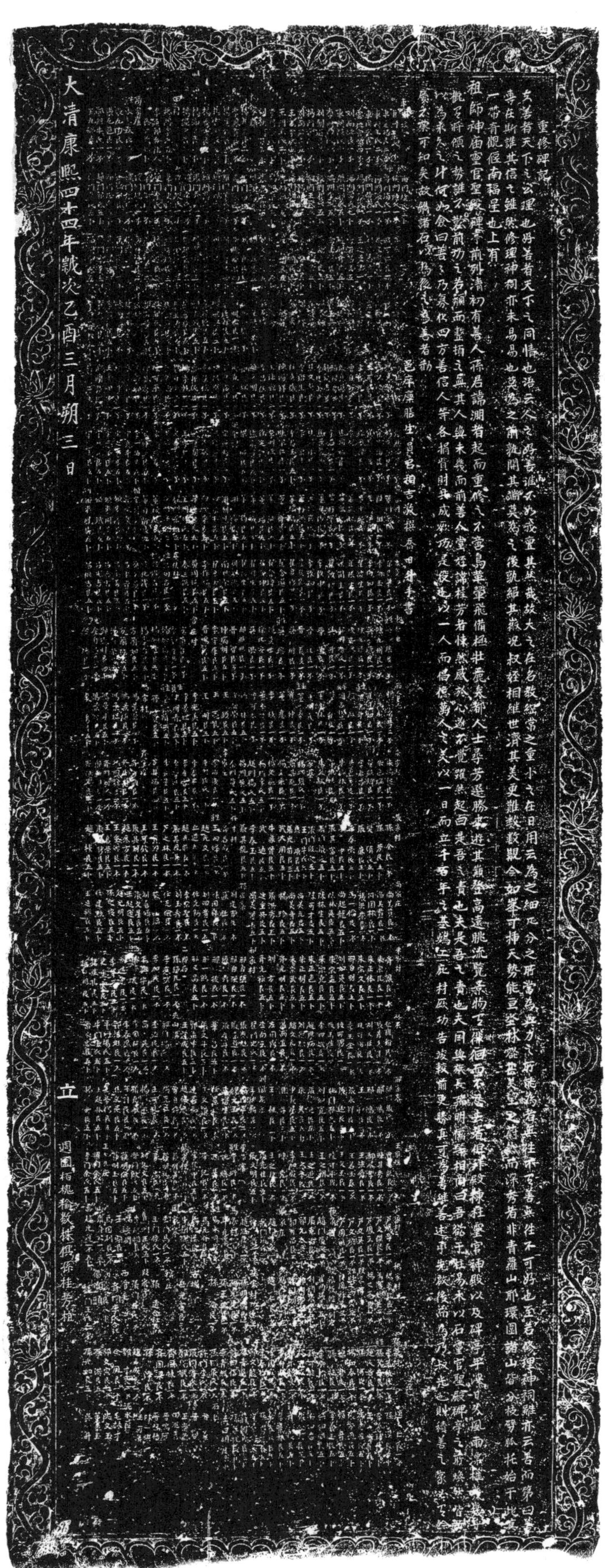
重修碑記
大清康熙四十四年歲次乙酉三月朔三日
立

【〇四六】　重修青蘿山拜殿靈官神殿以及碑亭碑記

年代：清康熙四十四年

尺寸：高 212 釐米，寬 78 釐米

立石地點：偃師市府店鎮佛光村祖師廟

重修碑記

友善者，天下之公理也；好善者，天下之同情也。語云：人之好善，誰不如我亶其然哉，故大之在名教綱常之重，小之在日用云爲之細。凡分之所，當爲興力之所，能爲者，無往不有善，無往不可好也。至若修理神祠，雖亦云善，而第曰善專在斯，誰其信之。雖然修理神祠亦未易易也，莫爲之前，孰開其端，莫爲之後，孰紹其徵。況叔侄相繼，世濟其美，更難數數。觀今如峰可插天，勢能亘地，林壑甚美，望之蔚然而深秀者，非青蘿山耶！環圍諸山，皆分枝劈派，托始于此，真一帶奇觀，偃南福星也。上有祖師神廟、靈官聖殿，碑亭前列。清初，有善人孫君諱溯者，起而重修之，不啻鳥革翬飛，備極壯麗矣。都人士尋芳選勝，來遊其巔，登高遠眺，流覽景物，有徘徊而不忍去者。但拜殿棟柱、靈官神殿以及碑亭年深日久，風雨飄摇，幾幾乎概有將傾之勢，誰不歎前功之若頹，而整頓之無其人與。未幾，而前善人堂侄諱桂芳者，悚然感於心，遂不覺躍然起曰：是吾之責也夫，是吾之責也夫。因與族長孫明儒等相商曰：吾欲于柱易木，以石靈官聖殿、碑亭之所，焕然皆新，以爲永久之計，何如僉曰善之。乃募化四方，善信人等，各捐貲財，共成厥功。是役也，以一人而倡億萬人之美，以一日而立千百年之基。鳩工庀材，厥功告竣，較前更勝，真可爲善繼善述，承先啓後而爲，乃叔光也。則積善之家，必有餘慶，不察可知矣。故鐫諸石，以爲後之爲善者勸。

邑庠廩膳生員吕相吉敬撰，喬日升手書。

車家窑：車門蕭氏一錢。車道起銀三錢。車門王氏二錢。車同文銀一錢。雲桃雲焕四錢。劉而純銀一錢。車門段氏二錢。李門白氏一錢。劉朝選銀六分。楊門常氏一錢。劉而公銀五錢。王門李氏五分。王門王氏三分。李門梁氏三分。劉朝魁銀五分。楊家嶺楊九龍銀二錢。李鳳翥銀一錢。楊應竹銀二分。楊吉士銀五分。楊秀之銀四分。楊沛之銀二分。楊繩之銀二分。田村楊門李氏五分。李延印合社人銀一錢七分。高家崖生員張森銀二錢。張九功銀一錢。張九苞銀一錢。……

石匠：晉義、晉智、王崇德、田進喜、晉鳴可、晉鳴梧、陳一興、王可美。泥水匠：毛林才、史文玉、董象玉、吴昇。

周圍栢槐榆數株俱孫桂芳植。

大清康熙四十四年歲次乙酉三月朔三日立。

【〇四七】 重修青蘿山玄壇祠碑記

年代：清康熙五十年

尺寸：高 108 釐米，寬 48 釐米

立石地點：偃師市府店鎮佛光村祖師廟

重修碑記

青蘿山玄壇祠始于孫君明樓，創建玄帝行宫，以□□兩侍衛之神常相隨，而不暫□，有□□而不可無玄壇，其廟以傳名。玄壇之神歷年久遠，或毁相尋，數椽之廟，不蔽風雨，金碧之像，難免凋零。見者落□，□其悵然，興重修之舉，有萬□□一益，從善如登人□，大抵然矣。至康熙辛卯歲，有李君諱長治、盡忠、上苑、朱君諱加富、趙君諱維緒，此五人者，□行善事，目睹心傷，故糾同社，各出己貲，又募化些餘，而協力重修焉。鳩工庀材，廢者興之，殘者補之，越前日之頽尾斷垣，至此而焕然維新，復成一壯麗之觀。□曰：人之盡善，誰不□□我有李君之繼起，而明樓不得專美于前矣，故因落成而爲之記。

邑庠生員黄胂起譔并書。

……

石匠：車桂芳。

皇清康熙五十年歲次辛卯三月吉日立。

大清
重修聖公聖母殿碑
康熙五十六年菊月吉日立

【〇四八】　重修聖公聖母殿碑

年代：清康熙五十六年

尺寸：高 195 釐米，寬 70.5 釐米

立石地點：偃師市府店鎮佛光村祖師廟

重修聖公聖母殿碑

〔碑首〕：大清

嘗聞：莫爲之前，雖美而不彰；莫爲之後，雖盛而不傳。偃邑南青蘿山其巔有聖公聖母殿，世遠年湮，風雨漂搖，殿宇圮毀。今有孫家村金頂社孫可聘等合社公議，其發虔誠，出其社銀，敬請梓匠石工，不數月而告竣，殿宇與神像而俱焕然復新矣。是創修者其人雖善，不得重修者而名益彰哉？此人此志，固宜顯名當時；此志此事，亦宜傳流後世。於是勒之貞珉，以垂不朽。

石匠使銀三十一兩八錢，木匠使銀二十七兩，使費使銀十兩，石灰使銀十二兩，磚瓦使銀十二兩，共施銀九十三兩一錢三分。

社人：崔自富、楊可成、貢監生候選州同孫垂芳、徐昇、孫洽、李行、李正德、張民貴。

木匠：孫世顯。石匠：黄世禄、王德仁。

康熙五十六年菊月吉日立。

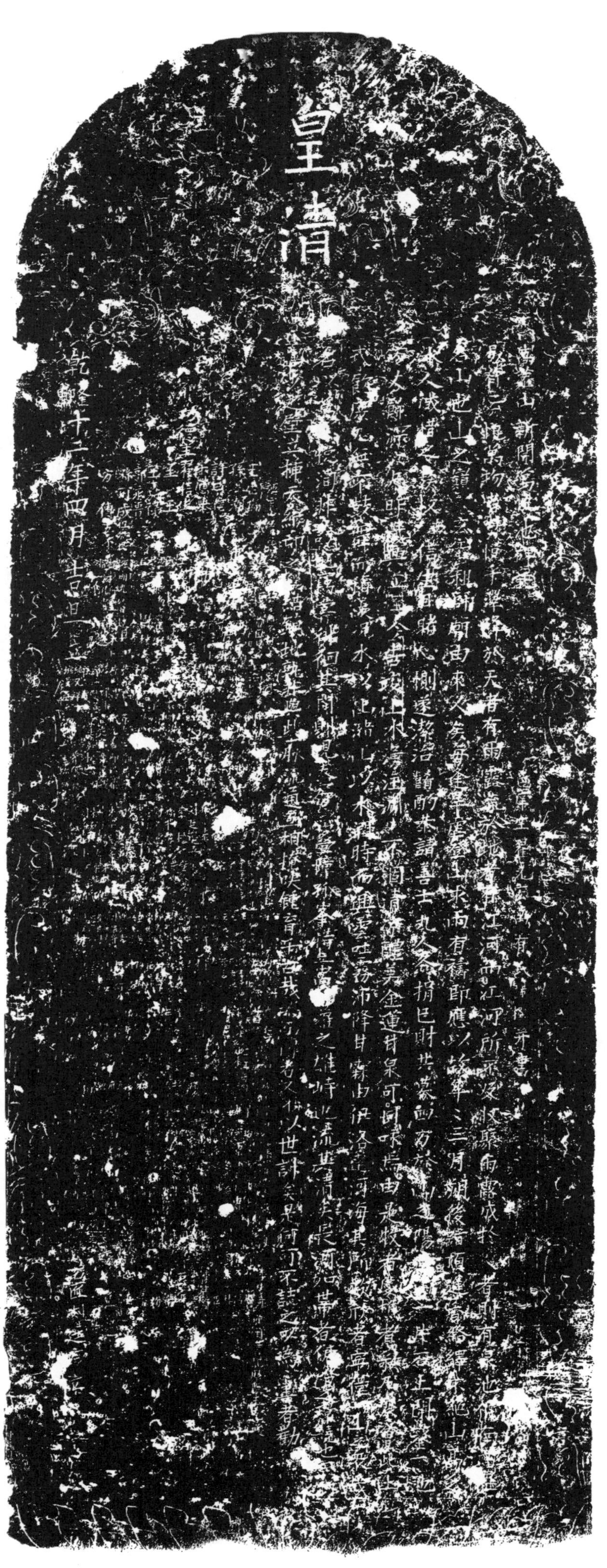

【〇四九】 嵩蘿山新開萬悦池碑記

年代：清乾隆十二年

尺寸：高 166 釐米，寬 61 釐米

立石地點：偃師市府店鎮佛光村祖師廟

嵩蘿山新開萬悦池碑記

〔碑首〕：皇清

《易》有云：悦萬物者，莫悦乎澤。降於天者，有雨露；流於地者，有江河。而江河所不及收聚雨露，成於人者，則有泉池。偃南嵩蘿名山也，山之巔玄帝祖師廟由來久矣。每逢旱虐，登山求雨，有禱即應。以故年年三月朔後，諸頂進香絡繹不絶。山高乏水，人咸惜之。族叔諱信生目睹心惻，遂潔治餚酌，恭請善士九人，各捐己財，共募四方，於山之陽□□一片石上開鑿一池，方丈餘，深六尺，昨載興工，至今告竣。山水涌注，淵淵不涸，清涼醴美，金蓮甘泉可同味焉。由是牧者慶，樵者歌，凡聚會此土式飲，庶幾無不鼓舞而稱羨。況水以山豬，山以水潤，時而興雲吐霧，沛降甘霖，由伊洛達河海，其所歡欣者，寧僅之山之衆哉！名以“萬悦”，洵非誇也。竊嘗徘徊其間，則見夫層巒疊嶂，孤峯特立，嵩蘿之雄峙也，流其清矣。河如帶者，伊洛之環繞也，而嵩少之壁立插天，緱邙之盤結鎮地，孰非與此一脈流通，互相掩映，鍾育千古哉！樂而傳者，又不以世計矣。是何可不誌之，以爲爲善者勸。

邑庠生翟允宏、萬有氏謹撰并書。

功德主：王生瑞、孫潮、許□信、宋應舉、翟信生、王玉、王嘉禄、郭永貴、孫可成、方傳……

乾隆十二年四月吉旦立。

重修青蘿山　玄武廟碑記

玄武廟之設所在多有其巖壑雄秀宮殿壯麗者以武當山爲第一明永樂中命工部侍郎郭璡隆平侯張信等督丁夫三十餘萬人大營武當宮觀既成賜

[illegible]盛也後之祀神者遂以神崇標峻極是處多於山椒岳頂建立神祠而金碧遂焜煌於私括之表矣邑南青蘿山一方之雄奇也九龍山岩

羅聳峯拱翠其殆武當之流亞與山頂舊有玄武廟其創之時無可攷至明嘉靖五年劉公子啟始行重脩而神廟爲之一新焉迨我

朝定鼎以後殿宮雖存而歷年久遠風雨剝蝕棟宇已就傾頹有善士孫湖於順治十五年感神之靈復重脩之並創設龍宮於西崖建聖

河公曾爲之記而神廟爲之更新焉迨於今百七十餘年矣而之雕楹畫檻光彩照人者又復傾頹於蔓艸荒煙之中蕭索蒼涼不

功之不易舉也然而神之靈之在山自若也然而神之靈能感人之心自若也有孫湖六世孫太和太順太祿三古子慨然以興脩爲念曰斯廟也乃神之所憑依

廢敗而莫之繼乎文念工大費繁非一二人所能勝任而終不忍斯廟之殘敗剝落不爲之重新因商於李公海徐公友曾孫公天順眾君子眾君子合詞稱贊願出

二千數百金於是庀材鳩工晝夜靡晝不憚勞瘁先起脩雲華殿去其朽腐易以良材新添淨綠光可照目繼復脩聖祠換作碧琉明以敬金詞

次第施工鑿牙峥嶸而遠耀更爲相度地形移玄壇廟於三天門造靈官像於殿東披削平亂石創龍王廟於水池之傍建土地堂於西崖之側並石

虹梁鴛飛廣制流電之旋風牖雲臙大開明霞之宇眞如上清之靈圃飛仙之丹臺而神廟爲之倍新焉夫世之寺觀廢而不修者矣有

賜乳飆颻之撥移宗悅之轉輸點皇等物之運送其艱難百倍於平地諸君子卒能盡心竭力歷數年而不怠俾宮殿巍峨規模煥而通潤

而能若是乎予因眾君子請故歷敘其重脩之始末並勒眾功德姓名于石於不識不漫人善俾後之登此山者知斯廟之重脩由於[illegible]三由此而識

是爲記

賜進士出身　特授文林郎前江南徐州府宿遷縣知縣歷任溧陽縣蕭縣知縣加四級紀錄十六李萬鎰薰沐拜撰

蘿麓後學徐德三沐手書丹

總管首事[illegible]李海捐錢五仟整

總管首事[illegible]捐錢三仟整

[illegible]

大清道光十七年歲次丁酉孟秋上浣之吉日

【〇五〇】 重修青蘿山玄武廟碑記

年代：清道光十七年
尺寸：高 150 釐米，寬 75 釐米
立石地點：偃師市府店鎮佛光村祖師廟

重修青蘿山玄武廟碑記

玄武廟之社所在，多有其巖壑雄秀，宫殿壯麗者，以武當山爲第一。明永樂中，命工部侍郎郭璡、隆平侯張信等督丁夫三十餘萬人大營武當，宫觀既成……盛也。後之祀神者，遂以神崇標峻極，是處多於山椒岳頂建立神祠，而金碧遂焜煌於松括之表矣。邑南青蘿山一方之雄峙也，九龍山居……羅群峰拱翠，其殆武當之流亞與。山頂舊有玄帝廟，其創之時無可考。至明嘉靖五年劉公子政始行重脩，而廟爲之一新焉。迨我朝定鼎以後，故宫雖存而歷年久遠，風雨剥蝕，棟宇已就傾頽。有善士孫溯於順治十五年感神之靈，復重脩之，並創設龍宫於西崖，建肇聖……河公曾爲之記，而神廟爲之更新焉，迄於今百七十餘年矣。内之雕楹畫櫳光彩照人者，又復傾頽於蔓草荒煙之中，蕭索蒼涼，不……功之不易舉也。然而神之靈之在山自若也，然而神之靈能感人之心自若也。有孫溯六世孫太順、太和、太璞三君子慨然以興脩爲念，曰：斯廟也，乃神之所憑依……廢敗而莫之繼乎？又念工大費繁，非一二人所能勝任，而終不忍斯廟之殘毁剥落不爲之重新。因商於李公海、徐公友曾、孫公天順眾君子，眾君子合詞稱贊，願……二千數百金，於是庀材鳩工，晝夜籌畫，不憚勞瘁。先起修雲華殿，去其朽腐者，易以良材，新添浄緑，光可照日。繼築修肇聖祠，换作碧琉，明如散金。嗣……次第施工，簷牙崢嶸而遠耀。更爲相度地形，移玄壇廟於二天門，造靈官塚於殿東坡。削平亂石，創龍王廟於水池之傍，建土地堂於西崖之側，并石……虹梁駕飛，廣製流電之庭；風牖雲牕，大開明霞之宇。真如上清之靈圃，飛仙之丹臺，而神廟爲之倍新焉。夫世之寺觀，有廢而不修者矣，有……賜。凡瓴甋之搬移，宲棁之轉輸，黝堊等物之運送，其艱難百倍於平地。諸君子卒能盡心竭力，歷數年而不怠，使宫殿愈修而愈寬，規换愈增而愈闊。……而能若是乎！予因眾君子請故，歷敍其重修之始末，并勒眾功德姓名職事於石，以不没人善，使後之登此山者，知斯廟之重修，至於再，至於三，由此而隨時……是爲記。

賜進士出身特授文林郎前江南徐州府宿遷縣知縣歷任溧陽縣蕭縣知縣加四級紀録十次李萬倉薰沐拜撰，蘿麓後學徐擬三沐手書丹。

總管出入錢糧兼理琉璃窑廠并募化及諸雜事督首事壽官李海捐錢五仟整，總管出入大賬并管錢糧兼理琉璃窑廠及募化催討總理諸雜事督首事徐□捐錢三千整，監管焰琉璃媒柴并監修大殿及募化催討壽官姚景稻捐錢拾千整，協辦一應雜事兼募催討孫天順捐錢一千文，總管女化主出外募化布施錢文并催討耆民姚世法捐錢三千文、孫天錫捐錢貳千文，監修大殿工并募化催討齊天乙捐錢拾千正，□□□監修大殿工孫太昇捐錢五千整，監往山上運送琉璃磚瓦徐興家捐錢貳千文，協辦雜事耆民孫太璞、募化孫太原捐錢三千文，監管山上火食茶水并效力孫太純捐錢貳千文，監石廠往大殿運石條并募化催討孫景榮捐錢三千文，監理金粧大殿孫太福捐錢四百文，造意重修大殿老人并募催討耆老孫振邦、許榮、壽官姚景福，總催眾首事出外募化佈施人孫興旺，募化催討……

大清道光十七年歲次丁酉孟秋上浣之吉日。

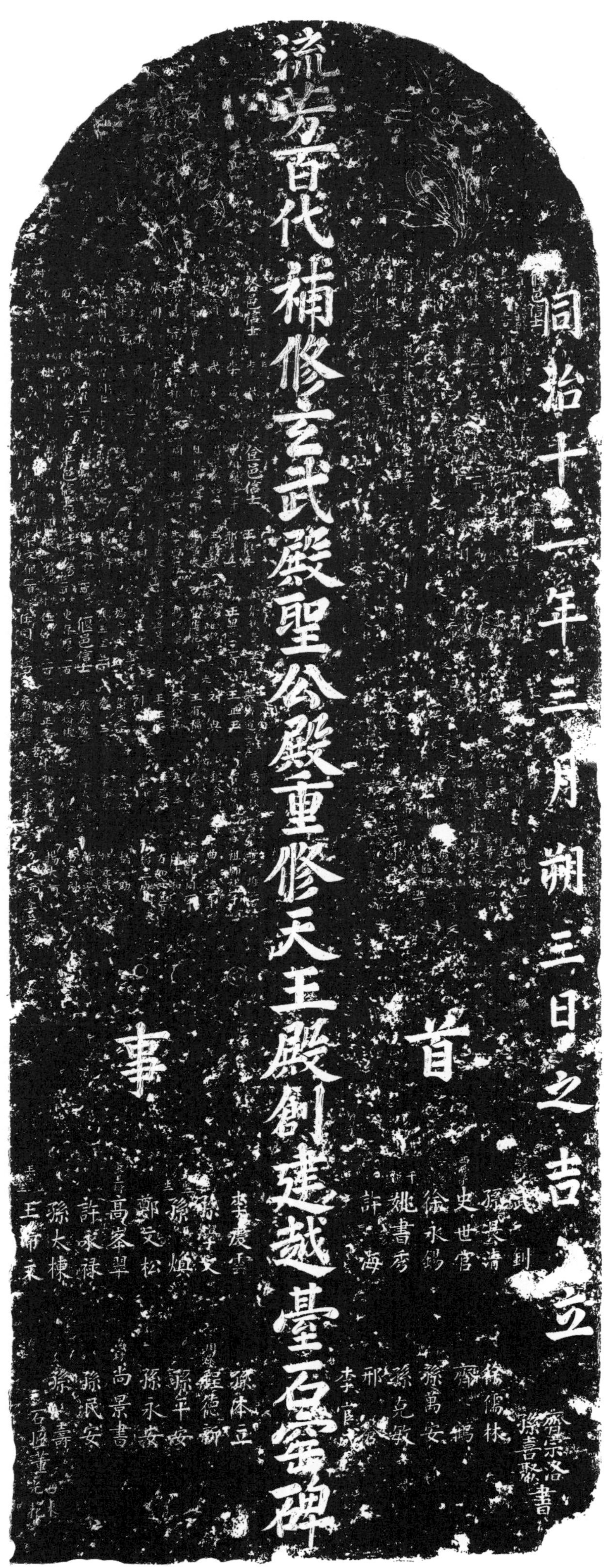
同治十二年三月朔三日之吉 立
流芳百代
補修玄武殿聖公殿重修天王殿創建越臺石碑
首
事

【〇五一】　補修玄武殿聖公殿重修天王殿創建越臺石窑碑

年代：清同治十二年

尺寸：高 176 釐米，寬 65.5 釐米

立石地點：偃師市府店鎮佛光村祖師廟

補修玄武殿聖公殿重修天王殿創建越臺石窑碑

〔碑首〕：流芳百代

齊宗洛、孫喜聚書。

首事：武釗、孫長清、史世官、徐永錫、姚書秀、許海、李慶雲、孫學文、孫焕、鄭文松、高峯翠、許永禄、孫太棟、王希文、徐儒林、齊鶴、孫萬安、孫克敏、邢倉、李官成、孫本立、程德新、孫平安、孫永安、尚景書、孫民安、孫壽。

石匠：董西來、董光花。

同治十二年三月朔三日之吉立。

皇清
重修玄武殿聖公殿創建東陪殿重修山神殿碑

【〇五二】 重修玄武殿聖公殿創建東陪殿重修山神殿碑

年代：清光緒三十一年

尺寸：高212釐米，寬82釐米

立石地點：偃師市府店鎮佛光村祖師廟

重修玄武殿聖公殿創建東陪殿重修山神殿碑

〔碑首〕：大清

勷事人：王篤敬錢一千。董廣發、李慶雲、楊景福、劉萬清、王巨川、董金波、牛文品、孫景坦、楊全福、王聚、孫中庸錢二千。李永年、孫當壽、馬文興、薛周、監生鄭新永、李根興、李新□、許沫、劉其清、潘中正、董正法、張永禄、胡旦、拔總王三綱、監生孫□西錢一千。張文炳、孫全、孫新銘、監生鄭國柄、監生徐炳文、王文焕、王長根、孫□運、吴天昭、□長、趙□運、孫西□徐金□、姚魁□、孫全□、□□□……仝立。

光緒三十一年三月上浣穀旦。

皇清
青蘿山施茶湯碑

【〇五三】　青蘿山施茶湯碑

年代：清宣統三年

尺寸：高 113 釐米，寬 48 釐米

立石地點：偃師市府店鎮佛光村祖師廟

青蘿山施茶湯碑

〔碑首〕：皇清

《書》曰：積善之家，必有餘慶。《易》曰：作善降之百福，善也者，人所急務也。邑南青蘿山巔舊有玄武大殿，三月上巳朝山拜頂者實繁。諸首事想人受飢渴之害，因約許多信女立茶湯社，非特報靈應之神，抑亦勉後世之爲善者。善事既成，請余作序，余序其事之始終，因爲銘曰：

崖高谷深，縱横相連。三月暮春，朝此山巔。焚香施茶，盡心告虔。有人繼述，永垂萬年。

孫家坡信女：孫盧氏、徐喬氏、孫楊氏、徐戴氏、鄭王氏、許李氏、郝賈氏、馬金氏、徐陳氏、張朱氏、董曹氏、朱張氏、白董氏、董魏氏、孫董氏、孫李氏、李戴氏、徐李氏、孫劉氏、董胡氏。

大清宣統叁年□□月初二。

【〇五四】　王真君脩道之處碑

年代：清代

尺寸：高 101 釐米，寬 50 釐米

立石地點：偃師市府店鎮佛光村祖師廟

王真君脩道之處

〔碑首〕：日月

真人諱曰文一，名皎，又名畋，不知何許人也。按《列仙傳》，居青蘿山已數百歲。唐開元中召至京，待以優禮，復遣從李元靖求補仙書，還請誦□眾山，不復入城中。天寶中，其在京，偶與客夜中静坐，指星月曰時將亂矣，爲鄰大行訟。時之春秋高□□語，密詔殺之。利者，□必自數十萬死，破其勝。朔□月□□十等人，嘗與□□傳□□往還。及安史平，□仍□□□達奚，家人方知其遇。據傳，君乃藏……人姓名於林泉。羽化□□□□□脱免，弟子徒步登陟，傾□謁訪，黄萍白雪，難見□□□焉。然莊□□□□□□□之徒生緣□，不勝悵□，走占□絶，用誌景羡。……

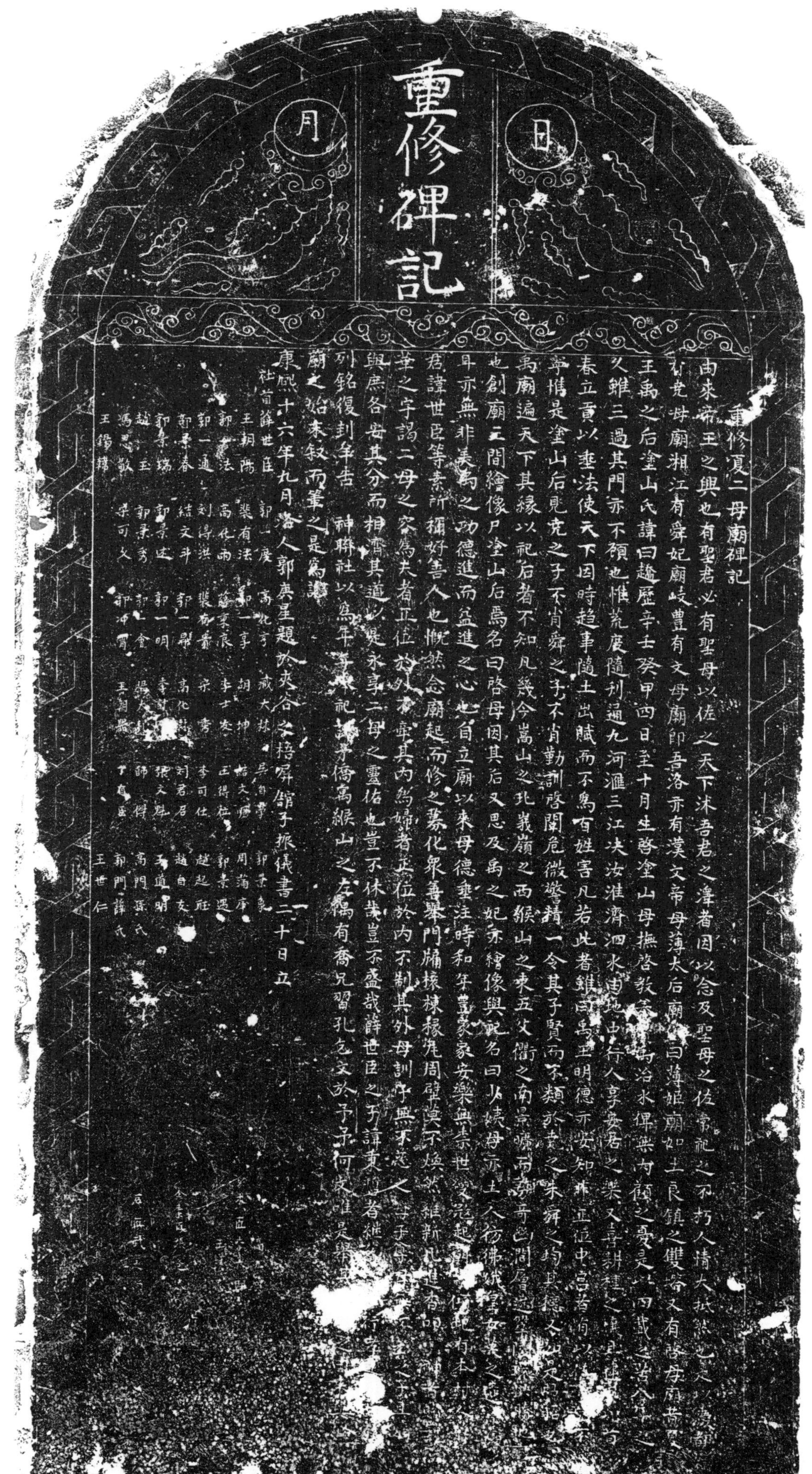

【〇五五】 重修夏二母廟碑記

年代：清康熙十六年
尺寸：高 116 釐米，寬 57.5 釐米
立石地點：偃師市府店鎮雙塔村少姨廟

重修夏二母廟碑記

〔碑首〕：重修碑記　日月

由來帝王之興也，有聖君必有聖母以佐之。天下沐吾君之澤者，因以念及聖母之佐，常祀之不朽，人情大抵然也，是以慶都有堯母廟，湘江有舜妃廟，岐豐有文母廟，即吾洛亦有漢文帝母薄太后廟，俗曰：薄姬廟。如土良鎮之雙塔，又有啓母廟，昔夏王禹之后塗山氏諱曰蹻。歷辛壬癸甲四日至十月生啓，塗山母撫啓教養，□禹治水，俾無内顧之憂，是以四載之苦，八年之久，雖三過其門，亦不顧也。惟荒度隨刊通九河，滙三江，決汝、淮、濟、泗水由地中，行人享安居之樂，又喜耕種之壤，且建□以首春立貢，以垂法使天下因時趨事，隨土出賦而不爲百姓害。凡若此者，雖曰禹王明德，亦安知非正位中宫者，有以□□□不寧。惟是塗山后，見堯之子不肖，舜之子不肖，勤訓啓，闡危微警精一，令其子賢而不類於堯之朱、舜之均，其德又如是昭昭也。禹廟遍天下，其緣以祀后者不知凡幾。今嵩山之北、峨嶺之西、緱山之東、五父衢之南，景曠而勢奇，幽澗層峣，翠陵環拱，勝地也。創廟三間，繪像尸塗山后焉，名曰啓母。因其後，又思及禹之妃，亦繪像與祀，名曰少姨母，亦土人仿佛娥皇、女英之遺□焉耳，亦無非美禹之功德，進而益進之心也。自立廟以來，母德垂注，時和年豐，家家安樂。無奈世變寇起，廟宇傾圮，有本村人薛君諱世臣等，素所稱好善人也，慨然念廟，起而修之，募化衆善，舉門牖、榱棟、椽瓦、周壁，莫不焕然維新。凡進香叩神者，睹巍華之宇，謁二母之容，爲夫者正位於外，不牽其内；爲婦者正位於内，不制其外。母訓子，無不慈之母；子尊母，無不敬之子。且嫡與庶各安其分，而相濟其道，以是永享二母之靈佑也。豈不休哉！豈不盛哉！薛世臣之子諱秉哲者，繼父□□，行孝建□□□列銘，復刲牟告神聯社，以爲年年奉祀。□予僑寓緱山之左隅，有喬兄習孔乞文於予，予何文唯是舉其□□之由來，與修廟之始末敍而筆之，是爲記。

洛人郭庚星題於夾谷之梧屏館，子振儀書。

社首：薛世臣、王朝陽、郭一法、郭一通、郭景春、郭景瑞、趙玉、馮思敬、王錫韓、郭一度、裴有法、高化雨、劉得洪、結文斗、郭景述、郭景秀、宋可久、高化亨、郭一享、薛秉良、裴有貴、郭一昇、郭一明、郭一會、郭沖霄、臧大林、胡坤、李士發、宋秀、高化林、李計□、楊太利、王朝器、吴自學、結文順、王得位、李可仕、劉君召、張文魁、師傑、丁有臣、郭景象、周滿庫、郭景遇、趙起旺、趙自友、王道明、乍門孫氏、郭門薛氏、王世仁。

木匠：高九興、李大旺、王法志。金素匠：張逢春。石匠：武之尚。

康熙十六年九月二十日立。

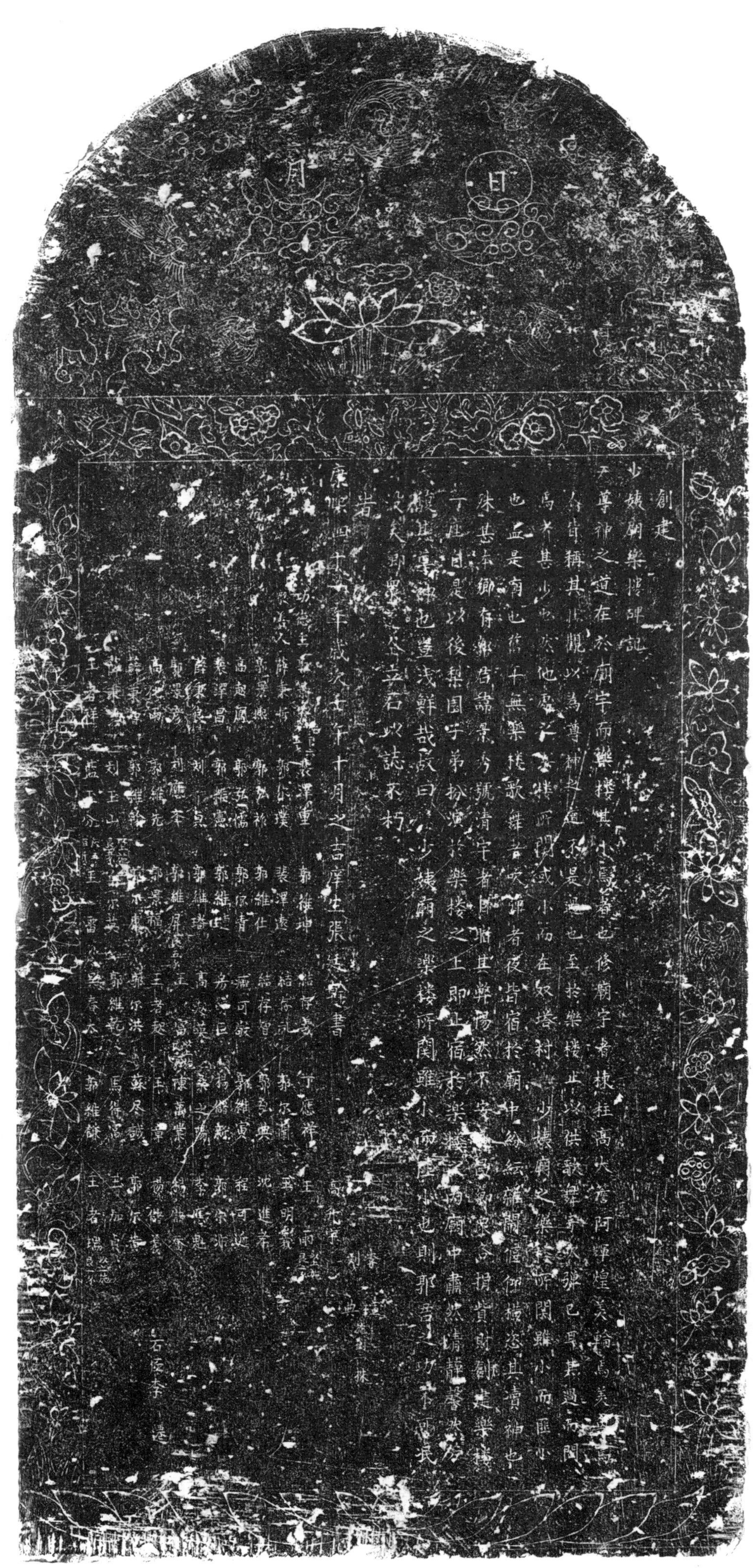
月
日
創建少姨廟樂樓碑記

【〇五六】　創建少姨廟樂樓碑記

年代：清康熙四十一年

尺寸：高 120 釐米，寬 56 釐米

立石地點：偃師市府店鎮雙塔村少姨廟

創建少姨廟樂樓碑記

〔碑首〕：日月

天尊神之道在於廟宇，而樂樓其小焉者也。修廟宇者，棟柱高大，簷阿輝煌，美輪焉，美奂焉。人皆稱其壯觀，以爲尊神之道，不是過也。至於樂樓，止以供歌舞、寄吹彈已耳，其過而問焉者甚少也。然他處之樂樓，所關或小，而在雙塔村少姨廟之樂樓，所關雖小而匪小也。蓋是廟也，舊年無樂樓，歌舞者、吹彈者，夜皆宿於廟中，紛紜雜鬧，偃仰横恣，其瀆神也殊甚。本鄉有郭君諱景秀，號清宇者，目睹其弊，惕然不安，遂昌鄉衆，各捐貲財，創建樂樓一座，自是以後，梨園子弟扮演於樂樓之上，即止宿於樂樓之内，廟中肅然清静，馨然芳馥，其尊神也，豈淺鮮哉。故曰：少姨廟之樂樓所關雖小，而匪小也。則郭君之功不可泯没矣。鄉眾遂仝立石，以誌不朽。

庠生張廷幹書。

功德主郭景秀：施銀六錢五分。

眾善人：薛秉哲、郭景熙、高起鳳、裴澤昌、薛秉良、郭景彦、高化雨、薛秉智、薛秉義、王者祥、裴澤重、郭爾璞、郭弘祚、郭弘儒、郭維憲、劉貞、劉應學、郭維先、郭維翰、劉玉山，以上施銀五錢。藍玉分灰五百斤。郭維坤、裴澤遠、郭維仕、郭爾青、郭維璉、郭維屏銀五錢。郭景福、郭爾康、岳爾英、王雷、結存義、結存禮、結存智、臧可敬、房明臣、高起英、王富，以上施銀三錢。王者起、郭爾洪、郭維乾、吴春太、丁應祥、郭爾蘭、郭弘典、郭維寅、楊儲新、桑之陽、陳萬業、王章、蘇盡誠、馬得富、郭維謙、高升宇、王雨，以上施銀二錢。王明義、沈進孝、程可近、郭宗沛、李應魁、楊儲喬、楊儲義、郭爾黄、王加貞、王者瑞，以上施銀一錢。李瑄、劉典施樹一株。

石匠：李遷。

康熙四十一年歲次壬午十月之吉。

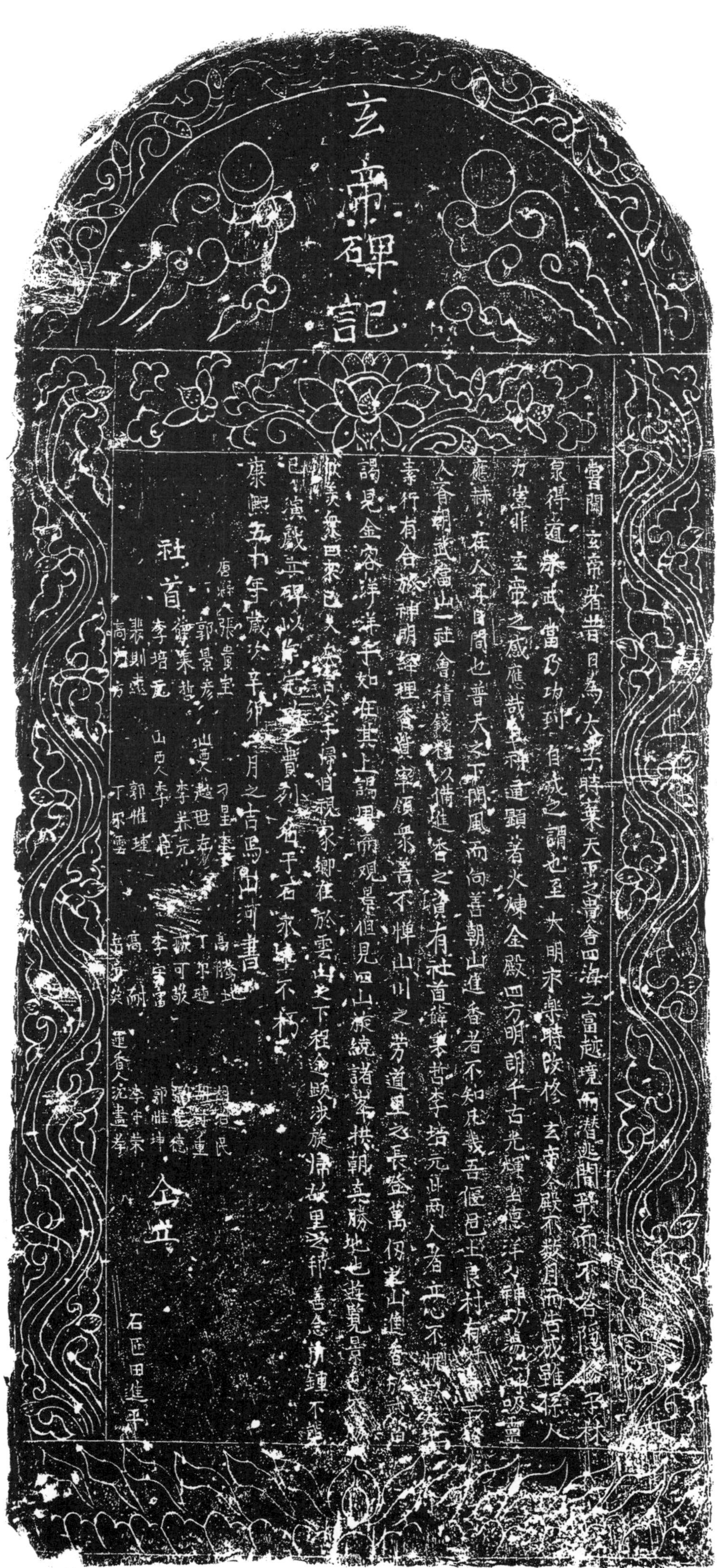

【〇五七】　玄帝碑記

年代：清康熙五十年

尺寸：高 98 釐米，寬 47.8 釐米

立石地點：偃師市府店鎮雙塔村少姨廟

玄帝碑記

〔碑首〕：玄帝碑記

嘗聞玄帝者，昔日爲太子時，棄天下之貴，捨四海之富，越境而潛逃，聞歌而不答，隱修於林泉，得道於武當，乃功到自成之謂也。至大明永樂時，改修玄帝金殿，不數月而告成，雖系人力，豈非玄帝之感應哉！且神通顯著，火煉金殿，四方明朗，千古光輝，聖德洋洋，神功蕩蕩，呼吸靈應，赫赫在人耳目間也。普天之下，聞風而向善，朝山進香者，不知凡幾。吾偃邑土良村有好善一十餘人，齊朝武當山，一社會積錢糧以備進香之資。有社首薛秉哲、李培元此兩人者，立心不愧於天地，素行有合於神明，經理香貲，率領衆善，不憚山川之勞，道里之長，登萬仞之山，進香於武當，謁見金容，洋洋乎如在其上。謁畢而觀景，但見四山旋繞，諸峰拱朝，真勝地也。游覽景色，不勝欣羨，眾曰：來已久矣，言念於歸，目視家鄉，在於雲山之下，程途跋涉，旋歸故里之邦，善念所鍾不能已，演戲立碑，以作完功之費。列名於石，永垂不朽。

馬山河書。

社首：唐縣人張貴寶、郭景彦、薛秉哲、李培元、裴則遠、高力方、刁星奎、山西人趙世左、李養元、山西人李臣、郭惟璉、丁爾雲、高勝地、丁爾璉、臧可敬、李守富、高耐、高爾英、胡治民、胡可重、張賢德、郭惟坤、李守榮、運香人沈盡孝仝立。

石匠：田進平。

康熙五十年歲次辛卯二月之吉。

【〇五八】 金粧夏塗山皇后神像記

年代：清乾隆五十六年

尺寸：高 122 釐米，寬 54 釐米

立石地點：偃師市府店鎮雙塔村少姨廟

金粧夏塗山皇后神像記

〔碑首〕：萬善同歸

萼嶺之陰雙塔村西北有塗山皇后廟，夏王啓母也。《書》大禹自言娶於塗山。《史記》外戚世家稱夏之興也以塗山。《漢書》注：啓母墓在陽城。而《淮南子》乃有啓母石之説，荒唐不經，其寓言也耶。古以婦職先天下，後世者自西陵氏，始以母儀先天下。後世者自塗山氏始，辛壬癸甲啓呱呱而泣，大禹荒度土功八年于外，三過不入，孰爲早諭教耶？厥後，敬承繼禹神器有歸。固天所以興賢，無亦有以母道代父教，開太任、太姒之先聲者歟！是廟重修於康熙十六年，今復缺者補之，腐里者鮮之，褘衣追衡，焕然一新。由此而南，嵩峰環列如笏，是禹所導之外方也。由此而北，洛水回繞如帶，可思禹明德之遠焉。墓在陽城，神靈應戀戀嵩洛間，庶其棲於此乎？神有二仍舊也，或曰其一蓋禹王妃少姨云。

戊申科舉人洛陽郭坤薰沐敬撰，邑庠生郭林芳薰沐敬書。

化主：郭夢華施銀三兩。房夢雷施銀一兩。王焕施銀一兩。郭求勝施銀二兩六錢。郭紹文施銀四兩四錢。裴一超施銀二兩四錢。王爵施銀一兩。結朋秀施銀一兩。郭文新施銀一兩五錢。郭夢壽施銀一兩。王秀一兩一錢。桑文成一兩。郭維紀一兩三錢。張喜才九錢。郭夢雷一兩。郭夢元七錢。郭永年七錢。裴宗德七錢。郭永浩七錢。宋振德六錢。郭永瑞六錢。李新宇五錢。裴宗堯五錢。裴世有五錢。宋有德五錢。王夢鸞五錢。薛士和六錢。李新福五錢。郭夢實五錢。王武四錢。張文有四錢。刁克惠四錢。郭文昇三錢五分。郭夢禹、高進迎、李福祥、郭文道、聶求福、結明德、結明學、結朋九、高文治、房有成、王成書、王夢坤、王萬鳳、郭鸞柱、郭永法、高保才、李隆盛、裴士兵、張士官，以上各三錢。郭洪忠二錢五分。刁懷恩、胡宗孟、胡宗美、李懷亮、李懷端、喬德蘊、宋明德、宋行、宋九魁、宋今德、結明來、薛永昌、臧起鳳、臧聰、王萬國、王夢兆、王夢聘、劉可貴、王玉書、郭文聚、郭夢宣、郭夢昇、郭文秀、郭永福、裴士舉、郭永順、郭夢記、郭永成、杜成、裴夢瑞、王廷輔，以上各二錢。郭永倉一錢五分。李新緒、刁懷富、郭林川、李懷敬、劉天崇、李福如、李克明、陳智、陳富漢……

金粧匠：張炳。

時清乾隆五十六年歲次辛亥十一月穀旦。

【〇五九】 創建五嶽樓閣碑記

年代：明萬曆二十五年

尺寸：高 59 釐米，寬 68 釐米

立石地點：偃師市緱氏鎮緱氏村泰山廟

創建五嶽樓閣碑記

緱氏鎮十里石周若漢俱作爲縣，至宋熙寧五年始廢爲鎮，其鎮郭東百步許，有泰山神廟，當嵩洛大達之衝，是民行商四時主祭之所也。考碑記，建自五代後周廣順年間，李進者肇創，其地沿宋祥符孫信兄聖孫□相繼營構，乃克□成。其廟三門，大殿密屏，曲廊廡階，齋庖百五十間，古柏槐樹幾三百木，輝煌掩映，極一時之庇望也。藹然其氣象甚古，蟠據一方，誠當日之偉觀也。其後歷年久遠，水旱相仍，未能有爲，而日入於壞。迨元祐時，其福姑□□□□。正殿仍□□□廢而不齊，三門雖存，而規制甚爲卑隘。況歲久，瓦木腐朽，傾圮愈甚，雖持□□德通，朝夕焚修，不勝惻然。重□謀爲□以成□觀以竟成沿之。於今頗稱□□，於萬曆丙申，□□□善士重修殿，今頁備行□，敦請本鎮郭應昭、李遠等同□廟宫。通誠心拜□，爲修葺之人，□□□等精誠……立五嶽樓閣焉。又壯□其樓閣氣象，欲□□□□□崇南□隅峻□，上建棟宇五間，塑肖……

萬曆二十五年歲次丁酉冬吉旦。

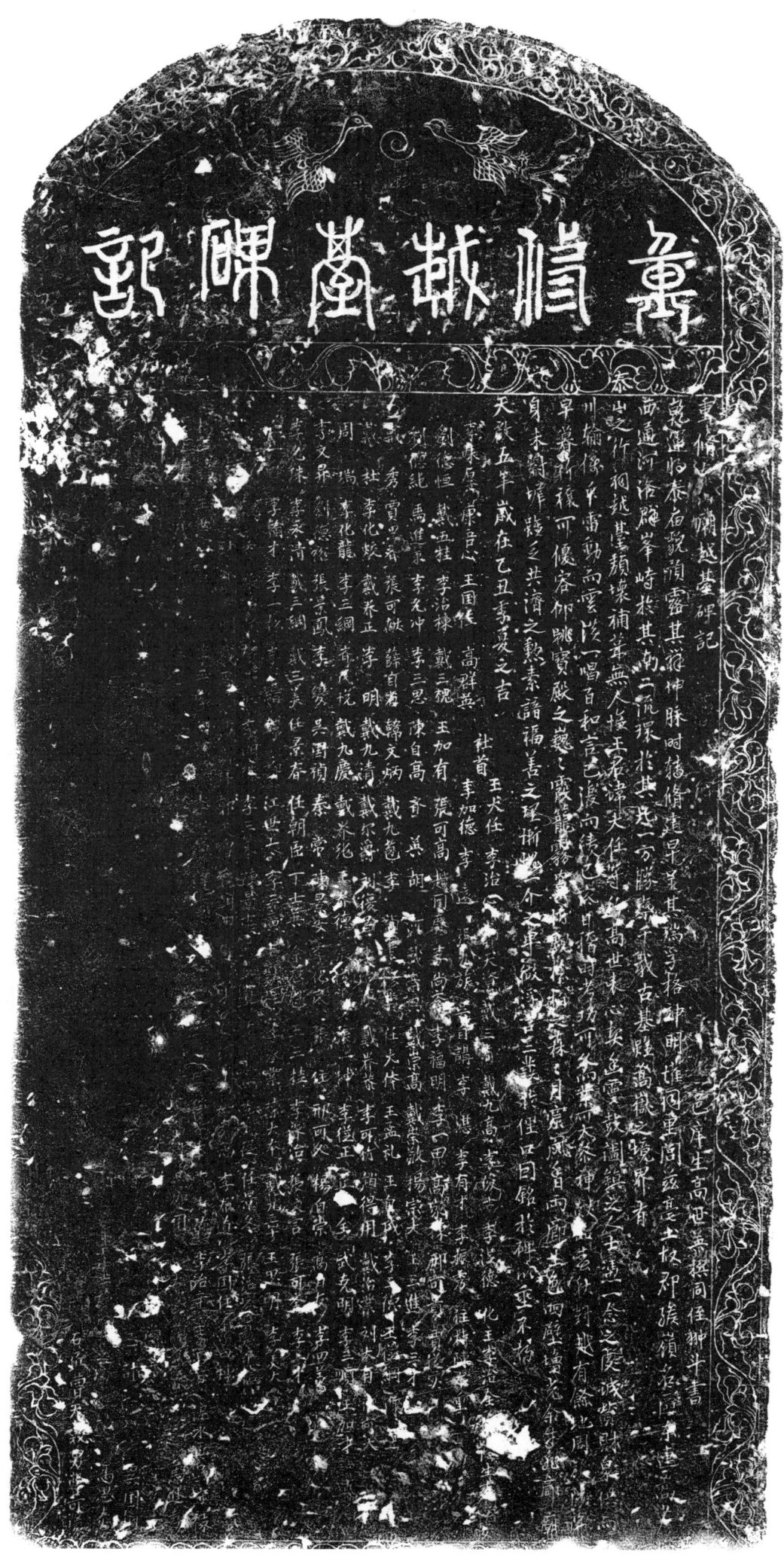

【〇六〇】 重修泰山廟越臺碑記

年代：明天啓五年

尺寸：高 140 釐米，寬 66 釐米

立石地點：偃師市緱氏鎮緱氏村泰山廟

重修泰山廟越臺碑記

〔碑首〕：重修越臺碑記

乾運時泰，廟貌預露其禩；坤脈時轉，修建早呈其瑞。孚格神明，壦同里閭。茲亳土故郡，緱嶺名區，東連嵩少，西通河洛，群峰峙於其南，二流環於其北，一方勝概，千載古基。雖嵩嶽之境界，有泰山之行祠，越臺頹壞，補葺無人。惟王君諱大任等，行高世表，心契幽靈，鼓闔鎮之人士，憑一念之虔誠，貲財泉供而川輸，系乎雷動而雲漢。一唱百和，言已復而績已底；日稽時考，功可久而業可大。參神獻品，春秋對越，有餘地周旋，陟降早暮，祈禳可優容。仰眺寶殿之巍巍，霞籠霧罩；俯覰檜柏之森森，月窟飄香。兩廊生色，四壁增光。余才祀廊廟，身未對墀，雖乏共濟之勳，素諳福善之理。慚愧一介之卑微，浮言三業於俚口。因銘於碑，以垂不朽。

邑庠生高世英撰，同侄翀斗書。

社首：王大任、李治心、郭天資、戴三省、戴九高、李俊士、李洪德、李加德、李遠、張九族、吴自講、李湛、李有才、李振秀。化主：李治全、監生李心安。住持：陳本重、李味厚、劉德恒、劉德純、戴秀、戴杜、周瑞、李文昇、李允珠、丘一魁……康吾心、戴五桂、馬進策、賈思慎、李化蛟、李化龍、劉德裕、李永清、李翰才、魏香、□天才、王世言、王國佐、李治棟、李允沖、張可獻、戴養正、李三綱、張景鳳、戴三綱、李一松、張治聲、戴春明、高群英、戴三槐、李三思、薛自省、李明、齊民悦、李變、戴三美、李縉、賀崇旺、戴思忠、李三宗、王加有、陳自高、韓文炳、戴九清、戴九慶、吴國禎、任景春、韓都、李明珠、戴爾祥、張可高、齊英、戴九苞、戴爾爵、戴春純、秦常、任朝臣、江世太、李三策、郭天增、李忠德、趙國慶、胡河、李禎、王養德、陳景安、丁士英、李三廣、陳景志、魏朝陽、李尚學、戴崇興、李修業、李□禄、張從義、李化民、徐應魁、魏□留、李福明、戴崇高、任大體、戴養恭、張一神、張住、王三桂、李承業、李繼業、李一田、戴崇敬、王孟禮、李可行、李從正、邢可久、李養治、陳大本、李九從、張□福、高家棟、楊宗大、王自成、趙得用、丘全、楊自崇、張文言、戴九章、任景冬、李養道、賈□德、王加用、邢可貴、王一進、李三德、戴治業、武克明、高日友、張可學、王思明、張治家、李國仁、李治辛、賈從實、李三才、王從綱、劉大有、李三順、李四善、李一才、李美大、戴學信、李曰棟、王景□、陳□、陳可大、王加才。

泥水匠：孟守禄、馬進喜、薛光先、吴國用、馬思泰。石匠：曹天義男曹可懷。

天啓五年歲在乙丑季夏之吉。

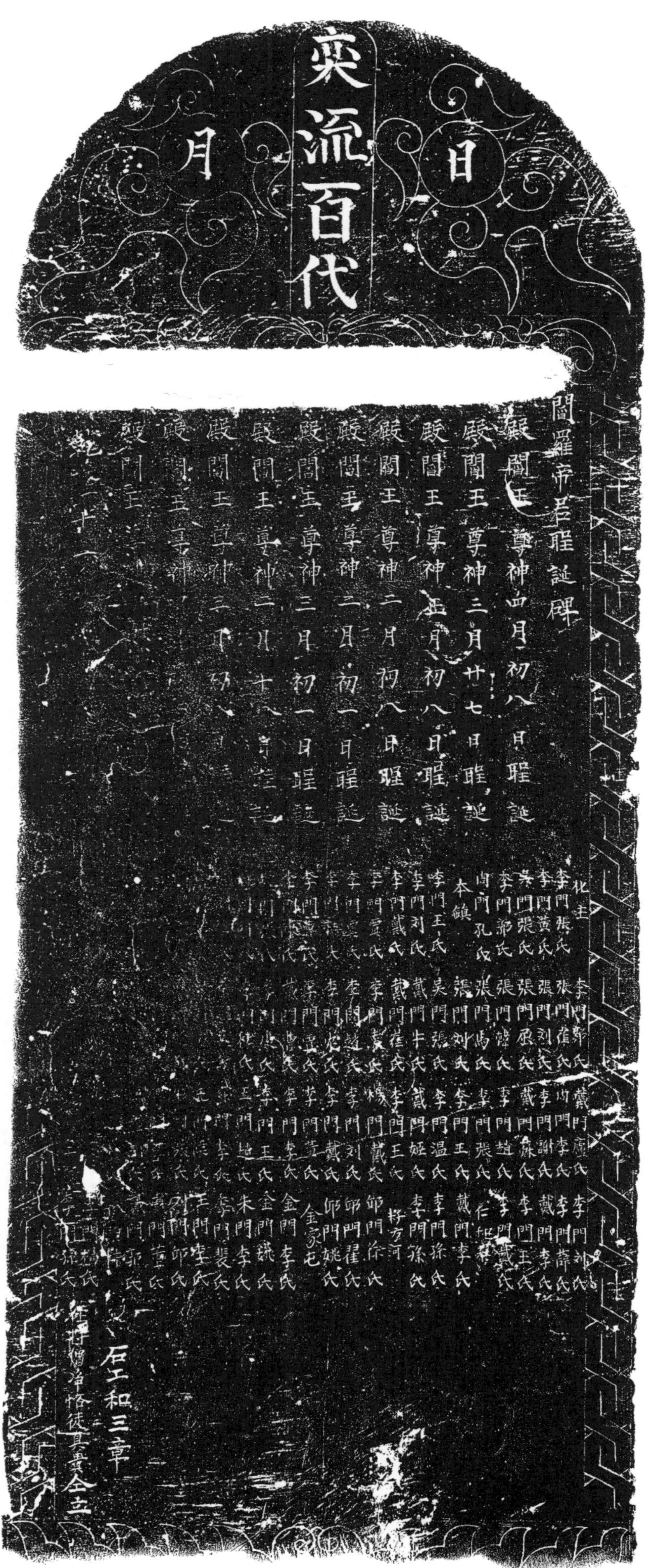
奕流百代
日
月
閻羅帝君聖誕碑
殿閻王尊神四月初八日聖誕
殿閻王尊神三月廿七日聖誕
殿閻王尊神正月初八日聖誕
殿閻王尊神二月初八日聖誕
殿閻王尊神二月初一日聖誕
殿閻王尊神三月初一日聖誕
殿閻王尊神二月十八日聖誕
殿閻王尊神三月初八
石工和三章
住持僧净格徒昌貴全立

【〇六一】 閻羅帝君聖誕碑

年代：清乾隆十一年

尺寸：140釐米，寬55釐米

立石地點：偃師市緱氏鎮緱氏村泰山廟

閻羅帝君聖誕碑

〔碑首〕：奕流百代　日月

殿閻王尊神四月初八日聖誕；殿閻王尊神三月二十七日聖誕；殿閻王尊神正月初八日聖誕；殿閻王尊神二月初八日聖誕；殿閻王尊神二月初一日聖誕；殿閻王尊神三月初一日聖誕；殿閻王尊神二月十八日聖誕；殿閻王尊神三月初八日聖誕；殿閻王尊神四月初二日聖誕；殿閻王尊神四月初□日聖誕。

化主：李門張氏、李門黄氏、吴門張氏、李門郭氏、周門孔氏。本鎮：李門王氏、李門劉氏、李門戴氏、李門賈氏、李門賈氏、李門郭氏、李門曹氏、李門陳氏、魏門張氏、魏門劉氏、李門郭氏、張門崔氏、張門劉氏、張門屈氏、張門韓氏、張門馬氏、張門劉氏、吴門張氏、戴門牛氏、戴門崔氏、李門袁氏、李門趙氏、李門□氏、李門賈氏、戴門曹氏、李門趙氏、李門杜氏、李門王氏、戴門盧氏、周門李氏、李門謝氏、戴門蘇氏、李門趙氏、李門張氏、李門王氏、李門温氏、戴門姬氏、李門王氏、楊門戴氏、李門劉氏、李門戴氏、李門董氏、李門李氏、李門王氏、王門趙氏、張門李氏、姬門侯氏、□門張氏、□門李氏、□門郭氏、李門劉氏、李門薛氏、戴門李氏、李門王氏、李門戴氏。仁和寨：戴門李氏、李門孫氏、李門孫氏。籽方河：邱門徐氏、邱門翟氏、邱門姚氏、金家屯：金門李氏、金門姚氏、朱門李氏、李門裴氏、王門李氏、劉門邱氏、戴門董氏、戴門郭氏。扒頭村：李門楊氏、李門孫氏。

石工：和三章，住持僧浄恪，徒真貴仝立。

乾隆十一年。

乾隆庚辰科舉人龔善繼念之氏題

天齊廟剏自五代周廣順間至聖廟之增設則不可得而班匕考也三十季前重加修飾戴公鵬霄寔為都糾首爾嵩聖廟如故即周遭墻垣依然無恙也年来聖廟漸頹或古瓦竄於蒼鼠或遺擣絶於鏬下傷已庚辰烁盲風怪雨菱化无節周垣一敗而踈土矣有心者戚戚之夫人之肯墻以蔽惡也廟之有墻以衛宮也墻撤矣廟貌何以肅邑人名棟者鵬霄戴公孫也樂善好施緯有祖風倡為版築之役一時[illegible][illegible]諸公亦[illegible][illegible]之矜肰諾不欺其志者也爰起而為之助捐已募衆庀材鳩工約之栽之椽之削之不日而告堵皆佮自此一善舉而衆善因之備采矣三官殿已廢矣為之改作焉從山廟半缺矣為之補葺焉適祝融顯聖有氣燄以逼之衆駭之各輸金請棟為火神置別院焉其他棟楹梁桷板檻之腐黑撓折者盖瓦級甎之破缺者赤白之漫漶不鮮者易而新之無侈前人不虞後觀既築月臺甃階砌復以照壁未對不足以壯觀瞻也蓬而添脩之所謂采一善而衆善皆得者此物此志也是役也本為葺墻垣而越而次第營之如此凡九閱月工將訖余寓目焉昔戴君猶力疾眎事余多戴君之勤未嘗不歎李氏諸公之粞与以有成也戴君謹諉至再三猥承命覼縷言之

管由人李希孔

鐫石人單履寬

清乾隆二十七季歲次壬午三月丙申朏泐石

【〇六二】　重修天齊廟碑記

年代：清乾隆二十七年

尺寸：高 195 釐米，寬 80 釐米

立石地點：偃師市緱氏鎮緱氏村泰山廟

天齊廟創自五代周廣順間。至群廟之增設，則不可得而班班考也。三十年前重加修飾，戴公鵬霄寔爲都糾首爾。時群廟如故，即周遭墻垣依然無恙也。年來，群廟漸頹，或古瓦竄於蒼鼠，或遺構絶於壁下。傷已！庚辰秋，盲風怪雨發作無節，周垣一敗而歸土矣，有心者咸戚之。夫人之有墻，以蔽惡也；廟之有墻，以衛宮也。墻撤矣，廟貌何以肅？邑人名棟者，鵬霄戴公孫也，樂善好施，綽有祖風。倡爲版築之役。一時□□諸公亦□□之矜，然諾不欺其志也。爰起而爲之助，捐己募衆，庀材鳩工，約之、捄之、椓之、削之。不日而百堵皆倫。自此一善舉，而衆善因之備舉矣。三官殿已廢矣，爲之改作焉；衡山廟半缺也，爲之補葺焉。適祝融顯聖，有氣焰以逼之，衆駭之，各輸金請棟，爲火神置别院焉。其它棟楹梁桷板檻之腐黑撓折者，蓋瓦級磚之破缺者，赤白之漫漶不鮮者，易而新之，無侈前人，不廢後觀。既築月臺甃階砌復，以照壁未樹，不足以壯觀瞻也，從而添修之。所謂舉一善而衆善皆得者，此物此志也。是役也，本爲葺墻垣而起，而次第治之，如此凡九閱月，工將訖，余寓目焉。時戴君猶力疾視事，余多戴君之勤，未嘗不歎李氏諸公之相與以有成也。戴君謕諉至再三，猥承命覼縷言之。

乾隆庚辰科舉人戴書紳念之氏題。

管廟人：李希孔。鐫石人：單履寬。

清乾隆二十七年歲次壬午三月丙申朏泐石。

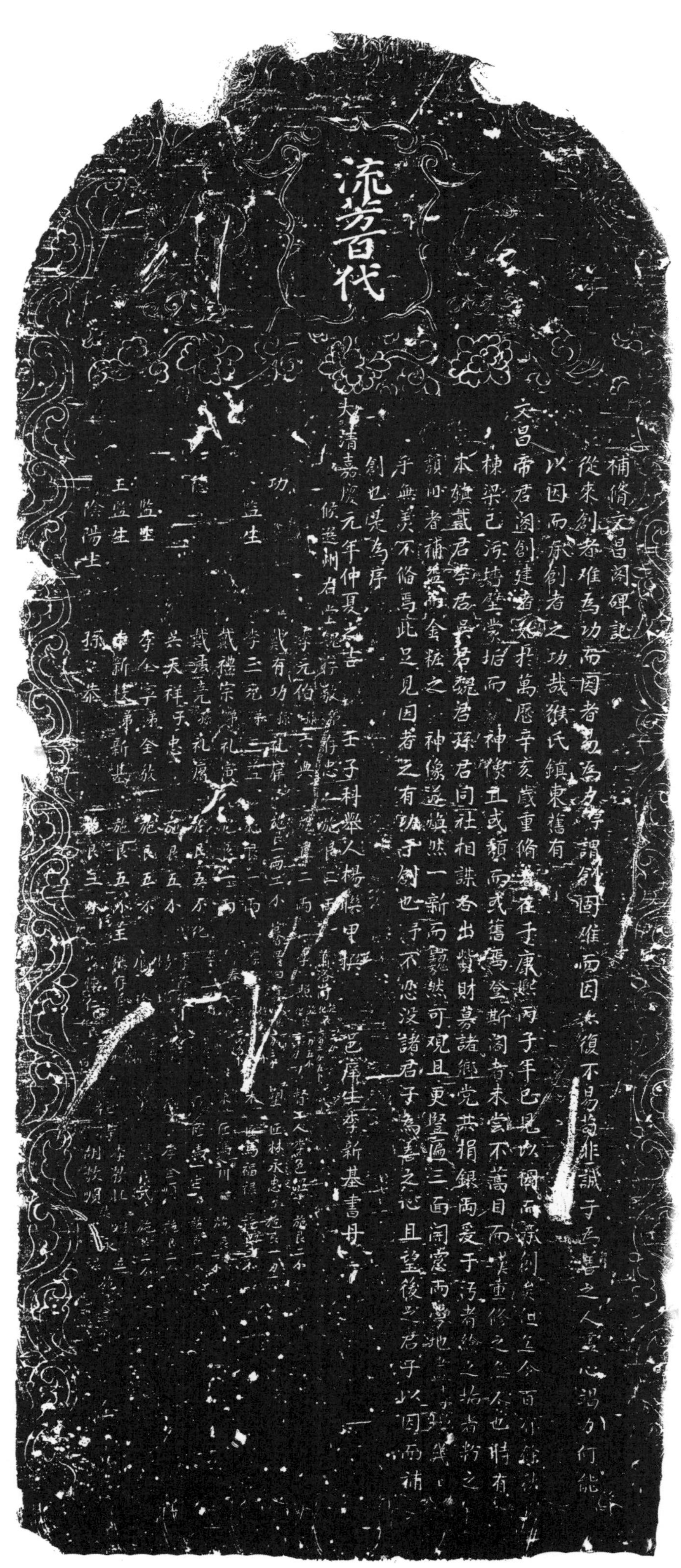
流芳百代

【〇六三】 補脩文昌閣碑記（碑陽）

年代：清嘉慶元年

尺寸：高 161 釐米，寬 70 釐米

立石地點：偃師市緱氏鎮緱氏村泰山廟

補脩文昌閣碑記

〔碑首〕：流芳百代

從來創者難爲功，而因者易爲力。予謂：創固難，而因亦復不易，苟非誠于爲善之人盡心竭力，何能以因而承創者之功哉。緱氏鎮東舊有文昌帝君閣，創建者始於萬曆辛亥歲，重修者在於康熙丙子年，已見以因而承創矣。但迄今百有餘秋，棟梁已污，墻壁蒙垢，而神像且或頹而或舊焉。登斯閣者，未嘗不蒿目而歎重修之無人也。時有本鎮戴君、李君、吴君、魏君、孫君同社相謀，各出貲財，募諸鄉黨，共捐銀兩，爰於污者繪之，垢者粉之，頹舊者補益而金粧之，神像遂焕然一新，而巍然可觀。且更豎匾三面，開窗兩旁，地盡磚漫，幾幾乎無美不備焉。此足見因者之有功於創也。予不忍没諸君子爲善之心，且望後之君子以因而補創也。是爲序。

壬子科舉人楊聯甲撰，邑庠生李新基書丹。

功德主：候選州右堂魏存敬弟存忠施銀二兩。李元伯孫六典施銀二兩。戴有功孫禮庠施銀一兩二錢。監生李三元弟三益施銀一兩。戴禮宗弟禮寅施銀一兩。戴法堯孫禮庸施銀五錢。吴天祥子忠施銀五錢。監生李全寧弟全敬施銀五錢。監生李新枝弟新基施銀五錢。陰陽生孫恭施銀三錢。募化主蕭洛崗施銀三錢、化銀七兩二錢五分。李照施銀一兩五錢、化銀一兩。賈曰真施銀一兩、化銀一兩三錢。李憲施銀五錢。李春望施銀三錢五分、化銀三兩。李琳施銀四錢、化銀一兩五錢。李修德施銀二錢、化銀一兩二錢。楊珞施銀一兩。康珍施銀一錢五分。張存善施銀六錢五分、化銀一兩。薛懷仁施銀二錢、化銀一兩。督工人李色温施銀二錢。塑匠李永忠施銀一兩。木匠馬福禄施銀二錢。木匠馮百川施銀二錢。木匠馮金川施銀一錢。石匠馬一生施銀一錢。鄉耆李全順施銀二錢。張武施銀二錢。主持李教旺、胡教順，徒姬永立、姬永施銀三錢。

大清嘉慶元年仲夏之吉。

碑陰題名

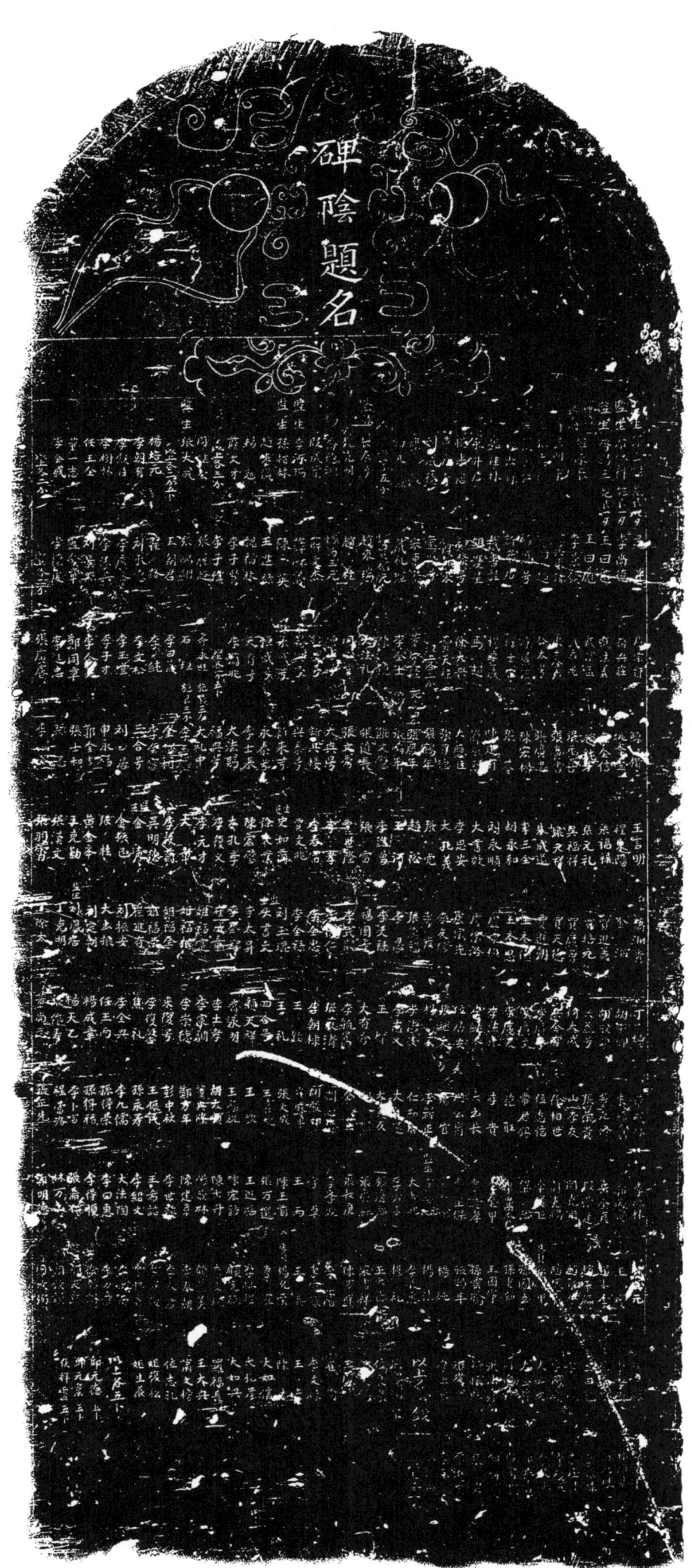

【〇六四】　補修文昌閣碑記（碑陰）

年代：清嘉慶元年

尺寸：高 161 釐米，寬 70 釐米

立石地點：偃師市緱氏鎮緱氏村泰山廟

〔碑首〕：碑陰題名

監生孫三傑施銀一兩。監生鄭登科施銀一兩。監生喬錫三施銀一兩。姬永泰、段朋來、監生張文德、邑庠生戴書詔、魏六林、魏桂林、永升店、悦來店、曹廣壽、劉成德、康俊、印兆鼇，以上各五錢。岐山縣長春號、魏克明、喬德灝、段成業、監生李河瑞、監生孫柏林、趙來儀、楊勉、薛文才，以上各三錢。周繼雲、監生張大成，以上各二錢五分。楊培元、李朝有、李殿臣、李樹林、任王全、董一志、李全盛，以上各二錢。羅昇、李尚德、王曰道、王曰彪、李景發、貢生吴秉謙、監生高超、福盛號、新泰店、戴書註、胡雙星、和發號、生員段知來、榮盛號、宋東璧、戴禮瑄、監生賈福元、趙來瑞、趙栓、監生馮三元、薛文傑、薛懷義、陳英、王進禄、魏福林、李子賢、李子偉、張廣超、張鵬翮、王朝君、翟路、劉承德、李廣學、李法典、劉景照、盧含章、李德虔，以上各二錢。盧宗禄、喬興莊、戴法義、戴法孟、戴石星、東三合吉、公太號、李景淳、段士寧、楊豐盛、馬超、徐大興、費天禄，以上各二錢。董守經化錢四錢。李全士、陳鏡、大法禮、同心業、增盛號、新盛號、新典號、永盛號、恒盛號、天育號、李蘭兆，以上各一錢五分。齊永旺施銀三錢。石坦施銀三錢。李曰義、李純、李文松、李玉堂、李子才、李全美、鄭同章、李進忠、張廣睿、陳楷、姚學聖、李全信、趙純才、張元喜、張廣書、張廣思、陳宏楷、張苓、陳建有、薛永烈、大應臣、張育德、張鶴年、張鳳年、張鵬年、張文璧、張道長、張文秀、大興號、新興樓、興泰號、新來號、永泰號、李士來、大法賜、福興號、大禮中、李玉晶、金輝相、李全容、三合號、劉居、申永福、郭全吉、張士和、孫忠、李公、王言明、程東陽、張福禄、張元禮、吴福祥、姚天祥、朱成道、李三全、胡永和、劉永順、大書效、李思安、大孔義、張党、趙裕、王河、李進勇、張雷、賈世隆、李孝、李春富、賈文兆、生員史如蘭、徐大業、陳宏璧、大孔學、李復義、李元才、大章、李枝蘭、吴明德、金聲、金振己、張桂、黄金學、王克勤、張漢文、張羽霄、蕭湘貴、金温、賈進美、賈培元、賈廣魯、賈天德、賈進朝、王學德、王學思、盧宗梅、盧宗洛、盧宗先、李友信、李發、張德福、李恩、李文禄、楊國章、李式觀、李德仁、李全忠、李全禄……

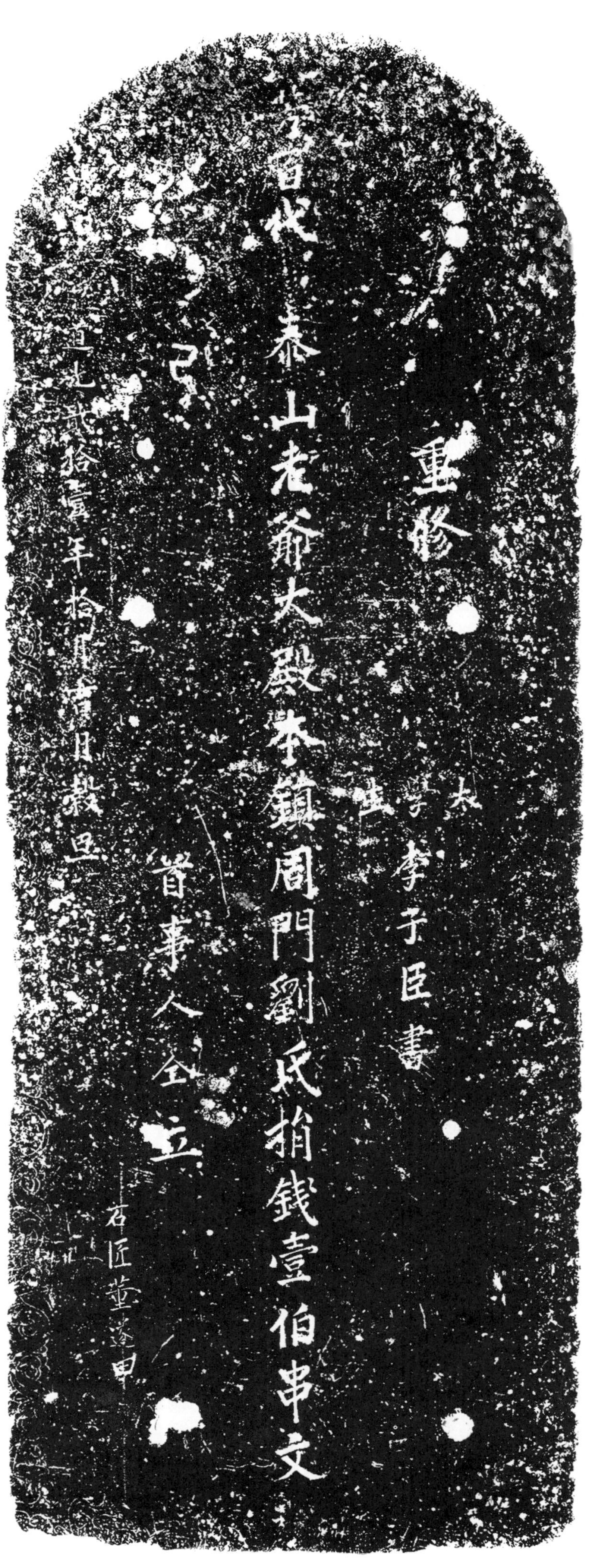

重修

太學生李子臣書

泰山老爺大殿奉鎮周門劉氏捐錢壹伯串文

首事人仝立

道光貳拾壹年拾月[illegible]日穀旦

石匠董逢甲

【〇六五】　重修泰山老爺大殿碑記

年代：清道光二十一年
尺寸：高 187 七釐米，寬 69 釐米
立石地點：偃師市緱氏鎮緱氏村泰山廟

〔碑首〕：流芳百代
重修泰山老爺大殿本鎮周門劉氏捐錢一佰串文。
太學生李子臣書。
首事人仝立。石匠：董遂田。
道光二十一年十月吉日穀旦。

【〇六六】 泰山廟公議條規碑

年代：清道光二十一年

尺寸：高 120 釐米，寬 56 釐米

立石地點：偃師市緱氏鎮緱氏村泰山廟

泰山廟公議條規詳載於後：

一議：每月朔望之辰，正殿並各廟俱宜打掃潔凈，住持沐手焚香，晨鐘暮鼓，以盡齋職。凡有進香之人，務必伺候勿怠。

一議：群廟廟門一併落鎖關防，不許擅開。凡有進香許願之人方許開門，事畢即鎖。

一議：廟中柏樹並各色樹木，所以肅觀瞻而取乎幽也，不許住持私自伐樹。如果使用，會同山主。

一議：廟後並東墻隙地，誠一方之來龍也，須當培補，不許住持及外姓之人任意挖挑取土，鞏損地脈，禁之。

一議：廟院闊大，不許眾戶販夫，拴系騾馬牛羊，任意牧放踐踏。

一議：廟内不許私放壽木，有褻神明。山門之下，更不許棍徒設立賭場，有傷風化。

一議：各廟理宜清静，所以妥神也。住持不許私賃於人，信士居住□□□□。

一議：住持自當恪守清規，小心謹慎，不得妄行滋事。

一議：各廟門外必須掃除乾凈，不許堆糞穢污。

一議：各廟房簷毛頭，倘有損壞，自當補修，凡有興土之事，必須會同山主公議修理，不許住持私意募化佈施，以肥一己。

以上十條，勒諸貞珉，爾其□之，如有違者，衆山主協所鄉地送官革除，永不准復。

古東周廩膳生劉嵩南沐手書丹。

道光二十一年十一月吉日立。

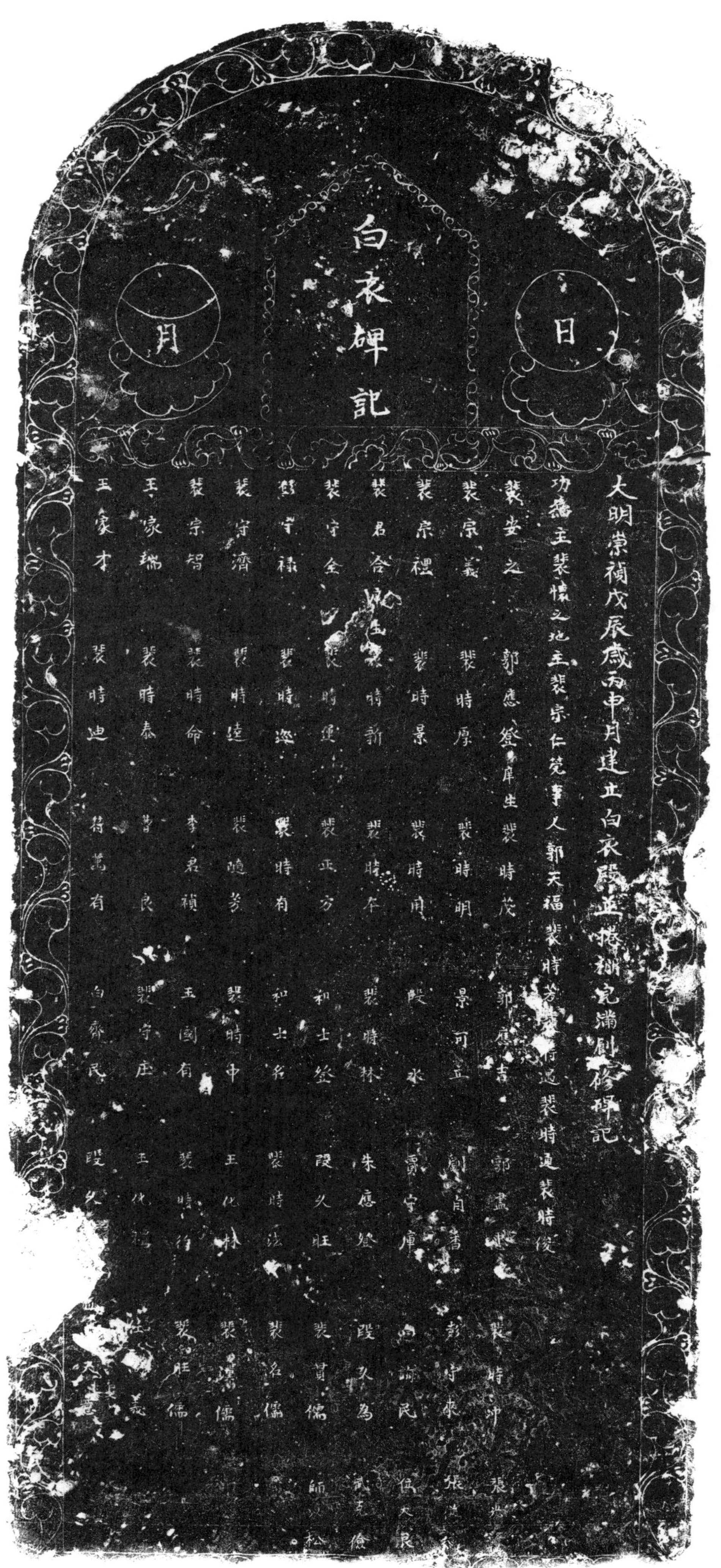
白衣碑記
日
月

【〇六七】　建立白衣殿並捲棚完滿創修碑記

年代：明崇禎元年

尺寸：高 141 釐米，寬 61 釐米

立石地點：偃師市緱氏鎮裴村

建立白衣殿並捲棚完滿創修碑記

〔碑首〕：白衣碑記　日月

功德主：裴懷之。地主：裴宗仁。管事人：郭天福、裴時芳、裴時遇、裴時通、裴時俊。裴安之、裴宗義、裴宗禮、裴君合、裴守全、裴守禄、裴守濟、裴宗智、王家瑞、王家才、郭應登、裴時厚、庠生裴時新、裴時運、裴時巡、裴時逵、裴時命、裴時泰、裴時迪、庠生裴時茂、裴時明、裴時用、裴時本、裴正方、裴時有、裴隨芳、李君禎、曹良、符萬有、郭應吉、景可立、段水、裴時林、和士登、和士名、裴時中、王國有、裴守莊、白齊民、郭盡忠、賈守庫、朱應登、段火旺、裴時行、王化禮、段久□、裴時沖、彭守來、尚詢民、段久爲、裴貫儒、裴名儒、裴漢儒、裴旺儒、任尚義、□天意、張光澤、張從德、位大艮、武克儉、師以松。

大明崇禎戊辰歲丙申月。

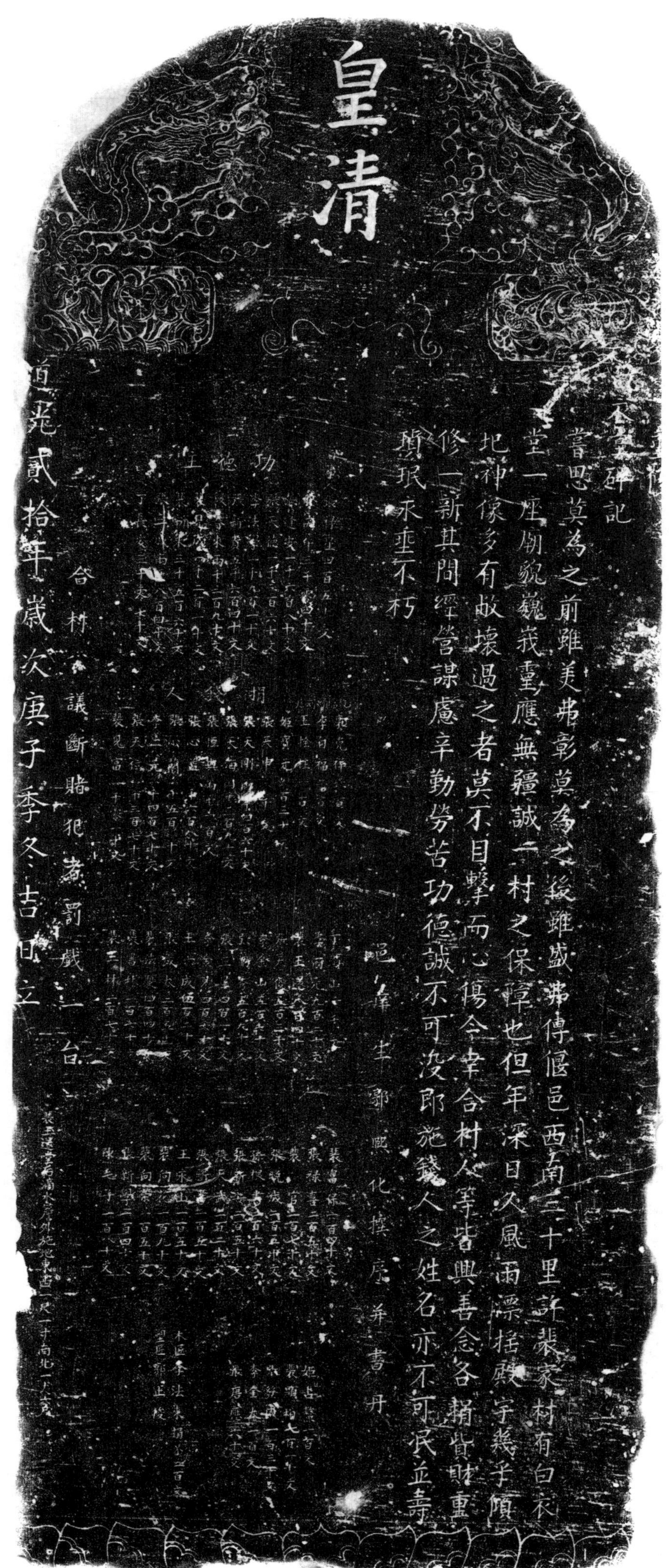
皇清
碑記
嘗思莫為之前雖美弗彰莫為之後雖盛弗傳偃邑西南三十里許裴家村有白衣
堂一座廟貌巍峩靈應無疆誠一村之保障也但年深日久風雨漂揺殿宇幾乎傾
圮神像多有啟壞過之者莫不目擊而心傷合寨合村人等皆興善念各捐貲財重
修一新其間經營謀慮辛勤勞苦功德誠不可沒郎施錢人之姓名亦不可泯立壽
貞珉永垂不朽
邑庠生鄧興化撰序并書丹
功德主
捐資人
合村議斷賭犯蕭罰戲一台
道光貳拾年歲次庚子季冬吉日立

【〇六八】　重修白衣堂碑記

年代：清道光二十年

尺寸：高 138 釐米，寬 55 釐米

立石地點：偃師市緱氏鎮裴村

重修白衣堂碑記

〔碑首〕：皇清

嘗思：莫爲之前，雖美弗彰；莫爲之後，雖盛弗傳。偃邑西南三十里許裴家村有白衣堂一座，廟貌巍峨，靈應無疆，誠一村之保障也。但年深日久，風雨漂摇，殿宇幾乎傾圮，神像多有敝壞，過之者莫不目擊而心傷。今幸合村人等，皆興善念，各捐貲財，重修一新。其間，經營謀慮，辛勤勞苦，功德誠不可没，即施錢人之姓名，亦不可泯，並壽貞珉，永垂不朽。

邑庠生郭熙化撰序并書丹。

首事人：張禄星四百五十文。功德主：張丙午三千零四十文。張逢安一千六百八十文。張天德一千三百六十文。李法學一千九百一十文。張新貴五千六百四十文。段春來兩千二百九十文。裴見成一千二百一十文。裴新來三千五百六十文。丁長安三千零七十文。捐錢人圪垱頭郭克祥六百文。李自福二百文。劉店王拴柱一百文。姬寶元六百三十文。張天申二千文。張天剛兩千四百六十文。張天海兩千三百九十文。張恒興兩千二百文。張心益一千六百八十文。張心蘭一千五百八十文。李二元一千四百七十文。張天位一千三百七十文。裴見富一千零一十文。丁海山二千文。李丙元九百二十文。裴玉還八百四十文。張天俊五百三十文。李金山五百七十文。張蘄秀五百九十文。張三星四百一十文。李金見四百六十文。王六成伍百二十文。張成太二百五十文。裴法聚四百四十文。裴書林一百七十文。裴三林二百七十文。裴富保六百四十文。張禄喜二百五十文。裴官二百七十文。張晚成二百五十文。孫根書二百六十文。 張新安二百五十文。張天武二百二十文。張新書一百五十文。王永山一百五十文。裴向花一百九十文。裴向榮一百五十文。張新學一百四十文。陳毛子一百八十文。姬占鰲一百文。裴顯柏七百一十文。張發成一百三十文。李金太一百文。張唐應六十文。

木匠：李法來捐二百文。塑匠：郭正俊。

合村公議斷賭犯者罰戲一臺。

裴玉還堂後滴水簷外施地，東西一尺一寸，南北一丈六尺。

道光貳拾年歲次庚子季冬。

重脩仙鶴觀記

重脩仙鶴觀記
洛寧小乾山人趙可久撰并題額
粤自軒尭鄧宇道洽醇濃皇風分教緇貞執要哉道乎不可[illegible]
以聖徑後末造世遊風瀟中和間邁首家殊方指意不同言仙[illegible]
緑是靈香大旨想文德武功渾淪渺爐而同獲復被深廟靈奇[illegible]
得李耳梁佛之[illegible]資以養身救[illegible]匡[illegible]連轂五軸觀[illegible]去家還真之初思[illegible]
爾智真其爾物[illegible]爾積久而功懋丹方有獲是故[illegible]拉祥氣[illegible]天
乾山九泉[illegible]於神運維時茲土緱山南晴洛水比咲清風[illegible]羅
於上忽見祥雲爛燦仙鶴徘徊三五童子應聲拍手鄉觀[illegible]乎乘鶴
而上云爾稽之方術傳諸故老其言蓋不爽焉後人因以[illegible]題[illegible]云重
脩凡四舉矣值今
嘉靖廿有三祀康伯子與族長曰科種曰[illegible]詩[illegible]茲觀[illegible]
於余我先人重脩於正德間不可廢也我欲究舊址[illegible]為一方[illegible]殘
弘功業出基址以久歲月高棟梁以待風雨方之隨以備觀美之[illegible]我
集遠採同聞[illegible]毓而翕然者為之立師帥集講於中飲我食我[illegible]我
雖不敏頗聞至論再上族人頗連者於內積薪設爨日食人一[illegible]伯
我在上以告[illegible]下以用惠安精靈安老稚願斯畢矣科[illegible]盡其[illegible]子曰
[illegible]追如約功告定[illegible]伯子名戩字君質別號陽泉緱山[illegible]鎮[illegible]承
[illegible]嘉靖甲辰仲秋吉日[illegible]立
布政司承差[illegible]康戩[illegible]
[illegible]使府[illegible]康盛 康永昌[illegible]康永齊
石工曹江鐫

【〇六九】 重修仙鶴觀記

年代：明嘉靖二十三年

尺寸：高 119 釐米，寬 70 釐米

立石地點：偃師市緱氏鎮緱氏村

重修仙鶴觀記

〔碑首〕：重修仙鶴觀記

粤自軒堯御宇，道啓醇源，皇風沕穆，教隆貞軌遐哉，邈乎不可□□□而□□以還延及末造也。逖風漓，中和罔，建百家，殊方指意不同。言仙道者，殆□□□緣是靈，王太子遥想文德武功，湮没澌盡而罔獲，復被深腐靡麗，奮然脱之，得李耳桀佛之法，資以養身，坎離匡設，運穀正軸，觀頤法象，還真反初。思□□爾智，冥冥爾物，漠漠爾積，久而功懋，丹乃有獲。是故殊懸，一粒祥風，來於敷天，龍出九泉，聖道彰於神運。維時玆土緱山南晴，洛水北咲，清風散□□□氣羅於上，忽見祥雲爛燦，仙鶴徘徊，三五童子應聲拍手，仰視□雲，指□□子乘鶴而上雲爾。稽之方術，傳諸故老，其言蓋不爽焉。後人因以立觀，題□仙鶴云，重修凡四舉矣。值今皇帝龍飛嘉靖廿有三祀，康伯子與族長曰科種、曰稽詩者謀曰：玆觀□創□□於余我先人，重修於正德間，不可廢也。我欲完舊增新，爲一方□□，廣規模，弘功業，壯基趾，以久歲月高，棟梁以待風雨，餙戶牖以備觀美，□厦以□□集，遴擇同閈，清毓而窘然者，爲之立師帥集，講於中歆，我食我□□書□我，我雖不敏，願聞至論，再止族人顛連者，於内積薪，設爨日食，人一升□□□，其惟我在上，以告處，以用惠，妥精靈，安老稚，願斯畢矣。爾科輩盍共拜□□子曰：諾遂如約，功□定焉。玆舉也，伯子名載字君寶，别號陽泉，緱山巨鎮□□省承士。

洛南小乾山人趙可久撰並題額。

布政司承差康載、弟康戴、室人李氏，伊府吏男康永盛、康永昌、康永□、康永齊。

石工：曹江鐫。

嘉靖甲辰中秋生明日立。

此碑向在緱氏西北百步許仙鶴觀内，乃吾先人獨貲重修。觀宇藉以育材贍族者，民國七七之役，倭寇侵及河南，斯觀毁於駐軍，幸此碑獨全於瓦礫間，剥蝕日甚，至可惜也。戊子春，移存吾家廟中，亦念先德，保其物意爾。二如康樹德謹識。（後人題記）

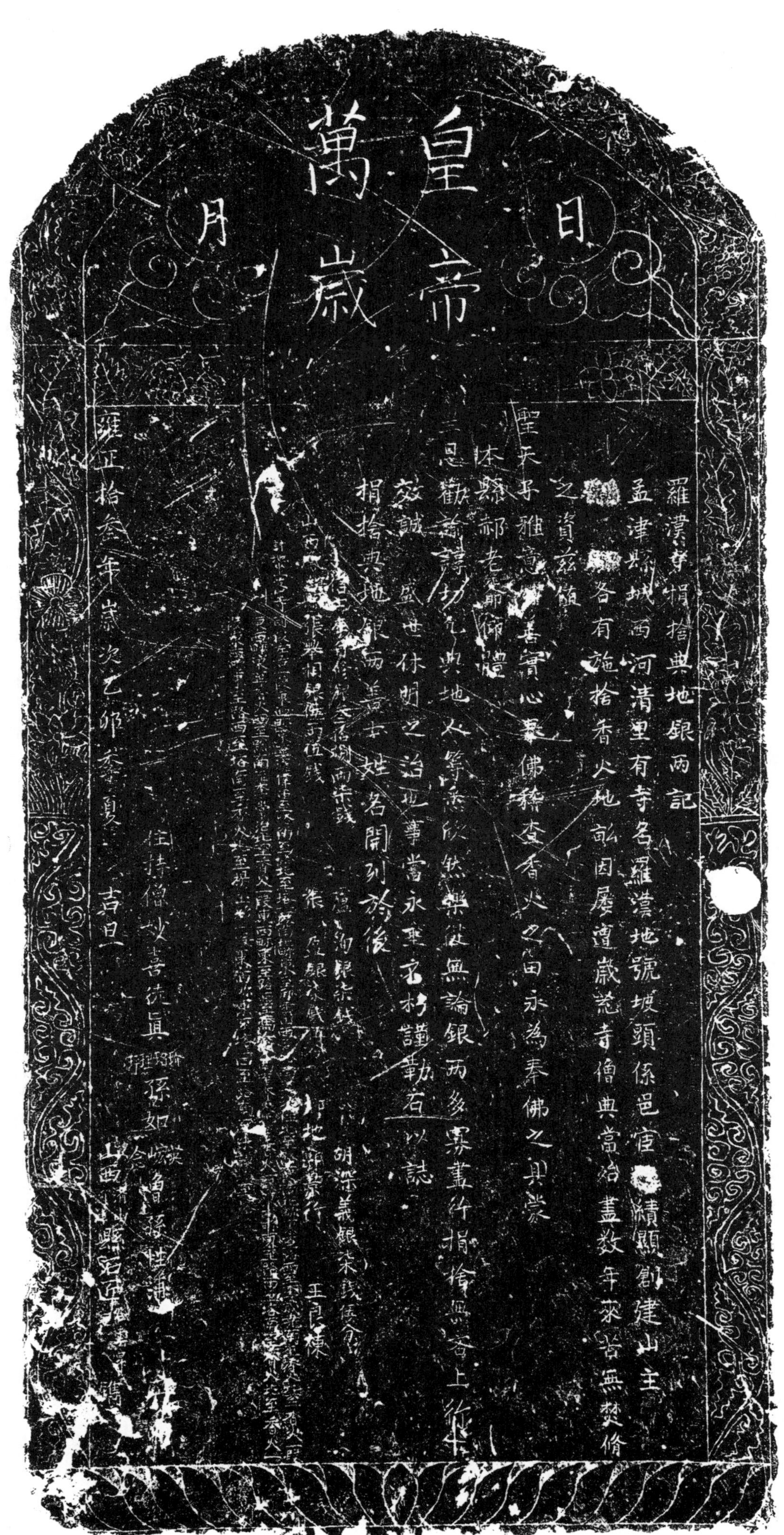

【〇七〇】　羅漢寺捐捨典地銀兩記

年代：清雍正十三年

尺寸：高 104 釐米，寬 50 釐米

立石地點：孟津縣小浪底鎮官莊村

羅漢寺捐捨典地銀兩記

〔碑首〕：皇帝萬歲　　日月

孟津縣城西河清里有寺名羅漢，地號坡頭，係邑宦□績顯創建。山主□□各有施捨香火地畝，因屢遭歲荒，寺僧典當殆盡，數年來苦無焚修之資。茲值聖天子雅意□善，實心奉佛，稽查香火之田，永爲奉佛之具。蒙本縣郝老爺仰體皇恩，勸諭諄切，凡典地人等悉欣然樂從，無論銀兩多寡，盡行捐捨無吝。上行下效，誠盛世休明之治也。事當永垂不朽，謹勒石以誌。

捐捨典地銀兩善士姓名開列於後：

信士李行修銀叁拾捌兩柒錢。盧洵銀柒錢。胡深義銀柒錢五分。山西鳳縣張舉相銀伍兩伍錢。張盈銀柒錢五分。鄉地郭景行、王良棟。

計地坐落寺前後左右，一段東西畛，東至盧偉，西至路，南至路，北至墻。一段南北畛，東至邱雲山，西至沁□河，南至地，北至路。一段南北畛，東至路，西至李成堯，南至香火，北至香火。一段東西畛，東至香火，西至路，南至李常治，北至香火。一段東西畛，東至路，西至馬□，南至香火，北至香火。一段東西畛，東至路，西至路，南至香火，北至香火。一段東西畛，東至路，西至墻，南至香火，北至楊玉彩。一段東西畛，東至塔，西至塔，南至□□，北至塔。

住持僧妙喜，徒真玠、真珞、真理、真玶，孫如英、如崍、如念，魯孫性浦仝立。

山西濟山□津縣石匠：谷雲昇、袁□鑴。

雍正拾叁年歲次乙卯季夏吉旦。

【〇七一】 羅漢寺記事碑

年代：清咸豐八年

尺寸：高 159 釐米，寬 69 釐米

立石地點：孟津縣小浪底鎮官莊村

津西舊有羅漢寺，載在縣志，其地峻秀，其事可考者，前人已備述之。玆因多歷年所，不無風雨之毁，無以肅觀瞻耶，無以妥神靈也。住持僧了義暨侄道法等慨爲己任，爰請四方善士，或捐己貲，或爲募化，同心戮力，於丁巳八月鳩工，戊午七日落成。雖增舊制，蔚然可觀。工竣之日，求余爲文，余不能辭，聊述其略，以誌不朽云。

監生張心田沐手撰文，從九品謝□洲沐手書丹。

化主：……

住持僧了書、了□、了義、了萬、了相，徒侄道法、道顯、道濟、道成、道珠，徒孫悟勇、悟修、悟典、悟全，曾孫進泉、進慈、進福、進東、進咸，元孫宗來等仝立。

龍飛咸豐八年秋七月穀旦。

【〇七二】 重修伽藍殿并□□□碑記

年代：清同治十年

尺寸：高 161 釐米，寬 63.5 釐米

立石地點：孟津縣小浪底鎮官莊村

重修伽藍殿并□□□碑記

〔碑首〕：皇清

從來莫爲之前，雖美弗彰；莫爲之後，雖盛弗傳。□□□……壯觀，故住持僧人道法等……卜擇吉日重修廟宇金粧神像……

登仕郎苗大□等撰文并書丹。

化主：庠生薛文選施銀二兩。監生薛文昇施銀二兩。監生張文成施銀一兩五錢。從九馬振業施銀二兩。賈志恭施銀一兩五錢。隨朝拌鴛張義善施銀五兩。壽官蘆如陵施銀一兩。王萬和施銀一兩。處士馬驥施銀一兩。都司周明書施銀一兩。監生許希文施銀一兩。監生李建邦施銀一兩。監生盧存正施銀一兩。李春儒施銀二兩。李成祥施銀一兩。壽官苗大孝施銀一兩。陳九疇施銀一兩。宋世德施銀一兩。歲貢周體成施銀一兩。仲萬通施銀一兩。總九謝登洲施銀一兩。李清鐸施銀一兩。楊文輝施銀三兩。欒夢麒施銀一兩。監生郭太元施銀一兩。化主：監生李天重、郭景照、庠生孫通、監生李燦花、蘆四輩、壽官苗大道、張玉明、陳清蓮，以上各銀一兩。追遠堂、李安邦，以上各銀三兩。壽官馬建邦、李本中、壽官李芳春、周振國、王發科、馬士富，以上各銀八錢。王永賢、監生陳金斗、張居中、李建福、壽官李千仞、宋世花、宋世選、李思□、柴□、監生崔金成、崔□昭、壽官蘆如剛，以上各銀五錢。王景發、胡聚、陳化鵬、監生張大用、李天一、陳明德、監生張玉成、壽官喬世禄，以上各銀二兩。孫貫章、崔治，以上各銀一兩二錢。薛長太、監生盛國貞、薛金箱、薛文思、周鳳元、薛長富、曹清平、寧金星、蘆如□、蘆文淵、張訴、監生郭書敬、謝義善、監生馬景堂、楊來裕、王保、監生王茂、李四成、李千江、蘆及第、監生蘆中道、武生夏長春、楊國治、監生周勳、楊發林、庠生周體信、謝安居、貢生周體安、拜景明、王天臣、陳貴、壽官曹志西、范百川、監生賈文典、監生□永福、李登榜、監生李金貴、賈文星、監生李東明、李科、武舉李東漢、王合順、廩生欒之彦、席步雲、監生周體祥、孟守富、監生周體謙、秦興盛、監生周雲龍、秦興恒……

住持道法暨侄悟全、（悟）典、（悟）林，暨孫正順、（正）慧、（正）東、（正）平，曾孫宗、禪，元孫心、安仝立。

石工：洛邑州劉□□□□□□濟邑□□□。

龍飛同治拾年十一月初六穀旦。

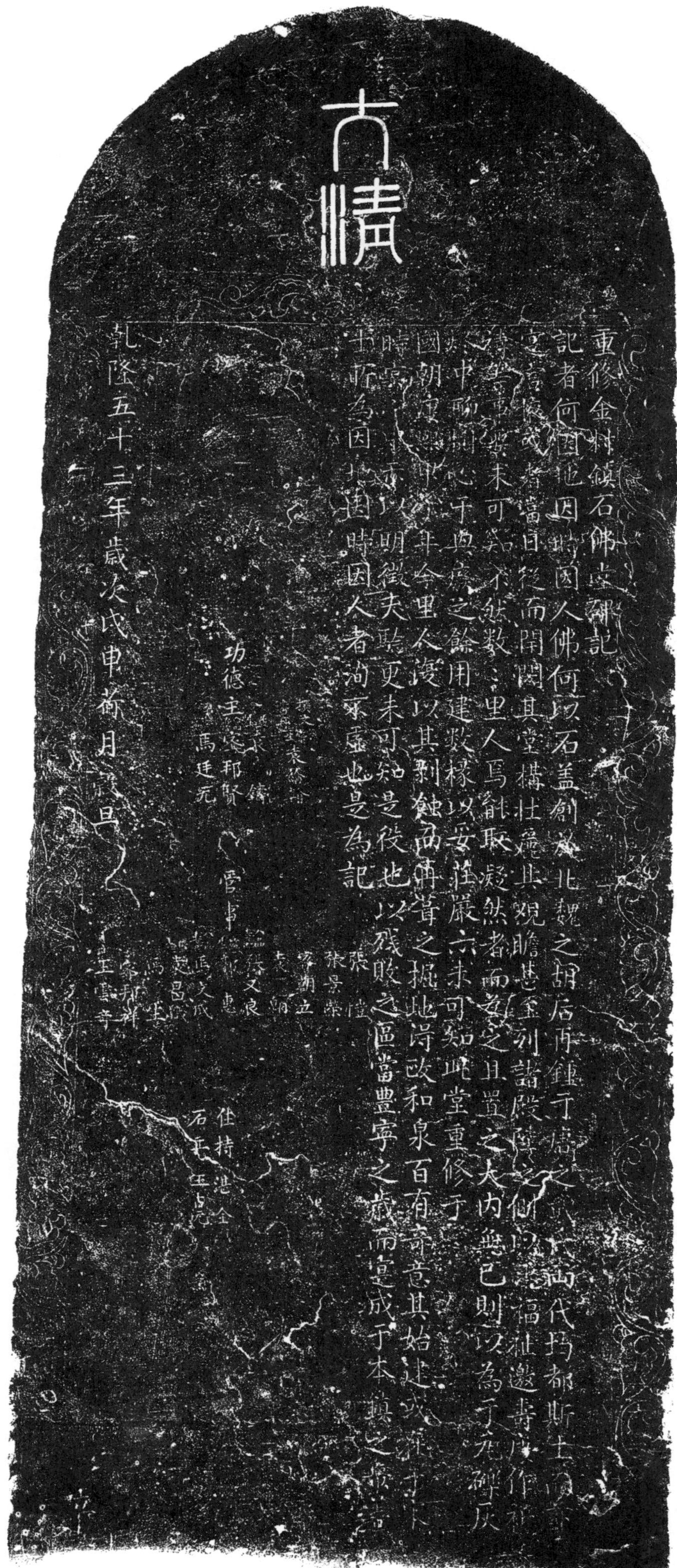

【〇七三】 重修金村鎮石佛堂碑記

年代：清乾隆五十三年

尺寸：高 154 釐米，寬 60 釐米

立石地點：孟津縣平樂鎮金龍谷

重修金村鎮石佛堂碑記

〔碑首〕：皇清

記者何因地因時因人，佛何以石。蓋創於北魏之胡後，再鍾於唐之武氏兩代，均都斯土，而玆寔宫掖，或者當日從而閈閎其堂構，壯麗其觀瞻，甚至列諸殿陛之側門，求福祉，邀壽康，作祈禱等事要未可知。不然，數里人焉能取凝然者而爲之，且置之大内無已，則以爲於瓦礫灰燼中，聊同心於興廢之餘，用建數椽以妥莊嚴亦未可知。此堂重修於國朝康熙甲午年，今里人復以其剥蝕而再葺之，掘地得政和泉，百有奇意。其始建或在於宋時崇寧中。示以明徵夫驗更未可知。是役也，以殘敗之區當豐寧之歲，而寔成於本鎮之眾，善士所爲，因地因人者，洵不虚也，是爲記。

撰文、書丹廩生袁綸翰。

功德主：益生袁鑄、甯邦賢、馬廷元。

管事：張愷、張景榮、容朝立、袁翺、八品壽官張又良、監生郭惠、八品壽官馬文成、監生袁昌箴、馬生、甯邦祥、王雲奇。

住持：湛全。石工：任占元。

乾隆五十三年歲次戊申荷月穀旦。

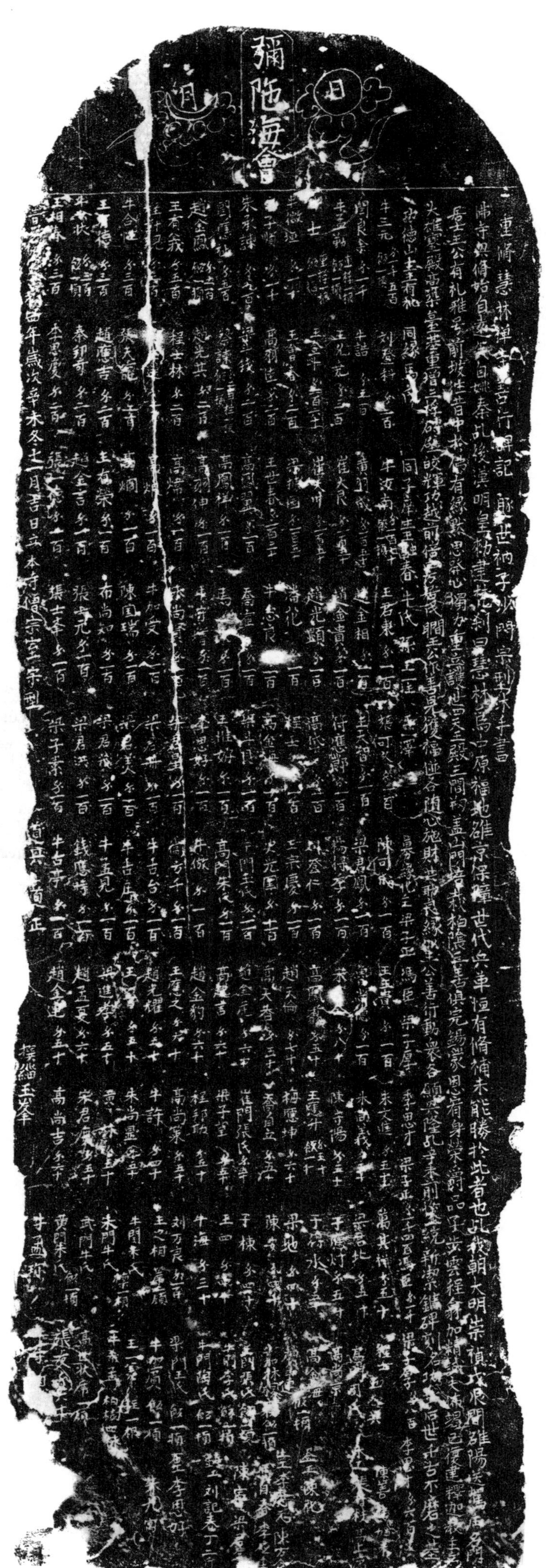

【〇七四】 重脩慧林禪寺善行碑記

年代：明崇禎四年

尺寸：高 138.5 釐米，寬 45 釐米

立石地點：孟津縣送莊鎮送莊村

重脩慧林禪寺善行碑記

〔碑首〕：彌陁海會　日月

遁世衲子沙門宗型沐手書。

佛寺興修，始自遠矣。自姚秦乩後，漢明皇勅建梵刹曰：慧林爲中原福地，洛京保障。世代兵革，恒有脩補，未能勝於此者也。乩我朝大明崇禎戊辰間，洛陽送駕莊名門居士王公有禮雅號前坡，往昔中於佛有緣，默思發心，獨力重立護世四天王殿三間，并蓋山門，培栽柏蔭。三善俱完，錫蒙恩宥，身榮爵品，子步雲程，翕加精誠，大佈竭己，復建釋迦教主，立大雄寶殿，高築臺基，重增三桴磚壁，皎輝功越前倍。四方居民聞王公作善見獲福，并各隨心施財，共助良緣，似王公善行動眾，各願興隆。乩辛未前後，一統新潔，鐫碑刻名，功垂後世，千古不磨之基。

功德山主：王有和、同緣馬氏、同子庠生王融春。牛氏孫：王一注、王一澤。募緣化主：梁子正、馮臣、梁子厚、李思才。梁子正錢一千四百。馮臣錢一千。梁子厚錢八百。李思才錢六百文。牛三元錢一千五百、飯一頓。閆良余錢一千。牛孟勤重桴一根、飯一頓。牛士重桴一根、飯一頓。牛徵垣錢一千。□子順錢一千。朱承諫錢九百。閆應祉錢五百。趙金鳳錢五百、飯一頓。王有義錢五百。程計現錢三百。牛合性錢三百。王有德錢三百。牛合狀錢三百、飯一頓。王相春錢三百。劉登科錢二百。牛誥錢二百。王允堯錢三百。王金斗錢一百六十。王會春錢二百。高羽佳錢二百。梁斗錢錢二百。蔡諫錢二百、柱一根、飯一頓。趙光其錢二百。程士林錢二百。程士選錢二百。張天寵錢二百。趙應吉錢二百。秦邦奇錢二百。李思慶錢二百。牛汝南錢一百七十、飯一頓。黄羽成錢一百五十。崔大銀錢一百五十。崔大川錢一百五十。梁振國錢一百五十。王世春錢一百三十。高鳳翼錢一百。高鳳祥錢一百。高羽伸錢一百。高煒錢一百。高烺錢一百。高炯錢一百。王有榮錢一百。趙金言錢一百。張一德錢一百。王君東錢一百。趙金相錢一百。趙金貴錢一百。趙光顯錢一百。潘花錢一百。牛志良錢一百。喬宦錢一百。馬長水錢一百。牛守增錢一百。朱尚賢錢一百。牛加受錢一百。陳國瑞錢一百。布尚知錢一百。張士元錢一百。張士學錢一百。王一澤錢一百。張可久錢一百。王天智錢一百。符應節錢一百。高岱錢一百。程士錢一百。高金海錢一百。梁斗銀錢一百。王惟好錢一百。……

木工：張有扶、高上賓。畫工：陳花。土工：李慧元、陳萬倉、張有春、李應全、陳寧、梁君年。鐵工：劉記春、丁二斤。石工：李思好、朱九寓。

本寺僧：宗室、宗型、道興、道正，撰淄玉峯。

□三月□□崇禎四年歲次辛未冬十一月吉日立。

【〇七五】　移修觀音堂碑記

年代：清乾隆十一年

尺寸：高 49 釐米，寬 65 釐米

立石地點：孟津縣會盟鎮屋鸞村

移修觀音堂碑記

聞之：鬼神無规，惟德六规。鬼神何之，则人而靈。本鎮東舊有觀音堂一座，坐落狄梁公塚前，不知創於何時，但年深日久，風雨剥蝕，□□□□側顔。嗚呼！神不寧矣，人胡以安！善士諱方弘等目睹心傷哉。欲重修，又慮坐非其地，擇於屋鸞村東頭，有方弘化地一段，可以棲神。因以舊所坐之地基，换於方弘化爲業，而以方弘化之地入公營建造焉。由是勤黝堊，施丹雘，殿宇神像焕然一新。俾村中父老子弟，得以時瞻，拜於其際。雖曰規模未甚□□，然神有所棲，庶乎爲一方之保障云爾。是爲記。

舊堂内有柏樹二株，賣銀拾貳兩伍錢入内公用。

功德主：秦朝用、方弘化外奉銀伍兩。韓士弘外奉銀三兩。

計開管木匠、塑匠、飯、做工刻後：張文煐二十人一天。秦克龍十九人一天、工五個。韓士猷十九人一天、工五個。秦朝甫十九人一天、工五個。張天培十九人一天、工五個。張文焕十八人一天、工五個。秦克奇十一人一天、工五個。秦克鳳十五人一天、工四個。喬焕四人一天。喬煌二人一天。張有德八人一天、工三個。張天瑞十二人一天、工三個。韓國安二人一天、工二個。王加美十五人一天、工五個。秦克音二十人一天、五個工。方倫十七人一天、工四個。韓國太九人一天工三個。張文年十七人一天、工五個。……張福工一個。張天祥工二個。張天□工一個。

乾隆拾壹年四月吉旦。

重修碑記

【〇七六】 重建上古村白龍王廟碑敍

年代：清順治十二年

尺寸：高 110 釐米，寬 38 釐米

立石地點：孟津縣平樂鎮上古村龍王廟

重建上古村白龍王廟碑敍

〔碑首〕：重修碑記

天中洛陽，迤東比偃師，迤西比盟津，之陽有邙嶺，嶺巔有鎮，號上古村。其鎮坊由來舊矣，乃鎮之服田力穡者，望雲霓，思占塗，祝秉穗，慶大有，罔不食澤於司民之命，行天之意之神。鎮之人聚族而謀曰：非尊神不爲功，爰創殿宇三楹，繡像壇址，以爲歲時伏臘祈報之萬一也，而神有在天之靈，禱輒應焉，風雨露雷，不衍其期，血食萬禩。夫豈不宜衹以飄摇，日久垣頽壁圮，棟折榱崩。拜祝際深歎褻越，神其無怨恫乎？衆等所服先疇，星列一方，人無夭厲，禾登茨梁，胥在尊神呵護之宇，不忍丘此神基。僉謀鼎建，又以弘構艱難，募緣附屬，其結盛舉衆等一力，鳩工庀材，繕修孔殷，勤竣其功，俾久圮之基，聳然特立，翬飛鳥口，輝煌燦耀，詎不赫赫改觀哉！神宇爰妥，而祝逢年者，神其鑒焉；獻牲牷者，神其吐焉。則抒處者之獲福非屑屑也，是可鐫碑以誌不朽。

計開善人：鄉宦王門寧氏、耿口、王無頗、鄉宦王門李氏、李炯然、舉人劉文成、生員王鈺、李一鼇、李方秀、李翔雲、李有吉、王門陳氏。

功德主：王進官、王枝葉、和金聲、朱可體、趙金重、張進忠、王文斗、董林、張鴻鼎、王加計、張文喜、郝守田、田九成、李承光、孫秀、王尚前、口鳴德、陳啓元、趙管榮、閆鴻義、趙亮、趙新學、馬應祥、田九旺、張弘、馬良財、劉自修、劉果松、劉世奇、劉敬、陳啓泰、劉養高、王際隆、和九宅、喬尚印、暴尚進、王信、張啓鳳、暴恂、劉玉、馬全、馬白、募緣僧絳菴、劉養玄、劉自奇、劉貴法、劉賓、劉成、張雲程、段一貫、黄義明、宋孟兹、劉養臣、劉養平、甯洪、王照宇、張可師、趙奇、靳盤、靳喜、夏時忠、和文爵、衛登顯、付君成、崔加召、崔文定、張啓藩、王進道、朱世省、陳中信、張世禄、高品、劉英、靳文秀、張可進、徐周、童振龍、喬第、陳中元、楊力、王成、王加財、李成、王成官、王子茂、袁家潤、丁家衛、陳恂、許忠元、靳文魁、宋可成、劉光印、白魁、宋孟弟、鄭吉祥、韓谷松、雷東海、王維豐、李淑世、吴謙、靳魁然、董一成、潘崇升、靳義、靳文玉、梁熼、崔加寶、潘崇高、王廷鼎、王三、崔加賢、宋化龍、崔加利、張鼎運。

高進尚樹一株，高三丈大五尺。山西潞安府潞城縣趙國宦、趙家章、趙景熙、黎城縣王加雲、李世宇、付應才、張津、童養志、張炳印。懷慶府河内縣畫匠：郭正陽、蕭培元。山西潞安府襄垣縣木匠：赴進德。長治縣石匠：常養誥刻。

仝立。

順治十二年八月仲秋吉旦。

【〇七七】　重修上古村龍王廟□溝橋碑記

年代：清康熙二十一年

尺寸：高 67 釐米，寬 34 釐米

立石地點：孟津縣平樂鎮上古村龍王廟

重修上古村龍王廟□溝橋碑記

〔碑首〕：重建善橋

村□東有塹界道路，舊設土橋以通往來，至便也。經時久遠，山水□□，不但阻絕行旅，即□村□帶耕饁，往來一切維艱。茲有本村人等各捐金貲，信士□□，即變成盛事，維不能視昔有加，而廢者修之，墜者舉之。使行者所見，却步興涉者，不至□軌，未必非合人情，宜土俗之一助也。工□告竣，勒石以誌，敢曰爲善，亦□補偏救弊，人有用心，冀是舉之常繼云爾。

計開□□列氏於後：……

康熙二十一年歲次壬戌二月初四穀旦。

【〇七八】 創建火神殿碑序

年代：清嘉慶二十年

尺寸：高 35 釐米，寬 62 釐米

立石地點：孟津縣平樂鎮上古村龍王廟

創建火神殿碑序

事必有記，示不忘也。示不忘者，何以事有，由始亦有由終，不記則無以明其始終，故不可以不記也。至始至終，不可以謬記者，何□□□□□火帝真君聖像殿由來已久，創建殿宇……給予□將……筮日卜地，……神所憑依……不敏，惟以所前人……垂於不朽云。

邑庠生□□瑞撰文，邑監生齊□□書丹。

功德主：監生和建照、壽民趙繼生等捐錢肆仟。

石匠：張新□。木匠：劉□□。

大清嘉慶貳拾年四月初六日勒石。

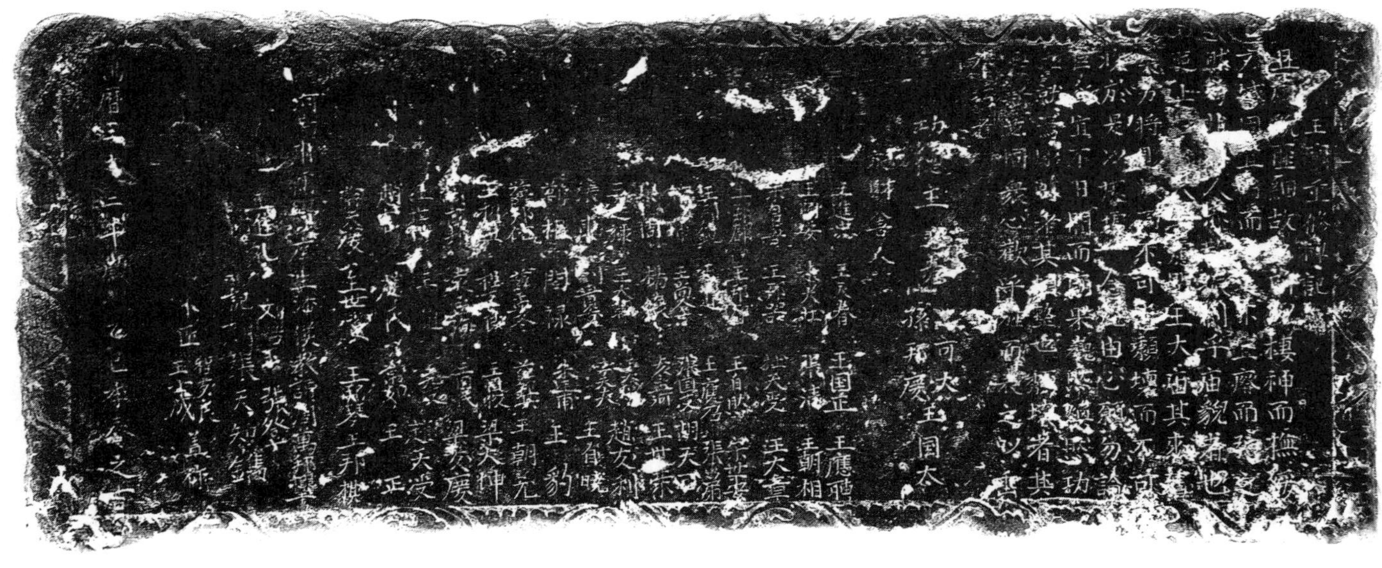

【〇七九】 關王廟重修碑記

年代：明萬曆三十二年

尺寸：高 36 釐米，寬 93 釐米

立石地點：孟津縣平樂鎮上古村關帝廟

關王廟重修碑記

且廟貌非細故也，所以棲神而撫綏，廣域固宜□而□之，不宜廢而馳之。然□非□人亦□振制乎廟貌者也，乃上善□人□慮關王大廟，其來舊□，勢將凋弊而不可□，頹壞而不可收。於是以庶□□念，□由心願，勿論巨□宜。不日間而廟果巍然煥然，功□就焉。凋弊者其賴整也，頹壞者其□新也。同眾心歡呼，旌而表之，以垂不朽者。

功德主：□□、□可大、孫邦慶、王國太。

施財善人：王進忠、王□安、朱君學、王邦郡、王邦鋭、智甫、□周、王之禄、張東、靳根、薛邦佑、王招盈、周萬邦、王世□、趙官、靳天慶、王天眷、朱大壯、王邦器、王邦智、王邦進、王尚全、楊懷、王大朝、劉貴友、閆禄、薛孟冬、程□良、袁孟海、王隨、趙氏、王世宴、王國正、張清、杜天受、王自然、王應召、張國支、袁孟河、王天□、李天夫、朱正甫、薛邦其、王國俊、王國民、王九支、常如、王邦琴、王應聘、王朝相、王大章、宋世安、張弟、胡天西、趙友利、王自曉、王豹、王朝元、梁大坤、梁友慶、趙天受、王正、王邦棋。

河南府儒學庠生潘僎教讀周萬邦撰書。

王進孔、劉君玉、張登。記刻張天知鐫。木匠程友良、王士成蓋祚。

萬曆三十二年歲次乙巳季春之吉。

【〇八〇】 重修關帝廟碑記

年代：清康熙十一年

尺寸：高 45 釐米，寬 75 釐米

立石地點：孟津縣平樂鎮上古村關帝廟

重修關帝廟碑記

世之靈應不爽者，無神不然，亦無非迪人爲善，使之同歸福地。故吉人良士，或隨所□之緣，而長長稱賢，或隨所居之坊，而建祠繡像。雖不逮祇園金□尚大之。果然，一絲一粟一水一石一金一錢出於至願，亦不敢煩神之徵誡也。矧吾儕世荷神庥，其敢恪於神乎？憶昔明□者，□□者，本村善信創建關聖帝君之宫殿宇三楹，以爲歲時祈報之所，棟桶穰顯，壯麗足觀。緣年所多歷風雨漂摇，兼以兵燹之餘，居民寥若晨星，貧如懸磬，無力修葺，遂致尊神寶殿傾頹於荒村廢里之側，蕪草寒煙之傍，褻越至土，可懼甚矣。眾等同井鄉眾生居此土，雖家計寒儉，不忍目擊荒涼之狀，貼怨恫於尊神。入議重修，以烘廟貌而紹前漠，乃竭綿力，同□鴻溝，塗□丹雘，赫然從新，稍妥神宇。重等伏臘之時，香火其前不致衰越滋懼，而尊神或可釋怨恫於在天也。今值工程告竣，敬以同事善信，誌之珉石，非曰爲善，但展我與社不敢慢神之徵誡已爾。

功德主：……

康熙拾壹年闕□月日述記。

重修玄帝廟像記
盛服以承祭祀洋洋如在其上是以微鬼神之德之盛也厥績既底男婦
故更立是石求予言以別男女云
隆慶二年孟夏吉日儒者管以中書

【〇八一】　重修玄帝廟像説

年代：明隆慶二年

尺寸：高 150 釐米，寬 65 釐米

立石地點：孟津縣麻屯鎮廟後村祖師廟

重修玄帝廟像説

〔碑首〕：重修玄帝廟説

……心有感，則形有□，則息斯古人□□之遺意也。嘗見有司者摧科憂楚，今顧若此。然□心之良□，雖節藻非尊崇之道，土木非神體所宜，至使盛服以承祭祀，洋洋如在益，足以徵鬼神，之德之盛也。厥績既底男婦□□，故更立是石，求予言，以別男女云。

社首：西門李氏、李氏、陳門司氏。管事：李門張氏、李門盧氏、張門李氏、任門任氏、梁門朱氏、李門山氏、陳門孫氏、單門李氏、孟門□氏、馬門雷氏、魏門韓氏、孟門李氏……

隆慶二年孟夏吉日儒者管以中書。

【〇八二】 重脩玄帝廟記

年代：明隆慶二年

尺寸：高 178 釐米，寬 70 釐米

立石地點：孟津縣麻屯鎮廟後村祖師廟

重脩玄帝廟記

〔碑首〕：重脩玄帝廟記

隆慶元年，乃聖天子立極之始，率土黎庶罔不渴冀溥澤，共祝無疆之壽。吾洛陽乃天地之中，而金水者又洛之第一里也。遐□稽首，遥拜於故玄帝廟，且斯地何以有是廟也，昔先君子謝倅永平歸耕於斯，時有鄉人李本十餘輩，請於先君，而上平陂將數十里無水耕耘，行旅怛病於渴，願得鄉尊將野南北田畝掘井，以濟先君子溉，以其地與之。地□國税必時輸，將以示有永也。於是掘井稽地，峻於村□□未□而及□，當時即□神異之説□□收，不可以無□□黄冠者守焉。風雨不可以弗蔽也，於是結茅廬以止□，□是耕鋤者井井，往來者井井，□而今食而久思以廣□廟，是用成其殿三間，側殿十二間，山門如殿數，拜殿亦如山門之數，主以玄帝諸神，蓋取北方□神故也。此□□而圮，恐不足以竭自新之誠，復重飭之。仍托□叔父乞予書以紀，因囑鄉人而告曰，斯爾父兄之所成也，飲水□□爾先德，若守者假是以積資强者謀，是以兼併棟宇，思以爲薪木□礫，思以爲垣壁，是井穀射鮒而已，僉曰□，曰茲本事神之所，而得以展事君之禮，於尊尊之義，而因以廣親親之仁，以耕田鑿井之氓而□以庸帝力若□□□。

募緣羽士彭真見、蘇真門、陳當桐。

功德主：耆老董談、生員管世祥、李本、梁見、典膳、曹銀、薛臣、董世成、賈孟鯉、陳景元、董德和、監生董志、李□、陳景和、陳景會、李常□、董讓、管定、董景芳、李朝用、郭鸞、曹柱、曹倉、陳儒、單相、曹庫、劉春、梁倉、李朝陽、董朝□、陳倉、馮景、戴聰、張□。

隆慶二年孟夏吉日儒者管以中撰。

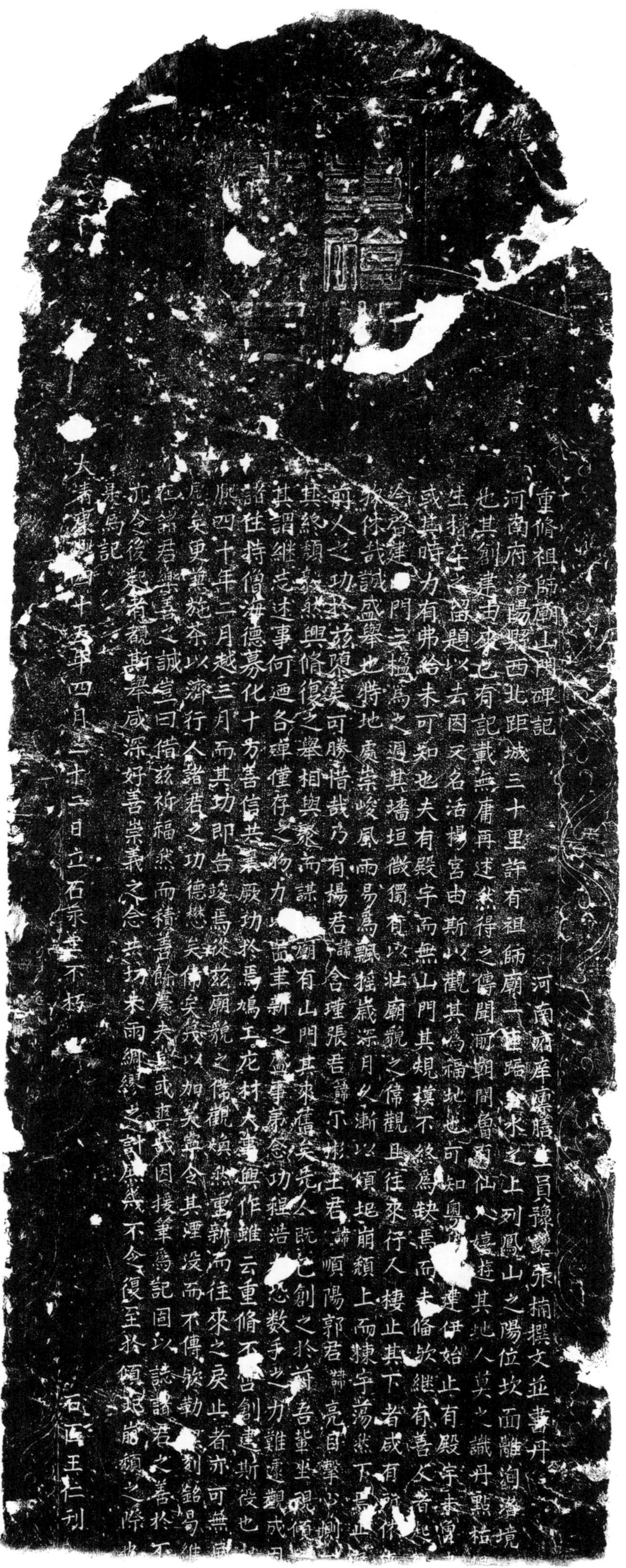

重脩祖師廟山門碑記　河南府庠廪膳生員豫□張掄撰文並書丹

河南府洛陽縣西北距城三十里許有祖師廟一座踞洛水之上列鳳山之陽位坎面離洵□境

也其創建由來已有記載無庸再述然得之傳聞前朝間曾有仙人嬉遊其地人莫之識丹點枯

生猶存之留題以去因又名活楊宮由斯以觀其為福地也可知粵□建伊始止有殿宇未曾

或其時力有弗給未可知也夫有殿宇而無山門其規模不終為缺焉而未備欤繼有善人者起

於啓建山門三楹為之週其墻垣微獨有以壯廟貌之偉觀且往來行人棲止其下者咸有所依

休哉誠盛舉也特地處崇峻風雨易為飄搖歲深月久漸以傾圯崩頹上而棟宇蕩然下□止

前人之功於茲隳矣可勝惜哉乃有楊君諱含瑾張君諱丕彬王君諱順陽郭君諱亮目擊心惻

其終頹敗然興脩復之舉相與聚而謀□廟有山門其來舊矣竟人既已創之於前吾輩坐視傾

其謂繼志述事何迺各殫僅存之物力□□聿新之盛事第念功程浩□恐數手之力難遽觀成因

諸住持僧海德募化十方善信共囊厥功於焉鳩工庀材大興作雖云重脩不啻創建斯役也

熈四十年二月越三月而其功即告竣焉從茲廟貌之偉觀煥然重新而往來之戾止者亦可無

虞矣更兼施茶以濟行人諸君之功德懋矣偉矣幾以加矣寧令其湮没而不傳欤勒石刻銘曷維

在諸君樂善之誠豈曰借茲祈福然而積善餘慶夫豈或爽哉因援筆為記固以誌諸君之善於不

朽令後起者觀斯舉咸深好善崇義之念共協未雨綢繆之計庶幾不令復至於傾圯崩頹之際也

是為記

大清康熙四十五年四月二十二日立石永垂不朽　石匠王仁刊

【〇八三】 重脩祖師廟山門碑記

年代：清康熙四十五年

尺寸：高 177 釐米，寬 66 釐米

立石地點：孟津縣麻屯鎮廟後村祖師廟

重脩祖師廟山門碑記

〔碑首〕：重脩山門碑記

河南府庠廩膳生員豫□張楠撰文並書丹。

河南府洛陽縣西北距城三十里許，有祖師廟一座，踞金水之上，列鳳山之陽，位坎面離，洵洛境也。其創建由來已有記載，無庸再述。然得之傳聞，前朝間，曾有仙人嬉游其地，人莫之識，丹點枯生梯，卒之留題以去，因又名"活楊宮"。由斯以觀，其爲福地也。可知粵稽□建伊始，止有殿宇未曾立，或其時力有弗給，未可知也。夫有殿宇而無山門，其規模不終爲缺焉，而未備歟。繼有善人者起念啓建山門，三楹爲之周，其墻垣微獨有以壯廟貌之偉觀，且往來行人棲止其下者，咸有所依庇歟，休哉！誠盛舉也。特地處崇峻，風雨易爲飄摇，歲深月久，漸以傾圮崩頹，上而棟宇蕩然下焉，止前人之功於兹隳矣，可勝惜哉！乃有楊君諱含瑾、張君諱爾彬、王君諱順陽、郭君諱亮，目擊心惻，不其終頹，毅然興修復之舉，相與聚而謀曰：廟有山門，其來舊矣。先人既已創之於前，吾輩坐視傾頽，其謂繼志述事，何乃各殫僅存之物力，以圖聿新之盛事。第念功程浩大，恐數手之力難遽觀成，因諸住持僧海德募化，十方善信共襄厥功於焉，鳩工庀材，大事興作，雖云重脩，不啻創建。斯役也，□熙四十年二月，越三月，而其功即告竣焉。從兹廟貌之偉觀，焕然重新，而往來之戾止者，亦可無風慮矣。更兼施茶以濟行人，諸君之功德懋矣，偉矣，蔑以加矣。寧令其湮没而不傳歟，勒碑刻銘，曷維在諸君樂善之誠，豈曰借兹祈福，然而積善餘慶夫，豈或爽哉！因援筆爲記，固以誌諸君之善於不□，亦令後起者睹斯舉，咸深好善崇義之念，共切未雨綢繆之計。庶幾不令復至於傾圮崩頽之際也。是爲記。

石匠王仁刊。

大清康熙四十五年四月二十二日立石，永垂不朽。

清
重修祖師廟碑記
道光九年歲次己丑夏五月吉日

【〇八四】 重脩祖師廟碑記

年代：清道光九年

尺寸：高 158 釐米，寬 64.5 釐米

立石地點：孟津縣麻屯鎮廟後村祖師廟

重脩祖師廟碑記

〔碑首〕：大清

己丑春，余之新邑，道經鳳山憩息，祖師廟住持僧求余爲文，余叩其故，僧曰：洛西金水之左鳳山之巔，舊有祖師廟一座，正殿一間，拜殿三間，舞樓三間。吕祖度凡枯楊生梯即此地也，故名之曰活楊宫。雖未知出於何代，而豫省父老豔稱其事，則此廟之設，誠足以壯邦里之觀，亦所以妥神靈，而爲一方之者也。但歷年久遠，重脩者已屢屢矣。迄今又爲風雨飄摇，廟貌崩頽，法像黯淡，僧師盡然傷心。久有重修之志未逮，而□僧遂大失所望。幸於道光元年三月，衆山主賽社於茲，僧述師之志於衆第，恐功程浩大，獨力難成。山主皆曰：此志誠善，何不即行，吾擠願出囊金以助，僧又募化，四方信士各捐貲財，一勷盛事。有靈官殿一間，僧實敬修三間，則前之崩頽者，已巍然其可觀矣，黯淡者已踵事而增華矣。今大功告竣，求先生爲文勒石，以示永垂不朽。余應□曰：是□何以文爲。

金溪居士郭芳春書丹。

監生徐□仁捐錢四千文、化錢四十六千八。鄭□蘭捐錢五千文、化錢五千文。潘希顔捐錢二千文、化錢十千三百。姚士儒捐錢二千文、化錢五千七百五。張孟周捐錢二千五、化錢九千三。張如順捐錢四千文、化錢八千八。郭觀陽捐錢二千文、共化錢十一千六。郭楷捐錢二千文。壽官陳毓麟化錢九千九。郭君顯捐錢一千五、化錢五千五。徐萬邦捐錢一千文、化錢十一千五。郭系陽捐錢一千文、共化錢十五千。郭東陽捐錢一千文。李作新捐錢一千五、化錢七千一。石寺南學勤捐銀一兩正、化銀二十兩四錢。李朝印捐錢一千五、化錢四千五。武永太捐錢一千七、化錢六千八。楊自□捐錢一千文、化錢六千八。李林太捐錢一千三、化錢一千七。楊士卓捐錢一千文、化錢五千一。王士敬捐錢一千文、化錢二千九。郭敬捐錢二千文、化錢三千二。方騰蛟捐錢一千五、化錢二千七。蒼上趙著捐錢二百文、化錢六千三。楊大貴捐錢一千五、化錢三千文。尚興捐錢三百文、化錢七千四。監生劉誠心捐錢八百文、化錢五千文。趙之顯捐錢二百文、化錢二千三。李湛金捐錢五百文、化錢四千文。□思府捐錢五百文、化錢一千九。王家樂化錢四千九。韓學堯捐錢三百文、化錢五千九。王殿太捐錢一千五、化錢六千六。郭法鰲化錢三千三。楊玉捐錢一千、化錢七百。陳福捐錢一千文、化錢一千四。董義捐錢一千文、化錢五千八。周良運捐錢二百文、化錢一千三。陳玉印捐化錢一千文。……

住持僧：德安、德召。徒：侄桓、徒恒。孫：福臨。石匠：郭世陽。木作：郭成、□法。畫工：王立業。泥作：藺全。

洛邑太學生姚雲漢撰文。

道光九年歲次己丑夏五月吉日。

【〇八五】　創建湯王廟傍祖師觀音子孫拜殿碑記

年代：清康熙九年

尺寸：高 138 釐米，寬 40.5 釐米

立石地點：孟津縣常袋鎮拐坪村清明廟

創建湯王廟傍祖師觀音子孫拜殿碑記

嘗莫爲之前，雖美勿彰；莫爲之後，雖盛勿傳。進住居洛城西北拐東二平地方，本處有古刹湯王廟宇一座，傳來年久，保障一方，地靈人傑，有感必應，無不靈驗。因之嗣訴捧□門，隨發虔誠，朝夕廟内焚修香火。予素其淡薄，隨在本廟傍東山創建祖師拜殿，西山創建觀音子孫拜殿，一以壯人觀望，一以啓人善心。但工程浩大，感動□□，許應第輪服募化，十方施主共成聖事。大工已完，故立石勒名，以垂萬世不朽云。

生員陳暹新奉敬。

貢士□敏行、生員□□銓、生員楊鐫、生員趙國柄、林自蒙、□烈夏、馬文禮、彭年、楊九利、□□秋、□宗璧、功德主陳□進室人賈氏、□宗顏、張大本、張□本、張□□、張大風、翟光輝、韓萬言、龐崇、韓子楊、韓子德、韓子禮、韓瑛、張茂輝、張成德、張茂□、張茂修、張東濟、徐自本、徐自修、徐自正、張炳、袁守信、黄學斌、黄學正、黄國禎、黄國士、黄國秀、李□長、魏守仁、聶崇、□勳、□杰、李涣云、□文星、馮自孟、化主許應第、潘九川、茹自民、孫孝、梅可正、梅□山、鄭之建、鄭之□、鄭之茂、鄭之忻、鄭之俊、鄭之太、周世隆、鄧林、畢成、白加惠、趙選、崔守忠、袁□、權周正、韓其晟、賈□□、□建□、李昌全、□□坤、許□斗、喬尚錦、和祥、喬文明、婁大宫、徐自信、申光輝、申光國、喬約、張□、□自□、□玉朝、□九□、張□□、趙自成、胡踵、馮□、吉昇、□雨、胡克勤、胡克儉、胡克賢、徐自遂、張國□、張光運、宋起龍、張□秀、楊炎偉、王幀、孟則昆、孫起鳳、李濟太、王文豪、李光杰、趙茂、王玉成、□□□、趙□、王遇春、張松、王之□、劉光□、李楊□、劉□明、茹自亥、□安□……徐天龍、徐天□、徐天得、張起鳳、李□□、趙成、孫□煜、苗之秀、王禎、謝上德、□登務、陳中器、許成……陳于龍、朱禮、鄭國象、徐登高、李成名、□禮、王自福、劉邦臣、趙中、李□……王天啓、傅九宫……崔明、梅□業、陳邦□、張仲鱗、馮騰龍、劉十、周可人、□□保、李□廷……郭邦寧、趙子龍、謝□偉、毛□percent、吴自□、楊□、白自□、和祥、□文正、宋堯□、李自□、梁太、梁□、□□□、□□□、賀□、賀自安……韓門馮氏、李門張氏、□門柴氏、張閎寧氏、李門□氏、吴門王氏、王門賀氏、尚門郭氏、□門張氏、王門潘氏、王門李氏、宋門周氏、趙門林氏、陳門□氏。

石匠：趙久遠。木匠：賀承誥。泥水匠：李金龍。

仝立。

康熙玖年閏三月二十五日。

大清
重修
湯王聖殿及僧舍墻院碑記
嘗思莫為之前雖美弗彰莫為之後雖盛弗傳天下事無在不然何獨至於廟貌而異之洛城西北二十
五里許拐枣坪村古有 湯王廟一座由來舊矣創造之始煥然維新固一方之保障亦萬民之默佑也
奈歷年久遠風雨損壞不惟僧舍墻院傾圮不堪即聖殿之棟宇亦崩頹矣時有刘君諱 彦琪者目擊心
傷歡成盛事但身弱力微弗能勝任因與村人公議各出囊金完備物料而晝夜經營不遑寧逸者
刘君諱彦琪其人焉彼此協力共襄厥事命工庀材未及月餘而功已告竣矣刘君之舉是念
舉墜以博休名於無穷也第念 曾祖 宗顏開其先 祖景昌承於後伯父大遷叔父大森
其父 大勇曾有遺志因為之丕承厥志焉易曰積善之家必有餘慶此正所謂以善繼善
也是為序 洛邑庠生郭昌洛拜撰並書丹
功德主
乾隆叁拾貳年貳月拾伍日吉旦 陰陽郭爾徐 木泥匠人王士友 石匠王萬舟
書匠郭仙文

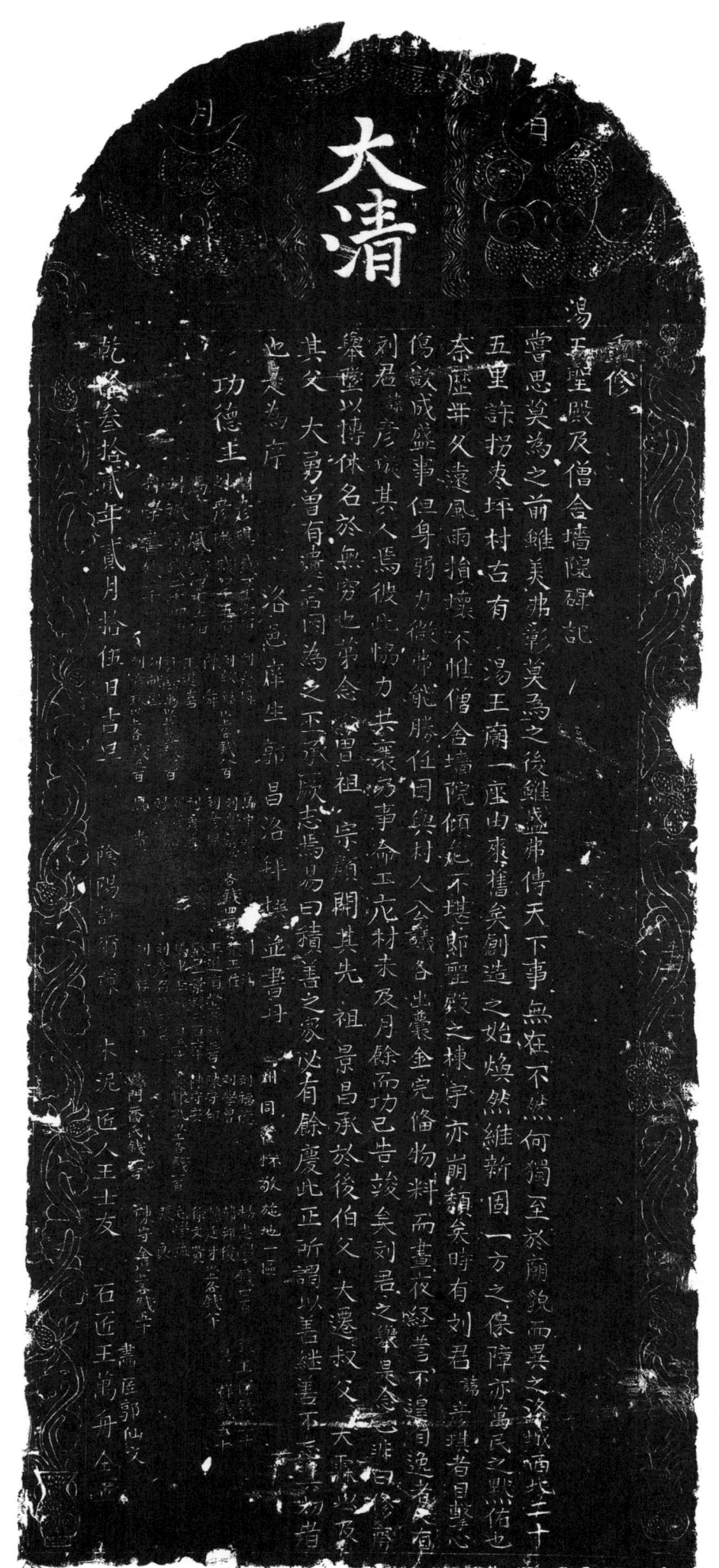

【〇八六】 重修湯王聖殿及僧舍墻院碑記（碑陽）

年代：清乾隆三十二年

尺寸：高 119 釐米，寬 51 釐米

立石地點：孟津縣常袋鎮拐坪村清明廟

重修湯王聖殿及僧舍墻院碑記

〔碑首〕：大清

嘗思：莫爲之前，雖美弗彰；莫爲之後，雖盛弗傳。天下事無在不然，何獨至於廟貌而異之。洛城西北二十五里許拐棗坪村古有湯王廟一座，由來舊矣，創造之始，焕然維新，固一方之保障，亦萬民之默佑也。奈歷年久遠，風雨損壞，不惟僧舍墻院傾危不堪，即聖殿之棟宇亦崩頽矣。時有劉君諱彦琪者，目擊心傷，欲成盛事，但身弱力微，弗能盛任。因與村人公議，各出囊金，完備物料，而晝夜經營，不遑自逸者，人有劉君諱彦璇，其人焉彼此協力，共襄乃事，命工庀材。未及月餘而功已告竣矣。劉君之舉是念心，非曰修齋舉墜以博休名於無窮也。第念曾祖宗顔開其先，祖景昌承於後，伯父大遷、叔父大霖以及其父大勇，曾有遺言，因爲之，丕承厥志焉。易曰："積善之家，必有餘慶。"此正所謂以善繼善，不忘其初者也。是爲序。

洛邑庠生郭昌洛拜撰並書丹。

州同□懷敬施地一區。

功德主：劉彦琪錢一千六百。劉彦璇錢四千五百。馬鳳錢四千五百。劉斌萬錢二千四百。劉學書錢二千四百。劉彦楫、劉獻福，以上各錢八百。陳舜、王進喜、員學禹，以上各錢六百。劉獻璽、劉彦璣，以上各錢五百。馬中驥、劉學詩，以上各錢四百。劉彦佩、劉彦秀、劉彦學、劉彦錫、馬貴、劉汴、張王佐、王進有，以上各錢三百。張星景錢二百六十。馬中玉錢二百五十。劉彦召錢二百四十六。劉彦存錢二百。劉福德、劉學曾、陳守印、陳守安、□懷孔，以上各錢一百。□門喬氏錢一百。楊志學錢四百。韓邦俊、韓進才，以上各錢八十。徐文貴、毛學孟、張良、陳守全，以上各錢五十。張王傑錢三十。員祥錢五十。

陰陽：許爾廉。木泥匠：王士友。石匠：王萬舟。畫匠：郭仙文。仝立。

乾隆叁拾貳年貳月拾伍日吉旦。

【〇八七】　重修湯王廟諸殿宇山門墻垣金粧神像碑記（碑陰）

年代：清光緒六年

尺寸：高 119 釐米，寬 51 釐米

立石地點：孟津縣常袋鎮拐坪村清明廟

重修湯王廟諸殿宇山門墻垣金粧神像碑記

〔碑首〕：流芳百代　　日月

嘗思廢者時有以舉之，而廢者不廢；舊者歷有以新之，而新者常新。今拐棗坪村舊有湯王廟一座，左右兩傍諸神共列，亦不知創自何年，而後人之重修者屢屢矣。顧廢者雖舉，歷之久而舉者仍廢；舊者雖新，歷之久而新者又舊。自非循修不已，無以繼美於無窮也。近因風雨損折，廟貌傾頽，往來之人多惆悵焉。吾村人等共相商議，殷然有繼往紹先之志。因官錢不足，又議各捐己貲，共勸厥事。於是，鳩工庀材，數月間而棟宇輝煌，金粧鮮明。所謂巍巍峨峨者，爰同昔日之大觀也。功竣，因舉善士之樂施者勒諸貞珉，以誌不朽。

邑庠生劉允恭拜撰並書。

記廟前地一段，東西畛，東至路心，西至墻下根，北至□□，南至溝邊，共地四畝有零，大糧一錢九分。

首事人：賈榮禄施錢二千三百文。劉文興施錢二千七百文。韓夢榮施錢三千五百文。□士僕施錢三千五百文。胡榮莊施錢三千二百文。□□德施錢一千七百文。□全才施錢一千一百文。

施錢善士姓名列後：

王中錢三千文。王欽錢三千五百文。韓廣福錢二千七百文。郭□□錢三千四百文。劉培顯錢一千四百文。崔振浩錢一千三百文。劉□□錢一千文。付□錢一千文。王□□錢一千文。劉長法錢八百文。李從宜錢七百文。□仁錢七百文。張之科錢七百文。……張可讓、譚□□，以上各六百文。劉來福、□榮漢、□繼□、劉文奇、鄭學舜，以上各五百文。馬十□三百文。蘇百年、蘇廷玉……，以上各四百文。□忠錢三百五十。劉全德錢三百文。□振科錢三百文。袁士榮錢三百文。劉培重錢三百文。韓學孝錢二百文。劉世榮、劉文□、劉萬九、馬□、韓文□、劉□、劉承師、劉治、楊□、陳維河、張麥、張之昇、劉萬保，以上各錢二百文。張棟錢二百五十文。劉文曰、單于立，以上各二百文。陳維新、劉棟、王書子、劉萬清、馬振、劉培貴、劉苟子、劉一根、劉萬倉、劉六、劉當，以上各錢一百文。史蛟清、史福、劉富、陳守玉、王文學、史意、劉記、劉元，以上各錢一百文。

鐵筆：王萬貴。仝立。

大清道光六年歲次丙戌三月穀旦。

【〇八八】 修關帝龍王昌嗣土地牛王諸神廟碑記

年代：清乾隆四十七年

尺寸：高 180 釐米，寬 64 釐米

立石地點：孟津縣朝陽鎮朝陽村關帝廟

修關帝龍王昌嗣土地牛王諸神廟碑記

〔碑首〕：萬善同疆　　日月

大清國河南府洛陽縣正北路後海資西、安駕溝東，其間舊有關帝、龍王、昌嗣、土地、牛王諸神廟一座，歷年久遠，風雨損壞，兩村人目擊心傷，因捐己貲，又廣爲募化，於皇清乾隆三十一年重爲修理，復新建瘟神、火神、財神、馬王聖殿。遥望關帝廟三間居中，群神廟六間列左右，雖非大觀，而焕然一新，迥異昔日舊規矣。廟成，拜殿猶故，村人復議，田貲財盡矣，爲之奈何？不得已，售廟前栢樹兩株，爲取材之資，而拜殿始告成焉。工竣，爰將首事與管事人暨四方名士施銀者勒石，以誌不朽云。

生員□振榮沐手撰文，生員史玉麟沐手書丹。香火地五畝三分。

首事：監生張馨聞、子監生榮宗；史惟仁，子鳳龍；張元英，子贊；張邦梅，子萬聲；張惠，子玉祚；張良學，子君；張利仁，子元相。

管事人：史惟智，子鳳標；張良藝，子敏；張元名，子希眾；張盡倫，子一元；王宫橘，子文明。

監生姚淳銀四兩。□和當銀一兩。郭合義銀二兩。莫君榮銀一兩。監生葉羅芝銀一兩。姚□岱銀一兩。王宫鐸銀一兩。史鋭銀一兩。張宗謹銀一兩。監生莫一炳銀一兩。周十鎬銀一兩。監生王應乾銀一兩。姚華國銀一兩。張登潔銀一兩。監生朱玉田銀一兩。賈宗程銀一兩。莫之紹銀一兩。閆星魁銀一兩。石先崖銀一兩。姚士選銀一兩。高力行銀一兩。監生趙迪吉銀二兩。生員張振宗銀一兩。裴洛新銀八錢。監生張長名銀二兩。宋僖銀八錢。監生姚象山銀一兩。胡崇信銀五錢。監生楊開泰銀二兩。史國訓銀三兩。監生楊光曾銀一兩。徐大賓銀一兩。王吉士銀一兩。張恒銀一兩。張光相銀一兩。史宗憲銀一兩。馬琳銀一兩。張允行銀一兩。□□生銀一兩。莫之路銀一兩。趙良朋銀六錢。聶寬銀一兩。張榮祚銀一兩。馬現銀八錢。張鋭銀七錢。張文成銀五錢。史銓銀五錢。徐昇銀五錢。史欽銀五錢。張纘銀五錢。和廷郁銀五錢。監生符六吾銀五錢。昌章銀四錢。張文銀三錢。杜文進銀五錢。朱鳳桐錢一百。張元勳錢一百。史風池銀五錢。郭文元銀五錢。孟世泰銀五錢。劉天福銀五錢。張良藝銀五錢。張良牧銀五錢。張名林銀五錢。張紹銀五錢。張伯萬銀五錢。賈世疑錢五百。張文中銀五錢。王嵩牖銀五錢。喬全仁銀五錢。姚俊銀五錢。監生孟天培銀五錢。梁太白銀四錢。姚希夫銀五錢。昌文奎銀五錢。陳大位一錢。王得年銀五錢。監生孟武銀五錢。馬化鳳銀六錢。張得祥銀六錢。張天學銀五錢。監生宋潮用銀五錢。……

石匠：李廷。

龍飛乾隆肆拾柒年柒月貳拾柒日穀旦仝立。

【〇八九】　海資鎮西廟地稞租碑記

年代：清咸豐九年

尺寸：高 57 釐米，寬 90 釐米

立石地點：孟津縣朝陽鎮朝陽村關帝廟

海資鎮西廟宇一座，所以供奉眾神，福庇生者也。思廟内舊有地兩段。嗣又置房院一所，三間寬，坐落街中，坐北向南，每年稞租以爲祭祀之需。但恐傳之久遠，房地無徵，茲將房之間數、地之畝數及各條規，俱泐貞珉，以示後之承祭者。

關帝廟地一段，四畝七分三厘七毫三絲，坐落廟後，南北畛，東至張，西至張，南至廟，北至史。大糧四錢四分七厘，在鳳四里，行徵計開弓口，北横十弓零一尺三寸，南横十二弓三尺，中横十一弓四尺七寸，中順九十七弓一尺五寸。火神廟地一段，五畝一分三厘二毫，坐落廟後北嶺，南北畛，東至劉，西至胡，南至張、高，北至張。大糧貳錢二分五厘四毫，亦在鳳四里，行徵其地弓口，南横拾六弓一尺七寸，北横十五弓，中順□拾八弓五尺六寸。一切大糧、軍需、雜派，俱系稞種人等完納，與眾客戶無干。

洛北安溝村邑庠生史亮功書丹。

水泉村石作：王枝。

海資鎮合社仝立石。

清咸豐九年二月中浣之吉穀旦。

【〇九〇】 重修後海資鎮廟宇碑記

年代：清同治五年

尺寸：高 44 釐米，寬 61 釐米

立石地點：孟津縣朝陽鎮朝陽村關帝廟

重修後海資鎮廟宇碑記

後海資鎮舊有諸神祠宇數楹，創修繼述備詳前碣，嗣因歲久侵剥，廟貌不復如故。同治三年合社公議，鳩工庀材，重新其舊。奈未立碑而賊匪踵至，事遂中止。兹恐湮没先志，即難佑啓後人，爰具貞珉一方，詳泐重修始末暨各布施名姓開列於左，惟冀前美以彰，後盛以傳，而敬恭明神，可以引之無替云。

邑庠生張西溟撰文，史亮功書丹。

合□號、善興號、恒聚號、永昇義、協興號，以上各捐錢二千一百六十文。……廣太號錢一千五百二十文。永盛號錢一千三百六十文。延壽號錢一千□百六十文。……合興店、徐殿臣、高興、金蘭號、聚興號，以上各捐錢六百四十文。興盛號、合興館、復元樓、王二見、興隆號、協聚樓、張德旺、左新盛，以上各捐錢五百六十文。聚興樓、吴申錢各四百文。義昇號、德鱗堂，上各□□文。張思義、祝本來、穆成德、張永興、史金貴、張□、曹□才，以上各捐錢四百。協和號、慶太成、和順號、維一隆、義順永、大成和、永興公，以上各捐錢二百。義威號、永和號各捐錢一百五十文。麻魁興、義和號、泰昇和、□聞樓，以上各捐錢一百文。

石工：李□□。木工：高大茂。

首事人：張有美。

大清同治伍年拾月下浣之吉。

流芳百代
海資鎮重修樂樓碑記
大清同治十壹年歲次壬申新正月上浣之吉
石工李蘭

【〇九一】 海資鎮重修樂樓碑記

年代：清同治十一年

尺寸：高 178 釐米，寬 63 釐米

立石地點：孟津縣朝陽鎮朝陽村關帝廟

海資鎮重修樂樓碑記

〔碑首〕：流芳百代

按本鎮街西舊有關帝、火、瘟諸神廟宇一座，前有樂樓三間。乾隆年間已□重修，至今廟貌依然，而樂樓被驟雨激射，恐將頹落。會有主持徐殿臣，慨然有修復意，約合鎮會議□□生意，量力捐貲，並未募化四方，即卜庚午年六月十九日開工起造，高低廣狹，悉遵舊式。經營伊始，□市者，目睹心感，咸爲樂輸，有車送石頭及土者，有車載木料、磚瓦者，緜屬不絶。至八月而塗塈告成，□然一新，是皆邪許之力也。謹將諸君字號、姓氏勒諸貞珉，永垂不朽云。

增生張□樸撰，生員婁星華書丹。

首事人：協興號捐錢九仟四百文。復元樓捐錢二仟文。義昇號捐錢九仟四百文。同昇號捐錢九仟四百文。協和號捐錢九仟四百文。元太號捐錢九仟四百文。永興公捐錢八仟四百文。永益堂捐錢七仟文。劉壬午捐錢五仟文。復興隆捐錢六仟四百文。太順號捐錢三仟二百文。義成號捐錢五仟文。三益堂捐錢二仟六百文。通泰恒捐錢二仟文。點鱗堂捐錢一仟六百文。維一隆捐錢五仟文。延壽堂捐錢四仟伍百文。復盛號捐錢三仟二百文。乾益號捐錢二仟二百文。永興號捐錢二仟二百文。金蘭號捐錢二仟文。張廷俊捐錢二仟文。天元樓捐錢二仟文。張玉林捐錢一仟七百文。吴申捐錢一仟六百文。徐季魁捐錢一仟四百文。曹昇捐錢一仟四百文。興隆號捐錢一仟三百文。張石林捐錢一仟二百文。張方太捐錢八百文。祝太來捐錢一仟文。史金廣捐錢八百文。南陳莊捐錢四仟文。左新盛錢一仟零四十文。興盛號錢二百文。德元恒錢六百文。孫旭錢五百文。張黑子錢四百文。張逢昇錢三百文。張丙戌錢二百六十文。徐崇德錢二百文。馬金重錢二百文。張金發、朱廣林、、朱廣文。王敦子、昌滚子、昌河書、昌五興，以上各錢一百文。助車工人劉文選、趙榮竹、賈偉舟各三車。張春和、張鳳舟五車。董榜五車。史官潔十三車。張廷琦十三車。高文明九車。史金簡七車。莫同十一車。劉壬午五車。馬文清九車。尚朋萬、尚庶士、□洛□、□寶申、劉太廣……，以上各二車。吴□、增□□、劉曉寧、劉玉□、通太堂、藴和萬、信太生、姚際寅、劉文林、劉蘭□、□□□、馬國棟、石臺閣、石光明、史金廣、張心純、張應宿、張同化、張同義、張同理、徐鳳靈、徐樹德、徐振德，以上各一車。

泥木作：張同興。石工：李闊。

大清同治十壹年歲次壬申新正月上浣之吉仝立。

龍馬負圖寺建立

孟津縣西北五里許有龍馬負圖寺建於唐麟德

四年名曰興國由來舊已前有大雄殿三楹歷年多

風雨剥蝕幾於頹廢狄梁公增其舊制鳥革翬飛

蓋奕奕乎視前有加也迄今墻垣圮毀殿宇摧殘邑

省祭官衛天祥 致仕官陳文山 主簿官雷時春 各捐銀兩秉虔重修廊腰如鉤簷牙

似啄就湮之故跡煥然復新而猶不欲後世疑功德

自今始也則踵事增華理應明其溯也今功告竣故

必溯厥由來勸諸貞珉並垂不朽云

功德主省祭官衛天祥 致仕官陳文山 主簿官雷時春 住持僧澄忠仝建立

嘉靖二十四年歲次乙巳八月己酉[illegible]日吉時穀旦

【〇九二】 重修龍馬負圖寺建立碑記

年代：明嘉靖二十四年

尺寸：高 144 釐米，寬 83 釐米

立石地點：孟津縣龍馬負圖寺

龍馬負圖寺建立

孟津縣西北五里許，有龍馬負圖寺，建於唐麟德四年，名曰興國，由來舊已。前有大雄殿三楹，歷年多風雨剥蝕，幾於頹廢。狄梁公增其舊制，鳥革翬飛，益奕匕乎，視前有加也。迄今墻垣圮毁，殿宇摧殘。邑省祭官衛天祥、致仕官陳文山、主簿官雷時春各捐銀兩，秉虔重修。廊腰如鉤，簷牙似啄，就湮之故跡，焕然復新。而猶不欲後世疑功德自今始也，則踵事增華，理應明其朔也。今功告竣，故必溯厥由來，勒諸貞珉，並垂不朽云。

功德主：省祭官衛天祥，主簿官雷時春，致仕官陳文山，主持僧澄忠仝建立。

嘉靖二十四年歲次乙巳八月己酉日吉時穀旦。

新建伏羲廟記
縣治西北五里許地名曰浮圖寺名曰龍馬父老相傳為伏羲時
龍馬負圖之處又按洛陽縣志河圖在縣東北四十五里邙山之
陰觀此尤足徵也晉永和四年僧名澄者於寺前建伏羲廟三楹
梁武帝因以龍馬寺名之俱遺碑可考今寺名與圖皆僧人傳襲
之誤耳歷世既久神廟頹廢鄉人雖知有寺之名而負圖之義鮮
有識者聖跡蓋岌岌乎泯矣歲癸亥年履任之明年也百務少暇
民知向化乃乘暇與藍丞諫村楊君遍訪名蹟以鎮四境諫村即
以負圖沿革之故語余余嘆曰道之大原出於天而其統繫於
聖人伏羲闡天地之秘立文字之祖所以啟聖人之獨智者實於
此馬賴之也容可或泯乎以故擇寺後隙地命住持僧人智緒庀
人衆鳩工重起伏羲廟三楹中肖以像春秋以少牢祀之而仍名其
寺為龍馬焉厥工告成余遂援筆書之以紀歲月云
嘉靖四十有四年秋七月上浣之吉孟津令東平津東馮嘉乾撰

【〇九三】 新建伏羲廟記

年代：明嘉靖四十年

尺寸：高 125 釐米，寬 63 釐米

立石地點：孟津縣龍馬負圖寺

新建伏羲廟記

縣治西北五里許，地名曰“浮圖”，寺名曰“龍馬”。父老相傳爲伏羲時龍馬負圖之處。又按《洛陽縣誌》：“河圖在縣東北四十五里邙山之陰。”觀此尤足徵也。晉永和四年，僧名澄者於寺前建伏羲廟三楹，梁武帝因以龍馬寺名之，俱遺碑可考。今寺名“興國”，皆僧人傳襲之誤耳。歷世既久，神廟頹廢，鄉人雖知有寺之名，而負圖之義鮮有識者，聖跡益岌岌乎泯矣。歲癸亥年，履任之明年也，百務少舉，民知向化，乃乘暇與監丞諫村楊君，遍訪名蹟，以鎮四境。諫村即以負圖沿革之故語余。余歎曰：“□之大，原出於天，而其統，寄於聖人。伏羲闡天地之秘，立文字之祖，所以啓聖人之獨智者，實於此焉，賴之也，容可或泯乎！”以故，擇寺後隙地，命主持僧人智經，率眾鳩工，重起伏羲廟三楹，中肖以像，春秋以少牢祀之，而仍名其寺爲“龍馬”焉。厥工告成，余遂援筆書之，以記歲月云。

孟津令東平泮東馮嘉乾撰。

嘉靖四十有四年秋七月上浣之吉。

龍馬記

余兒童時戲于河壖，父老曰：此河中亦產石子，昔嘗出龍，相傳以為怪。余亦訝以為怪。後數十年，閱石碣所紀載，知為宓羲氏時
八卦摩端龍馬所負之圖，龍馬所出之河，今孟津西北河中漩渦深杳者即為是也。其地縣處桂東，亦衆山錯散石骨，形容所發為墳
㟙操魚淙濆彭湃為曲折于吾原，宿莽滑以暢其所性，如然如悅，致河之奔瀉用吞而不受紲拘之一端也。按圖馬徵影，驊騠亦為火
光。示龍麟首羊鼻，類龍，啟朱雲，無角，毛文八卦，乾坎艮震巽離坤兌，胃辛土地神鬼之道，為之十六文，辛鼻祖嶹亦奇矣。夫天地有
最靈最秘之竅，洛濛萬為以司之，不輪啟而示萬象于宓羲，以手闡玄泄靜露文，萬之精所以發神靈而自釋其蕴，結鬱蓄之甚
者。吾縣是如父老之以為怪者，子亦以之為大經而非怪也。規矩之方，權輿萬類，必不契非必，智不契非智，靈不契非靈，而之
範圍曲成，經紀人鬼者，得宓羲而始靈譎也歟？不然，西狩獲麐，此從而斃之矣。吾之晦塞其之精，不能為鬱結也歟？余謂父老之
是也。謂天地以神使之費而不竭，不獨圖怪也，馬亦怪也，河亦怪也，文王、周公、孔子亦怪也，宓羲尤怪之怪也。不怪不奇，不之
亦昧之腐弊之器乎？如是，雖影為闢闡一大怪，而孟津一怪地也，不亦宜乎。

禮部尚書王鐸題

一八八

【〇九四】　龍馬記

年代：明代
尺寸：高 135 釐米，寬 50 釐米
立石地點：孟津縣龍馬負圖寺

龍馬記

余兒童時，戲於河壖，父老曰："此河中下多石子，有聲，曾出龍，相傳以爲怪。"余亦訝以爲奇。後數十年，閱石碣所記載，知爲宓羲畫八卦，肇端龍馬所負之圖。龍馬所出之河，今孟津西北，河中漩渦倒流者，即其處也。其地繇底柱東下，衆山鉗制石骨，水無所發其憤恨，燥急洑潨，頽潰盤曲，放於平原，宿莽得以暢其所，性如怒如悦，斯河之舉羸用奢而不受绌抑之一端也。按圖，馬微類驛，蹀水有火光，身龍鱗，首、口、鼻類龍，喘成雲，無角，毛文八卦：乾、坎、艮、震、巽、離、坤、兑，冒乎天地鬼神之道，爲千古文章鼻祖。嘻，良亦奇矣！夫天地間最靈最秘之竅，鴻蒙若有以司之，不輸啓而示其象於宓羲，以手辟玄沌，剖露文明，蓋天之所以資神靈而自釋其苞結郁蓄之意者乎？由是知父老之以爲怪者，千古以之爲大經而非怪也。規矩三才，權輿萬類，賢不契非賢，智不契非智，聖不契非聖，斎斎皇皇，範圍曲成，綱紀人鬼者，得宓羲而始靈睿也歟？不然西狩獲麟則從而斃之矣。世之晦塞，天之意不轉而郁結也歟？余謂父老之言是也，謂天地尚神，使之費而不竭，不獨圖怪也，馬亦怪也，河亦怪也，文王、周公、孔子亦怪也，宓羲尤怪之怪也，不怪不奇，天地不亦昧昧腐弊之器乎？如是，即題爲開闢一大怪，而孟津一怪地也，不亦宜乎。

禮部尚書王鐸題。

【〇九五】　重修伏羲帝廟碑

年代：清乾隆十九年
尺寸：高 260 釐米，寬 82 釐米
立石地點：孟津縣龍馬負圖寺

重修伏羲帝廟碑

〔碑首〕：改建羲皇廟碑記

龍馬負圖處建立伏羲帝廟。蓋於太古之初，渾渾噩噩，民不火食，男女無序。太昊氏造書契、制網罟、正姓氏、作樂，而成文明之宇宙。傳曰“有功德於民者則祀之”，此其功德豈可量哉！余少讀書，考傳記，知龍馬負圖出於河，其地在洛陽東北四十五里，竊有志焉，思履其地。甲戌夏，宰津邑，私心竊自喜，以爲夷齊扣馬之區，八百里會盟之所，庶幾首陽薇蕨、躍舟白魚得以俯仰憑吊，少證夙聞。蒞任後，披覽圖籍，見有所謂負圖里者，亟進縉紳先生而問之，始知傳之所記，實即此地。洛陽古名都，故借以爲冠耳。於是遴吉往謁，見其地背黃河，面邙嶺，濤洶湍激，峰秀林深，其前潘河環繞，細流涓涓，不禁喟然歎曰：天地鍾靈，風景特異，惟是地以寺名，梵宇羅列，而所謂羲皇殿者，反居其殿，心竊異之，尋閱斷石，知梁武崇釋久紊其故。而一二賢令修廢補墜，亦止因仍舊址，未及更張。余意伏羲一聖，乃萬世文教之祖，百代道學之宗，豈宜讓彼釋伽貴居於前？商之紳士，移聖像於正殿，僉以予言爲是。此可見天理人心之同，無可疑者。夫像既移易，配享亦宜斟酌。文王周孔，疊祀崇閣，有宋六子分列兩廡，俾世之遊者，知易學源流肇於龍馬，而伏羲氏之爲功於天下，後世者，固不僅嫁娶、佃漁、斷桐數事已也。嗚乎！道統之傳，首推五帝，畫卦之功，包絡天地，即堯舜湯之製作，文武周孔之傳述，亦且囿於其中，而無能出乎外。我朝聖明繼作，文教覃敷，御制《折中》一書，發明先天之旨最詳。余雖不才，來撫是邦，凡有利弊，猶當興改，以聖像位置之重，豈敢承訛襲謬！幸縉紳先生鑒予微忱，捐貲鳩工，將落成，請予顔額，余因敬易其顔曰“伏羲廟”，而爲之記云。

特授文林郎知孟津縣事加五級紀録九次葉體仁，孟津縣巡捕聽公事□□，河南河北鎮標左營協防河南營孟津縣副部張復壽，候選州吏目邑人袁樹元□沐書丹，孟津縣儒學教諭□士元，孟津縣儒學訓導何顯曾，本廟僧澄忠、徒僧官滿學、孫僧官□□□曾孫……全省各府州縣以及合邑紳衿士庶同心捐資共修。

鐫字匠：胡成功、胡君召。

乾隆十九年歲次甲戌重陽穀旦。

負圖寺重脩碑記

【〇九六】 負圖寺重修碑記

年代：清乾隆三十六年

尺寸：高 141 釐米，寬 61 釐米

立石地點：孟津縣龍馬負圖寺

負圖寺重脩碑記

邑侯李公將地拾三畝肆分斷入負圖寺，令三林收管稞租，以爲脩葺之費。但稞租有限，因募化外村而三村□□□多施，三年間，成大小功五處。今將三村脩葺功德、募化捐施，刻勒珉石，以誌不朽。

大佛殿五間，西山傾覆，後簷傾覆，殿宇傾覆間半，舊磚俱無，欂椽俱壞，並加脩葺。又添前邊緣石，牆……準提菩薩殿三門，瓦解將傾，殿門俱無，修葺重新。觀音菩薩西殿四間，磚瓦木料添補許多，門窗脩理一新。關帝閣前坡傾覆，添木料磚瓦脩補，門牆俱新。伏羲舊殿，兩簷俱壞，脩補重新。

功德主：閤邑當商奉銀貳兩。鹽號雒信誠奉銀二兩。監生王家翰奉銀一兩。侯選州同王家象奉銀一兩。皮□□人奉銀一兩。趙明楷奉錢一百文。監生□□奉銀一兩。儒學□□□奉銀一兩。郝村王氏奉銀□錢。……陳家河陳伯行銀二兩。安國縣知縣陳椿年銀四兩。陳漢錢一千六百文。陳泔定錢八百文。陳克倬錢五百五十文。陳克禮錢一百五十文。陳復糧錢四百文。陳福錢八十文。陳全錢八十文。陳森錢八百文。陳法錢八十文。陳會于錢□□、陳克讓錢四百文。陳佩錢二百四十文。陳夢鰲錢二百四十文。陳夢麒錢二百二十文。陳慶麟錢八百文。陳雨桂錢一百文。陳希聖錢七百二十文。陳克章錢一百文。陳謙錢……陳克敬錢二百四十文。陳來朝錢二百四十文。陳珠錢一百六十文。衛家河生員衛安龍。

時乾隆三十六年七月穀旦。

太皞記

太皞帝庖犧氏風姓也生成起身長九尺一寸長頭脩目龜齒龍脣眉有白毫垂委地德洽陳倉都陳在位一百一十年崩葬南郡按燧人氏沒庖犧氏代之繼天而王首德於木為百王先帝生於震未有所因故位在東方主春象日之明是稱太皞其時枕石寢繩茹毛飲血而衣皮革於是伏羲仰觀象於天俯察法於地因夫婦正五行始定人道畫八卦以治天下天下伏而化之故謂之伏羲也伏羲德洽上下天應以鳥獸文章地應以河圖洛書乃則象而作易畫八卦列八節造六爻以迎陰陽作九九之數以合天道而天下化之作網罟以田漁取犧牲故天下號曰炮犧取犧牲以充庖廚故號庖犧其世多獸故教民以獵作瑟五十弦瑟者潔也使人清潔於心淳一於行使素女鼓五十弦瑟悲帝禁不止故破為二十五弦禮義文物於是始作去巢穴之居變茹腥之食立禮教以導文造干戈以飾武絲桑為瑟均土為塤禮樂於是興矣命臣飛龍氏造六書命臣潛龍氏作甲曆命降龍氏倡率萬民命水龍氏平治水土命火龍氏炮冶器用伏制犧牛治金成器教民炮食易九頭為九牧因尊事為禮儀因龍出而紀官因鳳來而作樂因居方而置城郭審地勢以定山岳天下之民號曰天皇太皞泰帝興神鼎一一者一統天地萬物所繫絡也泰帝即太昊以文在黃帝之前故也

蜀梁劉仕偉記并書

龍飛乾隆乙亥陽春

【〇九七】　太皞記

年代：清乾隆四十四年

尺寸：高 135 釐米，寬 62 釐米

立石地點：孟津縣龍馬負圖寺

太皞記

太皞帝庖犧氏，風姓也。生成起身，長九尺一寸，長頭修目，龜齒龍唇，眉有白毫委垂地。徙治陳倉，都陳。在位一百一十年，崩，葬南郡。按，燧人氏没，庖犧氏代之，繼天而王。首德於木，爲百王先。帝出於震，未有所，因故位在東方，主春，象日之明，是稱太皞。其時，枕石寢繩，茹毛飲血而衣皮葦。於是伏犧仰觀象於天，俯察法於地，因夫婦，正五行，始定人道，畫八卦以治天下。天下伏而化之，故謂之伏羲也。伏羲德洽上下，天應以鳥獸文章，地應以河圖洛書，乃則象而作易：畫八卦，列八節，造六峚以迎陰陽，作九九之數以合天道，而天下化之。作網罟以田漁，取犧牲，故天下號曰炮犧，取犧牲以克庖廚，故號庖犧。其世多獸，故教民以獵。作瑟五十弦。瑟者，潔也，使人清潔於心，淳一於行。使素女鼓五十弦，瑟北，帝禁不止，故破其瑟爲二十五弦，禮義文物於此始作。去巢穴之居，變茹腥之食，立禮教以導文，造干戈以飾武，緣桑爲瑟，均土爲塤，禮樂於是興矣！命臣飛龍氏造六書；命臣潛龍氏作甲曆；命降龍氏倡率萬民；命水龍氏平治水土；命火龍氏炮冶器用，伏制犧牛，冶金成器，教民炮食，易九頭爲九牧，因尊事爲禮儀，因龍出而紀官，因鳳來而作樂，因居方而置城郭，審地勢以定山岳。天下之民曰天皇、太昊、泰帝。興神鼎一，一者，一統天地萬物所系終也。泰帝即太昊，以文在皇帝之前故也。

蜀梁劉士偉記並書。

龍飛乾隆乙亥陽春。

河出圖歌

上古庖犧出圖開天地蹟奇偶自生成陰
陽可擬畫聖人乃則之觀象以作易本係
玉石文斷非龍馬迹（河圖與天球並□玉石之有文者故可□非□毛之謂）神契
戒造化索隱布績籍連山歸藏名先後垂
簡用變化行鬼神奇正妙闔闢四聖書始
成萬理參雜錯惟若古盟津允稱昔靈窟
遺像無冠裳周道表豐碣深鐫□毛飛孫
淬浮圖兀巾斛義精金淵源發道脈黃河
滾□流鯀濤浮太液印山靈在璧荒鮮
墓稻誰能禁撫牧覓吊長歎惜我來春未
□心墳神恬適雨餘郊欲垂蒼□禽舒翮
□□盈川原黍苗茂□□□清□姓安瑞
香兩□夷河圖□再□□□光日月
乾隆□年□□仲春□月

源從昆侖來千里作一曲發折到盟津鄉
宗赴海瀆挾地起波濤逆天摘斗霍宸帝
環豫州奔流轉與軸憶昔武伐商侯冑踏
賓服白魚入王舟赤符呈瑞籙卜季閏八
百十難稱九牧昔我叩馬賢何不食周粟
桑田變滄海孟□□盈縮□盛世頌河清
金隄資約束沈璧想猶存效靈流盡伏汛
淩浮□□鼓浪職心目卅年役水土三策
豈習□今垂慕典郡侶舍舟而陸洲汀隱
見出驟措上下遯抑陰夾岸穲荳色侵衣
從鷗鷺常間川流泰不沒河堧步曠土
象地盡蔴萩平盛仰禹功頌唐竊天祿職
歲征安瀾盈寧歌此屋

東郡□張松孫稿

盟津□丈楊名□□刻

【〇九八】　河出圖歌

年代：清乾隆五十七年

尺寸：高 150 釐米，寬 60 釐米

立石地點：孟津縣龍馬負圖寺

河出圖歌

〔碑首〕：大清

上古庖犧出，圖開天地賾。奇偶自生成，陰陽可指畫。聖人乃則之，觀象以作易。本系玉石文，斷非龍馬跡（河圖與天球并陳，蓋玉石之有文者，故克藏，非旋毛之謂）。神契泄造化，索隱布墳籍。《連山》《歸藏》名，先後垂簡冊。變化行鬼神，奇正妙闔闢。四聖書始成，萬理參難竭。惟茲古盟津，允稱昔靈窟。遺像無冠裳，周道表豐碣。深鐫旋毛形，孤聳浮圖兀。巾幗義輸金，淵源發道脈。黄河滾滾流，鯨濤浮太液。邙山纍纍在，壠荒鮮墓栢。誰能禁樵牧，憑吊長嘆息。我來春末暮，心曠神恬適。雨餘却欲垂，景煦禽舒翮。草木盈川原，黍苗茂膏澤。官清萬姓安，瑞秀兩岐凌。河圖應再見，重照光日月。源從昆侖來，千里作一曲。幾折到盟津，朝宗赴海瀆。挾地起波濤，連天撼斗宿。宛常環豫州，奔流轉與軸。憶昔武伐商，侯甸皆賓服。白魚入王舟，赤符呈寶籙，卜季開八百，十難稱九牧。惜哉扣馬賢，何不食周粟。桑田變滄海，孟浪無影縮。盛世頌河清。金隄資約束。沈璧想猶存，効靈流盡伏。問渡浮僊槎，鼓浪駴心目。卅年役水土，三榮曾習熟。今垂暮典郡，似舍舟而陸。洲汀隱見出，颿檣上下逐。柳陰夾岸穠，葕色侵衣緑，鷗鷺心常閑，川流去不復。河壖少曠土，争地盡藝菽。平成仰禹功，頹唐竊天禄。歲歲願安瀾，盈寧歌比屋。

東都□□□張松孫稿，盟津屬吏楊名燦敬刊。

乾隆辛亥仲春月。

伏羲廟全圖
伏羲殿

【〇九九】　伏羲廟全圖碑

年代：清代

尺寸：高 130 釐米，寬 66 釐米

立石地點：孟津縣龍馬負圖寺

河圖吟

【一〇〇】　河圖吟

年代：清代

尺寸：高 124 釐米，寬 55 釐米

立石地點：孟津縣龍馬負圖寺

河圖吟

〔碑首〕：古河圖

至秘河圖理，神乎盡化工。生成始一六，皇極應其中。

余少時，讀邑中瞿塘先生《易經來注》見古河圖，未悉其意。乾隆乙亥春，奉使中天，經孟津龍馬負圖處，謁羲皇，側列龍馬背圖，乃旋毛結文而成，始悟古河圖之繪本。此至一、二、三、四、五生數，與六、七、八、九、十成數。自中央皇極五數遞加生數而成，嘻，精且秘矣！

賜進士誥授昭武大夫專閫襄城蜀梁劉仕偉並書。

河圖八卦吟四章

劃奇偶月　一向皇極中　天心彌綸宇　日月轉乾坤

一初闢一元六　寔見天根　應驗如此以　宙本無叙錯　崙吟言猶比

一合渾河圖說　天一生水地　十數疊畫同　綜須常仔細　蠓以應之流

馬負乾坤泌　六成永貞之　一易繼一陰　尋一息之亭　氣行地流律

義一畫陰陽　後見元亨不　積之六九見　萬里奔邨

蜀東劉仕偉

【一〇一】 河圖八卦吟四章

年代：清代
尺寸：高 133 釐米，寬 53 釐米
立石地點：孟津縣龍馬負圖寺

河圖八卦吟四章
初闢一元六合渾，河圖龍馬負乾坤。伏羲一畫陰陽判，奇偶月窟見天根。
天一生水地六成，永貞之後見元亨。不將皇極其中應，終始如何十數盈？
畫得一陽繼一陰，積之六九見天心。彌綸宇宙本無外，錯綜須當仔細尋。
一息玄穹萬里奔，卻將日月轉昆侖。喻言猶似蟻行磨，天德乾兮地德坤。
蜀梁劉仕偉。

先天八卦圖

易卦開天〻不遠元之亨處露希夷乾坤終始别三畫日月迴旋當
一期退象轉來猶是進耦爻劈破復成奇得知妙自天心出莫更慇
勤問伏羲

先天六十四卦圖

畫前有易妙何如畫後泥爻祇見跡龍馬負來原是數天根見了不
関書追尋玄白通無極輪轉貞元起太初若只但從圖象會北溟何
自識鯤魚

禮部侍郎胡煦題

【一〇二】　胡煦題“先天八卦圖”“先天六十四卦圖”

年代：清代

尺寸：高 135 釐米，寬 50 釐米

立石地點：孟津縣龍馬負圖寺

先天八卦圖

易卦開天天不違，元之享處露希夷。乾坤終始剖三畫，日月回旋當一期。退象轉來猶是進，偶爻劈破復成奇。得知妙自天心出，莫更殷勤問伏羲。

先天六十四卦圖

畫前有易妙何如，畫後泥爻祇見疎。龍馬負來原是數，天根見了不關書。追尋虛白通無極，輪轉貞元起太初。若只但從圖像會，北溟何自識鯤魚。

禮部侍郎胡煦題。

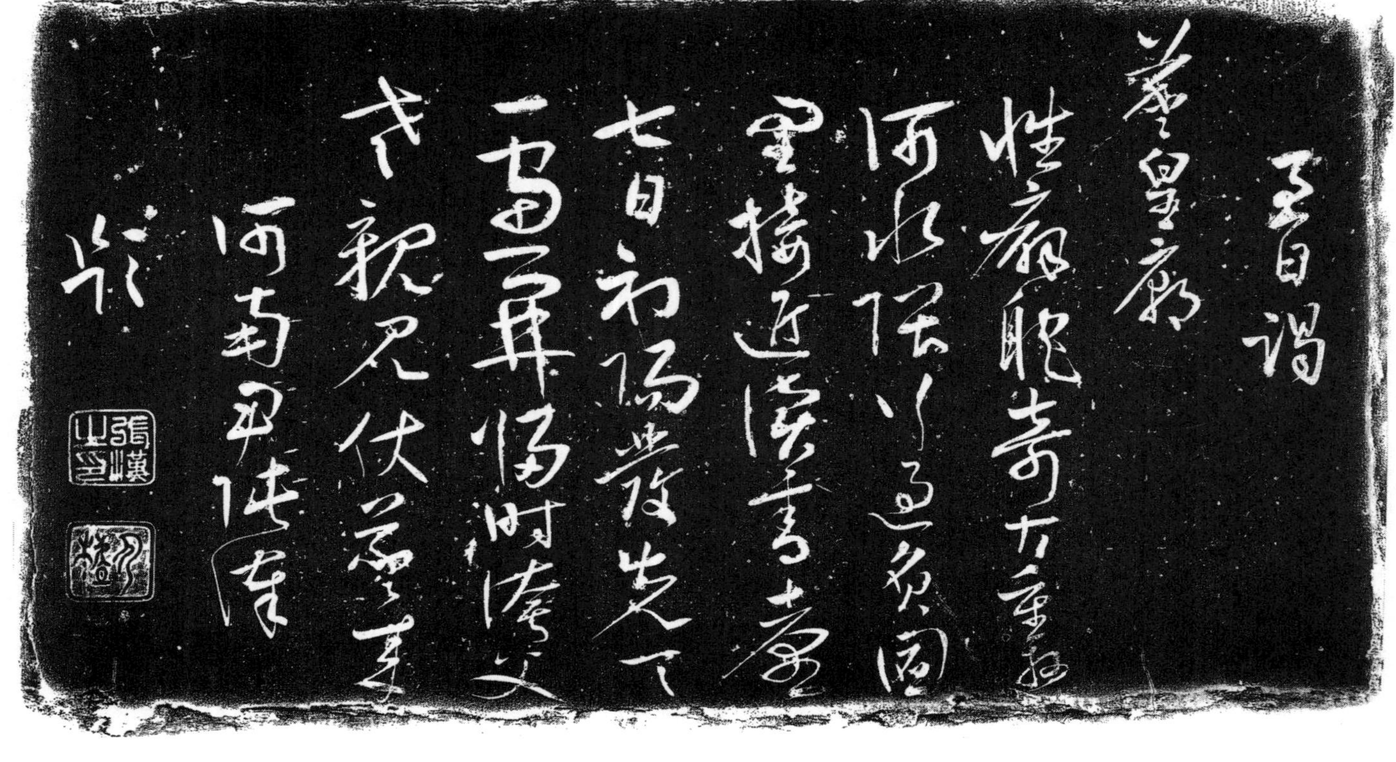

【一〇三】 張漢書"至日謁羲皇廟"詩碑

年代：清代

尺寸：高 52 釐米，寬 95 釐米

立石地點：孟津縣龍馬負圖寺

至日謁羲皇廟

性癖耽奇古，重遊河水隈。行過負圖里，接近讀書臺。七日初陽發，先天一畫開。歸時誇父老，親見伏羲來。

河南尹張漢題。

圖馬出河變猶傳勝跡存先天開道蘊
此地是星源古殿精靈在高臺象數繁
緋細遺碣下幽賁得真言　道以陰陽妙心
緣契合通幾年窺月窟今日數春宮洛浦
風光早梁園曙色同更尋圖內象靜驗太
虛中

萍鄉鄧錫禮

【一〇四】　鄧錫禮詩碑

年代：清代
尺寸：高 141 釐米，寬 51 釐米
立石地點：孟津縣龍馬負圖寺

鄧錫禮詩碑

圖馬出河處，猶傳勝跡存。先天開道藴，此地是星源。古殿精靈在，高臺象數繁。徘徊遺碣下，幽贊得真言。道以陰陽妙，心緣契合通。幾年窺月窟，今日數春宫。洛浦風光早，梁園曙色同。更尋圖内象，静驗太虛中。

萍鄉鄧錫禮。

河南府孟津影山寨村創建

祖師廟記 盖

祖師者為天下之鎮乃生民之所仰慕者也温秀等仰
神功之浩大聯衆心之精白于嘉靖十七年三月二十八日
謀於鄉衆舉銅肖像欲敬送於武當山鄉衆曰神無往而不
在與其送於武當而阻山川孰若建一祠而朝夕奉事乎秀
曰俞遂舉郭勤為會首以郭道為工匠卜筮吉地凡斗拱棟
宇構櫨侏儒不假[illegible]植而輙以磚瓦所砌者郭道者真可謂
魯之公輸而秀及勤亦可謂克盡乃心者矣千載之下不稱
羨美惡容已乎暨興作之始居民輸金帛者有之輸力役者
有之經之營之不日成之雖人力之所為實神功之速效也
耶殿宇即成敦請予為記予不敢辭洒盥手援筆以述其槩
云 皆
嘉靖二十年春孟月一日吉儒學生員孫孟春撰書石匠蘇廷通[illegible]
計開施財人等 衆社人等 施財人等 攸五人
謝杲 何九[illegible] 郭勤 張仁孝 孫柱 郭[illegible] 薛廷章 謝朝 [illegible]花
孫鎮 蔣宗美 周清 張仁相 王僴 郭快 薛廷叙 韓奎 [illegible]
郭旻 毛文年 郭登 張仁恩 王章 郭鎮 張仁理 王月 [illegible]雷
謝整 楊同 韓計 郭道 毛秦 王臣 郭時 李儒 王受 楊[illegible]
王裕 薛还 謝杲 薛清 李福在 王欽 郭進 史[illegible] 郭先 趙[illegible]
郭勛 韓會 薛河 李文孝 孫楷 郭[illegible] 李[illegible] 趙朝 劉[illegible]
温秀 曲臣 薛平 郭志高 毛松 張山 毛栽 [illegible]臣 温[illegible] 劉乾
孫[illegible] 張隆 蔣[illegible] 何其賢 韓定 張迎 張[illegible] 温良 劉銘
[illegible]用 郭[illegible] 馬得春 薛現 李平 謝天[illegible] 張[illegible]
[illegible] 郭坤 張仁[illegible] 薛继 楊坤 劉希[illegible] 何[illegible] 孫自長

【一〇五】　河南府孟津縣小寨村創建祖師廟記

年代：明嘉靖二十年

尺寸：高 65 釐米，寬 58.5 釐米

立石地點：孟津縣會盟鎮小寨村老君洞

河南府孟津縣小寨村創建祖師廟記

蓋祖師者，爲天下之鎮，乃生民之所仰慕者也。温秀等仰神功之浩大，聯眾心之精白，於嘉靖十七年三月二十八日謀於鄉眾，萃銅肖像欲敬送於武當山。鄉眾曰：神無往而不在，與其送於武當山而阻山川，孰若建一祠而朝夕奉事乎？秀曰俞，遂舉郭勤爲會首，以郭道爲工匠，卜筮吉地，凡斗栱棟宇欂櫨侏儒不假木植，而輒以磚瓦所砌。若郭道者，可謂魯之公輸，而秀及勤，亦可謂克盡乃心者矣。千載之下，稱揚羡羡，惡容已乎？暨興作之始，居民輸金帛者有之，輸力役者有之。經之營之，不日成之。雖人力之所爲，實神功之速效也耶！殿宇既成，敦請予爲記，予不敢辭，乃盥手援筆，以述其概云。

儒學生員孫孟春撰書。石匠蘇廷運鐫。

計開施財人等，眾社人等，施財人等：

謝升、孫鎮、郭冕、謝整、王裕、郭勛、温秀、孫楫、王用、□□聰、何九□、蔣宗美、毛友年、楊周、韓計、薛還、謝杲、韓會、曲臣、張隆、郭勤、周清、郭登、郭道、薛清、薛河、薛平、蔣欒、郭原、郭坤、張仁孝、張仁相、張仁恩、毛柰、李福臣、李文學、郭志高、何其賢、馬得春、張仁愛、孫柱、王簡、王章、王臣、王欽、孫櫓、毛松、韓定、薛現、薛繼、郭見、郭快、郭鎮、郭時、郭運、郭益、張山、張迎、李平、楊坤、薛廷章、薛廷敍、張仁理、李儒　史□、李裕□、毛載、謝天祐、劉希哲、謝朝、韓圭、王月、王受、郭先、曲朝。

鐵匠：温洪、温良。□匠：張景根。

做工人：郭花、郭雷、郭鎖、楊迎、施□、劉□亨、劉乾□、劉乾金、孫自長。

時嘉靖二十年春孟月一日吉。

重修關聖帝君殿碑記

重修關聖帝君大殿感德碑記
關聖帝君殿本鎮舊有之歷年久遠祠宇頹垣岌岌將傾而東北隅尤甚何以安神靈而効虔祝也惟是函[illegible]
仍無以流寇擾攘無虞日未遑修繕歲甲戌[illegible]
邑庠張老師以淅右世族飛舄吾邑與奎善敢更僕未易殫述而廟宇神[illegible]尤特注意焉不佞與生員李[illegible]
陳情公慨然給印簿捐俸金助修甚盛[illegible]仍諮除贍廟地糧以資修[illegible]士[illegible]守下鄉人王[illegible]蛟郭大[illegible]
等會議起蓋大工告成而德公[illegible]深[illegible]誌不朽問言于余夫古之稱循吏者在[illegible]爵五鳳間而潁川[illegible]
為最如勸課農桑賣劍買犢[illegible]勝書邊不聞惠及神祇豈諸君子尚有遺善歟我公涖事來矜潔自貴
照人豈第飲鄧水瘞裴鹿也者蜚蟲見[illegible]獝[illegible]匪[illegible]義公殫精盡畫拮据[illegible]圍環中州一塊土洞地不[illegible]
捂骨之殘而稱九津邑猶得[illegible]壠畝而寧婦子微公不及此而公每曰神之庇[illegible]也不[illegible]倚力之有則[illegible]
惠神祇也亦[illegible]邀神[illegible]以綏兆民而神之安輯津[illegible]士以慰公爾面視潁川渤海曾[illegible]之名[illegible]
俱馨公之德與此地俱厚矣公諱爾[illegible]號[illegible]西淅之[illegible]陰人以鄉進士[illegible]名[illegible]再擢[illegible]尚[illegible]
來慕之歌藉藉未艾也耶紀之俾異日知所自云
旹
皇明崇禎拾年歲在強圉赤奮若菊月上辛閩茂儒學廩膳生員郭大壯薰沐頓首拜撰
儒士郭[illegible]盥手謹書石工許春[illegible]

【一〇六】 重修關聖帝君大殿感德碑記

年代：明崇禎十年

尺寸：高 163 釐米，寬 58.5 釐米

立石地點：孟津縣會盟鎮小寨村老君洞

重修關聖帝君大殿感德碑記

〔碑首〕：重修關聖帝君殿碑記

關聖帝君殿，本鎮舊有之。歷年久遠，祠宇壁垣岌岌將傾，而東北隅尤甚，何以安神靈而效戶祝也？惟是凶荒，仍兼以流寇擾攘無虛日，未遑修繕。歲甲戌，邑侯張老師以浙右世族飛舄吾邑，興釐善政，更僕未易殫述，而廟宇神祇尤特注意焉。不佞與生員李發源具陳情，公慨然給印簿，捐俸金助修，甚盛心也。仍豁除贍廟地糧，以資焚修。羽士承庇宇下，鄉人王夢鮫、郭大等會錢起蓋。大功告成，而德公之深，鐫石以誌不朽，問言於余。夫古之稱，循吏者在神爵五鳳間，而潁川渤爲最，如勸課農桑、賣劍買犢，史不勝書。迄不聞惠及神祇，豈諸君子尚有遺善歟？我公蒞事來矜，潔自貴冰照人，豈第飲鄧水瘞裴鹿也者。蜚蟻見祲，貐猰匪茹。我公殫精區晝，拮据固圉，環中州一塊土，何地不罹飛揞骨之殘？而彈丸津邑，猶得饁壠畝而寧婦子，微公不及此，而公每曰：神之庇津也，不穀何力之有，則茲□惠神祈也。亦欲邀神庥以綏兆民，而神之安輯津人士，以慰公爾。潁川渤海魯有此否耶？公之名與此俱馨，公之德與此地俱厚矣。公諱爾葆，號二酉，浙之山陰人。以鄉進士起家，兩佐名籓，再拜邑篆，而甘棠□來暮之歌，藉藉未艾也。聊紀之俾，異日知所自云。

儒學廩膳生員郭大壯薰沐頓首拜撰，儒士郭璠盥手謹書，石工許養禄鐫。

時皇明崇禎拾年歲在强圉赤奮石菊月上辛閹茂。

【一〇七】 重修聖母殿並捲棚敍

年代：清康熙二十九年

尺寸：高 54.5 釐米，寬 81.5 釐米

立石地點：孟津縣會盟鎮小寨村老君洞

重修聖母殿並捲棚敍

本□□□其居北南向者殿列有五，而聖母一殿適當其中。先時規模單□□□宅中之□。夫宅中者，左右相望，度非大厦巍峨，無以壯觀。竊嘗歎□□□難其人也，乃幸有本廟住持賈仁厚者，觸目動念，會集同心善士郭如□等，毅比爲崇起之舉，於是齊心嚮善，首出金貲，毫不自惜已有。又□□□村□□□□佈施，共成一鄉聖事。運籌一定，即置備磚瓦木植料□□□□日重建，不數月而功成告竣，遂稱大觀，且連在前拜殿一作，俱□□□□□□□惟尚實神助之，若啓若翼耳。今而後過廟而問殿□之□□□□□必先□□殿矣。過廟而驗鄉人之崢嶸者，亦未必不□□□□□□□證之也。此時此事應勒石以誌不朽，余故聊爲之敍云。

邑庠生李道源薰沐頓首拜撰，後學李鳴鶴沐手謹書。

功德主：郭如廷、薛瑾瓊、李沛源、馬沖□、温養浩男爾箴、李明廷。

吏部候選正九品郭翰式銀一兩。督工賈仁厚。

施財善人：郭如錦銀二兩日。郭如琰銀二兩。石自正銀二兩。生員郭藎臣銀二兩、飯一日。楊得寶銀二兩日。李成吉三錢、飯一日、工一日。生員郭永清二錢、飯一日。石玉潤二錢五分、工二日。郭起祚飯一日、工二日。蔣浩然工四日。馬純秀工二日。王自江、曲斌飯一日、工四日。蔣通義飯一日、工二日。蔣景賢工二日。温爾璉飯一日、工一日。王奇、温爾琦六分、工三日。郭起翔工三日。姚運奇工三日。郭一鼇工三日。郭翰順工二日。馬呈祥工三日。陸九徵工二日。曲保工二日。趙可仁工二日。温爾林、申文孝、郭翰臣銀五錢，王栜工四日。王大通、蔣修養二錢。李作□□錢。温爾□二錢。郭如銜珩□錢、工二日。孫盛義一錢、工二日。郭如玉一錢。李生春工四日。李寔工二日。李震工三日。李發財工四日。李允茂三錢、飯一日。申三福二錢。郭如琰二錢、飯一日。孫盛際飯一日、工三日。薛邦奇、馬林飯一日、工四日。李工四日。郭起慧飯一日、工二日。蔣士忠工二日。温四教工三日。薛永貞□□□。郭興義六分、工一日。張九經飯一日、工二日。郭貞元工一日。郭翰侯工三日。薛□□飯一日。馬呈瑞工二日。郭翰都工三日。郭士奇、王業洪、申象仁檁一根。蔣士榮工二日。薛德正工四日。郭一元、郭俊鼎工二日。馬□星二錢、飯一日、工四日。生員蔣□賢二錢、工一日。□文秀一錢。□□臣二錢。馬沖□工四日。李道源飯一日、工二日。李復工三日。賈□真飯一日、工五日。郭九成工四日。温眷翼、謝文奇饭二日。以上每人俱銀二錢。郭翰□六分、工一日。郭惟芳工三日。孫桂如工一日。郭公臣工三日。李自純、李中和工一日。温爾賢、李春海、蔣蘭工一日。申文秀、王威工二日。郭如琬工四日。郭虎臣、李作仁工一日。張懷仁工二日。以上每人俱銀五分。李浩源二錢、飯一日、工三日。郭貞正二錢……

石匠胡魁、徒高君相鐫。

康熙二十九年□□□□仲秋吉旦。

重修
玄帝殿
碑記

【一〇八】　重修玄帝殿碑記

年代：清雍正八年

尺寸：高 131 釐米，寬 55 釐米

立石地點：孟津縣會盟鎮小寨村老君洞

重修玄帝殿碑記

〔碑首〕：重修玄帝殿碑記　日月

本鎮玄帝廟，鄉善温秀、郭勤仰神功之浩大，萃眾心之精白，創自嘉靖十七年。值日久年遠，殿宇傾頹，神像暴露。思人依神以安，神無寧宇，人之心何以克慰？本廟住持劉來慶請余父等議曰領袖此事，余父偕眾慨然不辭，遂同心糾力，自輸己財，募化閤鄉善信，各輸銀錢，各輸力役，不假木植，磚瓦券砌，開工於雍正戊申之冬，落成於雍正己酉之春，殿宇焕然維新，洵足以安神靈而壯觀瞻也。雖然廟貌告成，而神像尚未金裝，寤寐終覺難安。於己酉秋即尋畫工白無棐師徒三人滿堂補塑，甫月餘而金碧交映，丹漆輝煌，雖曰人力，實神默爲之相也。工竣，而施財之善信不忍泯没無傳，刻碑記□。余遂不辭鄙陋，盥手援筆，詳其事之始終，實書於石，以誌不朽爾。

儒學生員郭元龍薰沐頓首拜撰并書。

功德主：蔣士智施銀壹兩。蔣士英施銀壹兩。吏員郭方域施銀壹兩。孫盛義施銀壹兩。郭延恒施銀壹兩。馬鏞施銀壹兩。

施財善人：郭正辭銀一兩。朱文秀銀三錢。宋西臣銀三錢。何魁銀三錢。壽正銀三錢……

木匠：曹廷立。石匠：徐克弘暨子瑞鑄。

時雍正八年歲次庚戌暮春吉日。

【一〇九】　重修結義殿東山墻碑記

年代：清乾隆二十七年

尺寸：高 48.5 釐米，寬 53 釐米

立石地點：孟津縣會盟鎮小寨村老君洞

重修結義殿東山墻碑記

竊聞□貴有補，太□細□亦資河海□，安見一□□□裨大厦哉？粵稽茲殿重修於康熙五十六年，歷□□□載，棟宇如故，獨東山墻被風雨侵壞，觀者僉曰：神將壓矣！要亦徒□，數欲修葺。幸有郭□祥□約鄉善修築，俄頃告竣，不然□□崇墉屹□常與列□殿媲美耶！然則足□□□□□繼前民而後先輝映，故聊志□□，俾後之覽者，亦或有感於斯文。

本鄉拉船錢以千串施財不結，蔣氏錢置買灰石，□又買椽百餘根。創建東廚房一間，拉船人姓名詳列於廣生殿碑陰。

邑庠生齊清間沐手撰文並書。

功德主：郭文六錢。蔣友九錢。郭趕一兩。馬國保九錢。郭泳九錢。李昌太六錢二。張珣三錢八分。朱疇業三錢六分。王傳禮四錢四分。郭邦振四錢三分。郭紹統三錢六分。李世福三錢二分。薛浩三錢八分。孟應學一錢八分。郭□祥二錢四分。郭萬箱二錢六分。郭天□二錢六分。郭天德二錢。馬有臣二錢。郭永年二錢。馬國禮二錢。李□超二錢。蔣天貴二錢。郭廣桃二錢。李世豐二錢。……

石工王端鐫。

乾隆二十七年春月穀旦。

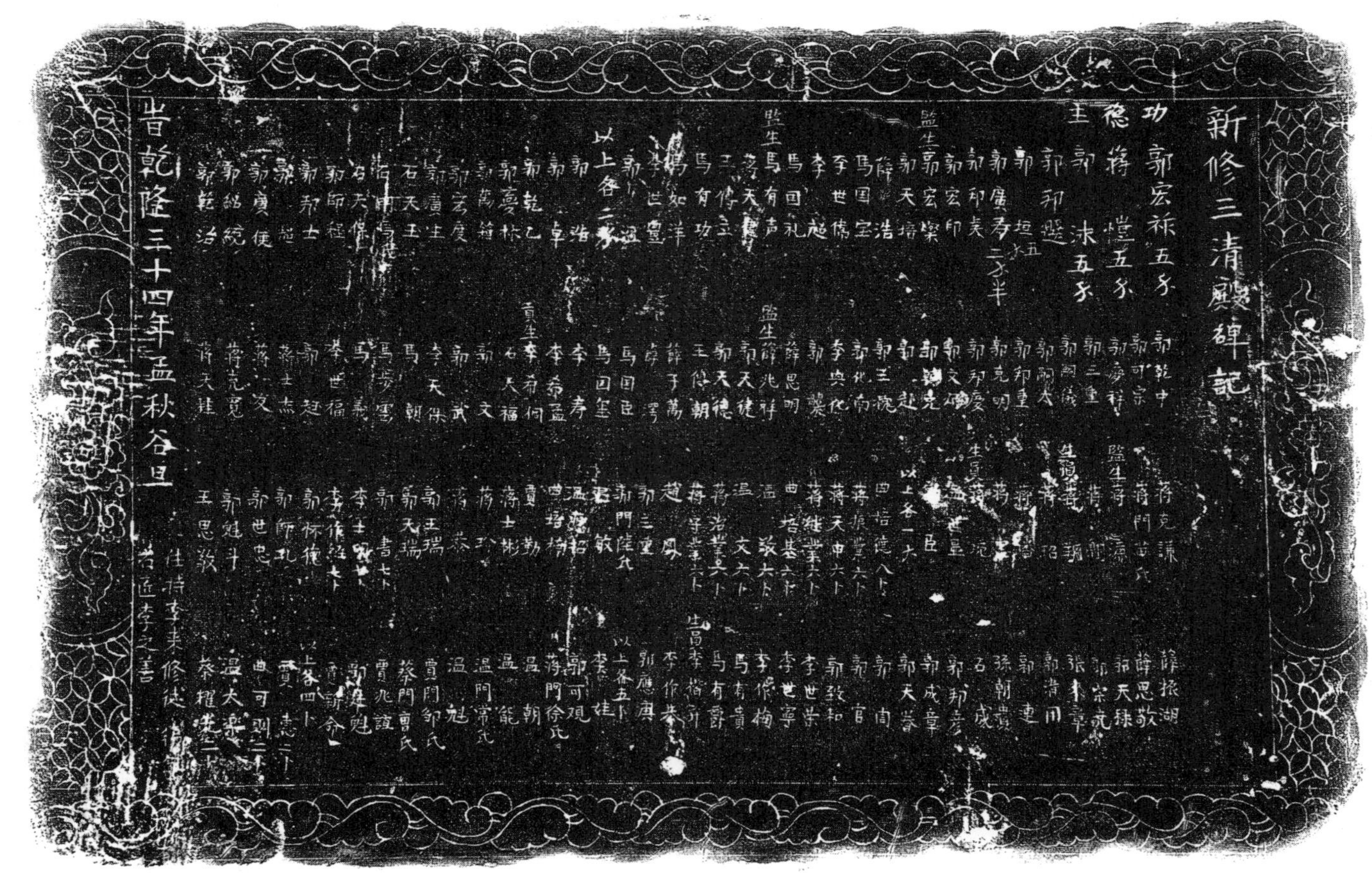

【一一〇】　新修三清殿碑記

年代：清乾隆三十四年

尺寸：高 46 釐米，寬 70 釐米

立石地點：孟津縣會盟鎮小寨村老君洞

新修三清殿碑記

功德主：郭宏祚五錢。蔣愷五錢。郭浗五錢。郭邦選、郭垣五錢。郭廣壽二錢半。郭邦虞、郭宏印、監生郭宏燦、郭天培、薛浩、馬國寶、李世偉、李超、馬國禮、監生馬有聲、蔣天健、王傳立、馬有功、馬如洋、李世豐、郭温，以上各二錢。郭浩、郭卓、郭乾乙、郭夢林、郭萬箱、郭宏度、郭廣生、石天玉、石門馬氏、石天保、郭師程、郭超、郭廣便、郭紹統、郭乾治、郭乾中、郭可宗、郭夢祥、郭三重、郭嗣儀、郭嗣太、郭邦重、郭克明、郭邦慶、郭文□、郭鎮克、郭赴、郭三槐、郭化南、李興化、郭襲、薛思明、監生薛兆祥、郭天健、王傳朝、薛子萬、薛謌、馬國臣、馬國璽、李壽、李希孟、貢生李希伺、石天福、郭文、郭武、李天保、馬朝、馬步雲、馬義、李世福、郭趨、蔣士傑、蔣發、蔣克寬、蔣天桂、蔣克謙、蔣門苗氏、監生蔣濂、蔣翱、生員蔣翔、蔣玿、蔣璠、蔣忠、生員蔣琬、温世顯、□臣，以上各一錢。曲培德八分。蔣振業六分。蔣天中六分。蔣繼業六分。曲培基六分。温敬六分。温文六分。蔣治業六分。蔣子業六分。趙母、郭三重、郭門陸氏、温敏、温應招、曲培楠、賈勤、蔣士彬、蔣恭、郭王瑞、郭天瑞、郭書七分。李士明七分。李作經七分。郭懷德、郭師孔、郭世忠、郭魁門、王思敬、薛振湖、薛思敬、郭天禄、張來章、郭清用、郭連、張朝貴、石成、郭邦彦、郭成章、郭天眷、郭周、郭官、郭致和、李世榮、李世甯、李作梅、馬有貴、馬有爵、生員李楷升、李作恭、郭應庚，以上各五分。李娃、郭可觀、蔣門徐氏、温朝、温能、温門常氏、温魁、賈門鄒氏、蔡門曹氏、賈兆誼、鄒廷魁、賈新命，以上各四分。賈惠二分。曲可則二分。温大樂、蔡耀先二分。

住持：李來修，徒□□□。

石匠：李之善。

時乾隆三十四年孟秋穀旦。

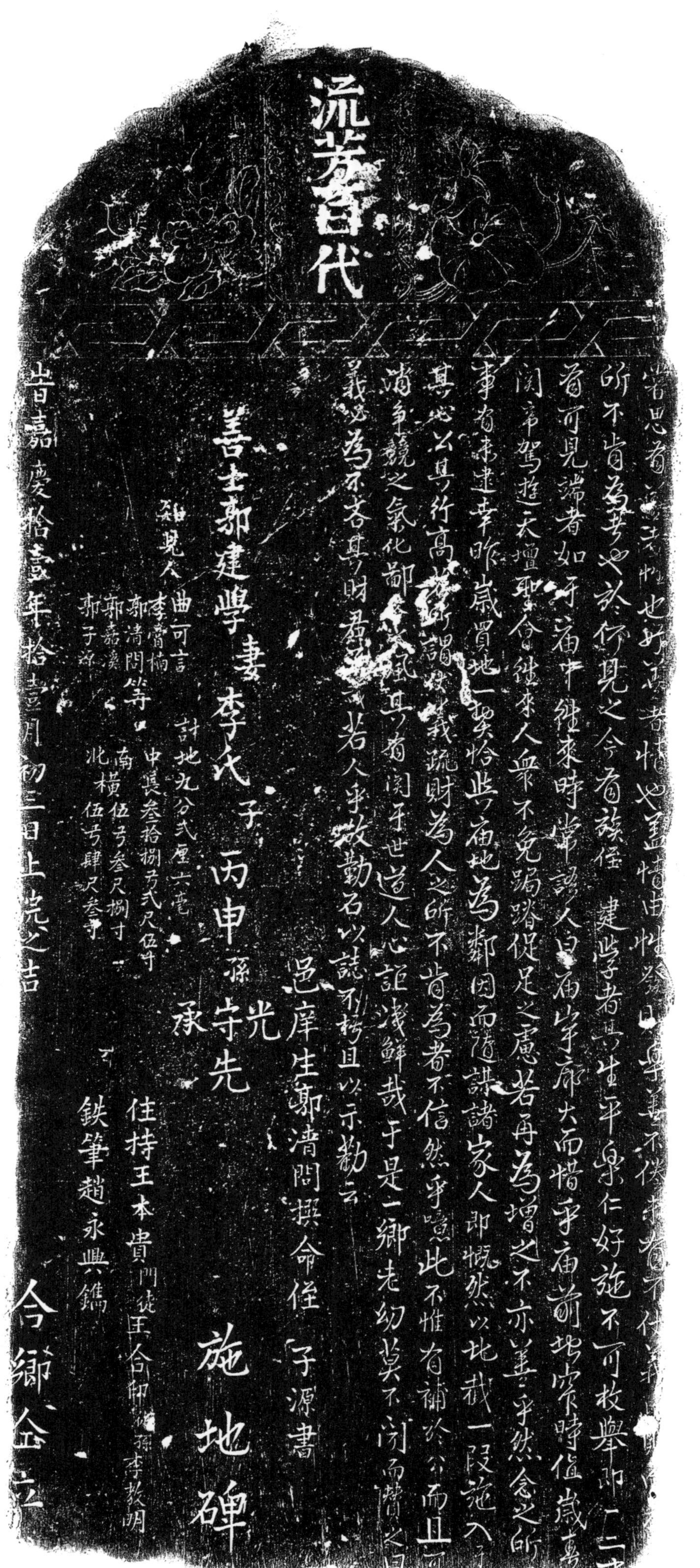

流芳百代

嘗思善[illegible]性也好善者情也蓋情由性發[illegible]

所不肯為善也於何見之今看族侄建學者其生平樂仁好施不可枚舉即一二[illegible]

看可見端者如于廟中往來時常謂人曰廟亭廊大而惜乎廟前地窄時值歲暮[illegible]

關帝駕遊天壇聖會往來人衆不免踴躋促足之處若再為增之不亦善乎然念之所[illegible]

事者未逮幸昨歲買地一塊恰與廟地為鄰因而隨謀諸家人即慨然以地截一段施入[illegible]

其心公其行高[illegible]所謂疏義疏財為人之所不肯為者不信然乎噫此不惟有補於□而且可[illegible]

消爭競之氣化鄙[illegible]風其有關乎世道人心詎淺鮮哉于是一鄉老幼莫不同而讚之曰[illegible]

義必為不吝其財君[illegible]若人乎故勒石以誌不朽且以示勸云

邑庠生郭清問撰　命侄　子源書

善士郭建學　妻　李氏　子　丙申　孫　光　守先　承　施地碑

知見人　曲可言　李賞楠　郭清問　郭嘉猷　郭子瀚等

計地九分弍厘六毫　中長叁拾捌弓弍尺伍寸　南橫伍弓叁尺捌寸　北橫伍弓肆尺叁寸

住持王本貴　門徒王合仰　徒孫李教明

鐵筆趙永興鐫

皇清嘉慶拾壹年拾壹月初三日上浣之吉　合鄉仝立

【一一一】 善士郭建學施地碑

年代：清嘉慶十一年

尺寸：高 125 釐米，寬 51 釐米

立石地點：孟津縣會盟鎮小寨村老君洞

〔碑首〕：流芳百代

嘗思：有善者性也，好善者情也。蓋情由性發，則樂善不倦，未有不仗義疏財而爲人之所不肯爲者也。於何見之？今有族侄建學者，其生平樂仁好施，不可枚舉，即一二事有可見端者。如於廟中往來，時常語人曰：廟宇廊大，而惜乎廟前地窄。時值歲春，有關帝駕游天壇聖會，往來人衆不免跼蹐促足之慮，若再爲增之，不亦善乎？然念之所及，事有未逮，幸昨歲買地一契，恰與廟地爲鄰，因而隨謀諸家人，慨然以比截一段，施入於廟。其心公，其行高。若所謂仗義疏財，爲人之所不肯爲者，不信然乎？噫！此不惟有補於公，而且可消争競之氣，化鄙□之風，其有關於世道人心，詎淺鮮哉！於是，一鄉老幼莫不聞而贊之曰：義必爲不吝其財，君子哉，若人乎！故勒石以誌不朽，且以之示勸云。

邑庠生郭清問撰，命侄子源書。

善士郭建学，妻李氏，子丙申，孙光先、守先、承先施地碑。

知見人：曲可言、李膏楠、郭清問、郭嘉溪、郭子源等。

計地九分貳厘六毫，中長三拾捌弓貳尺伍寸，南横伍弓三尺捌寸，北横伍弓肆尺三寸。

住持：王本貴。門徒：王合印。徒孫：李教明

鐵筆：趙永興鐫。

時嘉慶拾壹年拾壹月初三日上浣之吉合鄉仝立。

【一一二】 重修廣生殿西山墻並道房碑記

年代：清嘉慶十二年

尺寸：高 140 釐米，寬 55 釐米

立石地點：孟津縣會盟鎮小寨村老君洞

重修廣生殿西山墻並道房碑記

〔碑首〕：皇清

從來殿宇輝煌，必資墻垣以爲固；風雨飄摇，亦賴室廬以相蔽。本廟西偏廣生殿緊鄰南北大道，西山墻被路水侵剥，其勢將傾。並廟内東偏有道房兩間，與老君殿對宇，亦漸損壞。主持無以棲身，見者不勝心惻。吾鄉幸有善士郭清問等，敦請鄉老公同商議重修，奈素無積貲，難以爲功。因念廟内現有頂幹乾枯大小柏樹四株，酌價變賣銀兩若干，又各捐己財，並募化合鄉眾善士，共捐銀兩若干，鳩工庀材，僅月餘而厥功咸告竣焉，謹勒石以誌，是爲序。

邑增生李膏楠薰沐拜撰，命門人郭子源敬書。

功德主：邑庠生郭清問奉銀一兩八錢。曲可言奉銀二兩。邑增生李膏楠奉銀一兩五錢。監生郭嘉溪奉銀三兩。郭子元奉銀一兩四錢。

功德主奉銀列後：郭化成二兩。馬志信一兩八錢五。貢生薛殿卿一兩二錢。監生李興詩一兩六錢。鄉耆郭廣德一兩四錢。郭廣便一兩三錢五。郭春芳一兩三錢四。賈兆諒九錢二。生員温常修八錢七。馬克昌八錢七。郭起八錢五。李天仁八錢五。郭文友九錢。鄉耆郭家範七錢五。馬步雲七錢五。郭德峻七錢五。蔣應丙七錢七。薛紹周七錢五。郭起六錢七。郭際昌六錢五。温體中六錢。蔣景陽五錢七。郭家駒六錢。李景魁五錢五。馬布哲五錢。馬秉健五錢。郭萬箱三錢。李元興三錢。施財善士列後：李元榮一兩四錢。温大法一兩二錢。李登科一兩二錢五。郭繩武一兩一錢。馬天沛一兩零五。郭建孝九錢一。郭耿揚九錢。鄉耆王加財八錢五。生員郭士太八錢。李廷柱七錢五。郭全太七錢五。鄉耆郭三槐七錢。温玉七錢。李鳴崗七錢，李生花七錢七。賈兆魁六錢七。郭清甯六錢五。生員郭澗六錢五。蔣振太六錢三。曲可直六錢。郭來獻六錢。蔣景行六錢。薛端木六錢。郭嘉洛五錢五。郭廣□五錢五。曲可則五錢。生員郭鵬程五錢。李天正五錢。郭三省五錢。蔡党先五錢。城東關傅聿修五錢。丁行魁五錢。……

木匠：薛光先錢五百文。李長泰錢三百文。

布施不足，功德主又捐錢兩千九百文。

住持王本貴，徒王合印，徒孫李教明。

石匠：趙永興鐫。

合鄉仝立。

龍飛嘉慶拾貳年孟陬月上浣之吉。

結義廟新置田地及施舍地畝並捐貲修洞姓名

記

嘗思功不記無以創逸志德不彰無以感善心是村結義廟自道光二十一年被水冲圮建址無地作者亦几難矣有先鄉望李君振清慷慨而地以為建修之所遺廟德有李君啟為余村勝花社巨觀其修造為尤急第以傾毀之餘勢難猝及衆欲於新廟地南依山陶穴而其上不屬無如何耳有故信士郭元施舍之諸君始得出已各貲以為修洞妥神之計造次成事嗣後主持李教明以大功難峻微有餘資續置田畝以作烟火地畝至廟中所種村西北隅官產乃先淑德蔣秉義之母李氏念貧絕無塋域恐尸骸之暴露所施以濟窮之以便死瑾者若此者是皆吾鄉中之有功德於神人者也而豈可以不誌不誌則後之功有同志善有同心者何以創起而觀感焉是敘

建廟地

李振清市地四分弍厘弍毛七忽

李教明市地五分

郭元施寨頂地一段東西南俱至二仙坡地北至洛

新置地

李教明買南小山花地一段計地一畝中長四十二弓三尺

又買呂姓地一段計地一畝一厘八毛弍系五忽中長四十二弓三尺

買王小路南李姓地一段計地三畝中長百十二弓 横同六弓弍尺一寸半

買北橋李姓地一段計地一畝中長二十四弓 横同十弓

義塚地

蔣李氏施地一畝一分六厘中長五弓三尺 横同七弓三尺八寸

脩洞姓氏

郭五福捐錢乙千文

鄭丙耀捐錢乙千文

李教明捐錢弍千文

蔣西方捐錢乙千文

鄭士敬捐錢乙千文

郭文德捐錢乙千文

蔣秉義捐錢乙千文

賈禮捐錢乙千文

李得善捐錢乙千文

李象三捐錢乙千文

住持李教明 徒永祥 永來

同治十年三月 日穀旦

小寨村仝立

【一一三】　結義廟新置田地及施舍地畝並捐貲修洞姓名記

年代：清同治十年

尺寸：高 43 釐米，寬 88 釐米

立石地點：孟津縣會盟鎮小寨村老君洞

結義廟新置田地及施舍地畝並捐貲修洞姓名記

嘗思功不記無以創逸志，德不彰無以感善心。是村結義廟自道光二十一年被水沖圮，建址無地，作始亦孔艱矣。有先鄉望李君振清慷慨市地，以爲建修之所。遺廟舊有老君殿，爲余村臘花社，巨觀其修造爲尤急，第以傾毀之餘，勢難猝及，眾欲於新廟地南依山陶穴，而其上不屬，無如何耳！有故信士郭元施舍之，諸君始得各出已貲，以爲修洞妥神之計。造次成事，嗣後主持李教明以大功難峻，微有餘資，緌置田畝，以作煙火，地畝至廟中所種。村西北隅官産，乃先淑德蔣秉義之母李氏念貧絶，無塋域，恐尸骸之暴露，所施以濟窮之，以便死墐者。若此者，是皆吾鄉中之有功德於神人者也。而豈可不誌，不誌則後之功有同志善有同心者，何以創起而觀感焉。是敍。

建廟地：先鄉望李振清市地四分貳厘貳毛七忽。一段，長，東順十三弓，南横十弓二尺；西順十六弓，北横十二弓四尺四寸。主持李教明市地五分。故信士郭得元施窑頂地一段，東西南俱至二仙坡地，北至塔底。

新置地：主持李教明買南小山花地一段，計地一畝，中長四十二弓三尺，南横五弓一尺八寸，北横五弓四尺五寸。又買吕姓地一段，計地一畝一厘八毛二系五忽，中長四十二弓三尺，南横六弓，北横六弓三尺。買王小路南李姓地一段，計地三畝，中長一百一十二弓，東西横同六弓貳尺一寸半。買北橋李姓地一段，計地一畝，中長二十四弓，東西横同十弓。

義塚地：先淑德李氏施地一畝一分六厘，中長五弓三尺，南北横同七弓三尺八寸。

修洞姓氏：壽官郭五福捐錢一千文。壽官郭丙輝捐錢一千文。主持李教明捐錢貳千文。蔣西方捐錢一千文。郭士敬捐錢一千文。郭文德捐錢一千文。蔣秉義捐錢一千文。賈禮捐錢一千文。李得意捐錢一千文。貢生李象散捐錢一千文。

主持：李教明，徒永祥、用來。小寨村仝立。

同治十年三月日穀旦。

【一一四】 寶光和尚歷履功德碑記

年代：清康熙三十七年

尺寸：高 133 釐米，寬 57 釐米

立石地點：新安縣正村鄉白墻村洪福寺

寶光和尚歷履功德碑記

〔碑首〕：大清

寶光和尚去今八年於茲矣，門下徒雲□□□感慕，若其在時，文懼其歷履功德弗述，無以……然，於是可以觀人心矣。今夫環海内而□跡空門者，何限主爲師徒歿則已焉，況望其既……取□信後人，情難□難也。寶光和尚年六歲，遂削髮吾邑寶雲寺中，長而雲遊托鉢四方，洎歸……事印證直溯乎西來，法音傾動乎東垣。適吾村洪福寺住持缺人，吾祖體玄公□元沖、陳公……敦請焉。入寺以來，修廢舉墜，功難殫述，惟有毗盧一殿，未及見新。至康熙辛未歲，年荒人逃，猶□□□貲苦募，而重修之，而丹雘之，而金粧之。迨工告竣，而天災兼，其師徒亦相偕而逃，寶光遂没於南□□之禪塋而感德，肖像、飲食必祝。寶光之歿也，計今八年，而雲天之思歷八年如一日，吁嗟乎！人世□□前焉知後之思，今將無同乎？此可以□人心矣。是爲記。

和尚諱廣正，號寶光，籍本縣解司。

邑後學廩膳生員游鵬熏沐敬撰，僧會司僧會通海書。

門徒：通海、同法。徒孫：元亮。

金粧觀音菩薩一堂，共費工價銀三兩三錢。楊門……

郭希銓一錢。許善述一錢。吕兆琚一錢。龔曰慎一錢。陳門趙氏一錢。孫門岳氏一錢。陳門白氏一錢。

寶光和尚獨力金粧後佛殿一堂，共費工價銀十八兩五錢。

康熙三十七年歲次七月孟秋之吉。

皇清
永傳
百代
莊嚴圓寂僧官雲大和尚寶塔

【一一五】　雲天和尚塔銘

年代：清乾隆十八年

尺寸：高 138 釐米，寬 56 釐米

立石地點：新安縣正村鄉白墻村洪福寺

莊嚴圓寂僧官雲天和尚寶塔

〔碑首〕：皇清　　永傳百代

恩師法諱通海，字雲天，享壽六十七歲，籍本縣東白墻村白一里六甲，閆敏次子，應緣於康熙己亥年三月十二日受生，涅槃於雍正乙巳年正月十九日。

門徒：元憶、元亮、元敬、元性。徒孫：妙㑹、妙成、妙俊、妙傑、妙瑞、妙玉。曾孫：福隨、福魁。玄孫：祖興。

大清乾隆歲次十八年二月十六日穀旦。

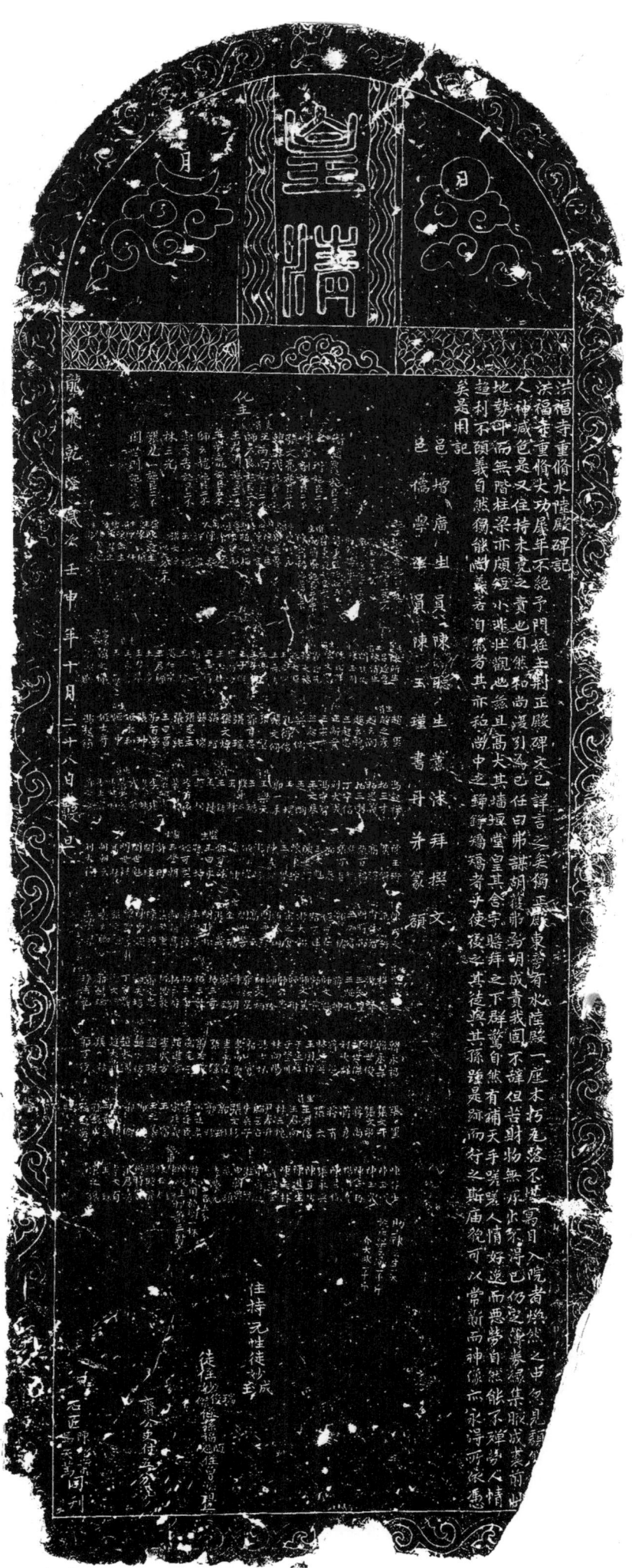

【一一六】　洪福寺重脩水陸殿碑記

年代：清乾隆三十一年

尺寸：高 152 釐米，寬 58.5 釐米

立石地點：新安縣正村鄉白墻村洪福寺

洪福寺重脩水陸殿碑記

〔碑首〕：皇清　　日月

洪福寺重脩大功屢年不絶，予門侄王荆正殿碑文已詳言之矣。獨正殿東旁有水陸殿一座，木朽瓦落，不堪寓目，入院者，焕然之中見頽然□□，人神減色，是又住持未竟之責也。自然和尚復引爲己任，曰：弗謀胡獲，弗爲胡成，責我固不辭。但苦財物無所出，不得已，仍定簿券緣，集腋成裘。前此地勢平而無階，柱梁亦頗短小，非壯觀也。兹且高大其墻垣，堂皇其舍宇，瞻拜之下群驚，自然有補天手。嗟嗟，人情好逸惡勞，自然能不殫勞人情；趨利不顧義，自然獨能尚義。若自然者，其亦和尚中之錚錚矯矯者乎。使後之其徒與其孫踵是跡而行之，斯廟貌可以常新，而神像亦永得所依憑矣。是用記。

邑增廣生員陳聰生熏沐拜撰文，邑儒學生員王瑾書丹并篆額。

化主：衛趙覆施銀二錢。仝珩施銀二錢。陳聖訓施銀二錢。張文亮施銀二錢。韓紫武施銀三錢。生員王丙南施銀二錢。師六良施銀二錢。王君訓施銀二錢。王步瀛施銀五錢。師云龍施銀二錢。鄭天吉施銀二錢。林三光、張九一施銀二錢。閆世則施銀二錢。施主鄭玉吉施銀二兩。宋君讓施銀一兩二錢。孫玉黄施銀一兩。賈琮施銀五錢。時朝陽施銀五錢。梁秉臣施銀五錢。陳秉鋭施銀二錢二分。趙齊忝施銀二錢二分。陳嘉福施銀二錢二分。生員陳培元、古奕曾、陳大生、陳聖言、趙如梅、陳第元、李文孝、陳純、許英、王昆、張文恒，以上各錢二錢。廩生陳迴生、陳良、陳什、陳金生、陳耀生、陳登魁、游岐、陳所生、吕延曾、陳清生、閆廷倫、陳玉荆、陳琯生、生員陳文憲、郭延先、孫大福、孫大臣、王希賢、王希吉、王立□、王子□、王子俊、畢尚功、王志林、王玉厚、郭勝何、王琮、張仁宗、王君師、王璋、王君舉、王永慶、王勤、韓文悌、宋起英、趙璽、趙之彦、趙云朝、趙云鵬、王起忠、王新業、王宏業、王起文、梁儒、孔得信、張文侗、張璧、郭百忍、張理、張文焯、張琯、張瑞、張思孟、張純、王曰昌、郭百學、張坤、姬永和、姬申、姬士奇、馮起禎、馮起祥、拓三才、拓思義、拓三剛、丁守信、劉大成、馮守智、王文舉、王瑚、王環、郭一木、王樂文、王琚、段永太、王林、王棒、王棟、趙桐、李有年、裴聚、裴紹儒、李建、李性、武英、裴朱衣、王維順、王上賓、鄧方慶、陳玉珩、裴緝、高澤、張萬福、張鑒、張百春、郭泰、王大魁、陳秉鐸、陳秉坤、王會、陳嘉訓、游玢、姬瑋、惟璉、姬可法、王曰永、孫坤、姬可型、王登朝、許珩……

住持僧元性。徒：妙成、妙玉。徒侄：妙俊、妙瑞、妙傑。侄孫：福隨、福魁。侄曾孫：祖興。石匠：陳紹業、馬天篤同刊。

龍飛乾隆歲次壬申年十月二十八日穀旦。

【一一七】 重修洪福寺碑記

年代：清嘉慶十九年

尺寸：高 114 釐米，寬 63 釐米

立石地點：新安縣正村鄉白墻村洪福寺

……之法事以曰勞，治功曰力。凡有以……功，亦何獨不然。吾邑洪福寺住持僧，法名福……僧會司妙成，號大儒和尚之徒，不數載，奉師命赴南……曰：儒子可教也。於乾隆五十一年四月□□水□，又往縣西南莊……大儒同寂。本寺無人，仍歸來焉。斯□□□傾圮，禪堂毁敗，大儒欲重修，而□□雪者，願承師志，竭力經營，因念事有緣□功□□者，首爲重修四佛，尚須募化，□□碑記之，既南□□殿、天王殿、伽藍、大雄諸殿，皆重修之，而金粧殆遍，即東西禪堂亦□不歉第焕新。因此，鳩工庀材，□垣墉而塈丹雘者，皆由其□□中所有，精心籌劃，積累羸□□□，竭力不事募化者也。夫建修之力，出於衆者猶易，出於獨者較難。今兹□宫紺室燦爛輝煌，以妥神靈，以壯觀瞻。如雪岩者，可不謂空門之□卓，衲中之矯矯者乎？蓋惟其自奉儉約，遇事勤敏，所以衆議，舉爲僧會司者數年，亦以其克勝此□也。嘉慶十八年仲春染病，荷月圓寂，孟冬已歸窆矣。然人雖往而功不可没，其徒祖昌寄居南莊，祖泰、祖州幼未經事，徒孫悟梵克繩祖武，不忘厥□，欲立石以誌之，乞文於余，余謂此亦曰□曰力，宜銘著者也。是爲記。

邑歲貢生陳勳立齋氏撰文并書丹。

重修□□殿并金粧費錢□十五千，金粧□□殿費錢六十八千，重修大雄殿費錢七十千，重修伽藍、天王殿并金粧費錢一百七十五千，重修東西禪堂并門樓費錢二百二十千。

嘉慶十九年歲次丁戌孟夏穀旦。

皇清

僧會司朗然亮公和尚之墓

二十年二月初九日

【一一八】　朗然和尚墓碑

年代：清嘉慶二十年

尺寸：高 153 釐米，寬 60 釐米

立石地點：新安縣正村鄉白墻村洪福寺

僧會司朗然亮公和尚之墓

〔碑首〕：皇清

公法名元亮，號朗然，恩師僧會司通海徒四人，長即公，次元敬，三元意，四元性。公徒二人：妙俊、妙俗。妙俊徒福蓮、福慶。福慶徒祖德，祖德徒悟明、悟經。悟明徒真貴，悟經徒真樂。妙俗徒福建、福清。福建徒祖喜，祖喜徒悟全、悟楊。悟全徒真月、真秀、真法。悟楊徒真和、真遇。福清徒祖西、祖定、祖松。祖西徒悟芳，祖定徒悟禪、悟常，祖松徒悟寬。悟禪徒真言，真言徒榮光。

徒侄：妙成、妙瑞。妙成徒僧會司福梅，福梅徒祖泰、祖昌、祖周。祖昌徒悟梵，悟梵徒真原。妙瑞徒福靈。

孫福清、曾孫祖德仝立石。

嘉慶二十年二月初九日。

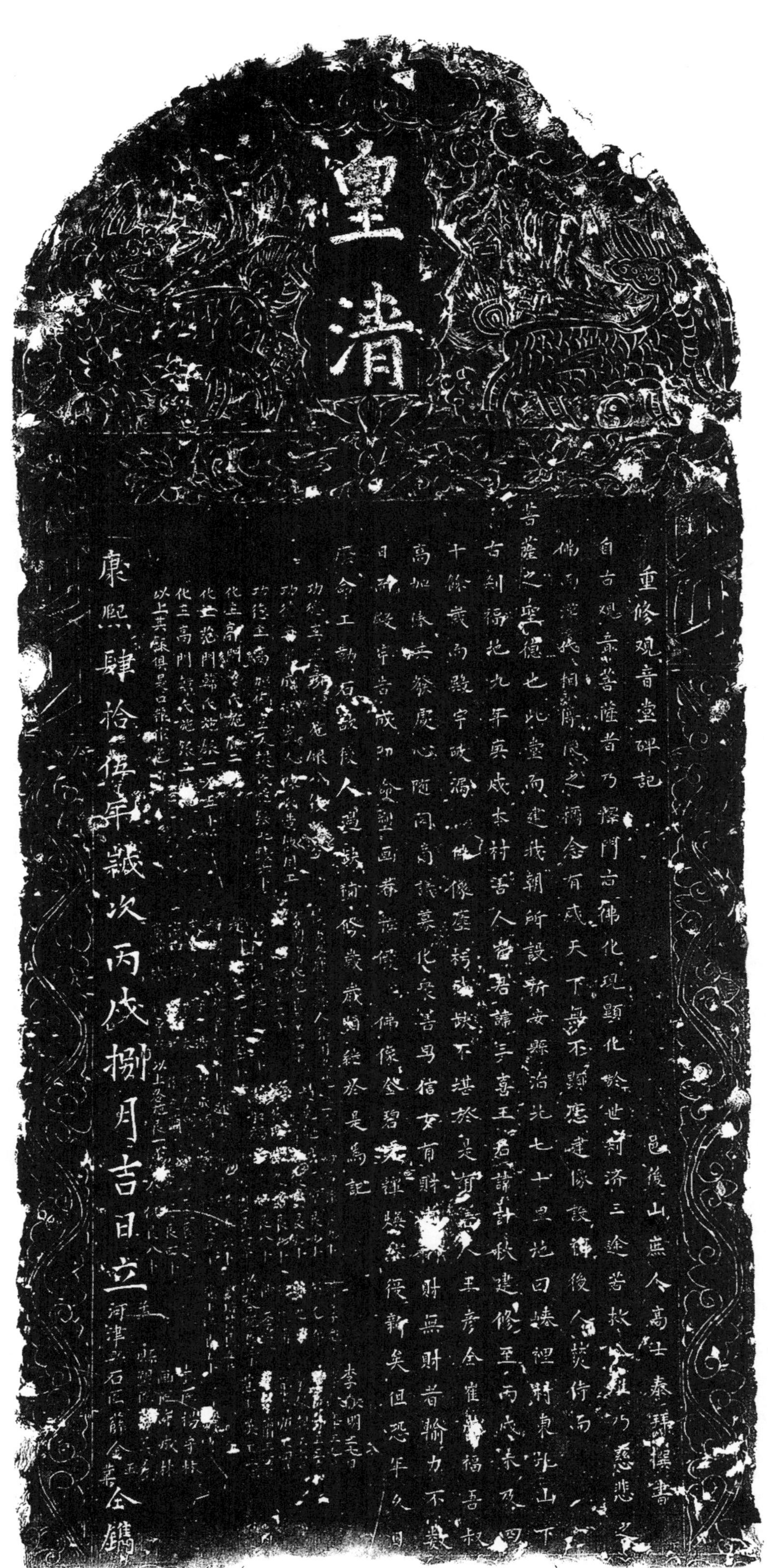
皇清
重修观音堂碑記
邑後山燕人高仕泰拜撰書
康熙肆拾伍年歲次丙戌捌月吉日立

【一一九】 重修觀音堂碑記

年代：清康熙四十五年

尺寸：高 105 釐米，寬 49 釐米

立石地點：新安縣石井鄉前口村

重修觀音堂碑記

〔碑首〕：皇清

自古觀音菩薩者，乃釋門古佛化現顯化於世，利濟三途，苦救八難，乃慈悲之佛。而漢代相傳，民之稱念，有感天下，無不顯應。建像設祠，後人焚侍，而菩薩之聖德也。此堂而建，我朝所設。新安縣治北七十里，地曰峽裡村，東北山下，古刹福地，九年庚戌，本村善人崔君諱三喜、王君諱計秋建修，至丙戌未及四十歲，而殿宇破漏，佛像塵朽，殘缺不堪，於是，有善人王彦全、崔成福，吾叔高加俸共發虔心，隨同商議，募化衆善男信女，有財者輸財，無財者輸力，不數日而殿宇告成，即命塑畫者粧儼佛像，金碧交輝，焕然復新矣。但恐年久日廢，命工勒石，欲後人遇缺補修，歲歲相繼，於是爲記。

邑後山庶人高士泰拜撰書。

功德主：王彦全施銀八錢□分。崔成福室人陳氏造飯用工。高加俸室人樊氏施銀七錢六分。化主高門曾氏施銀二錢。范門韓氏施銀一錢五分。高門韓氏施銀二錢。以上其銀俱是口糧作色。懷慶府孟縣人張用忠施銀一錢。張門高氏施銀三錢五分。高門郭氏施銀一錢一分。趙門□氏施銀一錢二分。趙門陳氏施銀一錢二分。高□彦、高秀禄、高加林、于浩、于太、楊守林、趙克魁、生員高復珍、高加福、李獻學、賈成順、李獻明、徐之蘭，以上各施銀一錢。高定禄銀九分。王心章銀九分。高復仁銀九分。徐之珍銀九分。徐之□銀八分。陳明周銀一錢。高士愷銀六分。高潤銀五分。胡培厚銀五分。徐之安銀四分。張金佩銀八分。陳學魁、徐之邦、徐之□、□廷甫、陳學道，以上各施銀三分。胡培林銀五分。范士禄銀五分。李獻明工七日。李獻學工七日。李獻朝工六日，賈去順工四日。賈□蘭工四日。范士英工二日。

木匠：楊守林。畫匠：崔成林。縣塑匠：□美彦。河津縣石匠：薛金玉、薛金葉仝鐫。

康熙肆拾伍年歲次丙戌捌月吉日立。

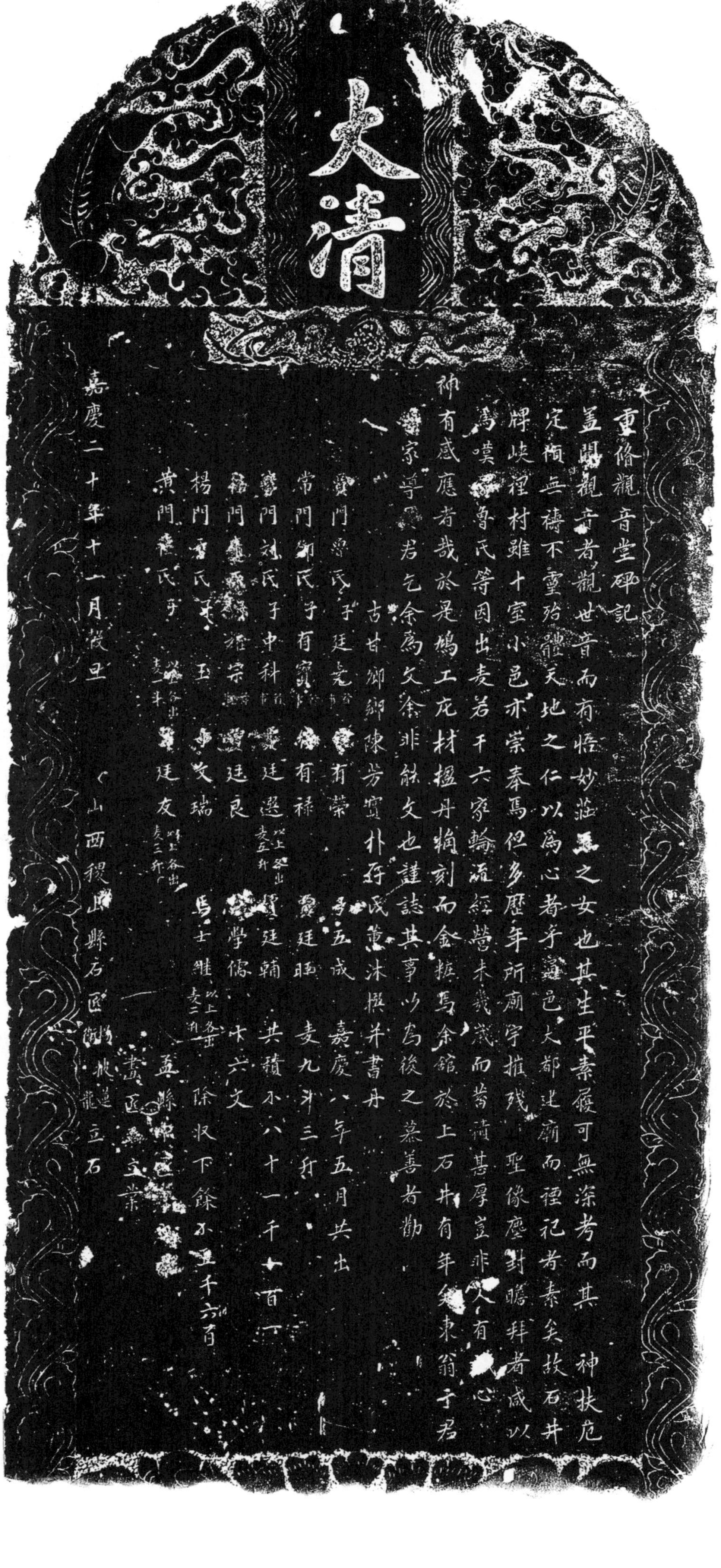
大清
重修觀音堂碑記
嘉慶二十年十一月

【一二〇】 重脩觀音堂碑記

年代：清嘉慶二十年

尺寸：高 121 釐米，寬 55 釐米

立石地點：新安縣石井鄉前口村

重脩觀音堂碑記

〔碑首〕：大清

蓋聞觀音者，觀世音而有悟妙莊王之女也。其生平素履，可無深考。而其神扶危定傾，無禱不靈，殆體天地之仁，以爲心者乎。通邑大都建廟而禋祀者素矣。故石井牌峽里村，雖十室小邑，亦崇奉焉。但多歷年所，廟宇摧殘，聖像塵封，瞻拜者咸爲嘆。賈魯氏等因出麥若干，六家輪流經營，未幾歲而蓄積甚厚，豈非人有誠心，神有感應者哉。於是，鳩工庀材，楹丹桷刻而金粧焉。余館於上石井有年矣，東翁于君□家導，賈君乞余爲文，余非能文也，謹誌其事，以爲後之慕善者勸。

古甘鄉鄉陳芳實樸存氏熏沐撰并書丹。

賈門魯氏子廷堯、常門鄧氏子有賓、常門劉氏子中科、常門□氏子耀宗、楊門賈氏子玉、黄門崔氏子，以上各出麥一斗。首事：賈有榮、賈有禄、賈廷選，以上各出麥五升。賈廷良、于文瑞、賈廷友，以上各出麥三升。于五成、賈廷旺、賈廷輔、賈學儒、馬士繼，以上各出麥二升。

嘉慶八年五月共出麥九斗三升，共積錢八十一千一百一十六文，除收下餘錢五千六百。

孟縣中□□□□。畫匠：王立業。山西稷山縣石匠：楊披蓮、衛龍立石。

嘉慶二十年十一月穀旦。

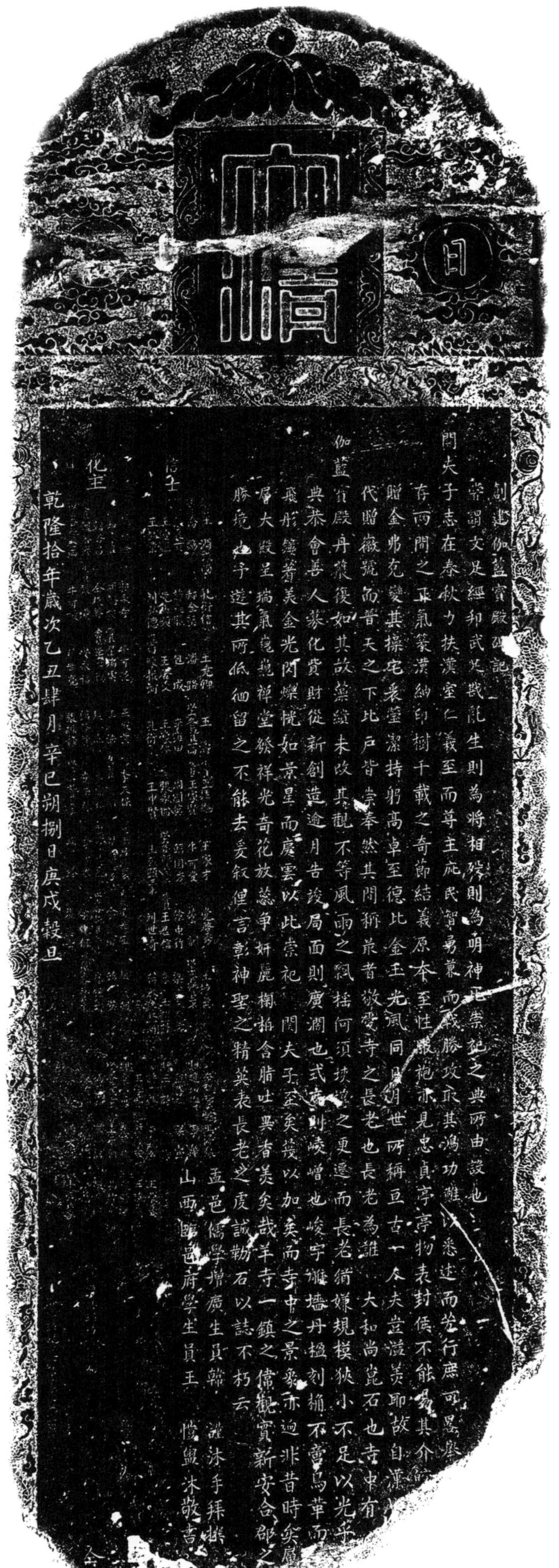

創建伽藍寶殿碑記

帝蜀文足經邦武足戡亂生則為將相歿則為明神正崇祀之典所由設也

關夫子志在春秋力扶漢室仁義至而尊主庇民智勇兼而戰勝攻取其鴻功難以悉述而至行庶可畧舉

存兩間之正氣篆漢納印樹千載之奇節結義原本至性脫袍亦見忠貞亭亭物表封侯不能易其介節

贈金弗克變其操宅衷瑩潔持躬高卓至德比金玉光風同日月世所稱亘古一人夫豈溢美耶故自漢

代贈徽號而普天之下比戶皆崇奉然其間稱最者敬愛寺之長老也長老為誰大和尚崑石也寺中有

伽藍寶殿舟穀後如其故藻繢未改其觀不等風雨之飄搖何須披撿之更遷而長老猶嫌規模狹小不足以光乎

典恭會善人募化貲財從新創造逾月告竣局面則廣濶也式廓則崚嶒也峻宇雕墻丹楹刻桷不啻鳥革而

飛彤簷翬美金光閃爍恍如景星而慶雲以此崇祀關夫子至矣蔑以加矣而寺中之景象亦迥非昔時矣層

層大殿呈瑞氣巍巍禪堂發祥光奇花放蕊爭妍麗榭柏含脂吐異者美矣哉羊寺一鎮之偉觀實新安合邑之

勝境也予遊其所低徊留之不能去爰叙俚言彰神聖之精英表長老之虔誠勒石以誌不朽云

孟邑儒學增廣生員韓 謹沐手拜撰

山西臨邑府學生員王 愷盥沐敬書

信士

化主

乾隆拾年歲次乙丑肆月辛巳朔捌日庚戌穀旦

【一二一】　創建伽藍寶殿碑記

年代：清乾隆十年

尺寸：高 200 釐米，寬 68 釐米

立石地點：新安縣倉頭鄉養士村

創建伽藍寶殿碑記

〔碑首〕：大清　日月

嘗謂文足經邦，武足戡亂；生則爲將相，歿則爲明神。此崇祀之典所由設也。關夫子志在春秋，力扶漢室，仁義至而尊主庇民，智勇兼而戰勝攻取，其鴻功難以悉述，而芳行庶可略舉？□□□□，存兩間之正氣；篆漢納印，樹千載之奇節。結義原本至性，服袍亦見忠貞。亭亭物表，封侯不能易其介；皎皎□□，贈金弗可變其操。宅衷瑩潔，持躬高卓，至德比金玉，光風同日月，世所稱亘古一人，夫豈溢美耶。故自漢以來，代贈徽號。而普天之下，比戶皆崇奉，然其間稱最者，敬愛寺之長老也。長老爲誰，大和尚崑石也。寺中有伽藍寶殿，丹艧復如其故，藻繢未改其觀，不等風雨之飄摇，何須塽愷之更遷。而長老猶嫌規模狹小，不足以光乎□典。恭會善人，募化貲財，從新創造，踰月告竣，局面則廣闊也，式庶則峻嶒也。峻宇雕墻，丹楹刻桷，不啻鳥革而翬飛；彤鏤著美，金光閃爍，恍如景星而慶雲。以此崇祀關夫子至矣，蔑以加矣。而寺中之景象，亦迴非昔時矣。層層大殿呈瑞氣，巍巍禪堂發祥光，奇花放蕊争艷麗，柏含脂，吐異香，美矣哉！羊寺一鎮之偉觀，實新安合郡之勝境也。予遊其所，低徊留之不能去，爰敍俚言彰神聖之精英，表長老之虔誠。勒石以誌不朽云。

孟邑儒學增廣生員韓謹沐手拜撰，山西臨邑府學生員王愷盥沐敬書。

信士：鹽商王潤貳兩。鹽商喬錫、鹽商張良貴、王通禮、王弘業、孔衍信、郝金璧、薛起龍、黨孟顯、劉弘德、王堯卿、潘路、包成、王啓文、鹽商陳振河、王濤，以上各施銀一兩。李躍田、王蒙體、孔衍義、生員王廷魁、生員王家賢、周國英、張永姑、王中賢、王家才、牛可愛、韓國芬，以上各施銀五錢。王致顯三錢。黨啓秀、董訓、韓中行、生員王君信、劉世奇、王棟業，以上各施銀二錢。梁雲鳳灰三千五。李玉樹一株。韓啓運銀一兩。李智元七錢。生員趙如梅、焦喜仁、監生王詩、許良佳、王學見、監生廉夢黄，以上各施銀五錢。王得禄、李謹、梁宣、魏海、李松、郭復泰、張綿祚、王發朝、王榮基、王植基、監生梁榮濂、茹士奇、陳有環、盧先智，以上各施銀三錢。化主生員楊大經、和永吉、韓啓昌、吏員韓啓盛，以上各施銀一兩。牛可畏、生員翟瑞雲、生員李士德、安永福、翟世亮、王成業、王法、張傑、韓啓貴、張副榜、李天保、生員崔進福、王需體、黨玉林，以上各施銀五錢。生員王君程六錢。翟寵七錢。生員季士恭、季士舉、周珍、吏員翟世隆、李琯，以上各施銀三錢。李時俊、張其士、趙雲朝、韓英、崔鍾才，以上各施銀三錢。

住持僧：興銘。弟：玠、玥。徒：如英、如宏、如聯、如忠。徒侄：□俠。徒孫：生中、生蒲、生純、生和。洛陽縣龍門部家莊石匠韓裘鐫。

乾隆拾年歲次乙丑肆月辛巳捌日庚戌穀旦。

月
日
皇清
重脩地藏王菩薩閣碑
重脩地藏王菩薩閣碑記
功
德
主
化
主
嘉慶二十三年七月吉日
立石

【一二二】 重脩地藏王菩薩閣碑記

年代：清嘉慶二十三年

尺寸：高 124 釐米，寬 67 釐米

立石地點：新安縣倉頭鄉養士村

重脩地藏王菩薩閣碑記

〔碑首〕：皇清　日月

功德主：黄振家施錢壹十八千四百文。韓中興施錢壹十八千文。化正賓施錢壹十八千文。監生王二典施錢壹十二千五八文。生員王瑋施錢壹十千五百文。王大純施錢九千文。化主王琜施錢乙十二千六百文。監生王三多施錢兩千五百文。韓永年施錢一千六百文。張江施錢五百五十文。韓林施錢五百文。王用施錢三百文。韓朋年施錢九百文。首事王六府施錢六千一百文。王緒中施錢三千六百文。王柱成施錢兩千五百文。王朝陽、韓登第、執事韓君慶施錢七百文。崔雲朝施錢五百文。裴安成施錢二百文。僧司會如瀛施錢一千二百文。監生王七政施錢十二千六百文。監生陳學孟施錢十千文。王璽施錢九千四百文。王璁施錢八千五百文。韓來慶施錢六千五百文。約正王璧施錢五千九百文。監生韓命新施錢五千文。王人傑施錢一千五百文。王朝相施錢三千八百文。監生韓安慶施錢兩千七百文。韓中履施錢兩千七百文。韓云慶、韓九令施錢二千一百文。周兆林錢兩千二百文。韓相、韓玉各一千六百文。王明成、韓良、張世保、楊秀各錢四百五十文。張兆勳錢四百文。周甫臣、劉作智各錢一千文。韓壽年錢一千五百文。王家禎錢九百文。王有成錢八百文。耆老韓敏、張紹宗、韓有年，以上各錢七百文。宋世顯施錢六百五十文。翟文、王緒和各錢一千三百文。翟五魁錢一千二百文。徐三法、安廷桂、翟寅、王繼承、張月印、崔萬蒼、韓登科、張月清各錢一千文。王緒温錢一千文。翟郁臣錢七百五十文。張湘、趙耀臣、劉文各錢六百文。劉盡孝、李盡忠各錢五百五十文。王千吉、翟良臣、劉琰各錢五百文。劉西忠、李士丙、張才一、李士棟、張師邵各錢五百文。監生劉作信、張好各錢四百文。洛陽宋永魁、王大位、韓富年各錢三百文。韓太平、翟甫臣、韓振甲、張有德、李士望、張繼宗、王自成、翟應閣、韓立有、王玉成、孟津夏文各錢二百文。翟兵臣錢二百文。牛自魁、韓炎、張敬格、張秀翮、胡少安、王至仙、韓永令、高拙、翟美臣、翟中臣、楊逢林、武成藏各錢一百文。翟剛、王體、張桂翮、王大禄、王大貴、張月桂、張禄翮、李海成、翟敏、韓玉石、韓懷慶、劉成各錢二百文。韓隆年、張進法、李進、李士敦、韓玉秀、韓三娃，以上各錢二百文。化朝貴、翟年臣各錢一百五十文。生員張汝翼、許德重各錢一百文。劉登科、王德敏、翟東吾、王春成、王慶、王得州、王集成、劉佃、王須良、裴天佑、牛雷，以上各錢一百文。裴天爵、王瑞、翟永成、朱會，以上各錢五十文。陳六合施門敦一付，劉石匠施錢一百文。

刻字馮振魁。

嘉慶二十三年七月吉日立石。

重修敬愛寺金粧地藏王殿

蓋聞爲作者貴善成善始者宜善終敬愛寺舊有地藏殿一間業斗室而矮屋難妥神而壯觀僉謀改作楹雖成三簣尚虧一詎時值竒

其事者寥寥雖之後殿宇多頹住持僧目睹傷請募化於善士諸君子踴躍軒舉樂輸予財貨於是鳩工庀材擇期重修經始於乙未中秋

竣於丙申九月榱宇雖峻美矣而美輪

聖像輝煌如金而如錫且并建東教房三楹則僧身得托兼營西飯堂兩間斯鉢盂有資此固

神靈之默佑亦由人力之贊勛也謹序其事勒於貞珉以不沒其善云

增廣生員宋際辰薰沐撰文

邑庠生李位中沐手書丹

從九王順成沐手篆額

北靳寺捐銀七十兩

【一二三】 重修敬愛寺金粧地藏王碑

年代：清代

尺寸：高 166 釐米，寬 64 釐米

立石地點：新安倉頭鄉養士村

重修敬愛寺金粧地藏王碑

蓋聞善作者貴善成，善始者宜善終。敬愛寺舊有地藏殿一間，業斗室而矮屋，難妥神而壯觀。僉謀改作楹，雖成三簣，尚虧一詎。時值奇□，其事遂寖，饑饉之後，殿宇多頹。住持僧目睹心傷，請募化於善士，諸君子鼛鼓軒舞，樂輸財貨。於是，鳩工庀材，擇期重修，經始於乙未中秋，□竣於丙申九月，墻宇雕峻，美奂而美倫；聖像輝煌，如金而如錫，且并建東教房三楹，則僧身得托；兼營西飯堂兩間，斯鉢盂有資。此故神靈之默佑，亦關人力之贊勷也。謹序其事，勒諸貞珉，以不没其善云。

增廣生員宋際辰熏沐撰文，邑庠生李位中沐手書丹，從九王順成沐手篆額。

南陽寺捐銀三十一兩。北陽寺捐銀七十四兩。生員王材軒施銀十三兩。九品李秉德施銀三兩。監生李秀春施銀三兩。九品王順成施銀三兩。增生宋際辰施銀三兩。九品李清禮施銀三兩。約正韓百顯施銀一兩五。李清秀施銀一兩五。以上共化銀八兩。李秉體施銀八兩。李清選施銀四兩。宋大興施銀三兩五。宋克長施銀三兩五。監生李清樂施銀二兩五。九品李清花施銀二兩六。王明成施銀二兩五。李向化施銀二兩五。李向成施銀一兩五。韓百千施銀二兩五。韓東元施銀二兩。翟重施銀二兩。李清春施銀一兩七。壽官王至卯施銀一兩五。王夢成、王遂成各施銀一兩五。翟中堂、李向篤各施銀一兩五。李向昇施銀一兩五。從九王至强施銀一兩。李清、監生韓百興各施銀一兩。宋天良、王合成、宋天民、翟花、王追蘭、李清柄、王金棟、崔乙田，以上各施銀一兩。壽民李見化銀二兩五。李清昭施銀八錢。王至申施銀八錢。李清平施銀六錢。王敬成施銀六錢。李清法施銀五錢。生員李位中施銀三錢。李清標銀一兩二。生員王衡文、王追槐、裴柱、裴光才、王順、監生任有重、陳典、王一成、王元、毛思林、監生張文明、毛加風、張玉辰、李金玉、監生郭元泰、監生王繼祺、井守金、習南貴、張寶卿、張清心、韓志芳、閆松林、喬金山、喬殿書，以上各一兩。太和號、錦盛號、暢全洛、李家溝、王宗長、王克允、龍乘雲、薛國盈、郭追瑞、寧慎德、李春太、張文丙、王道遠、王中立、王吉祥、公興隆、隆盛號、成順協、程宗道、魁興隆、安百黨、安玉尺、毛安光、侯維範、牛自尚、賴光普、趙書林、王文秀、焦金玉、韓甲成、閆太恒、賈永堂、王文學、王金成、龐家溝、暢金元、暢永年、禮房、德聚恒、德義合、武生王建中、師景星、德興恒、姚宋文、監生韓順成、監生姚富學、王心合、正誼興、一興和、祥太號，以上各銀一兩。監生崔永魁、監生王國光、監生劉金光、趙捷三、楊文俊、韓駿聲、付全仁、韓玉柱、毛加太、壽官王學高、牛風彩、郭松、監生王升高、監生韓傳道、井同太、林金錫、王書錦、監生張進選、監生牛青云、王仲、張文秀、賈金棟、梁如林、韓振南、王瑞雲各銀一兩。吕時中、李□剛……

【一二四】 增修廣生聖母殿碑記

年代：清乾隆五十九年

尺寸：高 190 釐米，寬 65 釐米

立石地點：新安縣鐵門鎮方山寺

增修廣生聖母殿碑記

〔碑首〕：皇清　　日月

詩有之：維嶽降神，生甫及申。可知山之峻極者，爲神明棲托之所，即爲斯人滋息之源也。新邑乾隅方山出焉，山之西巔韶峰相接，其間舊有五聖祠，爲新、澠同建之功，而居民共欽之神也，第庇蔭呵護，既荷乾陽之福，復仰坤厚之靈。享獻之際，相與語曰：崧生嶽降，自古爲然。玆山之聳然高出，當亦能生而能降也，盍設廣生聖母殿於斯乎？衆曰唯唯。於是，山之前後左右諸君子各捐己貲，募化四方，得金數十，鳩工庀材，不數月而廟貌、聖像顯昭於山之巔焉。吁！前有五聖祠，而民物得其庇護；後有聖母殿，而男女賴以資生。豈非相得益彰而相需孔殷者哉。是爲記。

新邑庠生鄧恭簡撰并書。

功德首事人鄧效湯錢五百。鄧思武錢三千。張永福錢五千。趙六合錢二千五百。趙逢時錢三千五百。王家駒錢四千。趙克念錢一千五百。趙先知錢二千。監生趙登瀛錢五百。生員鄧中簡錢五百。上官清、上官柱、上官儉、趙起瑞、趙治璞各錢二千。趙玉昇、鄭永昇、王恭、于有成、于銀成、王家德各錢千五、趙克榮、王家錫、王家位、鄧獻民、鄧仁昇、鄧思宗、李臨科、李登科、趙九寬各錢一千。趙克材、崔學詩、楊世茂、鄧思全、鄧良民各錢八百。裴天禮、王文昇、于居代、耿復九各錢七百。趙學書、陳天福、鄧慶昇、李希美、趙克勤、趙其麟、上官炤、裴克昌、邱堯福、郭容光、馬金祥各錢五百。崔學聖、劉珺、張永泰、楊效孔、李守安、李甲□、王家□、趙起□、趙文□、趙克□、趙克儉、裴福昌、耿懷禮、趙文泰、劉繼泰、韓學詩、鄧冾昇、趙□思、□□□、許□□、趙金鳳、趙起昇、胡宗堯、胡之、陳法、王序、趙起功、趙恭、董君榮、董君昌、楊凌霄、裴治城、劉化遠、邱宗宣、邱□龍、楊述孔、郭有功、韓如倫、趙起祥、郭門趙氏、郭玉春、張松德、鄧王禹、楊克炤、毛斌、侯世有、上官義，以上各錢三百。董君用、董君朝、費有榮、秦良全、韓呂、雷天化、董萬禮、董君禮、王立泰、王成福、王立財、裴永福、董金成、趙美、陳天秀、王廷成、楊起文、劉世耀、陳進興、陳進富、上官禮、王繼□、張大學、趙克昌、孫懷福、邱廷桂、邱廷泰、邱辰龍、邱應龍、邱全龍、邱榮宗、邱堯宗、邱景宗、邱朝龍、茹行周、趙起鄰、王學文、董君選、節禪、郭隨生、翟子順、郭朝生、裴天良、裴天佑、吕世高、郭鸞生、郭衆生、郭玉生、王全、王進美、郭進孝、關銓、節門陳氏、鄧王順、張希美、鄧思禮、韓自成、韓學禮、蔣大智、楊文、毛如會、鄧思耕、韓全、孔有德、郭存仁、侯君錫、吕大明、于天民、蔣大士、崔世龍、鄧文柱……

木工：耿復太。泥工：翟好善。

乾隆五拾九年拾壹月終旬穀旦立。

建修戲房碑記

方山之陽舊有關聖帝
但廟院重地鏤金錯彩最
期梨園子弟難安置人擬
第虛願莫償而已適有太學
而商之意欲自備資費獨
悦服之至公乃延鳩工庀材經
晏息之所此道光二年事也嗣
後有不堪藏身之處公復目覩
葺完固如初若公者信可謂有
前後歷四十餘年公獨兩番
之心不概可見與同社人高
向善者勸焉云爾　公又以
誠用訓導

廟同社人演戲酬神歲以為常
受草荒烟別無廬舍每逢演戲之
戲房奈款項不給事遂終寢亦
成民者仗義疏財爰集同社人
聞之僉曰善哉是義舉也莫不
東起造戲房三間以為梨園子
宗無零落户牖亦漸傾圯幾
咸豐十一年又從而逐處補
矣斯役也創建至重修
始終如一其樂善不倦
且以為後之有志
邑石工曹振倫

同治二年三月穀旦

【一二五】　方山寺建修戲房碑記

年代：清同治二年

尺寸：高 105 釐米，寬 55 釐米

立石地點：新安縣鐵門鎮方山寺

建修戲房碑記

〔碑首〕：皇清

方山之陽，舊有關聖帝廟，同社人演戲酬神，歲以爲常。但廟院重地，鏤金錯彩，最□□蔓草荒煙，别無廬舍，每逢演戲之期，梨園子苦難安置。久擬□□戲房，奈款項不給，事遂終寢，亦第虚願莫償而已。適有太學生□□成民者，仗義疏財，爰集同社人而商之，意欲自借資費，獨任□□，□聞之，僉曰：善哉，是義舉也。莫不悦服之至。公迺鳩工庀材，经□□□東起造戲房三間，以爲梨園子晏息之所，此道光二年事也。嗣後，□□□□不無零落，戶牖亦漸傾圮，幾幾有不堪藏身之慮。公復目睹心傷，□咸豐十一年，又從而逐處補葺，完固如初。若公者信，可謂有□□□□矣。斯役也，自創建至重修，前後歷四十餘年，公獨兩番□□□□□，始終如一，其樂善不倦之心，不概可見，與同社人高□□□□□不朽，且以爲後之有志向善者勸焉云爾。公又……

試用訓導□□□撰。

石工：費振倫。

同治二年三月穀旦。

重修觀音洞金粧神像碑

作善降之百祥，積善必有餘慶。觀音菩薩設慈航而普渡羣迷，現法身而尋苦救難，有禱則靈，人之所賴以福
地。白龍廟古有觀音洞，多歷年所，雨多滲漏，神像闇然。今有張君諱喆[illegible]目睹心傷，欲重修而力不逮，因與信[illegible]
王氏等集月課社一道，積之三年，以勸厥功。於是洞內[illegible][illegible]一新，輝煌奪目，降福除災，神靈昭昭。雖信女樂輸之力，而
[illegible]之有以竟其成者也。功成告竣，爰列石以誌不[illegible]。

[illegible]學趙淑元拜撰書丹

[illegible]可如瀛篆額

[illegible]

郭門薛氏 郭門周氏 郭門張氏 喬門孫氏 王門郭氏 王門郭氏 王門賈氏 王門于氏 王門王氏 黄門王氏 趙門張氏 張門王氏 張門李氏 張門翟氏 黄門張氏 李門王氏 張門刘氏 趙門黄氏 張門刘氏 李門包氏

李門范氏 秦門王氏 張門薛氏 李門賈氏 李門李氏 楊門楊氏 楚門郝氏 張門刘氏 李門杜氏 李門王氏 李門喬氏 張門王氏 張門賈氏 張門楊氏 陳門黄氏 張門[illegible]氏 張門陳氏 刘門張氏 牛門王氏 王門楊氏

崔門何氏 雒門張氏 張門蔣氏 王門刘氏 張門于氏 王門郭氏 王門張氏 張門張氏 馮門張氏 王門李氏 王門孫氏 張門徐氏 張門王氏 李門王氏 李門王氏 王門李氏 張門陳氏 張門張氏 李門楊氏 李門王氏

趙[illegible] 趙[illegible] 趙[illegible] 趙[illegible] 楊[illegible] 王[illegible] 党[illegible] 郭[illegible] 郭[illegible] 馬[illegible] 陳[illegible] 張門[illegible] 白門張氏 楊門郭氏 楊門王氏 閆門馮氏 張門孫氏 楊門郭氏 黄門賈氏

聶門[illegible] 姜門王[illegible] 賴門張氏

[illegible]氏 王門[illegible]氏 李門[illegible]氏

王門潘氏 王門王氏 李門夏氏 李門翟氏 李門馬氏 王門王氏 [illegible]門張氏 [illegible]門李氏 [illegible]門富氏 [illegible]門孫氏 [illegible]門張氏 [illegible]門[illegible]氏 王門[illegible]氏 [illegible]門[illegible]氏 李門[illegible]氏 李門王氏 洪門王氏 王門婁氏 張門姜氏 姜門楊氏

于門刘氏 張門張氏 張門張氏 黄門張氏 馬門謝氏 朱門華氏 崔門姜氏 張門張氏 趙門白氏 [illegible]門張氏 周門王氏 周門張氏 王門周氏 周門許氏 周門高氏

石匠趙廷用 宣

塑匠呂振德

住持僧性澗 徒了然 元

嘉慶十四年十月初一日 合谷[illegible]旦 仝立

【一二六】　重修觀音洞金粧神像碑

年代：清嘉慶十四年

尺寸：高 114 釐米，寬 62 釐米

立石地點：新安縣五頭鎮小莊村白龍廟

重修觀音洞金粧神像碑

作善降之百祥，積善必有餘慶。觀音菩薩設慈航而普渡群迷，現法身而尋苦救難。有禱則靈，人之所賴。以福□地，白龍廟古有觀音洞，多歷年所，雨多滲漏，神像闇然。今有張君諱士貴、士第、麒目睹心傷，欲重修而力不逮，因與信士王氏等集月課社一道，積之三年，以勷厥功。於是，洞内焕然一新，輝煌奪目，降福除災，神靈昭昭。雖信女樂輸之力，而神之有以竟其成者也。功成告竣，爰列石以誌不朽。

後學趙淑元拜撰書丹，司如瀛篆額。

功德主：……郭門薛氏、郭門周氏、郭門張氏、喬門孫氏、王門郭氏、王門郭氏、王門賈氏、王門于氏、王門王氏、黄門王氏、趙門張氏、張門王氏、張門翟氏、黄門張氏、李門王氏、張門劉氏、趙門黄氏、張門劉、李門包氏……

石匠：趙廷用、趙廷宣。塑匠：吕振德。住持僧：性潤、性貴，徒了然、了元、了梵。仝立。

嘉慶十四年十月初一日穀旦。

重修萬泉寺碑記

盖聞西域有神其名曰　佛佛之教明心見性法雖宗乎虛無普濟衆生力寔比於龍象考自　周昭王甲寅國母摩耶氏生釋迦牟尼是為　佛祖其時未入中國也洎東　漢明帝遣博士蔡愔等一十八人迎佛於天竺[illegible]章緘之蘭台石室以佛像繪于清涼台而沙門摩騰法蘭並入中夏越晋魏梁陳之間其教大行至　唐而尤盛[illegible]提蘭若者不可勝紀梵宮之設有自來矣拉邑東北三十里許有　萬泉寺古基也家庵也亦名龍泉寺前　明萬[illegible]康熙嘉慶年間重修數次至今風雨漂搖佛殿[illegible]宇將傾時有崔君九卯等十八人同發善念各捐貲財且復敦請化[illegible]善男信女各施分文以助不給於是鳩工焉庀材焉[illegible]而丹青焉不數月而功告竣廟貌巍峩美輪而美奐法像[illegible]而如金在[illegible][illegible]可以[illegible]必有餘慶於不朽而佛法普濟衆生[illegible]力比龍象者亦益無窮矣至於後　地藏王菩薩殿前陪殿二座一為客舍一中[illegible]火帝真君與藥王瘟神塑像以[illegible][illegible]災捍患也功成勒石爰為之序

[illegible]生許子蘭[illegible]文

[illegible]生王成文[illegible]書

首事人　崔九卯　[illegible]世魁　范玉樹　王立志　姜法清　王士用　張大[illegible]　李士魁　陳三益　[illegible]友三

化主　張龍　李[illegible]華　郭名巨　趙大郎　王仙　段建[illegible]　梁翹秀　宋錫齡　馮道心　楊振宇

化主　張永新　張子賢　劉洪心　馮士友　王[illegible]極　吳大公　宋昌芳　徐學智　王河清　張克勤

化主　[illegible]　張士貴　王[illegible]　[illegible]　李玉秀　安翔芳　李桂　張萬友　尚如[illegible]

化主　王典　楊先德　龐進福　陳[illegible]榮

鐵筆趙廷宣施錢五百文

龍飛道光十二年仲秋穀旦

住持僧中建徒來貴徒孫起[illegible]

【一二七】 重修萬泉寺碑記

年代：清道光十二年
尺寸：高 153 釐米，寬 68.5 釐米
立石地點：新安縣五頭鎮二郎廟村

重修萬泉寺碑記

蓋聞西域有神，其名曰佛，佛之教，明心見性，法雖宗乎虚無，普濟衆生，力寔比於龍象。考自周昭王甲寅□□□□□國母摩耶氏生釋迦牟尼，是爲佛祖，其時未入中國也。洎東漢明帝遣博士蔡愔等一十八人迎佛於天竺，□□□□章缄之蘭臺石室，以佛像繪于清涼臺，而沙門摩騰法蘭并入中夏。越晉魏梁陳之間，其教大行，至唐而尤盛。□□□□提蘭若者，不可勝記。梵宫之設，有自來矣。□邑東北三十里許有萬泉寺，古基范家庵也，亦名龍泉寺，前明萬曆□□康熙嘉慶年間重修數次，至今風雨飄摇，佛殿墻宇將傾。時有崔君九印等十八人同發善念，各捐貲財，且復敦請化主□□，善男信女各施分金，以助不給。於是，鳩工庀材焉，黝堊而丹青焉，不數月而功告竣，廟貌巍峨，美輪而美奂，法像嚴□□而如金在。諸君慮善以動，必有餘慶於不朽，而佛法普濟衆生所□力比龍象者，亦益無窮矣。至於後地藏王菩薩殿前陪殿二座，一爲客舍，一中塑火帝真君與藥王、瘟神聖像，以其能禦災捍患也。功成勒石，爰爲之序。

邑庠生許子蘭畹九氏熏沐撰文，邑庠生王成文純之氏熏沐敬書。

首事人：崔九印施錢二千、化錢二十五千二。郭世魁施錢一千、化錢十二千。范玉樹施錢五千、化錢十千。王立志施錢二千、化錢三千。姜法清施錢六千、化錢十二千。王士用施錢二千、化錢九千一百。聶大松施錢二千、化錢二千。李士魁施錢一千、化錢十一千。陳三益施錢一千、化錢廿三千二。□友三施錢五百、化錢五千。化主：范天章施錢二千、化錢十千。李金斗施錢一千、化錢九千六百。蔡景陽施錢二百、化錢九千八百。趙鳳和施錢一千、化錢九千。張殿魁施錢五百、化錢八千七百。高大孝施錢五百、化錢七千。王宣施錢一千、化錢四千四百。張于瑞施錢一千五百、化錢五千九百。郭希川施錢二千、化錢五千五百。楊百齡施錢一千、化錢六千。張元龍施錢一千一百、化錢四千九百。李金華施錢一千、化錢六千。郭名臣施錢一千、化錢六千。趙大印施錢五百、化錢六千。王仙施錢一千五百、化錢十一千。監生段建章施錢一千。貢生梁翹秀施錢二千、化錢四千二百。監生宋錫齡施錢一千五百、化錢四千二百。馮道心施錢五百、化錢五千五百。楊振宇施錢一千五百、化錢四千八百。張永新施錢五百、化錢四千五百。張子賢施錢一千、化錢四千二百。劉誠心施錢五百、化錢二千八百五。馮士友施錢一千、化錢四千一百。王極施錢一千一百、化錢三千九百。聶大公施錢二百、化錢四千九百。永昌號施錢六百、化錢四千四百。符學智施錢三百、化錢四千七百。王河清施錢五百、化錢四千五百。……

鐵筆趙廷宣施錢五百文。

住持僧中建。徒永貴、永華。徒孫超卷。

龍飛道光十二年仲秋穀旦。

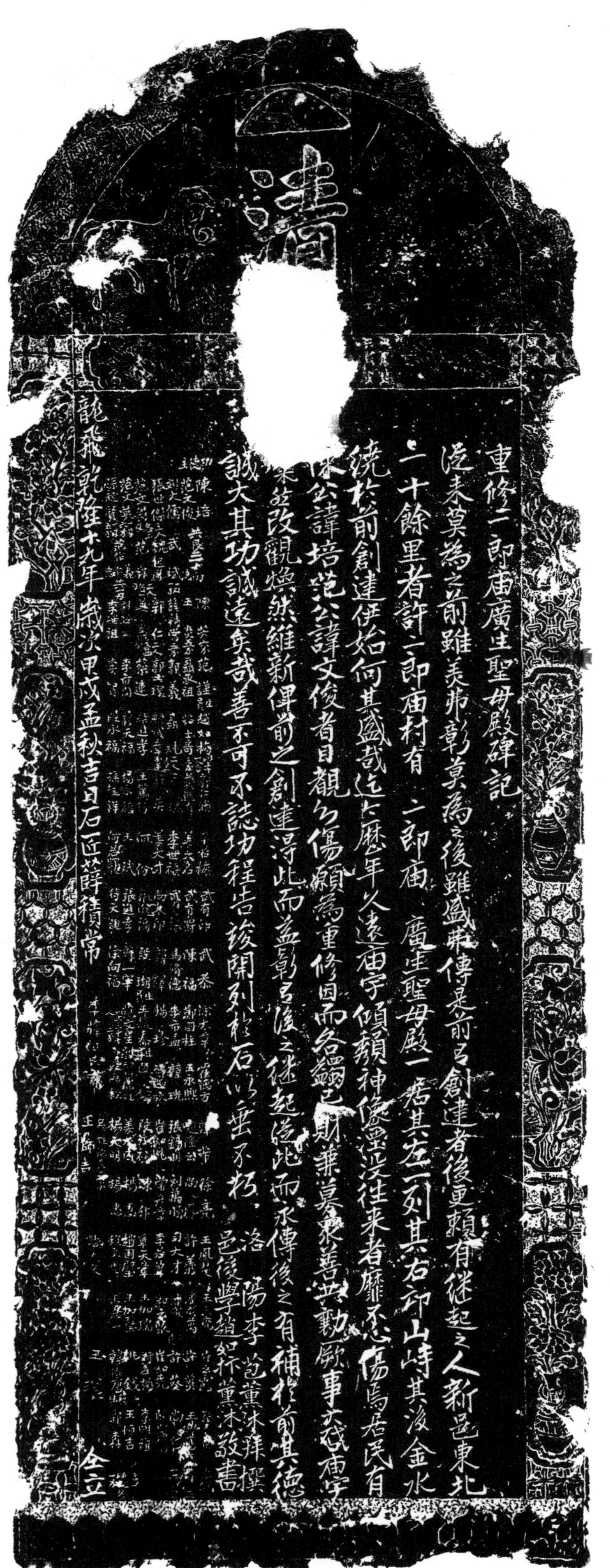
清
重修二郎廟廣生聖母殿碑記
從來莫為之前雖美弗彰莫為之後雖盛弗傳是前之創建者後更賴有繼起之人新邑東北
二十餘里看許二郎廟村有二郎廟廣生聖母殿一座其左一列其右印山峙其後金水
繞於前創建伊始何其盛哉迄今歷年久遠廟宇傾頹神像暴露往來者靡不心傷焉居民有
張公諱培德公諱文俊者目覩之傷願為重修因而各竭己財兼募眾善共勷厥事大哉廟宇
果茲改觀煥然維新俾前之創建得此而益彰後之繼起德此而永傳後之有補於前其德
誠大其功誠遠矣哉善不可不誌功程告竣閑列於石以垂不朽　洛陽李苞董沐拜撰
邑後學趙知杯董沐敬書
龍飛乾隆十九年歲次甲戌孟秋吉日石匠薛積常
仝立

【一二八】　重修二郎廟廣生聖母殿碑記

年代：清乾隆十九年

尺寸：高170釐米，寬62釐米

立石地點：新安縣五頭鎮二郎廟村

重修二郎廟廣生聖母殿碑記

〔碑首〕：清

從來莫爲之前，雖美弗彰；莫爲之後，雖盛弗傳。是前有創建者，後更賴有繼起之人。新邑東北二十餘里許二郎廟村，有二郎廟、廣生聖母殿，一居其左，一列其右，邙山峙其後，金水繞於前，創建伊始，何其盛哉。迄今歷年久遠，廟宇傾頹，神像湮没，往來者靡不心傷焉。居民有陳公諱培、范公諱文俊者，目睹心傷，願爲重修，因而各蠲己財，兼募衆信，共勷厥事。大啓廟宇，燦然改觀，焕然維新，俾前之創建得此而益彰，有復之繼起，從此而永傳，後之有補於前，其德誠大，其功誠遠矣哉！善不可不誌，功程告竣，開列於石，以垂不朽。

洛陽李苞熏沐拜撰，邑後學趙如抃熏沐敬書。

功德主：陳培、范文俊共銀三十兩。劉大儒、張世傑、范文彩三人各二兩。范文英一兩六錢。孫起賢一兩五錢。武斌一兩一錢。魏起鳳、范祥二人各一兩。范作義、范作仁、范作忠共一兩。陳芳六錢。王炎五分。薛積常五錢。郭仁、姜義二人各四錢。劉召云、李繼祖、范謹、聶承祖、郭義、郭玉環、蔡連、李希周、李賀、趙如梅、趙士奇，以上十人各三錢。聶純、韓成章二人各錢半。柴進孝、蘇天福、段永福、郭仁淵、蘇進有、王琨、許英、王篤行、楊永福、孫起祥、李若梅、姜大名、李世福、姜大才、何份、王斌、何君寵、武有印、武有爵、武有禄、尚永印、張進福、張進孝、符天寵、武恭、陳福、馬修德、韓鐸、段瑚、韓一宰、徐向福、徐大章、鄭圈柱、李希孟、楊珍、王履泰、范文星，以上三十七人各二錢。李輝祖銀二錢。崔德方、王永熙、韓珖、馮遇秋、段錦、韓虎兆、段兆松、韓芾、趙隆云、張錫朋、崔如焜、段永禄、姜永成、楊大明、吕姓銀五錢。王師聲、徐亮、尚鳳、劉萬順、常彦章、陳昇、楊思、楊忠、王鳳楚、許義、司大才、李若曾、單天章、趙國璧、趙文燦、尚大義、王三亮、潘成萬、潘成鵬、郭云聚、王加瑞、王念一、姚士俊、崔云露、許茨、許葵、崔如堯、閆名揚、姚鉞、韓佐唐、王環、張昌、王豐吉、尚岱、陳宗禹、李明祖、王恒吉、郭森、李繩祖、聶正、聶奇，以上各一錢。

石匠：薛積常。

龍飛乾隆十九年歲次甲戌孟秋吉日。

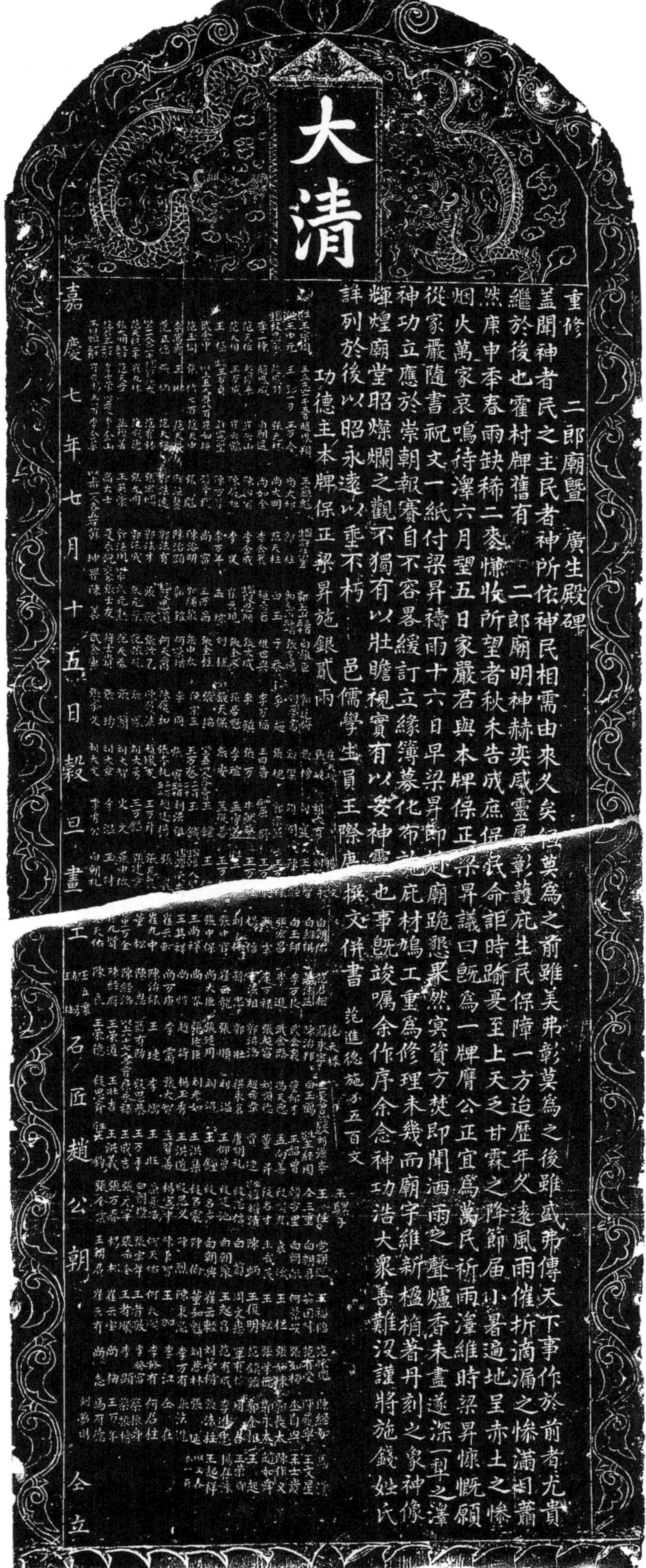

【一二九】 重修二郎廟暨廣生殿碑

年代：清嘉慶七年

尺寸：高 182 釐米，寬 69 釐米

立石地點：新安縣五頭鎮二郎廟村

重修二郎廟暨廣生殿碑

〔碑首〕：大清

蓋聞神者民之主，民者神所依，神民相需，由來久矣。但莫爲之前，雖美弗彰；莫爲之後，雖盛弗傳。天下事作於前者，尤貴繼於後也。霍村牌舊有二郎廟，明神赫奕，威靈屢彰，護庇生民，保障一方。迨歷年久遠，風雨摧折，滴漏之慘，滿目蕭然。庚申年，春雨缺稀，二麥歉收，所望者秋禾告成，庶保民命。詎時踰憂，至上天乏甘霖之降，節届小暑，遍地呈赤土之慘，煙火萬家，哀鳴待澤。六月望五日，家嚴君與本牌保正梁昇議曰：既爲一牌，膺公正宜爲萬民祈雨澤。維時梁昇慷慨願從，家嚴隨書祝文一紙，付梁昇禱雨。十六日早，梁昇即赴廟跪懇，果然冥資方焚，即聞灑雨之聲；爐香未盡，遂深一犁之澤。神功立應於祟，報賽自不容略緩，訂立緣簿，募化布施，庀材鳩工，重爲修理。未幾而廟宇維新，楹桷著丹，刻之神像，輝煌廟堂。昭燦爛之觀，不獨有以壯瞻視，實有以妥神靈也。事既峻，囑余作序，余念神功浩大，衆善難没，謹將施錢姓氏詳列於後，以昭永遠，以垂不朽。

邑儒學生員王際唐撰文并書。

功德主：本牌保正梁昇施銀二兩。范進德施錢五百文。

生員王宗周、生員王中元、監生段思敏、李一棟、范天位、范天相、王極、武金申、范玉樹、李萬壽、范正德，以上十一人各一千。范天秩二千。張大明一千五百。范君正一千二百。王曰恒一千三百。王立志一千五百。王鈊一兩。趙鳳羽、趙鳳威、趙鳳來、王萬成、監生王萬貞，以上五人各八百。張信、王琳、張炳、監生郭繩太、崔九林、范天章、李士榮、崔云鵬，以上七人各六百。趙鳳翔、王萬令、張元林、白朝選、崔云山、崔云鶴、許憲聖、崔如璋、范天申、范天敍、范天福、范有林、范成德、孟復善、李金山、李金華、王燕彪、尚大印、尚如全、陳治家、陳履恒、陳萬育、孫學武、張彪、郭法鰲、郭法遠、張宏儒、張九州、王英豪、高大士，以上卅一人各五百。監生許法聖、郭柱、范天柱、李金襄、李金成、李果、李萬年、尚富、陳治明、陳治顯、郭法有、郭法才、郭法成、郭法用、夏永鋭、蘇坤，以上十六人各四百。郭玉山三百五十。郭金山三百五十。白玉、趙希若、監生段思明、崔云現、孟琮、王萬昌、郭繩振、郭鎧、監生段思道、張敬、張元景、張元勳、張士友、陳善、白維臣、張友德、于恭、權世興、張大成、張全義、劉桂、張全柱、張中太、何景環、何天爵、張汝乙、范銀禮、范天券、符士貴、武金庫、郭廷梅、劉夢書、李超、李萬福、李鎮、孫居魁、張天保、張瑞、陳宗玉、李同、陳履和、陳履法、張鳳……

畫工：王立業、郝勇、王柱。石匠：趙公朝。

嘉慶七年七月十五日穀旦。

【一三〇】 火帝真君廟碑記

年代：清乾隆五十九年

尺寸：高 151 釐米，寬 60 釐米

立石地點：新安縣鐵門鎮陳村

火帝真君廟碑記

〔碑首〕：皇清

竊聞之祀典曰，有廢莫敢舉，有舉莫敢廢。誠以廢其所舉與舉其所廢，其罪均也。火帝真君，南方大帝也。而觀内闕其廟，是豈典之所可廢乎？典不可廢，而人廢之，不惟蔑典，且以慢神。夫神職司火政，其德之及於人大矣。吾儕躬居道觀，而蔑典以慢神，罪奚逭哉！壬子春，予師王公嘗議建斯廟，乃有志未逮而遽捐館，其事遂寢。歷春及夏，予欲成師志，苦力不給，請衆山主議諸观，衆山主僉曰：善是鉅典也，爾其勉之，倘力不逮，願捐貲以助。予曰：唯唯謹受命。維時衆山主共捐貲若干，予出觀内貲若干，又出己身銀五兩，遂卜龜擇吉，敬修神廟三楹於三清殿之東偏。廟成，因金塑聖像而附於其内，朝夕焚香，勿敢或替。繼至今勒諸石，豈敢自以爲功，抑以明予之得成師志，□至蔑典以慢神者，皆衆山主之力也。是爲記。

衆山主布施開列于右：

郭文會施銀七錢。苗咸施錢五百。翟正標、張福成，以上二人共施錢六百。張雷、白士林、張玉珍、劉大喜、李金和、張紡、張奕成、張萬賢，以上八人共施錢一千六百。張萬福、張玉印、張奕香、馬進官、陳福、王士興、□立勳、邵文奉、王士魁、闞文尉、李天成、陳□貴、馬昭、馬登位、馬登朋、馬魁、馬成子、馬貫、劉中元、劉三元、劉鈊、劉嵩、陳大士、高士榮、高文興、高瑢、高文正、高特士、高方、高選、高松、張奕俊、張奕成、車建文、高禮、吏員劉文焕、劉文元、劉三元、崔建寅、郭萬里、白士琮、生員白陶璋、白士新、白振邦、白士賢、白梅生、生員白振興、白天理、白士明、白希聖、郭盡孝、郭全珍、郭恩讓、豫立典、苗傑化、苗聰、苗天祥、苗洊。

龍飛乾隆五十九年歲次甲寅春二月十一日住持張一旺暨徒孫趙來淳仝立。

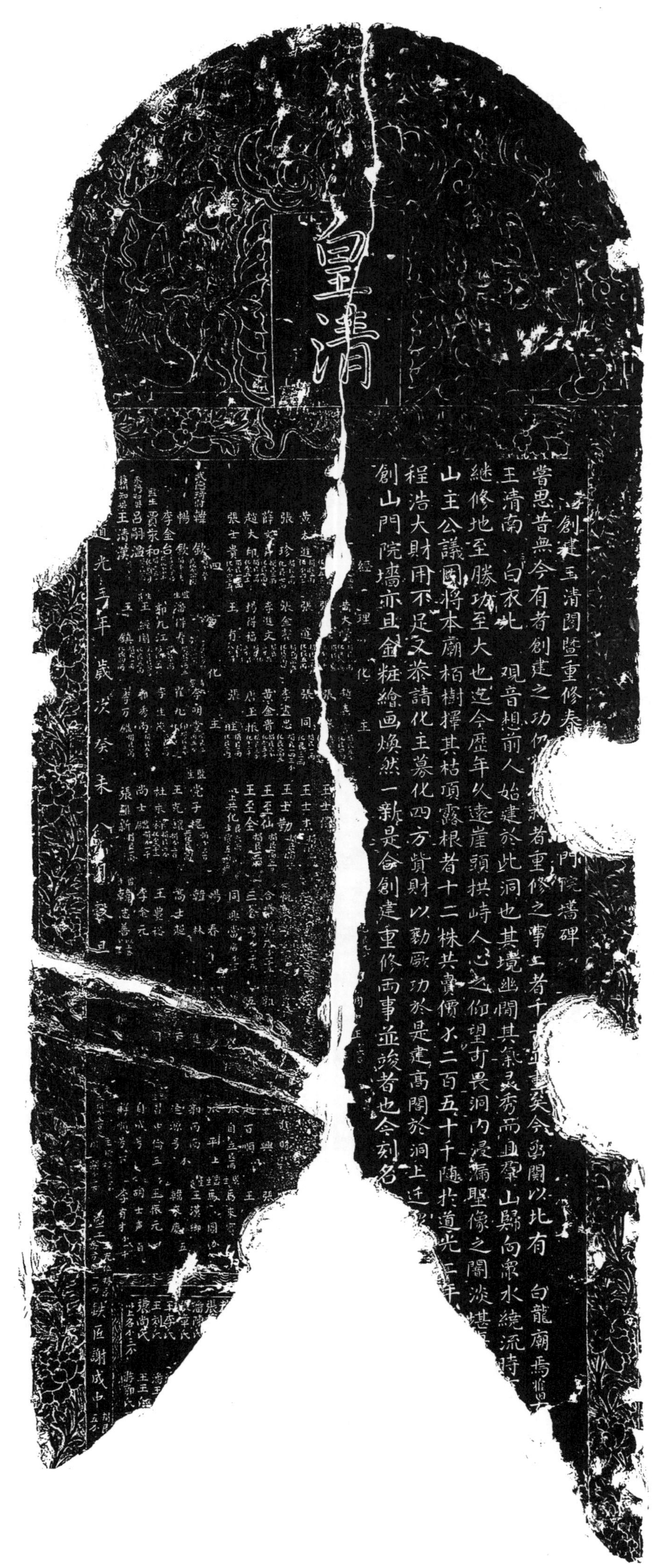

【一三一】　創建玉清閣暨重修春□□創建山門院墻碑

年代：清道光三年

尺寸：高 161 釐米，寬 62 釐米

立石地點：新安縣五頭鎮小莊村白龍廟

創建玉清閣暨重修春□□□□□門院墻碑

〔碑首〕：皇清

嘗思昔無今有者，創建之功；仍舊□新者，重修之事，二者千□並重矣。今亟關以北有白龍廟焉，舊有……玉清，南白衣，北觀音。想前人始建於此洞也，其境幽閑，其氣靈秀，而且群山歸向，衆水繞流。時……繼修，地至勝，功至大也。迄今歷年久遠，崖頭拱峙，人心之仰望可畏，洞内寖漏，聖像之闇淡，堪……山主公議，因將本廟柏樹擇其枯頂露根者十二株，共賣價錢二百五十千，隨於道光二年……程浩大，財用不足，又恭請化主募化四方貲財，以勷厥功。於是，建高閣於洞上，遷衆……創山門院墻，亦且金粧繪畫，焕然一新。是合創建、重修兩事并竣者也，今刻名……

功德主：李進陽捐錢□□、化錢五千。黄太進捐銀三兩、化錢四千。張珍捐銀三兩、化銀七兩。薛文昇捐銀三兩、化銀七兩七。趙大印捐銀一兩、化錢五千。張士貴捐銀一兩、化錢四千五。黄大學捐銀一兩、化銀六兩。張道捐銀一兩五、化銀五兩。張金聲捐銀一兩五、化銀六兩四。李進文捐銀五錢。楊得福捐銀三錢。王有捐銀八錢。三人共化錢十千。趙嘉言捐銀五錢、化銀四兩六。張舉捐銀一兩。張同捐銀一兩、化銀三兩。李盡忠捐銀一兩三錢、化銀二兩五。黄金貴捐銀三錢、化錢五千。唐玉振捐銀三錢、化錢二千。張旺捐銀一兩、化銀二兩。王士德捐銀一兩。王士傑捐銀一兩。王士勤捐銀一兩五。王至仙捐銀一兩五。王至全捐銀一兩。以上共化銀六兩，車價五兩五。……悦來號二千。合盛花錢一千五。三合號錢一千五。同興當店錢一千。暢春、韓林、高士超、王奉裕、李金元、監生韓志善，以上各錢一千。……韓進財、王興、趙百順、張自立、張平、郭丙南、逢源號、監生習中倫、自成號、祥順號，以上各錢五百。周文、王昆成各捐錢五百文。王振標銀四錢。周顯錢二百。監生馬來賓、馬圖、王漢卿、韓來慶、王振元、胡士聲各錢五百。李有才錢一千。

四方化主：武德騎尉韓欽捐錢五千、化錢二十六千。暢欽捐錢三千。李金臺自生員萬福捐錢十千。監生賈永和捐錢五千、化銀四兩。棗陽知縣吕嗣温捐銀一兩。蘇州知縣王清漢捐錢一千。監生潘得壽捐銀一兩五。郭九江化銀十二兩、捐銀一兩。生員王經國子奇捐錢四百、化銀五兩。王鎮捐銀一兩、化銀四兩。壽官李明堂捐銀三兩五錢。崔九印捐銀五錢。崔九懷捐銀三兩二錢。李生茂捐銀一兩。郭秀南捐銀五錢。李萬鎰捐銀一兩。監生黨子槐捐錢三百、捐銀二兩。王克讓捐錢三百。杜永祥捐銀三錢、化錢二千二。尚士鑒捐錢一千。張維新捐銀一兩。

道光三年歲次癸未八月穀旦。

重修真武堂記

重修真武堂記　洞天紫微宮欽奉　勅經張道岩耄耋歲丹述　方士金臺羽客胡德懋篆額芳名
新安縣治西北有山名曰金子　古跡真武堂全真劉建次楊焚修暇日同爭陟山巔頂眺之東接[illegible]
夫人之躔西聯黛眉造金之峯前瞻冰井欄柯後擁天壇黄水中矗孤峯有礼斗之[illegible]捨身巖
聖之區鍾靈蓄秀造化融成喜曰小天壇也遂與道契崔玘同兄陳寬崔敬等各捐己資修葺締搆建[illegible]
彌羅小閣靈驗大殿金母祠修真院塑繪已完年荒人散至丁巳春迎紫金壇道士衛宗敏重修下[illegible]
補葺上殿檀越衆信施財助力不可無記頌文諸貞石以遠前功余年昏耄按[illegible]應顯事記[illegible]
事耳
原夫沉濳紫宫上虚危而亞秀濵漭神座下龜蛇以合形氣七曜武曲介真乃混元八[illegible]
弗應有難皆扶晋
文宗靖難之初數顯威靈佐助冶金殿像昭報
神休　上皇朔漠羈滞　仁威協賛中興緑相千軸印經萬卷仰荅
恩庥襄古歷代皈崇未有今朝寵勝大哉神乎然　天眷最為明尚在日星之輔弼神固靈驗須藉[illegible]宗
之欽崇令[illegible]玘等奉　真惟[illegible]理累善愈勤行尚功圓五福具備每歲三三九九五五良辰朝山礼聖祝
聖壽齊　皇圖久万民樂業五穀豊登[illegible]物稟靈均霑道化敬序　龍潭住持蘇真維[illegible]福
昔弘治十一年歲次戊午中秋下澣[illegible]化主張道岩立
新安縣道會[illegible]道會趙玄真　清和觀住持陳泰明　張道鎰　王崇慶
清虛宮住持李復瀛　紫微宮住持劉淨雲
石匠張景仙同男張山[illegible]鐫

【一三二】 重修真武堂記

年代：明弘治十一年

尺寸：高 169 釐米，寬 64 釐米

立石地點：新安縣石井鄉井溝村通仙觀

重修真武堂記

〔碑首〕：重修真武堂記

洞天紫微宮欽奉，勅經張道岩耄耋歲丹述，方士金基羽客胡德照篆額芳名。

新安縣治西北有山，名曰“金子”，古跡真武堂。全真劉建次、楊焚修暇日同予陟山玩頂眺之，東接青要夫人之躔，西聯黛眉造金之峰；前聳冰井爛柯，後擁天壇黄水；中矗孤峰，有禮斗定心之石，捨身奠聖之區。鍾靈蓄秀，造化融成，喜曰小天壇也。遂與道契崔玘、同兄陳寬、崔敬等各捐己資，修營締構，建彌罗小閣、靈驗大殿、金母祠、修真院，塑綵已完，年荒人散。至丁巳春，延紫金壇道士衛宗敏重修下堂，補葺上殿。檀越衆信施財施力，不可無記，願文諸貞石，耿遠前功，余年昏耄，按瑞應靈異，記有□□事耳。

原夫沆瀣紫霄，上虚危而孕秀；澒濛神扆，下龜蛇以合形，氤七曜，武曲分真，乃混元八□□□□朝弗應，有難皆扶。昔文宗靖難之初，數顯威靈佐助，冶金殿像昭報神休。上皇朔漠羈滯仁威，協贊中興，綵相千軸，印經萬卷，仰答恩庥，曩古歷代，皈崇未有，今朝最勝，大哉神乎。然天最高明，尚在日星之輔弼；神固靈驗，須藉民庶之欽崇。今□玘等奉真惟謹，累善愈勤，行滿功圓，五福具備，每歲三三九九五五良辰，朝山禮聖，祝聖壽天齊，皇圖地久，萬民樂業，五穀豐登。一切稟靈均霑道化，敬序龍潭。住持蘇真雄、崔來福。

新安縣道會司道會趙玄具，清和觀住持陳忝明、張通鑒、王崇慶，清虚宫住持李復瀛，紫薇宫住持劉浄雲。石匠：張景仙同男張山鏞。

時弘治十一年歲次戊午中秋下澣本山化主張道巖立石。

【一三三】 崇建玉皇廟記

年代：明正德五年

尺寸：高 108 釐米，寬 58 釐米

立石地點：新安縣石井鄉井溝村通仙觀

崇建玉皇廟記

〔碑首〕：崇脩玉皇廟記

蓋聞上帝位奠大尊居大，有混合三營以爲樓臺，變化九霞以爲宫室。物物自化，事事無爲。亶玄範而總制十方，妙化機而臨三界。諸佛聖師，萬天帝主，拔度生死，運化古今。非有爲功德之身，豈鬼神鑽仰可惻，予從何而記之哉。新安縣北七十里，地名金子山，古有大頂靈區，真神所也。殿則御容英粹，妃嬪班聯，宰輔正則，金碧交輝，丹光紫翠，威儀既肅，精誠在兹。匪耆老崔道玘率領衆信人等，堅心篤志，豈有今日之盛哉！俾余記石，夫上帝之德，不可明言。開天執符，長御延康之曆；含真體道，默膺混沌之圖。林然於天地之間，豈知乎爲記。

鄜子龍泉觀道人高道安書。

化主：張大全。

功德主：陳用、崔先、陳洪、崔廉、陳端、陳宿、陳廷、崔惠、陳景、陳□、陳禁、陳文、陳輔、陳友、陳宣、李秀、于文、賈文明、常森、陳□、陳高、陳營。

山西石匠田景威、徒弟牛秀鐫。

大明正德五年景孟月吉日。

金子山重修玄天上帝殿記

翰林中書陝右攸陽傅銓撰文

新安□部金子名山，巔巒疊翠，絕頂崎嶇，萬仞峰堆，藍映月一，瑤臺浮碧，□乾立中州，高拱天外，誠乃栖神之所也，

□□之古跡也。此地此境，不可勝紀。玄天上帝之殿建於前代，弗記成化□修，歷今年遠，物換星移，殿宇傾頹，材木摧

朽，神像失形。如此者，非神之□栖，而禽鳥亦莫之顧也；非神之所居，而人亦莫仰也。於是本邑耆老陳洪等謹罄丹衷，

訪諸鄉衆，勸施財帛，以助經營，興工於戊寅之歲，落成於己卯之秋。始見運木運石者，奚翅蠭屯而蟻聚；輸工輸財者，

奚翅雲湧而景集。良匠奇工，咸萃施巧，嗚呼！非人力之所為，實神德之所感也。今也塑繪已完，群工落成，是以赫赫神

威，卓乎厥靈，並棟雕梁，飛□丹□，規模洪大，視昔尤嘉，氣象鮮明，於□何啻去其弊而煥然一美，革其故而鼎然一新。

若此則名山益之倍輝，聖□□之更□，群□□之有仰，上輔君王，澤民於此乎？是望遐邇蒼生，敬瞻敬仰者，盖紛紛矣。

今特立珉，以延歲月，永為億萬斯年之記，因而復讚之曰：

大哉聖神，福□□方。□□□化，物阜民康。皇圖□□，□年□昌。含洪光大，德合无疆。鍾山之秀，

□物□□。□□殿宇，□□□方。□古出應，儀□□□。文明華夏，羽翼禎祥。

皆大明正德十四年歲次己卯孟冬吉日　濟源縣儒學生員馬□同書丹并篆額

大□□□□　□□□□　功德主陳洪□　□□□□社人等

耆和□□□杜□張道□　□□陳雷□□□

木匠逯隆　呂澤　尚山　呂景成　逯全

流璃匠于孝　王秦　硯匠張能　于隆

塑匠周仁　王舉　鐵匠張海　張共

畫匠李秉仕　王彝　申秦先

山西石匠田景威　男田舉　□□刊

【一三四】　金子山重修玄天上帝殿記

年代：明正德十四年

尺寸：高 168 釐米，寬 68 釐米

立石地點：新安縣石井鄉井溝村通仙觀

金子山重修玄天上帝殿記

新安故郡，金子名山，巔巒疊翠，絶頂嶠峣，萬仞峰堆，藍映月一，瑶臺浮碧，淩空屹立中州，高拱天外，誠乃棲神之所也，亟□之古跡也，此地此境，不可勝記。玄天上帝之殿，建於前代，弗記，成化重修，歷今年遠，物换星移，殿宇傾頽，材木摧朽，神像失形。如此者，非神之所棲，而禽鳥亦莫之顧也；非神之所居，而人抑莫仰也。於是，本邑耆老陳洪等謹罄丹衷，謀諸鄉衆，勸施財帛，以助經營。興工於戊寅之歲，落成於己卯之秋。始見運木運石者，奚翅蜂屯而蟻聚；輸工輸財者，奚翅霧滃而雲集。良匠奇工，咸萃施巧。嗚呼！非人力之所爲，實神德之所感也。今也塑絢已完，群工落成，是以赫赫神威，卓卓厥靈，畫棟雕梁，飛□流丹，規模洪大，視昔尤嘉，氣象鮮明，於曩何侔，去其弊而焕然一美，革其故而鼎然一新。若此則名山爲之倍輝，聖神爲之奠位，群黎爲之有仰，上輔君，下澤民，於此乎是望，遐邇蒼生，敬瞻敬仰者，蓋紛紛矣！今特立珉，以延歲月，永爲億萬斯年之記，因而復讚之曰：

大哉聖神，福澤萬方。幹□潛化，物阜民康。皇圖輔固，帝算遐昌。含洪光大，德合無疆。鍾山之秀，品物咸章。巍峨殿宇，壯觀群方。首出庶物，儀範綱常。文明華夏，羽翼禎祥。

翰林院中書陝右岐陽傅銓撰文，濟源縣儒學生員馬負圖書丹并篆額。

文林郎知新安縣事王立，清和□主持張通監，本觀道士。

功德主陳洪領各村衆社人等：陳端、陳遷、崔維、陳金、陳甫、陳營、陳返、陳紀……李福、李鐵、趙生、趙宛、□進、陳太、崔朝、陳用、陳友、陳鳳、王秀、崔灉、陳學、李林。

木匠：逯全、逯隆、吕澤、尚山、吕景成。琉璃匠：于秀、王奉。瓦匠：張能、于隆。塑匠：周仁、王寧。鐵匠：張海、張其。澠池縣畫匠：李秉性、王森、申奉先。山西石匠：田景威、男田舉、黄來刊。

時大明正德十四年歲次己卯孟冬吉日。

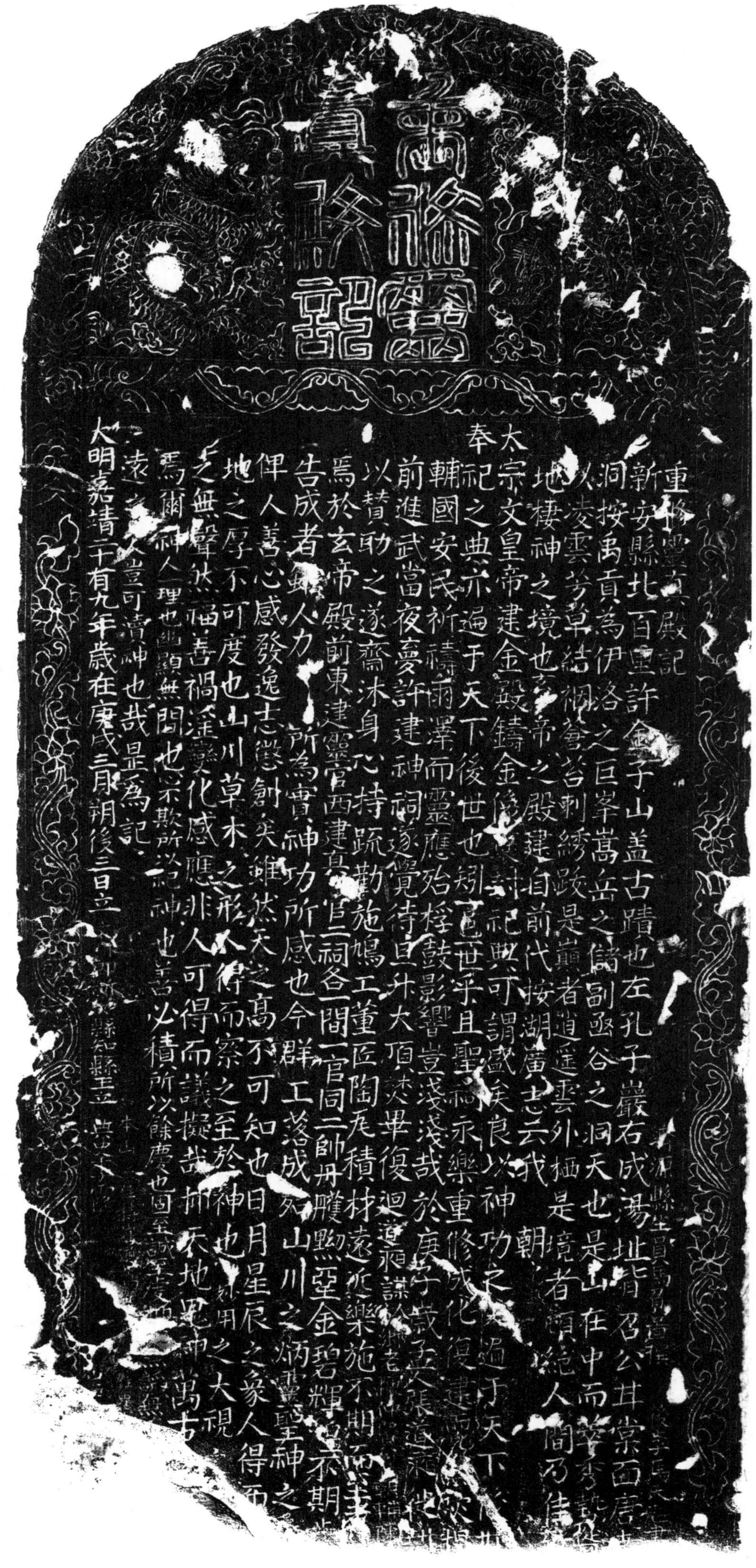

重修靈官殿記

新安縣北百里許金子山蓋古蹟也左孔子巖右成湯址背召公井前[illegible]
洞按禹貢為伊洛之巨峯嵩岳之儲副函谷之洞天也是山在中而聳秀[illegible]
以凌雲芳草結栖鸞翥剎綉毀是巔者道達雲外棲是境者頗絕人間乃仙[illegible]
地棲神之境也玄帝之殿建自前代按湖廣志云我朝[illegible]
太宗文皇帝建金殿鑄金像秩祀典可謂盛矣良以神功之遍於天下[illegible]
祀之典亦遍于天下後世也矧憑世乎且聖和亦樂重修成化復建[illegible]
輔國安民祈禱雨澤而靈應殆桴鼓影響豈淺淺哉於庚子歲孟[illegible]
奉
前進武當夜夢許建神祠遂覺待旦升大頂而畢復迴道溹謀[illegible]
以贊助之遂齋沐身心持疏勸施鳩工董匠陶瓦積材遠近樂施不期而[illegible]
焉於玄帝殿前東建靈官西建真官二祠各一間一官同二師冊臒黝堊金碧輝煌不期[illegible]
告成者雖人力所為實神功所感也今群工落成矣山川之炳靈聖神之[illegible]
俾人善心感發逸志懲創矣雖然天之高不可知也日月星辰之象人得而[illegible]
地之厚不可度也山川草木之形人得而察之至於神也妙用之大視[illegible]
之無聲然福善禍淫變化感應非人可得而議擬哉抑不地是神萬古[illegible]
焉爾神人一理也幽顯無間也宗斯所以祀神也善必積所以餘慶也固[illegible]
遠人豈可瀆神也哉是為記
大明嘉靖二十有九年歲在庚戌三月朔後三日立　[illegible]縣知縣[illegible]

【一三五】 重修靈真殿記

年代：明嘉靖二十九年

尺寸：高 118 釐米，寬 53.5 釐米

立石地點：新安縣石井鄉井溝村通仙觀

重修靈真殿記

〔碑首〕：重修靈真殿記

新安縣北百里許金子山，蓋古跡也。左孔子巖，右成湯址，背召公甘棠，面唐堯洞，按《禹貢》，爲伊洛之巨峰，嵩嶽之儲副，函谷之洞天也。是山在中而萃秀，勢從□地，棲神之境也。玄帝之殿建自前代，按《湖廣志》云，我朝太宗文皇帝建金殿、鑄金像，褒封祀典，可謂盛矣！良以神功之美，遍于天下，後世奉祀之典，亦遍于天下。後世也，矧一邑一世乎，且聖祠永樂重修，成化復建，而□禜災捍，輔國安民，祈禱雨澤而靈應，殆桴鼓影響，豈淺淺哉！於庚子歲孟人張道昶徙州前進武當，夜夢許建神祠，遂覺，待旦，昇大頂，焚畢復回。道昶謀於鄉老陳仲賢、翟朝輔、陳□，以贊助之，遂齋沐身心，持疏勸施，鳩工董匠，陶瓦積財，遠近樂施，不期而至者□焉，於玄帝殿前，東建靈官，西建真官二祠各一間，一官同二帥丹雘黝堊，金碧輝煌。不期□告成者，雖人力所爲，實神功所感也。今群工落成，殆山川之炳靈，聖神之□□，俾人善心感發，逸志懲創矣。雖然天之高不可知也，日月星辰之象，人得而□之；地之厚不可度也，山川草木之形，人得而察之。至於神也，妙用之大，視之□□之無聲，然福善禍淫、變化感應，非人可得而議擬哉，抑天地鬼神，萬古□□焉。爾神人一理也，幽顯無間也。心不欺所以祀神也，善必積所以餘慶也。固至誠至虔也，無諂無□□，□遠之人，豈可瀆神也哉。是爲記。

濟源縣生員馬負圖撰，後學馬天魁書。

本山主持：崔通、高□。

新安縣知縣王立，典史李雨隆。

大明嘉靖二十有九年歲在庚戌三月朔三日立。

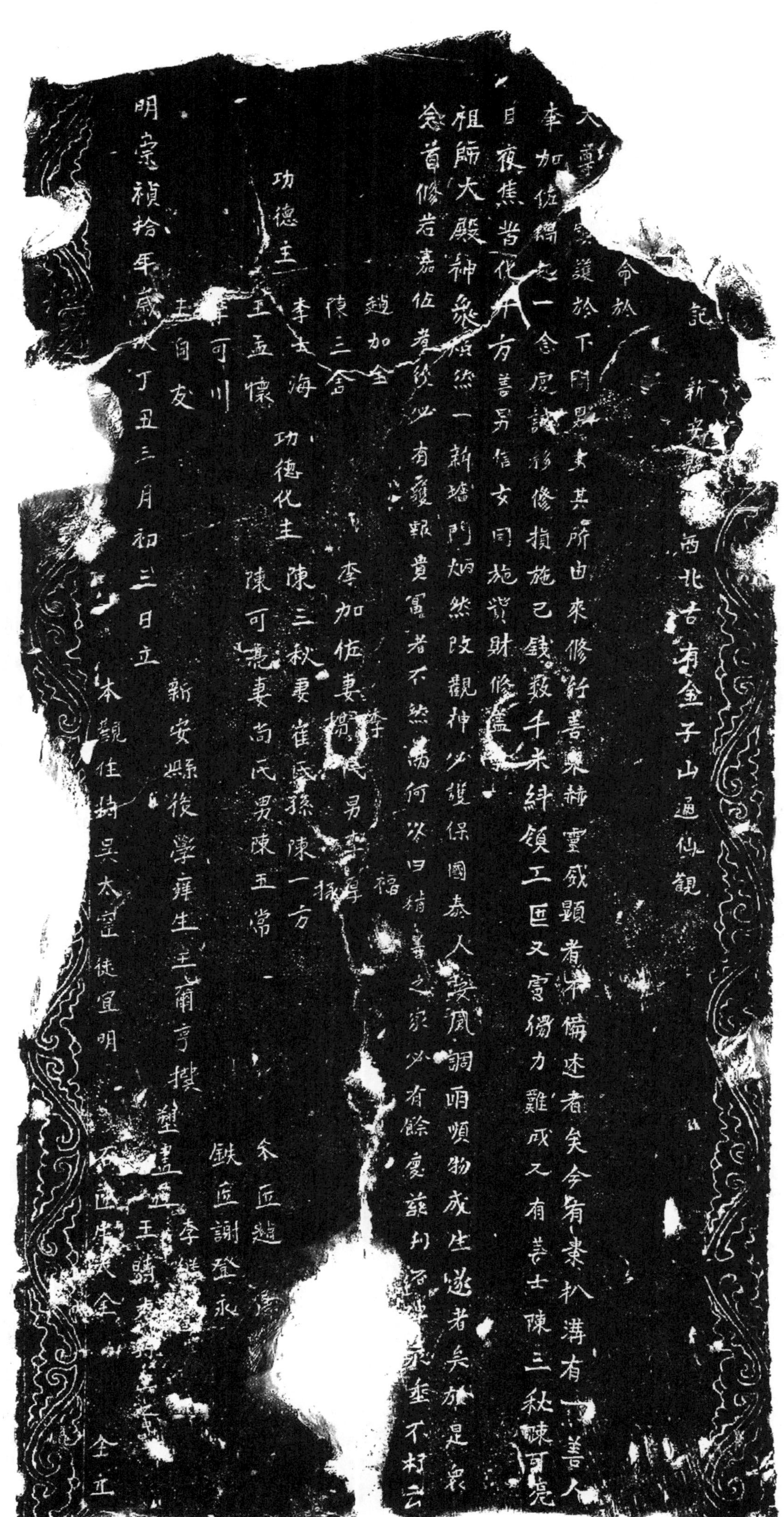
記　新安縣西北古有金子山通仙觀
命於
大尊□護於下開縣其所由來修行善果赫靈威顯者不備述者矣今有棗扒溝有一善人
李加佐獨起一念虔誠修修損施己錢數千米糾領工匠又需獨力難成又有善士陳三秋陳可亮
日夜焦心普化十方善男信女同施資財修蓋
祖師大殿神像煥然一新牆門炳然改觀神必護保國泰人安風調雨順物成生遂者矣於是衆
僉首修岩嘉佐者後必有發報貴富者不然而何以曰積善之家必有餘慶兹刊石垂永不朽云
趙加全　李□福
陳三舍　李加佐妻楊氏男李厚
功德主　李大海　陳三秋妻崔氏孫陳一方
王五懷　功德化主　陳可亮妻尚氏男陳五常
李可川
王自友
新安縣後學庠生王爾亨撰
明崇禎拾年歲次丁丑三月初三日立
本觀住持吳太空徒宜明
木匠趙□
鐵匠謝登永
塑畫匠王時□　李□
石匠□□全
全立

【一三六】 重修通仙觀碑記（碑陽）

年代：明崇禎十年

尺寸：高 113 釐米，寬 54.5 釐米

立石地點：新安縣石井鄉井溝村通仙觀

□□□□□□□記

新安縣治西北古有金子山通仙觀，□□□□命於天尊□鎮護於下間男女，其所由來，修行善衆赫靈威顯者，不備述者矣。今有棗扒溝，有一善人李加佐，偶起一念，虔誠移修，損施己貲財數千米，糾領工匠，又慮獨力難成，又有善士陳三秋、陳可亮日夜焦苦，化十方善男信女同施財，修蓋祖師大殿，神像焕然一新，墻院炳然改觀，神必護保，國泰人安，風調雨順，物成生遂者矣。於是，衆念首修若嘉佑者，後必有獲報貴富者，不然而何以曰積善之家，必有餘慶。刊石碑，永垂不朽云。

功德主：趙加全、陳三舍、李士海、王孟懷、李可川、王自友。功德化主：李加佐，妻李氏、楊氏，男李福、李厚、李掾；陳三秋，妻崔氏，孫陳一方；陳可亮，妻尚氏，男陳五常。

木匠：趙居。鐵匠謝登永。塑畫匠：李繼□，王時虎、孫王之申。石匠：牛大全。本觀主持：吳太宦。徒：宜明。

新安縣後學庠生王爾亨撰。

明崇禎拾年歲次丁丑三月初三日立。

【一三七】 重修通仙觀碑記（碑陰）

年代：明崇禎十年

尺寸：高 113 釐米，寬 54.5 釐米

立石地點：新安縣石井鄉井溝村通仙觀

□倉頭、□時知、□明花、□大金、□天福、王士敬、秦尚貴、郭維寧、劉一魁、曹邦正、□余仁、陸應魁、陸□成、郭維全、郭維進、翟應誥、吕守業、閆許氏、蔡元頭、李時安、張才貌、李趣庭、聶遷、梁自水、李時英、王府六、李三曜、王進才、李明世、梁進德、王天知、李來聘、李時穩、李時雨、于尚仁、付明重、閆計全、劉士傑、王溝、球林、李大良。社首：王孟懷、于河躍、王元冬、王國太、王恁忠。上下石井：于河躍、于河鵬、徐大壯、王自可、王國□、范九庫、徐復一、于河巨、徐大賢、于河鮮、徐邦太、徐邦平、高自魁、謝登第、高喜貴、王連立、于士瓚、駱守余、于河鯨、陳獻表、于水平、于士麟、于永安、王國珍、陳其論、郭世□、駱自請、徐□平、耿萬邦、高□美、劉茂選、駱自長、于河川、張光甫、張子振、駱自孝、朱文才、耿子節、劉登選、張世貴、張光閏、馬世貴、高喜花、駱自東、王加余、王進忠、王克堯、王九冬、王三化、王彦曾、陳獻珍、劉甫、王計升、王國平、陳一日、王國厚、王友亮、牛大全。澠池石曲村：陳應秀、梁相明、陳世云、衆人寺。陽寺鎮：李繼芳、王時太、王之臣、王之思、崔仲夆。許家莊：李士景、李克曉、李宗乾、李士然、李邦星、李士江、李邦訓、李宗和、李可簡、李士禹、李可洪、李孟甫、李宗才、李士英、李可勤、李可夆、李崇□。上下洛莊：茹尚金、張甫、陳尚坤、陳洪、陳其道、陳自秋、田思良、張自守、田孟其、陳少春、陳道、徐邦禄、王彦宗、許有臣……陳少榮、陳尚節。潭上村：張喜春。楊家井：陳仲禮。崔家溝：崔仲夆。胡樹凹：李東美、衆人寺。野猢泉：郭尚禮……陳光茂、張其善、陳自冬、賈孟裕。塔底村：趙自花、陳思簡、陳思貢、陳思見、陳思明、陳思問、趙加慶、陳□□、趙加楝、趙加度、趙加言、王子貴、曹義仁、趙加田、崔自恁、李德貴、王天吉、趙加秀、趙加孟、趙國仁、文□林。窨頭村：陳進祥、陳茂元、陳浚國、陳建國、陳九彌、陳三□、陳秉要、陳進章、陳三召、陳撿國、崔光順、崔光封、崔光湯、崔九生、崔三聘、王計祥、崔三洛、崔三策，上下井兒蒲：趙加美、趙加金、趙加良、趙自述、陳守知、陳守全、王三桶、崔恁旨、趙加云、崔加邑、崔堯臣、崔堯水、崔堯喜、崔堯黨、崔堯保、崔堯良、朱門尚氏。

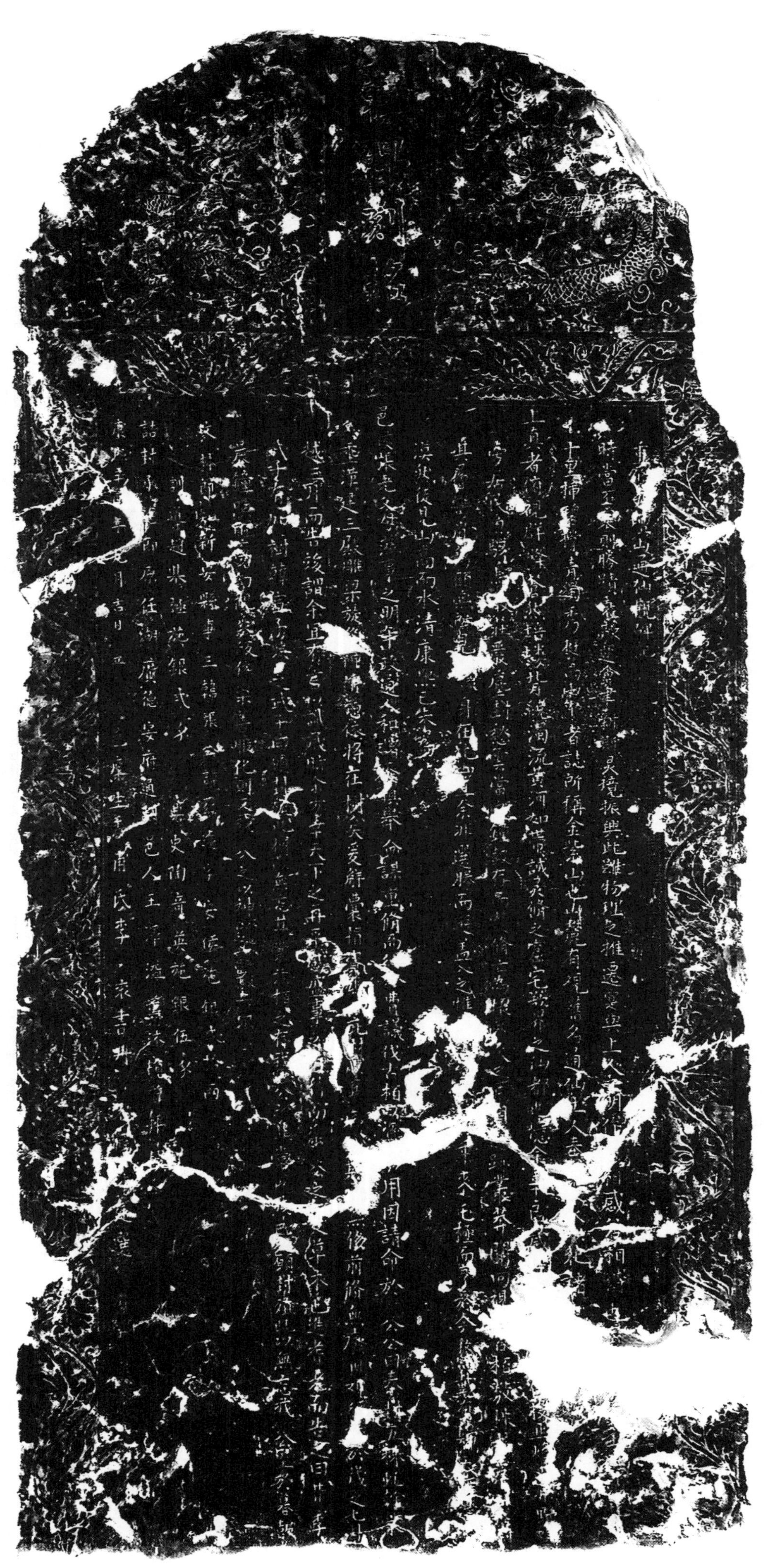

【一三八】 重修□壇山通仙觀碑記（碑陽）

年代：清康熙二十年

尺寸：高 140 釐米，寬 64.5 釐米

立石地點：新安縣石井鄉井溝村通仙觀

重修□壇山通仙觀碑記

〔碑首〕：勒碑刻銘

時當丕塞，則勝跡衰歇；運會聿新，斯靈境振興。此雖物理之推遷，寔與上之明作□相感若相待也。……北十里，插碧撑青，獨秀挺萬山中者，誌所稱金紫山也，山麓有觀，舊名通仙，世人奉□□□祀諸……上真者，俯視群峰，蒼然培塿，背繞濁流，黄河如帶，誠靈修之窟宅，欲界之仙都也。憶余辛巳歲□□□□□投止烽□□野觀旁居民，魚駭鳥散，莊嚴塵封，愁雲當□，鐘鼓存而焚修亡，爲悵□久之，甫觀遺跡叢莽間，回視古柏數株，□□□蔚，其層巒嵐藹，顧無所見，蒙身在此山，且余非選勝而遊，蓋入之惟□□□四十年來，乇極而亨，於今鰲戴有歸，天□□漠然，徒見山高而水清。康熙己未，爲邑侯張老父母莅事之明年，政通人和，諸廢俱舉，會謀重修而□□費，議伐古柏，以資□用，因請命於公，公曰：秦封五株，蛇幹永垂；漢建三殿，雕梁旋□。神所憑依，將在樹矣。爰解囊捐資，鳩工庀材，以襄□□。斯□無移前修，無廢舊觀，經□於歲之七月，越三月而告竣，謂余宜有言以識歲時，余方幸天下之再平，感盛世之□待，而樂公之□草木也。進耆老而告之曰：昔季武子有加樹，韓宣子舉之，武子曲願封殖此樹，以無忘甘棠。茲柏之存，我□公之甘棠也。我邑功願封殖此，以無忘我公。至於暮鼓晨鐘，唤醒夢幻，觀衆皈依，樂善服化，則又我公以神道設教云爾。

文林郎知新安縣事三韓張公諱綏遠字安侯施銀貳拾兩，訓導趙基極施銀貳錢，典史陶奇英施銀五錢。

誥封承德郎原任湖廣德安府通判邑人王澤溢熏沐頓首拜撰，邑庠生秀甫氏李兖書丹。石匠：李廷選。

康熙辛酉年九月吉日立。

【一三九】 重修□壇山通仙觀碑記（碑陰）

年代：清康熙二十年

尺寸：高 140 釐米，寬 64.5 釐米

立石地點：新安縣石井鄉井溝村通仙觀

〔碑首〕：大清

鄉宦陳横三錢。鄉宦陳愘二錢。塔底：趙國方一兩。趙國彦一兩。趙國正七錢。趙克云七錢。趙國聰五錢。趙國珍一錢。趙國音一錢八分。趙國形一錢五分。趙國玉一錢。趙克成三錢。趙國信二錢。井兒溝：崔加務五錢、灰。趙國贈四錢八分、灰。趙國俊四錢。趙國弟五錢、灰。窨頭：陳興言二錢五分。陳興龍三錢八分。陳一全八錢二分。陳秉造二錢。陳玉二錢八分。陳茂星一錢。八功德主崔三喜二兩。趙國漢二兩。趙國興三兩。陳守義一兩二錢。陳興國一兩八錢。陳安國一兩三錢。崔起奉八錢。石門溝：崔三龍五錢。崔大生三錢二分。崔二洛二錢。郅三秀二錢三分。上石井：于士賢三錢。范守倫二錢。于士洪二錢。生員于士蘭三錢。于沖斗二錢。于士蕙一錢二分。謝國碧二錢。于沖碧一錢。陳于龍一錢。高加位一錢。高希全一錢。于士偉一錢。陳文燦三錢。駱守坤一錢。郭守柱一錢。徐邦秀五錢。禮房管工于士斌二錢。高加雨一錢三分。僧人妙邵三錢。宋徐可弟一錢。趙國合九分。趙國名二錢、灰。化主趙養忠徒來福、來正、尚德一錢。尚如賓一錢。尚頂賢二錢。付加義一錢。付英一錢。付化蘭一錢。付加昇二錢二分。李應會一錢。王還□一錢。何宗奇一錢。李九好二錢。袁興龍一錢。袁孟柯二錢四分。下石井：王文龍二錢。王起龍一錢。李光全一錢。王彦正一錢。王大安一錢。王要龍一錢。王人龍二錢。齊起方一錢。王經三錢。郭應乾二錢。王國石一錢。林二四分。高學性缸一個。黄希秋一錢。張其奉一錢。張起龍一錢。陳興曰一錢五分。張邦學一錢。李春太四分。吴奉一錢。常見葉一錢。張必雄一錢。侯進才一錢。劉三重一錢。劉加庫二錢。劉加魁二錢。劉加善二錢。劉加士二錢。劉供星二錢。王加本二錢。劉守義一錢。林禎祥一錢。張宗聖一錢。尚化景二錢。張應奇三錢。陳玉民一錢。陳可水一錢。陳士進一錢。陳可性一錢。陳名文一錢。陳登進一錢。陳其經一錢。單文名一錢。陳所珮一錢。陳其續一錢。陳玉偕一錢。趙加珍二錢。楊可成一錢。吕學仁一錢。李邦洛二錢。李加純二錢。陳敬國一錢。李宗珠一錢。郅萬全二錢。李宗洪二錢。嚴奉艮一錢。劉三海一錢。李門劉氏二錢。李邦静二錢。生員李邦安二錢四分。李三太一錢。李宗山一錢。李宗乾一錢六分。李三進二錢。李邦玉二錢。李三庫三錢。陳所興一錢。衛養聰一錢。陳興義一錢。梁廷袁五分。陳自貴一錢。陳名倫一錢。梁玄三錢。梁廷俊一錢。梁廷太一錢。張光文一錢。……

立碑買木植共使銀五兩。木泥水匠：韓玉。

大清

【一四〇】　重修通仙觀真武行宫並金粧神像碑記

年代：清雍正三年

尺寸：高 1.3 釐米，寬 53.5 釐米

立石地點：新安縣石井鄉井溝村通仙觀

重修通仙觀真武行宫並金粧□□□□

〔碑首〕：大清　日月

且天下事之廢興，亦何常之有，而……乎其人而已。邑北□□狂瀾，而西山則荆紫孤峰挺秀，誌所載矣。而半山之……觀名通仙，幽曲紆折，層巒聳峙，林壑叢茂，禽鳥喧集，誠修真之仙都也。……剥落殆盡矣。前辛酉歲，邑侯張公常捐金以修葺之，至……規模初定而凋殘正多，適近村居民趙宋振等慨然以重修爲任，由山門而垣墉而殿宇，次第功成矣。而像貌殘缺，金碧點污，不無遺憾焉。幸本觀主持趙復瑞仍募衆善，量力捐金，□命畫工彰於五彩，施於五色，黝堊丹漆，昔之摧折者，今則焕然聿新，……以致此，倘後之君子有能因遺跡而紹述之，安知不以美衆善，□俊美後人乎？工成落□□序之。

趙宋振二兩。趙宋玨一兩五錢。趙克恭一兩一錢八分。趙宋林一兩。趙克朗一兩。趙克珮一兩。陳一武一兩。陳廉一兩。陳景行一兩。陳克信一兩。崔文俊一兩。趙國純、陳洪玉六錢。趙宋印六錢。趙宋德六錢。趙克禹、趙克配、趙宋儉、陳宋奇、趙克敏、□文進、□文玉，以上各五錢。崔弘毅、趙琮、趙克善，以上俱四錢。趙克會、趙宋文、趙克己、趙克久、趙克謙、陳一湯、陳學義、陳敬言、陳弘德、陳克禮、陳景賢，以上俱三錢。□廷瑞二錢。曾光照二分。崔文炳、趙克運、崔文林、趙法、趙瑋、趙宋卓、陳名昇、趙宋卿、侯永亮、陳克俊、陳克仁、趙宋賢、陳弘亮、趙宋齊、趙琨、趙珩，以上俱二錢。陳克義、陳貴瑚、趙宋福、崔文奇、陳克效、陳克儉、陳景太、陳景林、陳景韶、陳景祥、陳貴禮，以上一錢五分。崔弘德、張體學、陳克忠、趙克忠、趙宋裔、趙宋雲、趙克進、趙宋連、趙粟、趙良佑、郭雲生、趙國昇、趙克貞、陳珍、王文玉、趙克統、王廷臣、趙克綱，以上俱一錢。洛莊村社首陳明策并領合社人施錢七百文。孟果、趙之禎助工一月。

住持：趙鎮瑞，門徒：趙本德、張大昌。

山西河津縣石匠薛含業鐫。

雍正三年孟夏月吉日立。

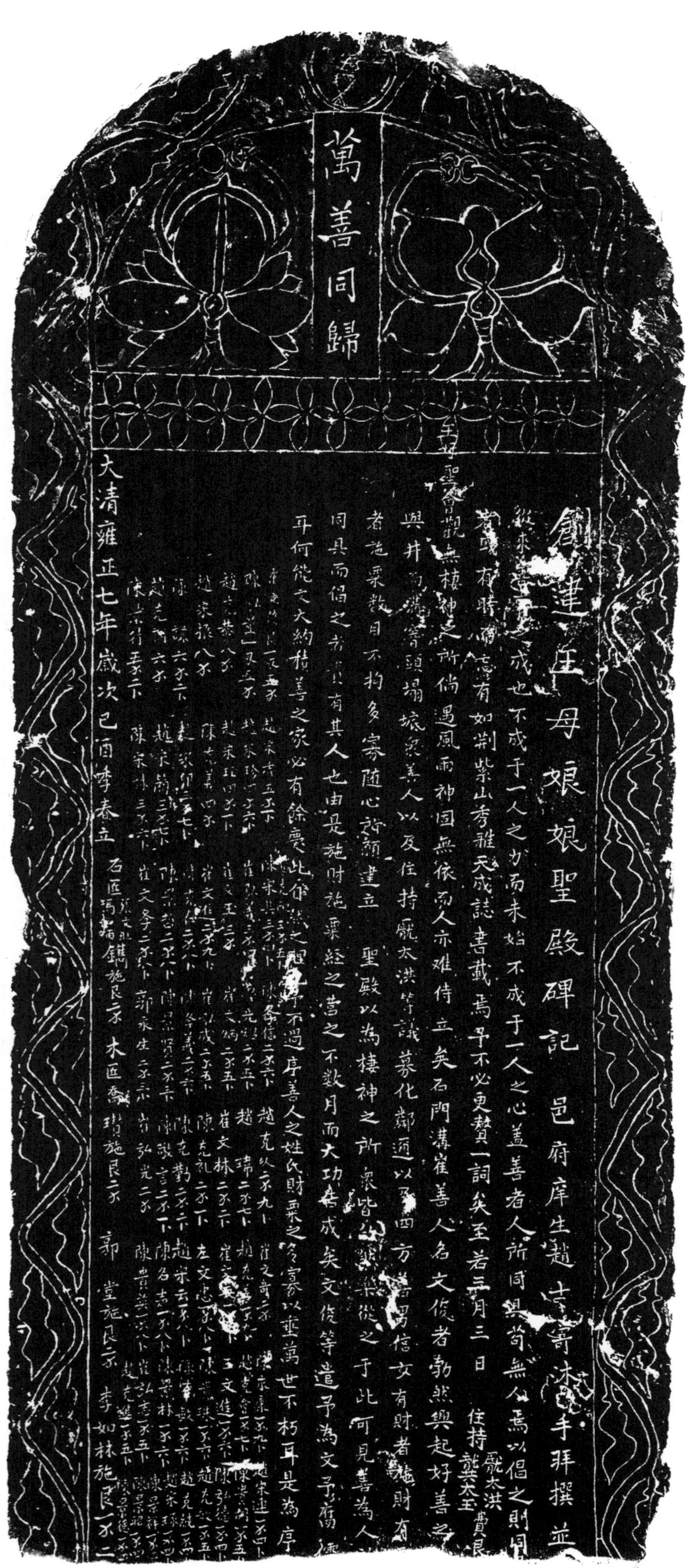
萬善同歸
創建王母娘娘聖殿碑記
大清雍正七年歲次己酉季春立

【一四一】 創建王母娘娘聖殿碑記

年代：清雍正七年
尺寸：高 117 釐米，寬 49.5 釐米
立石地點：新安縣石井鄉井溝村通仙觀

創建王母娘娘聖殿碑記

〔碑首〕：萬善同歸

從來善事之成也，不成于一人之力，而未始不成于一人之心。蓋善者人所同具，苟無人焉以倡之，則同□□者，或有時而忘。有如荆紫山秀雅天成，誌書載焉，予不必更贅一詞矣。至若三月三日，主持龐太洪、龔太玉費銀□□王母聖會，觀無棲神之所，倘遇風雨，神固無依，而人亦難侍立矣。石門溝崔善人名文俊者，勃然興起好善之心，□與井而溝窨頭塌底衆善人以及住持龐太洪等議，募化鄰邇以及四方善男信女，有財者施財，有粟者施粟，數目不拘多寡，隨心所願，建立聖殿，以爲棲神之所。衆皆欣然樂從之，于此可見善爲人所同具，而倡之者貴有其人也。由是，施財施粟，經之營之，不數月而大功告成矣。文俊等遣予爲文，予腐儒耳，何能文？大約積善之家，必有餘慶，自然之理也，予不過序善人之姓氏、財粟之多寡，以垂萬世不朽耳。是爲序。

邑府庠生趙時寄沐手拜撰并書。

崔文俊銀一兩五錢。陳弘量一兩五錢。趙克恭八錢。趙宋振八錢。陳謙六七二分。趙克朗六錢。陳景行五錢二分。趙宋秀五錢一分。趙宋珍四錢六分。趙宋玨四錢一分。陳克義四錢。趙宋印三錢七分。趙宋簡三錢七分。陳宋林三錢六分。趙克配三錢五分。陳宋其三錢四分。崔弘義三錢四分。崔文玉三錢。崔文進二錢九分。陳克仁二錢八分。陳景哲二錢八分。崔文學二錢八分。陳學信二錢六分。魯光炤二錢五分。崔文炳二錢五分。崔弘成二錢五分。陳學義二錢六分。陳景賢二錢三分。郭永生二錢三分。趙克以二錢九分。趙瑋二錢七分。崔文林二錢二分。陳克禮二錢一分。陳克勤二錢二分。陳敬言二錢一分。崔弘光二錢。崔文奇二錢。趙克善一錢九分。崔文英一錢八分。左文終一錢八分。趙宋云一錢八分。陳名聲一錢八分。陳貴英一錢八分。陳永康一錢九分。趙克會一錢七分。王文進一錢六分。陳貴珠一錢六分。陳克敏一錢六分。陳景林一錢六分。崔弘志一錢五分。趙克進一錢五分。趙宋連一錢四分。陳貴胡一錢五分。陳弘德一錢四分。趙克敏一錢五分。趙克春一錢四分。趙宋琢一錢四分。陳景祥一錢四分。陳景昭一錢四分。陳景德一錢四分。

石匠：張文旺、馮炳鏞施銀二錢。木匠：喬瓚施銀二錢。郭堂施銀二錢。李如林施銀一錢二分。

大清雍正七年歲次己酉季春立。

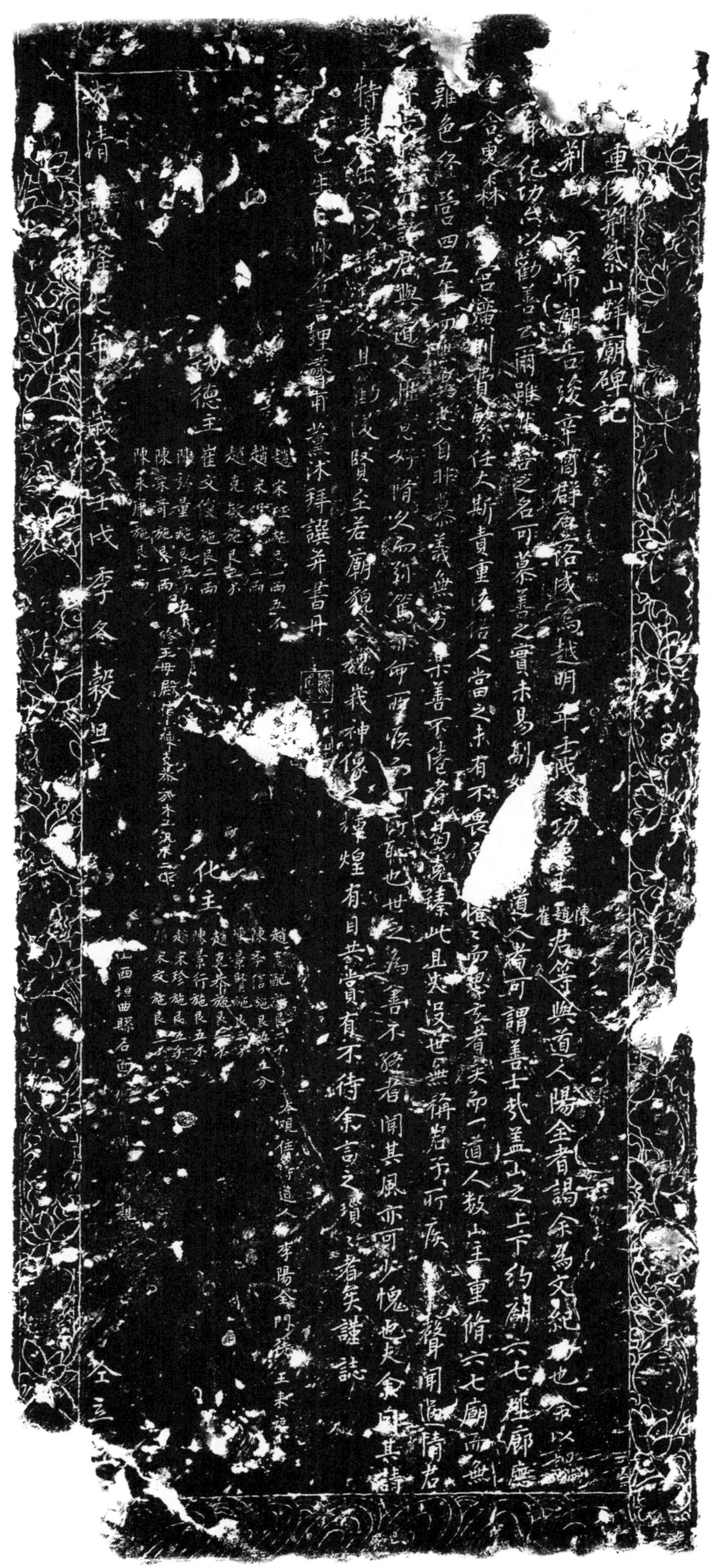

【一四二】 重修荆紫山群廟碑記

年代：清乾隆七年

尺寸：高 154 釐米，寬 66 釐米

立石地點：新安縣石井鄉井溝村通仙觀

重修荆紫山群廟碑記

荆紫山玄帝廟告竣，辛酉群廟落成焉。越明年壬戌冬，功德主陳、趙、崔君等與道人陽全者謁余爲文紀功也。余以謂□第紀功，亦以勸善云爾。雖然善之名可慕，善之實未易副，如□□道人者，可謂善士哉。蓋山之上下，約廟六七座，廊廡、道舍更森森□。宫廣則費繁任大，斯責重□，俗人當之，未有不畏，而□□之而思玄者矣。而一道人、數山主重修六七廟，而無難色；經營四五年，而無異志。自非慕義無窮，樂善不倦者，曷克臻此。且夫没世無稱，君子所疾，慿聲聞過情，君子立□，□□諸君與道人惟意好修，久而彌篤，亦何所疾而何所恥也。世之爲善不終者，聞其風亦可少愧也。夫余因其請，特表出之，以誌善人，且勸後賢。至若廟貌之巍峨，神像之輝煌，有自共賞，有不待余言之瑣瑣者矣。謹誌。

邑生員陳名言理齋甫熏沐拜撰并書丹。

功德主：趙宋玨施銀一兩五錢。趙宋保施銀二兩。趙克敏施銀三錢。崔文俊施銀二兩。陳弘量施銀五錢五分。陳宋奇施銀一兩。陳永康施銀一兩。修王母殿信士陳克恭施木工、泥水二作。化主趙克配施銀二錢。陳學信施銀五錢五分。陳景賢施銀三錢。趙克恭施銀二錢。陳景行施銀五錢。趙宋珍施銀五錢。趙宋文施銀二錢。

本觀住持道人：李陽全。門徒：王來福。山西曲垣縣石匠：張箕明、王篤親。

大清乾隆七年歲次壬戌季冬穀旦仝立。

勞德永傳
創修荊紫山舞樓碑記
邑儒學廩膳生員王荊沐手敬撰並書
大清乾隆九年歲次甲子孟秋穀旦

【一四三】　創修荆紫山舞樓碑記

年代：清乾隆九年

尺寸：高 148 釐米，寬 60 釐米

立石地點：新安縣石井鄉井溝村通仙觀

創修荆紫山舞樓碑記

〔碑首〕：芳德永傳

從來享賽神聖，必需歌舞；敬獻歌舞，必需樓臺。荆紫山，新邑名山也。地最傑，神最靈，四方人士結社享賽，歌舞於神廟前者，靡歲不舉，而樓臺獨缺，故當聖會獻戲之期，四村山主負板抬木不下數十人，且距村甚遠，張皇辛苦之狀，不可勝言。及歌舞方畢，而臺榭爲之一空，不惟無助壯廟觀，亦甚非一勞永逸之善術也。住持道人李陽全者，業已堅志修造神廟，復欲苦力創建舞樓，然鉅功非一人所能成，猶之大厦，非一木所能支，因募緣四村山主、雅意好修之善士，捐金輸財，公成善舉。自雍正七年三月謀始，至雍正十年二月落成。嗣後歲逢聖會，四方人士結社享賽，歌舞於神廟前者，不煩餘力，而樓臺已儼然在望，衆人咸欣然幸曰：此真一勞永逸之善術也，而所以壯廟貌之觀者，不更足多乎？事經數載，未及列諸貞珉，道人恐世遠而善士之名不著也，因冀予爲文，以垂永久云。

邑儒學廩膳生員□玉荆沐手敬撰并書。

施財善士姓名開列於後：

陳景賢銀六錢。陳學信銀六錢。陳可信銀六錢。陳弘亮銀一錢、大梁一株、門□五丈。崔文玉銀六錢。趙宋太銀五錢。趙宋士銀五錢。趙克珮銀五錢。趙國璉銀三錢。陳謙銀三錢。趙永儒銀三錢五分。趙樂珏銀三錢。陳弘名銀三錢。陳宋林銀三錢五分。陳宋可銀三錢三分。趙宋儉三錢三分。崔弘義銀二錢二分。陳克義銀二錢二分。陳克義銀二錢五分。趙宋相銀二錢。陳學義銀二錢。陳名聲銀二錢。生員趙士寄銀二錢。陳景太銀二錢。陳景德銀二錢。陳貴朝銀二錢。趙克恭銀二錢。趙瑞銀錢半。趙琨銀錢三。趙發科銀錢二。趙克謙銀一錢。趙克魁銀一錢。張可知、李進、盧光照、郭永生、崔文行、崔弘治、崔文炳、崔文秀、崔文俊、崔文學、陳珍、李學貞、陳敬言、陳弘德、陳景斌、陳景祥、陳景行、陳景韶、陳景倫、陳景宗、王文進、張元臣、馬廷相、崔文奇、崔文林、崔弘廣、崔弘成、陳克儉、陳景哲、陳克勤、陳克啓、趙宋成、趙宋廉、趙宋云、趙克澢、尚學文、趙克配、左文忠、陳克彦、陳永康、陳克恭、陳克己、陳克孝、楊貴、臧□龍、陳貴禮、陳節、陳弘道、陳克顯、陳重仁，以上各施銀一錢三分。陳如蘭、王文通、趙宋齊、趙宋美、趙克玖、趙克支、趙克己、趙克會、趙克敏、趙克善、趙克義、趙克統、趙克寵、趙克振、趙宋文、趙宋德、趙宋卿、趙良福、趙偉、趙法、趙和、楊永、趙恩□、趙文安，以上各施錢一錢。趙宋大、馬登第二人共化麥六斗四升。

山西垣曲縣石匠：張箕明、子友夏。本觀主持：李陽全、陳來福。

大清乾隆九年歲次甲子孟秋穀旦仝立。

重建荊紫山真武行宮碑記

聞之武當山有二十七峰三十六嵓二十四澗谿谷回環匡壁相望誠洞天福地真人修煉所也昔真武為太子時捨

元君之言居之修道精煉四十二年白日冲舉其殽靈之赫濯震當時而聞後世宜乎香火之盛千百年於今不艶而奔

走而奉之者幾遍天下也吾邑荊紫山孤峯峭拔高插雲表每當烟消雨霽翠屏千仞出沒隱見令遊者心神飛越山坳

有真武行宮創建於前明成化年間繼修者屢矣歷年既久傾仆特甚井溝宮頭堨底石門溝諸善士剙金募匠鳩工

庀材金碧輝煌廟貌聿新蔚然於重岡複嶺之上不知視武當之二十七峰三十六嵓二十四澗為何如然林木蔚茂洞

壑幽深層巒疊嶂競秀呈奇亦棲鶴之仙境駐錫之勝地也它年香火之盛安知不如武當則即謂荊紫之哨嶐一武當

之崚嶒可耳余於遊覽登眺之下輙低徊不能去茲因廟工告竣住持道人請為文以志之並記董事者姓名於後永垂

不朽云

河南府學增廣生王子容沐手敬撰

新安縣學附學生趙登科沐手敬書

功德主生員趙良臣施銀拾捌兩

信士趙家[illegible] 陳如江施銀[illegible]

功德主崔世芳 陳雅言施銀六兩五分 [illegible]

趙文才 三兩[illegible]

首事化主趙良臣 陳龍施銀七兩 一兩 [illegible] 趙良[illegible] 陳貴相施銀伍兩[illegible]

辦理人 趙良元 趙[illegible] 崔[illegible] 趙文[illegible] 崔繼先 [illegible]

泥木匠人[illegible]施錢[illegible]

本觀住持道人楊生欽 徒弟[illegible] 全立石

塑匠劉[illegible]施銀二兩五分

石工楊三光施艮五分

大清

旹嘉慶元年季秋之月吉日

石工楊三光鐫

【一四四】 重建荆紫山真武行宫碑記（碑陽）

年代：清嘉慶元年

尺寸：高 161 釐米，寬 65.5 釐米

立石地點：新安縣石井鄉井溝村通仙觀

重建荆紫山真武行宫碑記

聞之：武當山有二十七峰、三十六巖、二十四澗，谿谷回環，崖壁相望，誠洞天福地，真人修煉所也。昔真武爲太子時，奉元君之言，居之修道，精煉四十二年，白日沖舉，其聲靈之赫，濯震當時。而聞後世宜乎香火之盛千百年，於今不絶，而奔走、而奉之者，幾遍天下也。吾邑荆紫山，孤峰峭拔，高插雲表，每當煙消雲霽，翠屏千仞，出没隱見，令遊者心神飛越。山坳有真武行宫，創建於前明成化年間，繼修者屢矣。歷年既久，傾仆特甚。井溝、窨頭、塌底、石門溝諸善士劇金募匠，鳩工庀材，金碧輝煌，廟貌聿新，巋然於重崗復嶺之上，不知視武當之二十七峰、三十六巖、二十四澗爲何如？然林木鬱茂，洞壑幽深，層巒疊嶂，競秀呈奇，亦棲鶴之仙境，駐錫之勝地也。它年香火之盛，安知不如武當，則即謂荆紫之峭崿，一武當之崚嶒可耳。余於遊覽登眺之下，輒低徊不能去，茲因廟工告竣，住持道人請爲文以志之，并記董事者姓名於後，永垂不朽云爾。

河南府學增廣生孟子容沐手敬撰，新安縣學府學生趙登科沐手敬書。

功德主：生員趙良臣施銀拾捌兩。信士趙宋曾施銀十兩。陳如江施銀七兩。功德主崔世芳施銀六兩五錢。陳雅言施銀十一兩三錢。首事化主趙文才施銀三兩七錢。趙良宦施銀七兩一錢。陳龍施銀一兩。趙良朋施銀伍兩叁錢。陳貴相施銀伍兩。辦理人趙良元施銀貳兩捌錢。趙之炳施銀伍兩伍錢。崔鶴鳴施銀陸兩陸錢。趙文彪施銀伍兩伍錢。崔繼先施銀肆兩。陳琯施銀二兩五錢。陳世泰施銀二兩二錢。趙良相施銀二兩九錢。趙文選施銀二兩一錢。陳捷施銀二兩。陳□□施銀八錢。陳先登施銀一兩。陳萬箱施銀貳兩五錢。陳如公施銀一兩。崔世義施銀五錢。泥木匠人姜禮、鄧王相施錢兩千。塑匠劉琪寵施銀二兩五錢。石工暢三光施銀五錢。

本觀主持道人：楊生欽。徒弟：尚體云、尚體儒。徒孫：劉性才、李性平仝立石。石工：暢三光鐫。

時大清嘉慶元年季秋之月吉日。

堨底村共施艮叁拾肆两玖錢貳分伍厘

井字溝共施艮壹百叁拾叁两柒錢伍分

音頭村共施艮伍拾捌两貳錢壹分

石門溝共施艮貳拾貳两叁錢貳分五厘

四村共施艮弍百肆拾玖两弍錢壹分

【一四五】 重建荆紫山真武行宫碑記（碑陰）

年代：清嘉慶元年

尺寸：高 161 釐米，寬 65.5 釐米

立石地點：新安縣石井鄉井溝村通仙觀

施財善士姓氏：趙宋輔四兩四。陳布三兩三。陳恒言三兩二錢三。趙良孝三兩。陳貴閔三兩。趙良禎三兩。趙良禮三兩。趙良忠二兩五。陳可瑞二兩七。趙文俊二兩二。趙良善二兩一錢五。趙良義二兩二。趙文金二兩。尚忠孝二兩。趙瑋二兩一。趙宋奇二兩。郭朝福一兩五。趙良正一兩五。郭法才一兩五。崔希孟一兩七錢。崔希閔一兩六錢。崔希章一兩七錢五。崔希點一兩七錢五。陳振一兩八。崔希簡一兩五錢五。于躍一兩四。趙文獻一兩三錢。崔希油一兩一錢。趙世貴一兩五錢。陳貴仁一兩。崔世貴一兩二錢五。趙文孔一兩。崔希生一兩二錢五。陳貴邊一兩。趙良顯一兩。趙良法一兩二。趙宋書一兩三。趙良方一兩二。趙文會、李守仁、謝五朝、王貴德、郭□祥、成永興、陳玉、陳萬隆、陳貴卿、陳永備，以上各一兩。陳科一兩。李有心、王有禄、于五伏、陳如蘭、陳萬艮、陳萬明、陳雷、胡延、趙瑄、趙□金，以上各一兩。趙□一兩二錢。陳禎九錢。崔希端八錢。陳祥、陳克云、王天興、王如安、郭治財、王永泰、趙良和、陳如朝、崔希言、陳如玉，以上各八錢。陳玉言、陳進言各二兩。陳文英八錢。陳萬順、陳如周、郭成才、李有省、陳貴爵、陳先援、陳永全、陳萬云、陳萬倉、李永章、于五全、王天林、左興鳳、趙天重、趙良河、趙天宰、齊明山，以上各六錢。趙良太、陳京、陳敬、陳有心、陳如京五錢。姚安周、陳如碧、陳璧、陳復新、陳佩、陳明、陳加龍、姚王才、陳萬富、陳如恒、趙良謨、趙文純、趙文全、閆者福、陳世康，以上各五錢。陳可則六錢。張明、李柱生、王加官、楊法臣、尚明一、劉讓、王加型、左良全、崔珮、崔樂、陳如言、崔世德、鄭成天、李永木、王加義、徐曰會、段有信，以上各五錢。趙良斗四錢五。李永朝、陳貴直、陳萬寶、李耀生、趙文昇，以上各四錢。張文獻、李遷一、左興隆、劉士炳、李如宣、賈文秀、周繼英、徐有同、王如平、閆有德、王紹曾、王者群、王者才、仝元吉、王守福、賈明、姚德、陳雨、陳萬如、陳瀨、陳清言、陳洛、陳盈、陳孟信、陳學鋭、陳興言、常加松、王發財、陳萬靈、陳自新、陳萬有、趙宋宰、趙宋官、趙良政、趙宋有、趙天成、陳萬章、趙天柱、趙士付、趙良琮，以上各三錢。田有才、李德、李士全，以上各錢二百、高大福、曾玉臣、趙興全、李進禄、崔世福、陳如道、陳如倫、陳善、趙中、李登生，以上各二錢。于五雷、李忠學、李廷、田平、趙子成、田英、趙士才、陳貴心、陳有心，以上錢各一百。李元成四錢。孟桂生四錢。王永成四錢。趙良仁三錢。王宏福三錢。趙至誠錢一百、郭聚安五錢。陳萬益二錢。陳剛言三錢。

塌底村共施銀叁拾肆兩玖錢貳分五厘，井字溝共施銀壹佰叁拾叁兩柒錢五分，窨頭村共施銀伍拾捌兩貳錢壹分。石門溝共施銀貳拾貳兩叁錢貳分五厘。四村共施銀貳佰肆拾玖兩貳錢壹分。

二九二

河南寺廟道觀碑刻集成·洛陽卷二

【一四六】　重修荆紫山頂王母洞碑記（碑陽）

年代：清嘉慶二年

尺寸：高 158 釐米，寬 61 釐米

立石地點：新安縣石井鄉井溝村通仙觀

重修荆紫山頂王母洞碑記

〔碑首〕：永垂不朽

嘗考老子《枕中經》云：西王母楊姓，虞帝時，曾獻玉環、玉玦，貢蓋地之圖。周穆王時，又獻萬歲冰桃、千年碧藕。其載之《集仙》及《内傳》，曰：王母居龜山昆侖之圃閬風之苑，左帶瑶池，右環翠水，座擁紫雲，出駕鳳輦。嘗命王子登、董雙成輩彈八琅之璈，拊五靈之石，吹雲和之笙，鼓震靈之簧，其所由來者久矣。然王母雖世居昆侖閬苑，亦未始無異窟别宫也。吾家荆紫山孤峰聳峙，高插雲表，誠名山焉。上有王母洞一座，背纏黄河，面對青要，紫氣采雲，出没靉靆，青松碧桃，錦霞輝煌，其視瑶池閬苑爲何如乎。但歷年久遠，廟貌傾頽。今有衆善士募化四方，慨然重修，鳩工庀材，金碧燦爛。落成之後，住持道人楊生欽請余爲文，余因略述所知，以列之貞珉云。

邑儒學生員趙登科瀛洲氏熏沐撰書施錢三千正。

衛法全三千三百。趙天純三千。陳温六百。趙文炳、趙文彪、趙文遠、陳登道，以上各錢五百文。崔繼先、崔鶴鳴各四百六十文。功德主稼莊溝衛克振妻于氏施錢四千．崔世方各四百。崔世甫、趙良孝、陳龍、崔世漢、趙文輝各三百文。陳敬、陳先美、陳儉、陳登旺、陳如恭各錢二百。陳如福、陳登盈、趙良義、崔希由、崔希生、崔崇、趙宗甫各二百文。趙文才、趙良元、趙良善，各一百五十。陳世太、崔世超、張有福各一百五十。 陳先覺、陳先昇、陳先榮、陳九思、陳剛言、陳先登、陳佩、陳九祥、陳良、陳恭、陳讓、陳清言、陳萬善、陳萬記、陳萬新、陳萬卷、陳萬亟、陳如景、趙天禮、趙文純、趙文永、李永朝、陳世芳、趙世記、王良奉、陳王箱、陳萬禮、陳孟祥、陳萬冬、趙自美、趙天府、趙良連、趙天雲、趙良正、趙天才、趙朗明、趙尚美、趙公美、趙官美、趙天仁、趙文忠、趙良振、趙良民、趙良在、趙天成、趙天宅、趙文華、趙文昇、趙世富、崔世林、崔世鳳、王永鳳、王者立、陳如玉、李興、李良、李守仁、吴進祥、魏文謝、崔世貴、崔世倉、崔世遠、王進成、陳貴仁、陳登朝、陳萬旺、陳萬龍、陳如敬、陳連陰、陳呼雷、陳四饃、陳小五、陳有心、劉學成、孫義貴、高永福、高文保、張學友、張學知、劉法、劉宗禄、劉宗全、劉宴、張有心、張西坤、張永懷、趙良云、王玉成、趙良善、張永進、趙良平、馬官、晉魁章、馬士龍、王裕得、張文貞、晉奎成、晉奎保、趙良珣、張行得、郭成文、馬秉連、馬魁……

泥木匠：付忠生施錢二百文，李永爵。石匠：王奉爵鐫施錢貳佰文。塑匠：劉琪龐捐塑全金正神一尊。

住持：楊生欽，徒：尚體雲、陳體如、王體安，孫：李性平、劉性才仝立石。

大清嘉慶貳年季春之月吉日。

萬善同歸

【一四七】 重修荆紫山頂王母洞碑記（碑陰）

年代：清嘉慶二年

尺寸：高 158 釐米，寬 61 釐米

立石地點：新安縣石井鄉井溝村通仙觀

〔碑首〕：萬善同歸

付斗、張懷仁、張永貴、陳廷鳳、馬佩文、賈令福、趙良儒、敖永進各錢五百文。馬振德、李培成、尚志文，各錢四百文。陳興、晉長學、李曰瑞、李自安、李自萬、陳玉令、陳玉印、劉進孝、吕申、陳世臣、高廷法、張連各錢二百。姚廣才、監生李樞、李自生、李連生、李永康、徐進、李自英、付公學、付永禮、付天錫、付中和、陳琯、陳有、丁夫才、丁夫太、丁宏德、謝志、焦宗、姚安中、姚安周、李克才、李克中、陳守林、陳焕章、李守德、李自武、陳典、于合、謝五朝、謝明之、陳玉堂、李自友、王宏福、李文成、侯其龍、敖永仁、陳有□、陳狀、陳朝貴、吴介、張魁、徐世宦、李永章、崔立、趙宋曾、潘士俊、劉宏智、高大明、高大生、高大來、高大貴、劉學孟、李高生、馬夫侯、馬懷智、柴進禎、柴世有、柴進京、柴世廣、柴進廷、馬明江、張永進、晉長振、李勇、陳學禮各二百。張有平、姚安孝、于承文、陳思江、陳從、陳如朝、陳如恒、李耀生、于文學、張金斗、張廷儒各錢一百五十。郭法才一百四十。陳喜仁、尚永忠、付中容、李守魁、李守良、劉百旺、婁西川、陳二才、廉公仰、周法祥、陳世明、靳天福、尚有章、郭臣、井玉明、尚萬祥、衛克明、李思孝、劉百福、李萬福、游□堂、婁天桂、游明堂、劉百興、劉志高、婁思智、李有祥、常天眷、馬逢學、常兆璠、常天禄、常趙璜、張錢、吴克儉、吴克成、吴國棟、吴萬龍、郭福弟、盧學思、張典、張有大、于五江、于五福、于五成、于有、張大貴、高致魁、高致成、王兆才、李振、馬秉乾、劉伯壯、劉伯禮、王忠敬、劉萬高、尚勤修、常天行、常天爵、李振甲、常會公、李忠良、李忠輔、李中君、劉伯廣、劉伯敬、張士坤、李德會、張士登、張大順、張大道、付永耀、付永華、付公平、付永宣、尚永照、尚玉來、尚萬善、尚學先、尚學玉、尚勤朝、尚有順、王大付、牛方義、王秉如、尚大仰、尚永貴、尚超平、付聚、付忠、楊廷召、張天貴、李天保、李天章、陳先保、陳朝、陳天順、陳天要、陳天明、陳天位、陳容、丁天如、丁洪福、陳天才、陳學亮、于廷棟、楊萬祥、仝標、于守禮、陳家好、尚進道、尚法昇、尚隆旺、尚進德、李景德、張宏今、李治學、姚安祥、姚安春、姚安順、張復順、李守玉、李克恭、陳先成、李自發、李自立、齊明先、李鳳令、監生王登第、監生王登科、王登堂、王者正、王體先、王體坤、王太平、王登秀、楊法中、陳玉梁、陳玉柱、陳玉董、張魁漢、陳百山、徐福如、于正姜、于所福、于進堂、王曰寬、陳明思、陳守位、陳憲章、陳天忠、王宏金、劉進法、陳增錫……

重修荊紫絕頂　玉皇閣敘

丁巳夏四月清和節　玉皇閣落成越六月既望本觀道人敦請爲敘余因不揣徑敘以誌之蓋聞崑崙之山有三重相距各
數萬里其北爲閬風倍而上之是爲懸圃再倍而上之有　大帝居焉曰紫宮固太一之精也天極星環之匡衛十二藩臣閶
闔嶕嶢列宿繁麗闕曰黄金京曰白玉飾以火齊翡翠暎以珊瑚玉樹真九天神境而爲騎白雀者統揖三界屬御萬靈之極所
也吾鄉荊紫山一柱孤聳以嶽巍然其萬仞懸崖之巔有　玉皇閣上薄青冥高接紫極飛閣連雲下臨無際嵐光靄靄桂殿
齊榮翠黛飄飄鸞鳳俱麗歷倒[illegible]而絕俗究焉　天闕起青松而摩雲交輝玉樹是誠閬風懸圃而外又一神皋奥區也所謂天
上之黄金闕白玉京其足與想不過如是惜予殿宇傾圮令人太息余竊有志恢復之尚未暇舉適有善女符李楊三氏願同力
募修會道人伊叅作功德余豈敢以功德自任哉不過聊附其後以鳩工庀材萬殿閣聖像焕然一如當日四方之仰生成答蒼
穹者得所瞻拜亦不負名山之勝蹟云尔功竣勒石以彰衆善後有同志者廣此廟可以不朽矣

詩曰　閣樓凌霄削玉峯翠鬟更有紫霞封光騰銀漢三千界勢薄崑崙第一峯地闢靈巖隱虎豹天開蜃窟走蛟龍居然宇
宙絕高處靈雨仙風在箇中（借韻）

邑庠生癸[illegible]科灑洲氏敬撰子蘭亭玉章沐手書丹

功德生員趙良佐施錢拾千　背[illegible]弟良元侄文煥施錢四百/五百　化主楊生[illegible]符[illegible]施錢五百

濟源監生陳生安施錢一千　崇方如施錢千　石井[illegible]錢八千

陳龍二百　崔世方四百　[illegible]施錢八百　崔布生二百　陳步登二百

本觀道人楊[illegible]徒[illegible]徒孫劉[illegible]立石

大清嘉慶二年歲次丁巳又六月林鐘新秋後五日既望穀旦蒲州萬全縣鐵筆楊[illegible]光施錢五百[illegible]鐫

【一四八】　重修荆紫絶頂玉皇閣叙

年代：清嘉慶二年

尺寸：高116釐米，寬69.5釐米

立石地點：新安縣石井鄉井溝村通仙觀

重修荆紫絶頂玉皇閣叙

丁巳夏四月清和節，玉皇閣落成。越六月既望，本觀道人敦請爲敍，余因不揣，徑敍以誌之。蓋聞昆侖之山有三重，相距各數萬里，其北爲閬風；倍而上之，是爲懸圃；再倍而上之，有大帝居焉，曰紫宫，固太一之精也。天極星環之匡衛，十二藩臣閶闔嶕峣，列宿繁麗，闕曰黄金，京曰白玉，飾以火齊翡翠，映以珊瑚玉樹，真九天神境，而爲騎白雀者，統揖三界，屬御萬靈之極所也。吾鄉荆紫山，一柱孤擎，四嶽拱照，其萬仞懸崖之巔有玉皇閣，上薄青冥，高接紫極，飛閣連雲。下臨無際，嵐光靄靄，桂殿齊榮，翠黛飄飄，鴛瓦俱麗。歷倒景而絶俗，宛然天衢；起青松而摩雲，交輝玉樹。是誠閬風懸圃而外，又一神皋奥區也。所謂天上之黄金闕、白玉京，其靈異想不過如是。惜乎，殿宇傾圮，令人太息。余竊有志恢復之，尚未暇舉。適有善女符、李、楊三氏願同力募修，會道人俾余作功德，余豈敢自任哉，不過聊附。其後，鳩工庀材，冀殿閣聖像焕然一如當日，四方之仰生成答蒼穹者，得所瞻拜，亦不負名山之聖跡云爾。功竣勒石，以彰衆善，後有同志者，庶此廟可以不朽矣。

詩曰：一柱凌霄削玉蓉，翠鬟更有紫霞封。光騰銀漢三千界，勢薄昆侖第一峰。地闢雲窩隱虎豹，天開蜃窟走蛟龍。居然宇宙絶高處，靈雨仙風在箇中。（借韻）

邑庠趙登科瀛洲氏敬撰，子蘭亭玉章沐手書丹。

功德生員趙良臣施錢拾千。濟源監生陳生安施錢一千。督工弟良元施錢四百。督工侄文彪施錢五百。柴方如施錢一千。化主：趙天重妻楊氏施錢五百。楊生見妻符氏施錢五百。趙良相妻李氏施錢一千。石井于元文願錢八千。王登堂代父納願錢四千。李曰義願錢一千三百。陳龍施錢二百。崔世方施錢四百。趙文炳施錢八百。崔希生施錢三百。陳先登施錢二百。

木泥匠：劉可交施錢五百。鄧玉相施錢四百。塑匠：姚施錢。蒲州萬全縣鐵筆：楊三光施錢五百。

本觀道人楊生鈞，徒侄王體亮，徒弟陳體如、尚體雲，徒孫劉性才、李□有仝立石。

時大清嘉慶二年歲次丁巳又六月林鐘新秋後五日既望穀旦。

重修王母祠碑文

王母者九靈太妙龜山金母也生而飛翔有養群品陶鈞萬類所居宮闕在崑崙之圃閬風之苑玉樓十二

九層左帶瑤池右環翠水非飈車羽輪不能到也師元始天王授以方天元統龜山九光之籙使召制萬靈統括真[illegible]

軒轅黃帝討伐蚩尤也軍士迷於妖霧帝[illegible]王母遣使者授帝以寶符遂擒蚩尤戮之於[illegible]天下始安詞

而後由帝舜之時歷成周以迄於漢靈蹟昭著載在穆天子傳暨漢武帝內傳者更僕難數然則其神異不可[illegible]其

乎道名山也吾邑西北八十里有荊紫山意者挺出高標雲表秀色穠麗宛若芙蓉山之巔有王母洞山之[illegible]有王母

洞已重修而祠猶夫初也四村善士嫌其淺狹欲擴大之而力弗逮因市廟柏得百金又募化乃鳩工庀材[illegible]

於是棟雕梁干霄礙日傍為月臺數層甃以周垣規模廣大氣象雄偉宏過舊殿遠甚當煙銷[illegible]

耿然翠交飛金碧輝煌燦然奪目其視崑崙閬風苑十二玉樓九層之室左瑤池而右翠水又未知其孰勝於[illegible]哉此與

[illegible]優樓棲之寓也則即謂為王母行宮也亦奚不可

河南府學廩膳生孟子容敬撰

新安縣學附生趙慶南書丹

趙世緒壹兩　趙世明五錢

崔世義壹兩　趙世[illegible]七錢五分

首事趙良元捐銀壹兩五錢　趙文魁　萬清捐銀五錢　六錢

陳龍五錢　楊文華[illegible]六錢

陳[illegible]太壹兩五錢　[illegible]文彥

裴方　宏泰[illegible]　趙[illegible]百貨

化主傅中道捐銀壹兩[illegible]　金有[illegible]　徐[illegible]　捐銀各五錢

[illegible]邨太平　[illegible]

生吳介　[illegible]　趙[illegible]

化主[illegible]于氏捐錢五千又化錢四十五千文

本觀住持楊生欽徒崔体瑞

大清道光元年季夏穀旦立

【一四九】 重修王母祠碑文

年代：清道光元年

尺寸：高 157 釐米，寬 63.5 釐米

立石地點：新安縣石井鄉井溝村通仙觀

重修王母祠碑文

粤稽西王母者，九靈太妙龜山金母也。生而飛翔，育養群品，陶鈞萬類。所居宮闕在昆侖之圃閬風之苑，玉樓十二，□□九層，左帶瑶池，右環翠水，非飚車羽輪不能到也。師元始天王，授以方天元統龜山九光之□使，召制萬靈，統括真聖□。軒轅黄帝之伐蚩尤也，軍士迷於妖霧，帝深憂之，王母迺遣使者授帝以寶符，遂擒蚩尤，戮之於□冀，天下始安。嗣此而後，由帝舜之時，歷成周以迄於漢，靈蹟昭著，載在《穆天子傳》暨《漢武帝内傳》者，更僕難數，然則其神異不可没，宜其□寧遍名山也。吾邑西北八十里有荆紫山，奇峰挺出，高插雲表，黛色穠麗，宛若芙蓉。山之巔有王母洞，山之麓有王母祠。洞已重修，而祠猶夫初也。四村善士嫌其淺狹，欲擴大之，而力苦不逮。因市廟柏得百金，又兼募化，乃鳩工庀材，廣爲□楹，畫棟雕梁，干霄礙日，復爲月臺數層，爽塏宏廠，繚以周垣，規模廣大，氣象雄偉，突過舊殿遠甚。每當煙銷雨□，雲霞掩映，嵐翠交飛，金碧輝煌，燦然奪目。其視昆侖圃閬風苑十二玉樓九層玄室，左瑶池右翠水，又未知其孰勝。於戲！此真上仙棲神之寓也，則即謂爲王母行宫也亦奚不可。

河南府學廩膳生孟子容敬撰，新安縣學附生趙慶南書丹。

首事：趙世緒捐銀壹兩。崔世義捐銀壹兩。趙良元捐銀壹兩五錢。陳隆捐銀五錢。陳如太捐銀壹兩五錢。趙世明捐銀五錢。趙世聚捐銀七錢五分。趙文彪捐銀六錢。陳萬箱捐銀五錢。趙文華捐銀二錢五分。趙文廣捐銀六錢。化主：裴方捐銀壹兩。宏泰號捐銀壹兩。傅中道捐銀壹兩五錢。監生郅太平捐銀壹兩。監生吴介捐銀壹兩。趙特賢、趙百賢、金有福、徐俊儒、趙文稚、敖永進捐銀各五錢。化主衛于氏捐錢五千，又化錢四十五千文。

本觀主持：楊生欽。徒：崔體瑞。

大清道光元年季夏穀旦。

重修真武廟碑記

邑北荊紫山頂舊有真武神廟一座創始於前明正德年間至國朝屢為重修一時功德大抵趙陳兩姓居多

乾隆末廟貌又復傾頹時有趙君諱良臣諱良儒陳君諱龍慨然出貲又有陳趙崔諸君身任募化謀修葺之以復舊規適逢歲

饑中輟越今又三十餘年矣本廟住持意欲卒成其事會衆商議而前之首事諸人大半物故即間有存者亦皆老耄無能

為幸功德趙君良臣之孫名世封化主趙君良元文彪之子名世文世廣慟先志之無成悵神靈之莫依相與戮力同心重為募

化得二百餘金並前募金鳩工庀材親身督率閱年餘告竣而丐予記其事予不文且幼習儒業舉凡神祀之涉於虛無為

諸經子史所不載者皆不能語焉而詳欲記之烏從而記之然試即諸君崇奉之誠而思之而知真武之神之必有以

著其靈也蓋誠則無不格大而天地細而豚魚皆所弗遺大舜之孝水火不能傷周公之忠風雷為之變皆誠也即曰有神

以相之神固有靈於此者乎使自茲以往附近居民有感於諸君崇奉之誠亦莫不竭其誠以崇奉之將見祝豐穰祈壽

歲時蘋藻有願必償其所造福於一方之民者豈淺鮮哉而始終勤勤不辭勞瘁道人黃體善亦與有力焉是為記

乙酉科拔貢候選教諭邑人呂新撰文

邑人庠生溫儀恭書丹

本觀住持崔体□□□□

井溝功德主生員趙良臣捐錢十千 子監生玉林又捐錢兩千 孫世□□□捐錢一千 □又捐錢兩千 □又捐錢一千

□邑功德主趙良儒捐錢八千

□頭功德主陳龍捐錢一千 子光□又捐錢一千文 孫光江捐錢五百文

皆

西村化主 陳溫一千 趙良元捐錢二千 子文彪文廣又捐錢一千 崔世方一千二百

信士 趙文炳 趙天純 各施錢四千文

化主 楊符氏 趙楊氏 各錢五百文

趙文範 趙良奇 陳萬卷 捐錢一千 兩千 子世顯各捐錢一千

陳為楫 陳登瀛 陳光登 趙良珍 捐錢一千

嵩山縣元真觀崔体樂 三官廟 大石朵

鎸筆馮振魁并子修居施錢二百文

道光十年歲次庚寅三月朔一日

【一五〇】　重修真武廟碑記

年代：清道光十年
尺寸：高 156 釐米，寬 66 釐米
立石地點：新安縣石井鄉井溝村通仙觀

重修真武廟碑記

邑北荆紫山頂舊有真武神廟一座，創始於前明正德年間，至國朝屢爲重修，一時功德大抵趙陳兩姓居多。乾隆末，廟貌又復傾頹，時有趙君諱良儒、陳君諱龍慨然出貲，又有陳、趙、崔諸君身任募化，謀修葺之，以復舊規，適逢歲饑中輟，越今又三十餘年矣。本廟住持意欲卒成其事，會衆商議，而前之首事諸人大半物故，即聞有存者，亦老耄無能爲。幸功德趙君良臣之孫名世封，化主趙君良元，文彪之子名文廣、世顯、世福，慟先志之無成，悵神靈之莫依，相與戮力同心，重爲募化，得二百餘金，并前募金，鳩工庀材，親身督率，閱年餘告竣，而丐予記其事，予不文，且幼習儒業，舉凡神祀之涉於虚無，爲諸經子史所不載者，皆不能語焉。而詳欲記之，烏從而記之。然試即諸君崇奉之誠而思之，而知真武之神之必有以著其靈也。蓋誠則無不格大而天地，細而豚魚皆所弗遺。大舜之孝，水火不能傷；周公之忠，風雷爲之變，皆誠也。即曰有神以相之，神固有靈於此者乎？使自兹以往，附近居民有感於諸君崇奉之誠，亦莫不竭其誠以崇奉之，將見祝豐穰祈禱，以歲時蘋藻，有願必償，其所造福於一方之民者，豈淺鮮哉。而始終贊勷，不辭勞瘁，道人黄體善亦與有力焉。是爲記。

乙酉科拔貢候選教諭邑人吕新撰文，邑人廩膳生温儀恭書丹。

井溝功德主生員趙良臣捐錢十千，子監生玉林又捐錢兩千，孫世芳又捐錢一千，孫世封又捐錢兩千，孫世傑又捐錢一千。濟邑功德主趙良儒捐錢八千。窨頭功德主陳龍捐錢一千，子先盛又捐錢一千文，孫九江捐錢五百文。四村化主：陳温捐錢一千。趙良元捐錢一千二百，子文廣又捐錢一千。崔世芳捐錢一千二百。信士壽民趙文炳、趙天純各施錢四千文。化主楊符氏、趙楊氏各錢五百文。趙文彪捐錢兩千，子世顯、世耀、世福各捐錢一千，孫漢南、正南各錢五百。趙良奇捐錢一千。陳萬卷捐錢一千。陳萬箱捐錢一千。陳登瀛捐錢一千。陳先登捐錢一千。趙良琢捐錢八百。本觀住持崔體瑞、黄體善，徒郭性來、牛性德；魯山縣元真觀崔體樂；徒蕭性純；三官廟劉性魁；石朵史性旺，徒李富龍。鐵筆：馮振魁并子修居施錢二百文。

時道光十年歲次庚寅三月朔一日。

皇清

【一五一】　創建廣生聖殿碑記

年代：清道光十七年

尺寸：高 152 釐米，寬 62.5 釐米

立石地點：新安縣石井鄉井溝村通仙觀

創建廣生聖殿碑記

〔碑首〕：皇清

新邑荆紫山，名地也，其風光物色，前人業已道至，即廟貌巍峨、神像輝煌，有目者共賞，亦不待余言之瑣瑣也矣。但此地霞蔚雲蒸，每多清淑之氣；山明水秀，大有鍾毓之靈。人咸感其廣大非常，生育繁盛，因於道光壬辰年間，建廣生聖殿於山側，以爲妥侑之所，以表崇報之懷。功竣，請余爲文，余想：神聖之功德，人其能名乎？嘗聞天曰大生，地曰廣生，因名核實，不過體一元藴結之精，達兩間絪緼之氣。廣育英才，爲上帝□勷之助；突生豪傑，効國家黼黻之能。自此以後，凡此方之□人崛起，俊士挺生，螽斯衍慶，麟趾呈祥者，胥賴廣生神聖之宣昭也。於是，約略言之，以預爲崇德報功云爾，謹誌。

乙酉舉人壬辰進士翰林院編修國史館協修現任山東道□□御史李方撰文，乙酉科歲進士候選教諭李玉堂書丹。

首事人：陳登秀捐錢玖千文。張士修捐錢拾千文。王永樂捐錢玖千文。趙世緒捐錢四千文。趙世封捐錢捌仟三百。李伯江捐錢一千五百。陳登亮錢一千。趙慶南錢一千。陳法道錢五百。本觀住持：崔體瑞、黄體善。徒：陳性書。

化主：趙文廣捐錢一千文。崔繼先捐錢六千文。陳登瀛捐錢一千文。崔清泰捐錢五百文。張士敬捐錢兩千文。陳世久捐錢五百文。陳致祥捐錢五百文。陳定學捐錢六百文。張鳳永捐錢五百文。趙天松捐錢五百文。趙天才捐錢五百文。姚興捐錢五百文。陳同捐錢四百文。陳龔捐錢四百文。陳先捐錢四百文。張鵬高捐錢三百文。楊三元捐錢四百文。陳萬卷捐錢三百文。李守奎捐錢二百文。陳國和捐錢三百文。陳法捐錢三百文。單思懷捐錢二百文。

道光十七年歲次丁酉孟夏月既望小滿前一日穀旦立。

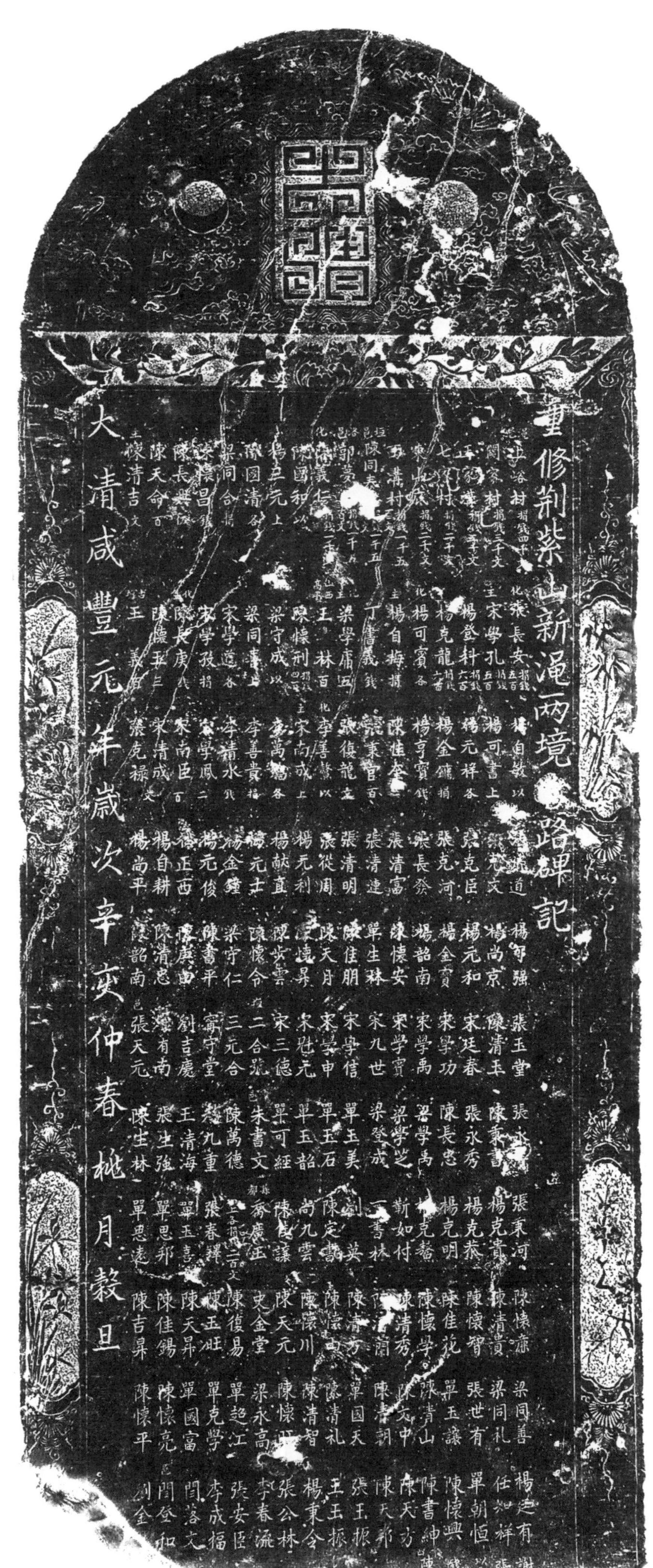
重修荊紫山新滙兩境路碑記
大清咸豐元年歲次辛亥仲春桃月穀旦

【一五二】 重修荆紫山新澠兩境□路碑記（碑陽）

年代：清咸豐元年

尺寸：高 171 釐米，寬 66.5 釐米

立石地點：新安縣石井鄉井溝村通仙觀

重修荆紫山新澠兩境□路碑記

澠邑：上峪村捐錢四千文。關家村捐錢三千文。王家溝捐錢二千文。七家村捐錢二千文。東山底捐錢二千文。西溝村捐錢一千五百文。垣邑：陳同泰捐錢一千五百文。洛邑：郭夢□捐錢一千五百文。化主：陳義仁捐錢一千文。陳國和、楊三元、陳國清、梁同合、陳懷昌、陳長興、陳天命、陳清吉，以上各捐錢五百文。化主：張長安捐錢五百。宋學孔捐錢五百。楊登科捐錢六百。楊克龍捐錢六百。楊克賓、楊自梅、丁書義、梁學庸、王林各捐錢五百。陳懷刑捐錢四百。梁守成、梁同喜、宋學道、宋學孜、陳長庚、陳懷玉、古塚王義，以上各捐錢三百。楊自敏、楊可書、楊元祥、楊金鏞、張秉官、張復龍，以上各捐錢三百文。李善鰲、宋南成、李萬福、李善貴、李清水、宋學鳳、宋南臣、宋清成、張克禄，以上各捐錢二百文。張清道、張克文。張克臣、張克河、張長發、張清富、張清連、張清明、張從周、楊元利、楊獻直、楊元士、楊金鐘、楊元俊、楊正西、楊自耕、楊尚平、楊克强、楊尚京、楊元和、楊金寶、楊韶南、陳懷安、單生林、陳佳朋、陳天月、陳懷昇、陳步雲、陳懷令、梁守仁、陳書平、陳庚田、陳清忠、陳韶南、張玉堂、陳清玉、宋廷春、宋學功、宋學禹、宋學賓、宋九世、宋學信、宋學申、宋魁元、宋三德、二合號、三元合、寧守堂、劉吉慶、□有南、張天元、張永清、陳秉書、張永秀、陳長忠、梁學禹、梁學芝、梁登成、單玉美、單玉石、單玉韶、單可經、朱書文。陳萬德、趙九重、王清海、張生强、陳生林、張秉河、楊克貴、楊克恭、楊克明、楊克鰲、靳如付、丁書林、劉英、陳定書、尚九雲、陳佳讓、喬廣玉，以上各捐二百文。張春鐸、單玉喜、單思邦、單思遠、陳懷廉、陳清貴、陳懷智、陳佳花、陳懷學、陳清秀、陳清蘭、陳清方、陳懷山、陳懷川、陳天元、史金堂、陳復易、陳玉旺、陳天昇、陳佳錫、陳吉昇、梁同善、梁同禮、張世有、單玉讓、陳清山、陳文中、陳清朝、單國天、陳清禮、陳清智、陳懷旺、梁永高、單超江、單克學、單國富、陳懷亮、陳懷平、楊廷有、任知祥、單朝恒、陳懷興、陳書紳、陳天方、陳天邦、張玉振、王玉振、楊秉令、張公林、李春流、張安臣、李成福、閆落文、閆登和、劉金□、謝福□。

大清咸豐元年歲次辛亥仲春桃月穀旦。

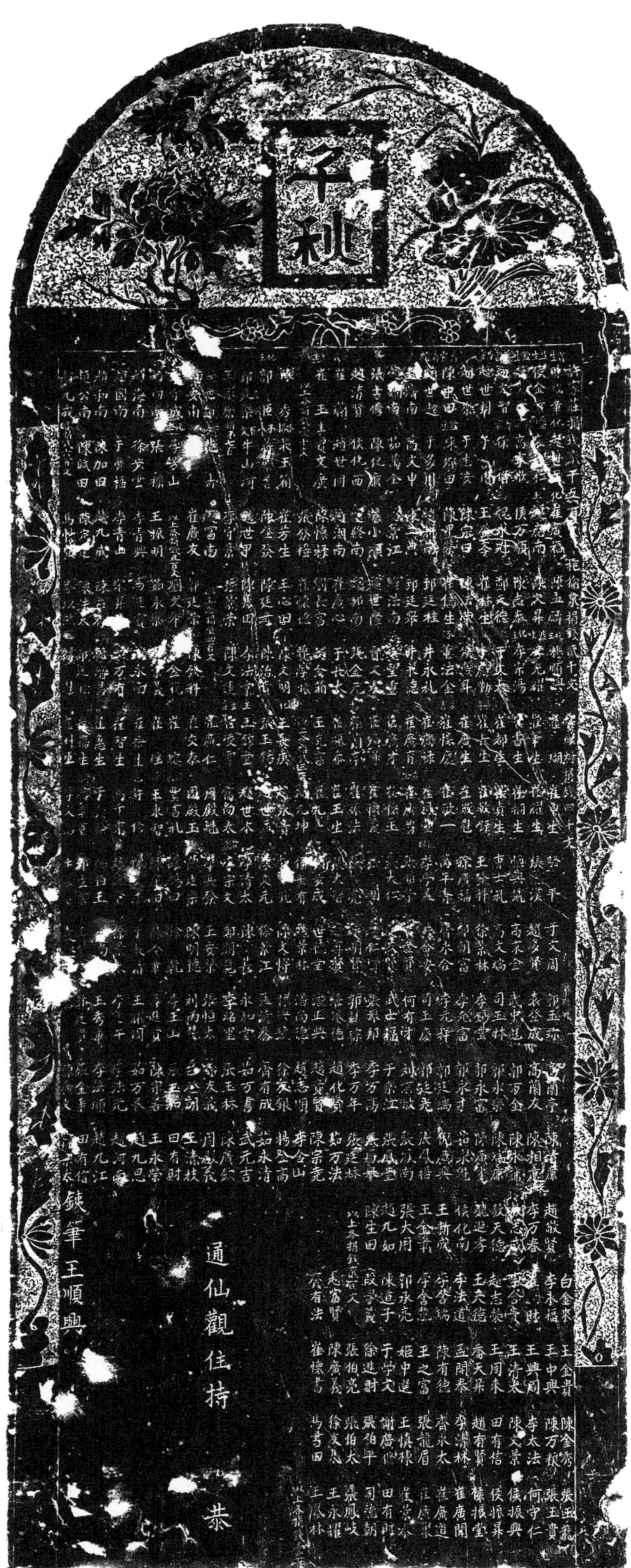
千秋
通仙觀住持
恭
鐵筆王順興

【一五三】　重修荆紫山新澠兩境□路碑記（碑陰）

年代：清咸豐元年

尺寸：高 171 釐米，寬 66.5 釐米

立石地點：新安縣石井鄉井溝村通仙觀

〔碑首〕：千秋

許家莊捐錢二千五百文。抱榆泉捐錢貳仟文。□洪村捐錢四千文。貢生陳瑶章、監生侯金章、監生趙文興、趙文智、趙世封、趙世樂、壽官陳中田、壽官趙世超、趙濟南、趙圖南、張士修、趙清賢、崔蘭、崔玉，以上各捐錢壹仟文。陳秀、郭臣、郅廷渠各捐錢八百文。王永樂捐錢七百。趙世道、趙安南、王守成、趙向南、趙海南、趙圖南、趙和南、趙公南、趙九成各捐錢六百文。趙世棟、袁□仁、高秉敬、徐備、于瓚、于志安、監生陳鄉田、于多川、高文申、茹萬全、陳化廉、侯化西、趙世同、賈文廣，以上各捐錢壹仟文。裴玉箱、蔣樂善、牛山河、范壽、李芳山、張標、徐步雲、于廣福、陳加田、陳賦田、崔廣福、□應南、侯萬順、魏永魁、王登學、陳宗田、陳甲榮、趙耕南、陳二典、安景江、安小順、趙終南、趙湖南、陳懷禄、張發糧、崔芳生、陳登發、趙世甲、李守景、趙富南、崔廣友，以上各捐錢五百文。王振明、李青興、李青山、趙九成、陳定廷、馬懷寅、陳孟麟、陳文昇、陳志泰、鄭天德、崔林生、陳法榮、崔儒生、郅廷桂、郅廷舉、趙法南、趙世隆、趙邦南、崔廣心、劉長富、崔懷德、王心田、陳晟田、張景榮，以上各捐錢四百文。郭廷榮、劉文舉、茹永樂、馬進寶、宋昇□、陳孟秀、陳法太、㝢以然、楊順興、李光耀、李宗湯、于文太、于廣勤、侯廣昇、董法金、井永禮、井永德、趙望重、賈文孝、張金元、于長太、趙金箱、賈學振、陳文明、陳治貴、李法棠、陳文運、陳法科、李金花、□景義、□永南、茹萬有、□濟昌、郅廷松、楊魁、崔瑚、崔華生、崔書生、崔廣生、崔懷慶、崔廣禄、崔廣育、崔廣才、崔廣昇、崔蘭亭、崔振泰、王克富，以上各捐錢三百文。王長庚、張玉錫、王錦堂、崔凌霄、崔廣仁、崔交泰、崔瑢、崔瑶、崔樂生、崔智生、崔惠生、崔福生、崔科生、崔申生、崔耀生、崔桐生、崔貢生、崔敬録、崔敬魁、崔敬一、崔鳳瑩、崔廣爵、崔懷玉、崔懷義、崔振法、崔玉生、崔九長、趙九坤、趙永貴、趙世孟、趙世本、高向太、周殿魁、周殿玉、賈書禮、王東智、許修、馬千乘、于長發、趙皋重、李文治、駱平、張漢、恒興號、曹士禮、王發科、徐廣福、萬年青、李學孟、張伯榮、張大仁、張明、張亮、張大智、侯步成、侯步有、李崇孔、陳文元、李清太、李宗文、李長發、陳廷樂、陳錫田、趙遠貴、張伯玉、郅生業、牛三法、于文周、趙多賢、高秉全、高文瑞、徐景林、鄭朝富、齊永合、于會安、崔金貴、趙友賢、趙仁賢、趙明賢、趙尊賢、世德堂、趙景林、陳文博、徐景江、陳萇、鄭朝龍、王安榮、陳明德、徐乾、陳令章、于長清、徐景太、牛尚□、王鏡□、袁登□、郭玉珍、袁登成、武中彪、司玉林……

通仙觀住持恭。鐵筆：王順興。

【一五四】 重修子嗣聖母廟記

年代：明嘉靖四十五年

尺寸：高 135 釐米，寬 55 釐米

立石地點：新安縣石寺鎮磨窩村聖母廟

河南省新安縣磨窩村重修子嗣聖母廟記

〔碑首〕：日月

新安縣磨窩村去石寺鎮仅二里許，其地面青要山白龍潭，有鳳凰山，重崗峻嶺環者，左右孤燈、景陽諸川皆其聯絡，土沃人淳，風龐然矣。洪武初，高皇帝編民設里，即有居民。村之西舊有子嗣聖母廟一所，歷年既久，有所損壞。天順間，本村居民重修，至嘉靖十五年，廟復傾圮，不堪妥神。本村善人□□□輕財尚義，楊礼、楊智及民劉仁美、劉仁禮、劉仁義、楊全、楊隆生興工修葺，益以木石，增以磚瓦，聞□狹隘，近……二丈有餘，廟三楹，中塑子嗣聖母一尊，環列侍從，金碧彩圖，焕然一新，誠威靈安止之處也。嘉靖□年三月□□，本村居民楊□□君、楊樂堯、楊樂舜，侄楊易、楊拙、楊□，道士趙真全等，築以墻垣，創建門路，……遇歲時伏臘，遠近居民焚修香火，祈保嗣子□□，每歲清明日來祈保者尤多。自築垣之……十年，楊樂堯同□□□磨石爲文，以紀歲□□□，告於村之居民曰：石寺鎮典□賈姓……凡廟宇寺觀有傾頽者，有借金帛之助□者，□□□工興作，夢鯉與鎮之居民多捐財相助也，移□于夢鯉□□□鎮之通達事務者，居民□□召先草其□，末曰□□其全，請予爲記。予惟事合其義，雖函蓋之，而不嫌禮□□俗，雖崇侈之，而不過國家建制祀典一遵餘法，凡神之有益于民者祀之。及想子嗣聖母之廟，不惟環新邑之土，……居者，無不祀之，正謂有是廟，則一方賴其洪庇，其有益於民生，豈□□哉。今廟貌重新，一方瞻仰□□□圖不朽。道士李兩□者，真全師也，亦與有功焉。是爲記。

邑庠生五□道人王瑞撰。

楊世威、楊德成、楊□祥、馬□□、温車、□章、楊□、林鳳、王萬、楊華、楊賓、楊欽、劉鯨、劉堂、楊□、劉道、劉楨、劉朝、劉儒、劉鼎、劉進、楊清、寧甫、劉芳、劉新、劉諫、劉學……

大明嘉靖四十五年歲次丙寅十一月之吉。

重修天仙聖母廟並金粧神像碑記

嘗謂閱夫子覺世真經云首曰敬天地次及禮神明是自有天地以來諸神皆人所當尊奉者也况 天仙聖母乃龍(?)[illegible]

主又為萬姓子孫之所攸賴乎本村西舊有 聖母廟一所不知創自何代攷古碑文蓋自洪武年間以至康熙丙子歲重

修者已數次矣迄今百有餘年廟久幾為頹敗神像幾就擬落借非重新整理其何以繼已往以傳將來哉遂於 嘉慶二十(?)

八年正月內約同井數人偕至廟所公議補修幸有族孫殿元慨然以舉整為已任乃恭會善士楊可立楊世太更有余從堂侄[illegible]

俱欣然樂從共勷厥事但念工程浩繁非易輕舉又定緣簿募化村眾隨心布施以助成功因再合余等所捐錢文[illegible]

遂於其年二月內起工三月上旬工止僅修正殿三楹並又照舊金粧全神第人心不一布施參差雖齊神光未[illegible]碑記是皆[illegible]

至今大事有權變工亦難拘即此廟貌粗立金粧粗就雖云全工未備而神像已有所依凡知禮神者亦有所憑矣烏能不自

其由來清其使費以俟後之克全其功者又余等之所厚望也夫是為序

卧雲居士劉書林頓首拜撰并薰沐敬書

首事會善人武生劉殿元 布施錢四仟整 布施錢兩仟整

乾隆三十四年先有楊林楊希曾楊榮祥 全賣廟院柏樹六株共得[illegible]千兩買木石瓦灰此番修理已用數件

嘉慶二十四年 又有化主楊世棟劉德望 全收官[illegible]外有[illegible]布施[illegible]五千此番修理已用完了 此番化主仍有楊世棟 劉殿元[illegible]

至拉執事人 劉俊標 楊世太 楊可重 布施千五佰文 布施千一千五百文 布施千五佰文

本村楊 聳 施主楊慶祥各施錢拾仟 楊 松施千六千 刘燕南 楊世杰各施千千 刘殿樹各施 刘富習各施 楊萬祥各施 楊文生各施 楊河舉各施 郭 義各施 楊文育[illegible]

楊中魁 楊瑞祥施錢五千 楊向吾各施千千 刘 銀 楊希有千 楊世超千 刘富芑五 刘榮科 楊俊樂 楊世掖 賈克讓[illegible]

楊天祥各施錢捌仟 劉殿魁施千五千 楊 正施[illegible] 刘可驛 刘慶元五 呂[illegible]安伍 賈澤湛[illegible] 楊俊[illegible] 韓敬善二 刘殿光二 楊[illegible]

劉培元施千五千 刘 燕 恒[illegible] 刘年成各施[illegible] 楊世福百 楊萬壽佰 刘 坪三百 王[illegible] 刘貞元百 刘 璽[illegible] 曾[illegible]

柏樹嶺韓玉亭施千一千 寺村宋如陵施千一千 北營王安煥施[illegible]

三岔口張玉華施廟中大小香炉二十五個

石寺營張 [illegible] 南[illegible]施千八 丁懷玉施[illegible] 賈[illegible] 楊[illegible]瑞施[illegible] 張金印[illegible]

上施主張 棟[illegible] 張 柱[illegible] 郭 [illegible] [illegible] 張 進施[illegible]

嘉慶歲次庚辰六月中旬之吉 立

【一五五】 重修天仙聖母廟並金粧神像碑記

年代：清嘉慶二十五年

尺寸：高 127 釐米，寬 63 釐米

立石地點：新安縣石寺鎮磨窩村聖母廟

重修天仙聖母廟並金粧神像碑記

嘗聞關夫子《覺世真經》云：首曰敬天地，次及禮神明。自是有天地以來，諸神皆人所當尊奉者也。況天仙聖母，乃胤嗣之主，又爲萬姓子孫之所攸賴乎。本村西舊有聖母廟一所，不知創自何代，考古碑文，蓋自洪武年間，以至康熙丙子歲重修者，已數次矣。迄今百有餘年，廟久幾爲頹敗，神舊幾就撥落，借非重新整理，其何以繼已往以傳將來哉。遂於嘉慶十八年正月内，約同井數人偕至廟所公議補修。幸有族孫殿元慨然以舉廢爲己任，乃恭會善士楊世太、楊可重，更有余從堂侄俊望俱欣然樂從，共勷厥事。但念工程浩繁，非易輕舉，又定緣簿募化村衆，隨心布施，以助成功。因再合余等所捐錢文，統算多寡，遂於其年二月内起工，三月上旬工止，謹修正殿三楹，次又照舊金粧全神。第人心不一，布施參差，難齊神光，未用碑記。延遲至今，夫事有權變，工亦難拘，即此廟貌粗立，金粧粗就，雖云全工未備，而神像已有所依，凡知禮神者，亦有所憑焉，能不白其由來，清其使費，以俟後之克全其功者，又余等之所厚望也夫。是爲序。

臥雲居士劉書林頓首拜撰并熏沐敬書，布施錢兩千整。

首事會善人武生劉殿元布施錢四千整。乾隆三十四年先有楊林、劉培、楊希曾、楊榆、楊發祥同賣廟院柏樹六株，共得錢廿四千，所置木石、瓦灰此番修理已用數件。嘉慶捌年又有化主楊世楝、劉俊望仝收官稞租錢十餘千，外有布施錢五千，此番修理已用完了。所收二宗錢共合錢二十一千五百，楊九祥家包錢兩千正，劉俊望家記十七千五百，劉殿鰲家記錢一千五百文。此番化主仍有楊世楝、劉殿元、劉鵬□，至於執事人劉德標布施錢五百文，楊世太布施錢一千五百文，楊可重布施錢五百文。

本村施主：楊幹、楊慶祥各施錢拾千。楊中魁、楊天祥各施錢捌仟。柿樹嶺韓玉書施錢一。三岔口張玉華施廟中大小香爐二十五個。石寺窑張臣施錢七百四十文。上施主張楝施錢五百文。楊松施錢六。楊瑞祥施錢五。劉殿魁施錢五。劉培元施錢五。寺村朱如陵施錢一。南法忠施錢八百三。張柱施錢五百七十文。郭愷施錢一。劉燕南、楊向善各施錢二。楊正施錢一千五百。劉燕恒施錢一。北冶王安煥施錢二百文。賈澤燮施錢七百四十文。郭順章施錢七百文。楊世傑、劉振各施錢一。劉可群、劉年成各施錢七百。柳瑞施錢八十文。賈文遠施錢二百文。劉殿樹、楊希有、劉慶元、楊世福各施錢五百。張金印施錢四百文。張進施錢一百八十文。劉富習、楊世超、吕子安、楊萬壽各施錢五百。楊萬祥、劉富苞、賈澤湛各施錢五百。劉坪施錢三百。楊文生、劉發科、楊俊福、王治禄各施錢三百。楊可舉、楊俊樂、韓敬善、劉貞元各施錢二百。郭義、楊世拔、劉殿光、劉璽各施錢二百。楊文育、賈克讓各施錢二百。楊履祥、曾有財各施錢一百。

嘉慶歲次庚辰六月中旬之吉。

【一五六】 重修龍王廟太極亭三教堂並金粧神像碑記

年代：清咸豐四年

尺寸：高 173 釐米，寬 63 釐米

立石地點：新安縣北冶鄉關址村龍王廟

重修龍王廟太極亭三教堂並金粧神像碑記

〔碑首〕：大清

嘗聞：莫爲之前，雖美弗彰；莫爲之後，雖盛弗傳。惟前有作而後有繼，則美者益彰，而盛者益傳矣。何也，邑北關地村有山曰陽巖裕，呼謂“露明”，龍王廟居其巔，太極亭列其右，三教堂、觀音堂並列其左，自古推爲勝景也。然創建者固無所考，重修者亦不知凡幾。今廟貌傾頹，神像剥落，好善之君子共爲悲憫。於是，謀諸同志之士，捐資者有人，募化者有人，咸樂趨事，不數日，而廟貌輝煌，聖像丕新，將見入廟者告虔，拜跪者致誠，猗歟，休哉！非神靈之昭著，人心之誠懇，曷以臻此哉！施主姬大口妻李氏施地一段，坐落廟前，東至坡稜界石，西至坡稜界石，南至路，北至廟後坡稜界石。

陳獻倫際可氏撰，後學王三重沐手書。

監生介芝蘭施銀六錢。姬紹燕施錢三千。姬中選施錢二千。姬中周施錢一錢。姬大興施錢一千。吴進孝施錢六百五。王中和施錢一千。李振法施錢一千。高永田一千五百。王中元、李成太、王中立、張魁元、張廷法各錢一千。李元同、李文彬、李紹堂、李成己、付百福、劉文魁、劉春鳳、李三友、劉廷花、孟順樂、焦中元、王進貴、王光庭、姬中學、姬中科、姬化南、姬化桀、張永祥各施錢一千文。王中有、姬中魁、王中篤、王中科、高永財、張百仁、張百旺、王金山、姬萬蒼、姬中禮、姬中堂、姬中敬、丁有龍、王如敬、張九經、李永法、張九道，以上各施錢八百文。張九昇、李有、李永口、李永標、姬中和、高永昇、高永興、高永禄、高永科、司玉磬、王中行、郭長春、王如錫、王如爵、張九可、袁逢魁、張九令，以上各錢五百文。張九旺、李天水、焦百魁、姬中口、劉口鰲、張九成、王如禹、李磊、陳萬善、李逢時、侯化南、劉家本、王如銀、劉朋南、焦法春、劉春芳、張九照，以上各錢五百文。劉春和、高瑞、王順、郭堂、王進孝、孫法林、李成志、王振明、王振富、姬中富、李之俊，以上各錢三百文。喬介氏、李劉氏、李鼎氏各錢一千五百文。李王氏、王劉氏三百三十文。丁萬寶、李玉相、李玉樹、王如口各錢四百。王中孝、王中善、張大林、張九文、張九如、張九善、林治行、賈文堂、焦坤元、郭長安、高文林、張朝明、李福有，以上各錢三百文。李朝端、王金貴、王金玉、王士見、王進財、丁有貴、王中智，以上各錢二百文。張口太、張九祥、張萬禄、劉文智、劉廷智、韓金成……

木匠：姬中魁。畫匠：趙三友。石匠：趙方賢、賈永福。關址村、稻草蒲、五墳嶺、丁壯洛口莊同具。

廟内禁止賭博。

咸豐四年九月穀旦。

【一五七】 南藥料村重建龍王廟碑記

年代：明萬曆四十五年

尺寸：高 174 釐米，寬 59 釐米

立石地點：新安縣正村鄉南嶽村龍王廟

新安县界村里□甲南藥料村重建龍王廟碑

〔碑首〕：日月

夫神不能爲民禦災捍患者，不可以祠；人無爲人祈命之心者，不可以立祠。即有祈命之心，而引爲己功者，不可以銘其所立之祠，二者備，而後祠之立也不謬，即銘其所立也亦不忝。如兹神也，古傳靈應，尚屬耳聞。值癸丑季夏，冰雹苦傷本村，運磁甕，鬻子女，幾於逃，愚不勝愴然，乃諭以建祠妥神而祈命也，二三長者咸唯唯。爰當乙卯歲初，請卜陰陽，時日告吉，因地就簡，祈雨屢應，本歲則□事豐穰，而次歲蝗不爲害，所謂禦災捍患者非乎？愧無日新之德，曷慕桑林之義。然冒儒爲僧，夙惶不寐，怨詈交受，忌謗不辭，適足取誚，夫何庸銘。獨其斟酌濟事，則有若何君應元，儀厚於物，則有若丁君大仁、郭君應舉，外長之福延毛、化鯉與守分之王者，俱足爲一村表儀。至如先庠棟隆，尤德望率衆者也。功成不記，無乃没數君祈命之心，孤四方作善之念乎？於紀其功，本村則略齒，而功因名知；外境則先首，而序以功紀。愚不自揣，因爲之誄曰：風雨以時，菽谷倉箱，作善者昌，作惡者亡。用勒諸於石，以誌不忘。

趙時選謹誌。

計開本縣輦一座，羊一雙。

署印通判劉東騰、典史熊紹詡、御民郭路、陳保民、馬山、吕孔教、郭如璧、勞郭義、學斗孫維新。

功德主：趙尚信、趙政、毛應時、趙廷□、張沂、許遠、趙修。化主：何應元、王定國、許真來。外村施主：張鉅、張應元、趙邦秀、張瀛、趙景春、王木、趙經緯、張節、趙傑、趙徹、趙庫、趙邦玳、趙邦英、趙耀、趙泰、趙邦縣、趙邦瑞、趙蘭、趙邦□、趙善、趙宗禮、趙立、趙錦、趙邦彦、張泛、趙花、趙微、靳學、趙廷、趙邦用、趙三樂、張國祥、趙任、趙可義、趙可能、趙可權、王氏、衛科、董自熬、趙萬方、趙萬邦、趙時登、趙時用、趙哲秉、文貫。作工：趙三聘、趙海、趙三聞、趙三問、趙黄、趙克明、趙價、賈尚禮、張存、趙邦彦、趙邦琚、趙經織、張汝亮、趙江、趙延邦、趙佑、趙可全、張淵、趙克敬、趙邦先、段有才、閆孟秋、王有德、王同。

陰陽：王家賓。塑匠：馬守勤。繪匠：王時泰。石匠：李應貢、萬夏、黄學、萬國太。

各村功首：王化鯉、毛福延、王棟隆、丁大仁、張孔學、王守分、李方昇、李際時、王棟、張進洛。福府功德遣進公李公諱德性，侄盛、存基、趙喜。

大明萬曆四十五年丁巳二月初四日。

重修九龍聖母廟碑序
乾隆三十三年歲次戊子中和節

【一五八】 重修九龍聖母廟碑序

年代：清乾隆三十三年

尺寸：高 100 釐米，寬 43 釐米

立石地點：新安縣正村鄉南嶽村龍王廟

重修九龍聖母廟碑序

〔碑首〕：大清

蓋聞黷祭弗欽，淫祀無福。惟鑒觀之有赫，乃馨香之可通。彼夫九龍聖母者，固一方之福神，寔萬姓之保障也。甘霖久沛，蘇億萬赤子之生；雨暢不愆，延百年社稷之福。固宜隆其肹□，與盛朝山河俱長；煥其光華，共大造日月并耀。乃古來建廟茲土，亦歷有年，雖前此雅意，重修未卜何日。趙君爾玉目睹心傷，爰雕□而繡甍，亦翬飛而鳥革。事已告竣，將勒石以誌初終，文何敢言，用呵筆而述梗概，序畢文益之以贊曰：函關之北，巢嶺之南，爰有幽崖，古廟□已。重修者誰，爾玉獨擔，積善餘慶，夫復何□。

邑歲進士候選訓導李銘沐手撰文并書。

功德主：趙爾玉。趙璉：施磚一百。

泥木作：閆國輔。鐵匠：李希堯。刻字匠：趙邦泰。石匠：潘九成。梁克勉：雜……

乾隆三十三年歲次戊子中和節立。

刱建廣生殿碑記

邑北三十里地名南華料村南多佳景覽勝者見其青山環抱雲峰接天綠水斜流醴泉湧地每依徊而不忍去顧地靈者人必傑而佑人者則惟 神況夫啟後嗣保嬰兒尤宜修祠以崇祀者乎攷自村居以來舊無

廣生聖母祠里人之拜献祈禱者皆苦於無所今幸有梁君永明趙君大賢大同大聰及趙君金生同心協力各捐貲財慨然以刱建爲已任第功程浩大難以告竣因糾合本村並募化四方於是鳩工庀材不數月而堂宇輝煌輪奐並美也金光閃爍繪畫一新也凡人之拜献祈禱者又何慮無所乎而 聖母之靈亦必洋洋來格矣事值告成囑余為文余何能文聊具小序勸諸負珉以誌不朽云

邑庠生張紹南敬撰並書

泥木匠王明祿

石匠刘登才 趙恭

嘉慶元年歲次丙辰三月谷旦 仝立石

【一五九】　創建廣生殿碑記

年代：清嘉慶元年

尺寸：高 132 釐米，寬 50 釐米

立石地點：新安縣正村鄉南嶽村龍王廟

創建廣生殿碑記

〔碑首〕：大清

邑北三十里地名南藥料村南多佳景，覽勝者見其青山環抱，雲峰接天，綠水斜流，醴泉湧地，每低徊而不忍去。顧地靈者人必傑，而佑人者則惟神，況夫啓後嗣、保嬰兒，尤宜修祠，以崇祀者乎。考自村居以來，舊無廣生聖母祠，里人之拜獻祈禱者，皆苦於無所。今幸有梁君永明，趙君大賢、大同、大聰及趙君金生同心協力，各捐貲財，慨然以創建爲己任。第功程浩大，難以告竣，因糾合本村并募化四方。於是，鳩工庀材，不數月而堂宇輝煌，輪奂並美也，金光閃爍，繪畫一新也。凡人之拜獻祈禱者，又何慮無所乎，而聖母之靈必洋洋來格矣。事值告成，囑余爲文，余何能文，聊具小序，勒諸貞珉，以誌不朽云。

邑庠生張紹南敬撰并書。

功德主：梁永明子萬善、梁永若子萬鍾錢伍仟伍百。趙大賢子瑞生錢叁千。趙大同子俊生錢叁千五百。趙大聰子化生錢叁千五百。趙金生、趙崑生侄百行錢肆千五百。梁保錢一千七百。監生王登第銀一兩五。張明翥錢一千。李遇寅錢一千。梁永超錢一千。許學孟錢一千。趙大文錢一千。梁陶錢一千。趙大倫錢一千。張承緒錢一千。趙大備錢一千。趙明學錢一千。趙誠生錢一千。趙大哲錢八百。王錫春錢七百卅四。王信錢七百。程自修錢七百。趙大鋭錢六百。趙大任錢六百。趙光先錢六百。趙長生錢六百。趙篤生、宋同文、趙有、趙大經、張學文、王廷保、胡金太、毛學哲，以上各錢五百。劉登才、趙蓁、趙有順、生員王佃書、胡秀儒、吏員胡文昇，以上各錢四百。王平業、王世福、生員王智顯、王廷舉、生員姬維斗、毛學海、毛學深、三盛號、張九卿、王得民、游特士、趙言生、李進魁、趙富、張學明、王作楝、趙大化、趙百發、程自立，以上各錢三百。梁琚、韓若奇、毛生桂、監生姬成、梁永順、王智鋭、監生姬維新、王玉印、王永儒、孟津丁顯忠、王永重、王居正、王智慎、鄭蘭、趙夫功、毛學崇、王增業、胡金兆、胡文里、胡永昇，以上各錢二百。毛生楷、胡文明、李法友、韓若松、李書昇、梁永睦、王廷儒、王廷璠、梁永周、梁永靖、梁永欽、張承有、李尚德、趙有爵、趙友涼、王明禄、袁倫、王永盛，以上各錢二百。王自富、趙英生、習守全、趙明興、張學周、趙大賓、習守邦、趙良生、趙有禄、雙成號，以上各錢二百。梁瑱、夏大武、梁瑕、袁守智、趙振生、趙振先錢一百五十。張學武、馬有德，以上各錢一百五。許紱、趙明理、毛生桐、監生梁炳南、趙念子、梁永煦、梁永江、梁珚、梁珏、梁佈、梁珺、梁現、梁瑄、梁珩、李敬德、梁環、鄭芳……

泥木匠：王明禄。石匠：劉登才、趙蓁。

嘉慶元年歲次丙辰三月穀旦仝立石。

【一六〇】 玄元觀記

年代：元中統元年

尺寸：高 117 釐米，寬 77 釐米

石存地點：新安縣鐵門鎮洞真觀

〔碑首〕：玄元觀記

夫深山大澤，寔龍蛇之所居；喬松勁柏，非培塿所能生。鸞鳳不棲於枳棘，至人偃息於山樊。高蹈煙霞，芝耕□臥，聲利不入者，惟我王公其或似之歟。公諱志希，字子玄，磁州□□人。生特稟異，夙有玄契，志高清□，□□□殊常異黄埃稠人。年登未冠，父母議行媒妁，其志凜凜，有不□奪之操，遂孑然孤邁，蹭蹬林丘□□，神靈□□平真人，有道之士，遂師事焉。君以朝鍼暮艾，薰灸日久，至于行役，親執荷負。厥後，趙君杖鞁入關，乃謂曰：教門大開，各赴一方，宜廣扇玄風，以行化於他邦，於洛之陽，泝澗濱而上者，已兩舍矣，邑曰新安，墅曰焦家溝，其地爽□，□水浄清，其俗敦龐，松竹暢茂，蔚然玄古之風。詢其耆彦云：此宋朝楊令公之丘□也，有女孫楊宗寶感祝之義，居廬於此，遂入道而爲觀焉，其志慤質而得道。真宗祀西嶽，車駕幸此，帝感其孝誠，賜玉虚散人。是時，殿閣崢嶸，戶牖虚映，粉堞朱甍，梅竹晶熒，背連北邙之根原，西接澗流之逶迤，東鄰康節之□，西揖甘卿之祠。經金末毀，不滅福地之風。其後劫火燒空，兵塵亘野，唯餘斷垣頽址而已。既聞乃喟然嘆曰：有廢必有興。乃挂缽於茲，芟茅掇礫，築垣構屋，先以玄元殿，次列真官祠。西有竹□，厠以壟阜，仍以□□，亞以□□，祀真工師影祠，□倅其中，事産别具，公憑清和大宗師錫額“玄元觀”焉，比之荒蕪，厥有成績矣。慮風序推遷，擬刻貞珉，纘紹前人之丕烈，繼紀成敗之肇因。託法襽李□□古修，不遠千里，乞記於擁腫，予也棲迹于秦，尚昧秦甸，敢當伊洛之責焉。辭不獲，□□諸來狀，備實而□之。寓長安十方玄都萬壽宮希皓逸人爲之記。

中統元年九月□日知□□□□李志淳。

大朝歲次庚申九月丙寅朔丁亥日，長安希皓逸人撰，新關□□范璉篆額書，棲迹羽衣毛道能刊。

羽衣梁志通、李志□、鄒志順、祭志明等立石。

捕盜官楊福、次三官段和清、次三官毛立、新安縣縣長官廉祥。

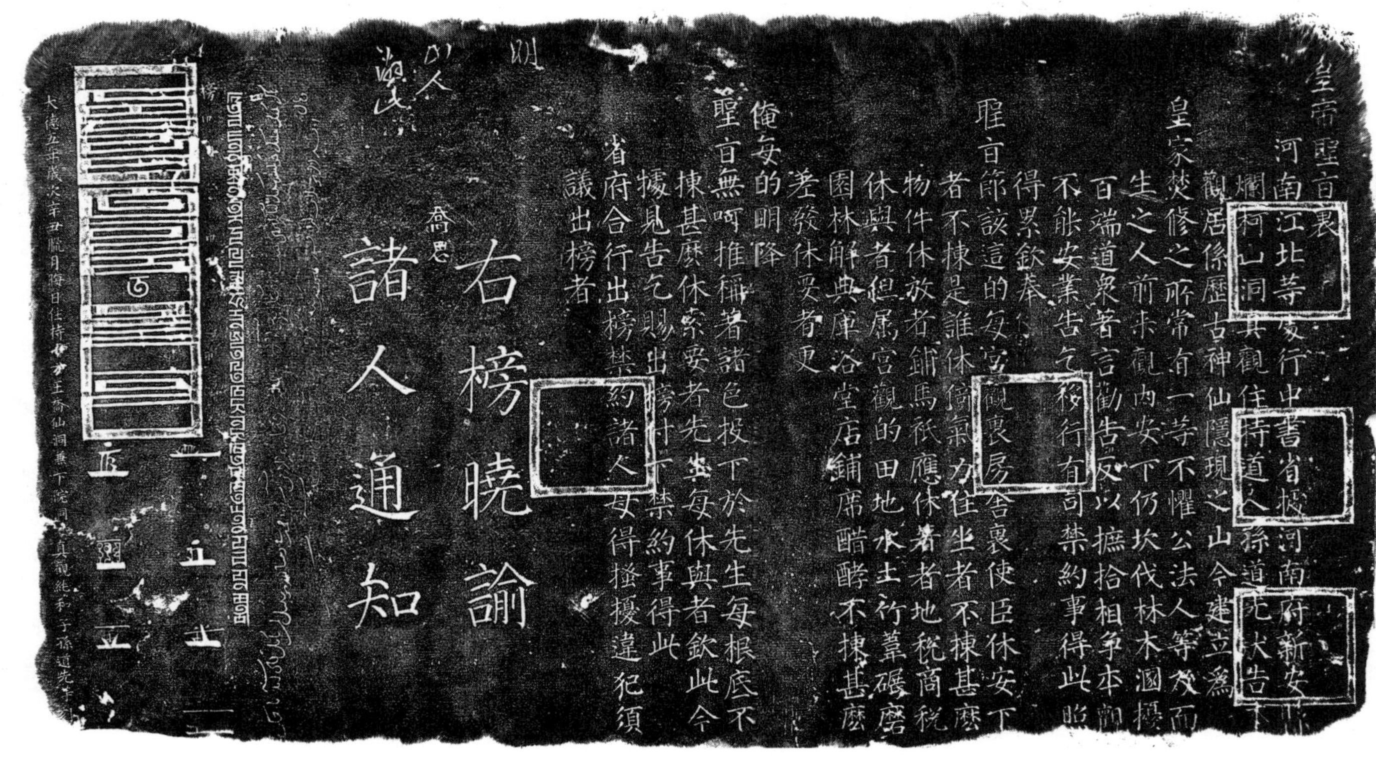
右榜曉諭
諸人通知

【一六一】　洞真觀皇帝聖旨

年代：元大德五年

尺寸：高 62 釐米，寬 110 釐米

石存地點：新安縣鐵門鎮洞真觀

皇帝聖旨

裏河南、江北等處，行中書省，據河南府新安縣爛柯山洞真觀主持道人孫道先狀告：本觀居係歷古神仙隱現之山，今建立爲皇家焚修之所，常有一等不畏公法人等及面生之人，前來觀内安下，仍坎伐林木，溷擾百端，道衆著言勸告，反以摭拾相争，本觀不能安業。乞移行有司禁約事，得此照，得累欽奉聖旨，節該這的每宫觀裏、房舍裏使臣，休安下者，不揀是誰，休倚氣力住坐者，不揀甚麽物件休放者，鋪馬祗應休著者，地税、商税休與者，但屬宫觀的田地、水土、竹葦、碾磨、園林、解典、庫浴、堂店、鋪席、醋酵，不揀甚麽差發休要者，更俺每的，明降聖旨，無呵推稱著諸色投下於先生，每根底不揀甚麽休索要者，先生每休與者，欽此。今據見告，乞賜出榜付下禁約事。得此，省府合行出榜，禁約諸人，毋得騷擾，違犯須議。出榜者，右榜曉諭，諸人通知。

大德五年歲次辛丑臘月晦日，住持十方王喬洞兼下院洞真觀純和子孫道先等刻。

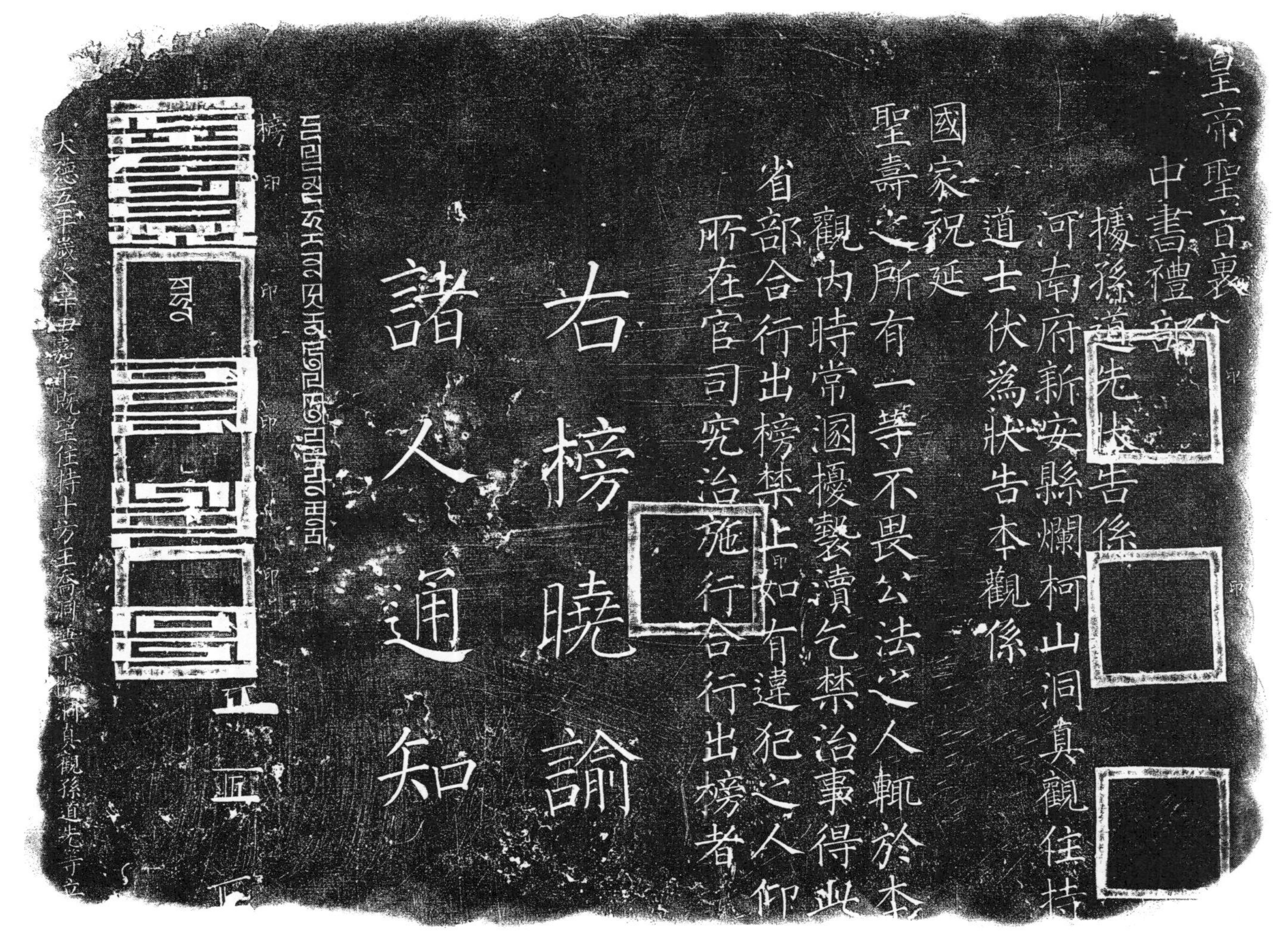

皇帝聖旨裏
中書禮部
據孫道先狀告係
河南府新安縣爛柯山洞真觀住持
道士伏為狀告本觀係
國家祝延
聖壽之所有一等不畏公法之人輒於本
觀内時常溷擾褻瀆乞禁治事得此
省部合行出榜禁止如有違犯之人仰
所在官司究治施行合行出榜者
右榜曉諭
諸人通知
大德五年歲次辛丑嘉平既望住持十方王喬洞[illegible]真觀孫道先等立

【一六二】 洞真觀皇帝聖旨

年代：元大德五年

尺寸：高 56 釐米，寬 73 釐米

石存地點：新安縣鐵門鎮洞真觀

皇帝聖旨

裏中書禮部，據孫道先狀告，係河南府新安縣爛柯山洞真觀主持道士，伏爲狀告：本觀係國家祝延聖壽之所，有一等不畏公法之人，輒於本觀内時常溷擾褻瀆，乞禁治事。得此，省部合行出榜禁止，如有違犯之人，仰所在官司究治施行。合行出榜者，右榜曉諭，諸人通知。

大德五年歲次辛丑嘉平既望，住持十方王喬洞兼下院洞真觀孫道先等立。

爛柯山蹟
奉題河南府爛柯山鐵斧詩
錢唐 [illegible] 疇 [illegible] 仲壽
我生江南山水間嘗聞王衢有柯山郡人王質伐木去遇仙圍碁石
一局未終斧柯爛却尋歸路極躋攀還家陵已毀百載考之山[illegible]
閒漢上河南府復有爛柯山甚古王喬真人舊跡存曾[illegible]當時[illegible]鐵
不鎔水津津竊之不受人為主全真道人孫純和[illegible]持[illegible]擇[illegible]苦
記細討論有四王喬皆不傳仙人[illegible]化詎可量出彼處此神[illegible]
[illegible]求不同流俗事恨歸請君郡返來時路[illegible]雲鎖[illegible]
若子大[illegible]刻庸何傷此山此斧傳不朽願信仙家日月長
大德四年歲[illegible]季十二月[illegible]

【一六三】　奉題河南府爛柯山鐵斧詩

年代：明嘉靖元年

尺寸：高147釐米，寬65釐米

立石地點：新安縣鐵門鎮洞真觀

奉題河南府爛柯山鐵斧詩

〔碑首〕：爛柯山誌

我生江南山水間，嘗聞王衢有柯山。郡人王質伐木去，遇仙圍棋石洞前。一局未終斧柯爛，却尋歸路極躋攀。還家倏已數百載，考之仙傳語□□。

聞漢上河南府復有爛柯山，甚古，王喬真人舊跡存。曾題當時□鐵□□不鎔水津，津竊之不受人爲主。全真道人孫純和攜持之，憚遠勞苦，□□記細討論，有四王喬，皆不任仙人變化，詎可量出彼處？此神無方，□□□用績求下同流，俗事低昂，請君卻返，來時路匝之，仍貯雲錦囊也。年□□告子大書深刻，庸何傷此山此斧傳不朽，頤信仙家日月長。

钱唐疇斋□，仲涛。

大德四年歲次庚子十二月。

嘉靖改元夏六月。

遊王雅洞詩三首按吹笙王子晉
飛舄王喬爛柯王質事殊代異
地不同方一統志可考今謂
爲一好奇者之爲也當作王
洞故各賦一律
[illegible]尋子晉入深山癖愛山[illegible]且[illegible]
[illegible]鶴何方空古洞停車此[illegible]
[illegible]林長笛風塵迴曲[illegible]
[illegible]脫屣眞傳晉已遠[illegible]
[illegible]人間
[illegible]王喬自葉回樓[illegible]
[illegible]松不信人間有飛舄何從[illegible]
[illegible]全[illegible]玉[illegible]爲伴侶[illegible]
[illegible]洞[illegible]余闕令沉淪[illegible]
[illegible]碧臺
王質得[illegible]事更稀逢人對弈[illegible]
依專心縱橫天猶曙回首至圖[illegible]
已非法教空傳柯爛處于今[illegible]
洞闕靠若知大道還元始一[illegible]
輸未了機
晉
嘉靖歲舍丙寅春正月之吉
黎陽壁野道人王訓書
廣東廣州府新會縣見任河南府新安縣典史何友竟 爲民
祈雨到此

【一六四】　遊王喬洞詩三首

年代：明嘉靖九年

尺寸：高 57 釐米，寬 97 釐米

立石地點：新安縣鐵門鎮洞真觀

遊王樵洞詩三首

按：吹笙王子晉，飛舄王喬，爛柯王質事殊代異，地不同方，《一統志》可考，今謁□爲一好奇者之爲也，當作王喬洞各賦一律。

詔尋子晉入深山，癖愛山奇且解□。□鶴何方空古洞，停車此際□□□。踈林美笛風塵迴，曲問流□□□□。□脱屣真傳吾已，得飄親□□□間。

□説王喬自葉回，棲真福地□□□。□松不信人間有，飛舄何從□□來。金□玉簫爲伴侶，清□□□其徘徊。顧余闢令沉淪名，煩□□□□碧臺。

王質得僊事更稀，逢人對弈梗信依。專心縱横天猶曙，回首丘園代已非。浩劫空傳柯爛處，于今衹曰洞闢扉。若知大道還元始，一局翻輸未了機。

黎陽璧野道人王訓書。

時嘉靖歲舍丙寅春正月之吉。

【一六五】　遊爛柯山真人王喬仙洞題字碑

年代：明嘉靖三十年

尺寸：高 123 釐米，寬 63.5 釐米

立石地點：新安縣鐵門鎮洞真觀

爛柯山真人王喬仙洞。

嗣教玄逸子書。

大元大德五年歲次辛丑十一月下旬有一日十方王喬仙洞兼下院洞真觀住持純和子孫道先等立石。

正德丙子春，江西僉事長安師夔、新安尹景州馮積德同遊，夔題。

嘉靖辛亥端陽日，王泉周鼎、汲泉沈紹德、少槐劉燈、北柔胡大亨同遊。

嘉靖己未沈紹德同槐□孫夢豸遊者，時夢豸为靈寶令，紹德謫陝州刺也。

嘉靖丙申仲春既望，麻城松石山人劉六和歸安南溪，居士沈鐸同遊。

嘉靖辛亥暮春晦日，關中少波、黄宬過遊。

嘉靖甲申春暮，樊川許宗魯偕弟宗伊同遊。

嘉靖甲辰秋九月十有三日，吾西李仁、疊川於敖、黄崖李廷康同遊於此。

嘉靖壬寅靈寶許論默齋來遊。癸卯姪許保桃丘過此刻石。

嘉靖丙申秋九月十三日，博興南里山人顧鐸來遊，時任陝西太僕卿。

嘉靖癸卯，新正商山止溪同桃林、許桃丘遊此。恬齋子書。

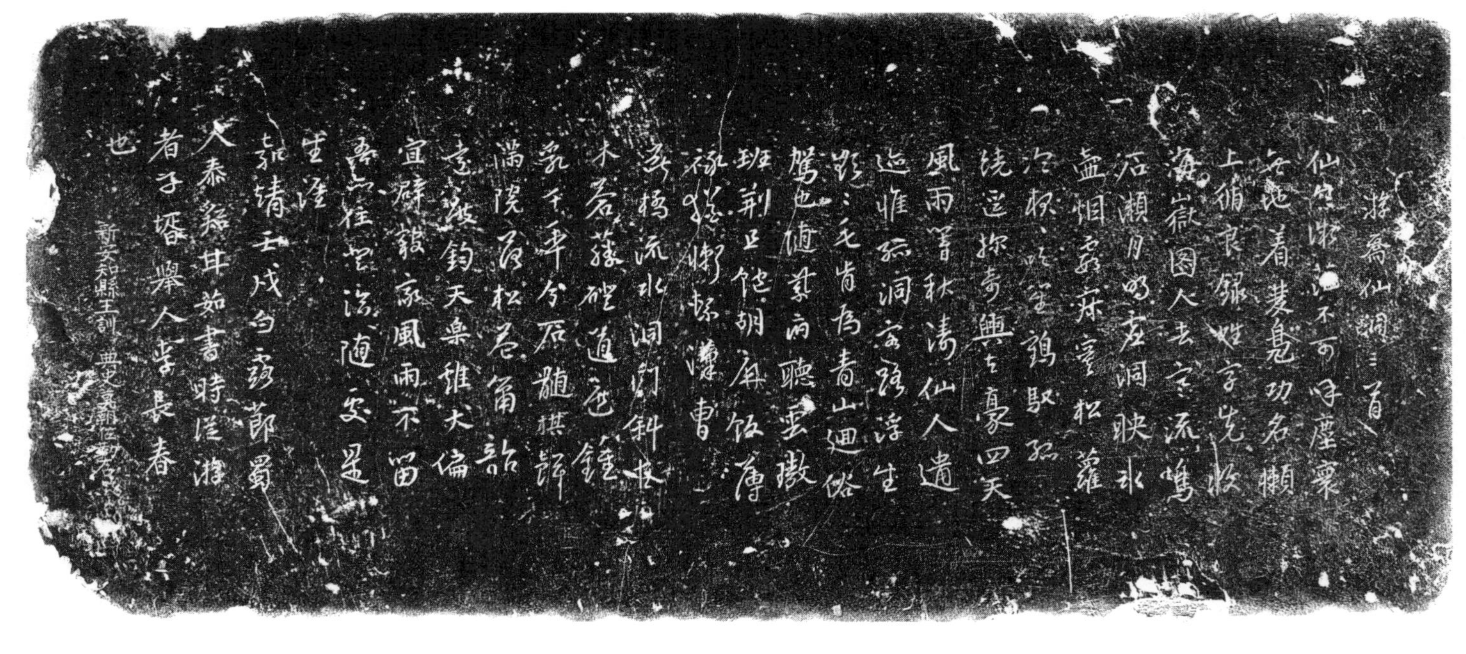

【一六六】 遊喬仙洞三首

年代：明嘉靖四十一年

尺寸：高 50 釐米，寬 111 釐米

立石地點：新安縣鐵門鎮洞真觀

遊喬仙洞三首

仙鶴微茫不可呼，塵寰無地着雙鳬。功名懶上循良録，姓字先收海嶽圖。人去寒流鳴石瀨，月明虚洞映冰壺。煙霞寂寞松蘿冷，夜夜吹笙鶴馭孤。

繞逕探奇興古豪，四天風雨閣秋濤。仙人遺跡惟孤洞，客路浮生欲二毛。肯爲青山回俗駕，也隨紫府聽雲璈。班荆且飽胡麻飯，薄禄猶懶繫漢曹。

斷橋流水洞門斜，古木蒼藤磴道遮。鍾乳千年分石髓，棋聲滿院落松花。簫韶遠度鈞天樂，雞犬偏宜辟穀家。風雨不留吾亦住，登臨隨處是生涯。

嘉靖壬戌白露節蜀人泰谿甘茹書，時從遊者子婿舉人李長春也。

新安知縣王訓、典吏莫朝佐勒石。

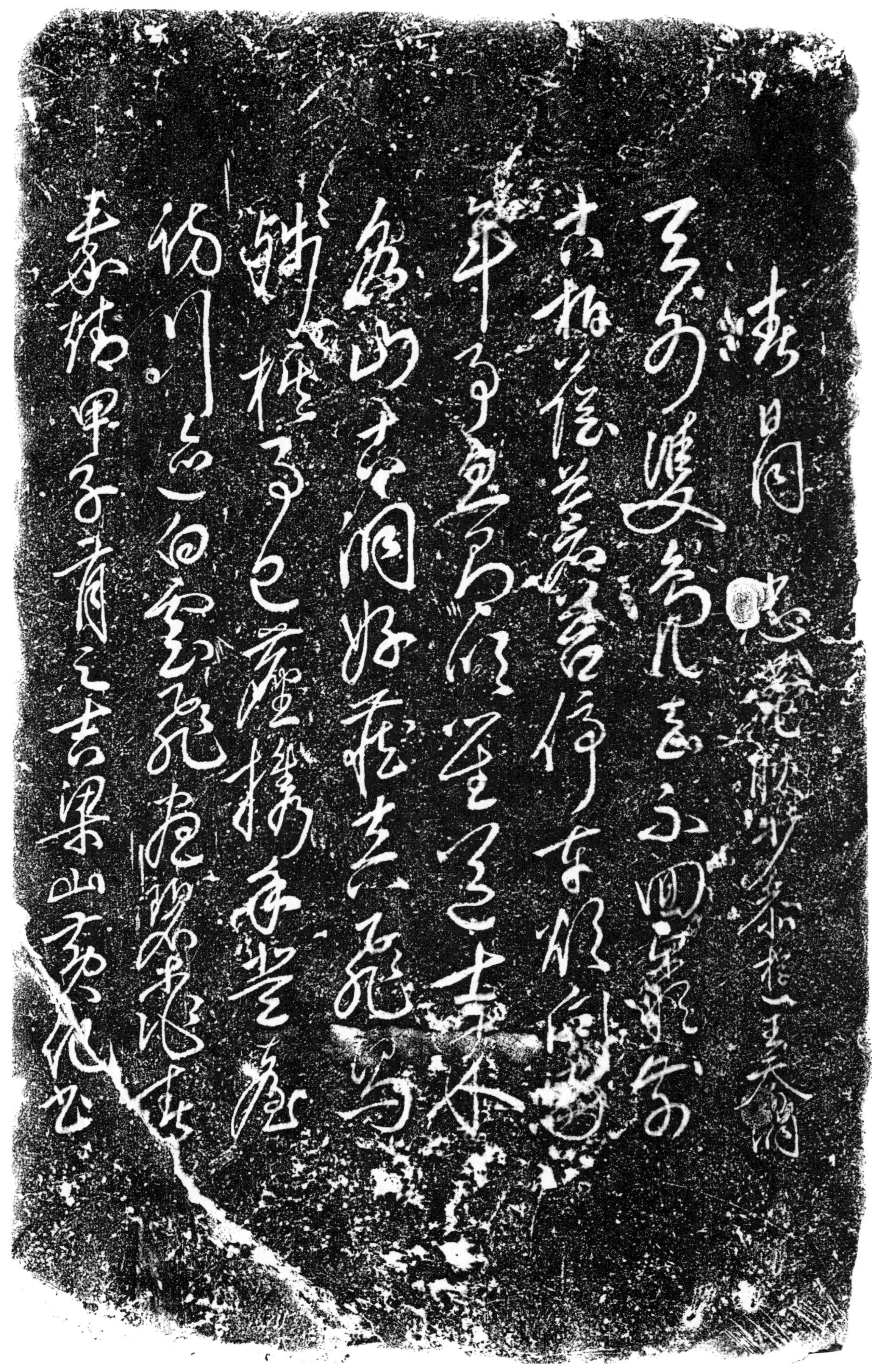

【一六七】　遊王喬洞詩碑

年代：明嘉靖四十三年

尺寸：高 106 釐米，寬 65 釐米

立石地點：新安縣鐵門鎮洞真觀

遊王喬洞詩碑

春日同忠庵耿少恭游王喬洞。

天外雙鳧去不回，岩前古柏蔭蒼苔。停車欲問當年事，忽有吹笙道士來。名山古洞好藏真，飛舄殘棋事已塵。攜手登臺訪行跡，白雲飛盡碧桃春。

嘉靖甲子二月之吉梁山黄紀書。

朝山進香

建醮完滿碑記

伏聞作善降祥大道無私於景既徵

上蒼總攝册悃仰瀆高旻切惟宜陽

同在石窑村一境週遭居住男善人

史氏夫婦完集一社人等輸已財命

斕柯仙山修醮三年完矣掛旛二首上祈

皇圖鞏固帝道遐昌雨順風調時和歲稔

安境域康寧後裔蕃昌醮愿通於

帝陛恩澤錫於塵寰道日增輝照散人間

迎來 天上之禎祥禮無不盡誠則

周矣故勒石刻名不朽矣歲月云

大明萬曆二年歲次甲戌叁月吉日黄籙殿

【一六八】　建醮完滿碑記

年代：明萬曆二年

尺寸：高 72 釐米，寬 46 釐米

立石地點：新安縣鐵門鎮洞真觀

建醮完滿碑記

〔碑首〕：朝山進香

伏聞：作善降祥，大道無私。於景贶微，□□上蒼。總攄冊悃，邱瀆高旻。切惟宜陽，□□同見。在石窟村一境周圍居住男善人□史氏夫婦，究集一社人等輸己財，會□爛柯仙山修醮三年完矣，掛旛二首，上□皇圖鞏固，帝道遐昌，雨順風調，時禾歲稔安，境域康寧，後裔蕃昌。醮願通於帝陛，恩澤錫於塵寰，道日增輝，照散人間。迎來天上之禎祥，禮無不盡，誠則周矣。故勒石刻名不朽矣歲月云。

大明萬曆二年歲次甲戌叁月吉日黄籙殿。

黃籙碑記

施捨黃籙碑記

黃籙者乃劉公巨濟之始也命推夭壽遂投　孫真人言曰廣捨資財書畫黃籙二堂建其黃

籙延生大醮乃巨濟壽增二紀後得主簿之職人心有懷誠可格天也今盧院保鉄門鎮功德

主趙志武生於鄉宦之家長於閥閱之族名播積善之功也始於善者性之也繼於為善者感

之也夫行善者本性成德篤為善感人之於善因循相繼謂不由於人性之皆善者耶是發誠

心命工彩畫黃籙聖像二堂施於

福地王喬洞遇仙宮道士楊清和雲堂永遠供奉此乃實為積善之家必獲有餘之慶是以又

建黃籙延齡大醮增壽年之有永培福果之無差延子孫後裔而遠膝祈功果善念以悠長允

祈希求俱蒙化育是故記之　先送黃籙一堂劉泰旻供奉

讚　壽基日永　福樹春融　禎祥露佈　厄難風清

曰　子孫綿遠　家眷昌隆　內外迪吉　四序咸寧　好　秋

功德主趙志武王氏同緣人邵氏

長男趙詰王氏　次男趙詳　偹香児孫男好收

化主楊清和　門徒焦一倫　孫張陽鄉

畫匠楊坤　楊詔　韓陽輔

大明萬曆二年歲次甲戌五月初四日立石匠秦景春　秦簡　本山住持伊清淳

【一六九】 施捨黄籙碑記

年代：明萬曆二年

尺寸：高 142 釐米，寬 55 釐米

立石地點：新安縣鐵門鎮洞真觀

施捨黄籙碑記

〔碑首〕：黄籙碑記

黄籙者，乃劉公巨濟之始也，命推夭壽，遂投孫真人，言曰：廣捨資財，書畫黄籙二堂，建其黄籙延生大醮，乃巨濟壽增二紀，後得主簿之職。人心有懇誠，克格天也。今廬院保鐵門鎮，功德主趙志武生於鄉宦之家，長於闤闠之族，名稱積善之功也。始於善者，性之也；繼於爲善者，感之也。夫行善者，本性成德焉；爲善感人之於善，因循相繼，謂不由於人性之皆善者耶。是發誠心，命工彩畫黄籙聖像二堂，施於福地王喬洞遇仙宫，道士楊清和雲堂永遠供奉。此乃實爲積善之家，必獲有餘之慶。是以又建黄籙延齡大醮，增壽年之有永，培福果之無差，延子孫後裔而遶膝，祈功果善念以悠長，凡所希求，俱蒙化育，是故記之。

先送黄籙一堂，劉泰旻供奉。

讚曰：壽基日永，福樹春融。禎祥露佈，厄難風清。子孫綿遠，家眷昌隆。内外迪吉，四序咸寧。

功德主：趙志武、王氏。同緣人：邵氏。長男：趙誥、王氏。次男：趙許、修喬兒。孫男：好秋、好收。化主：楊清和。門徒：焦一倫。孫：張陽鄉、韓陽載。

畫匠：楊坤、楊詔。石匠：秦景春、秦簡。本山住持：伊清淳、陽卿。

時萬曆二年歲次甲戌五月初四日立。

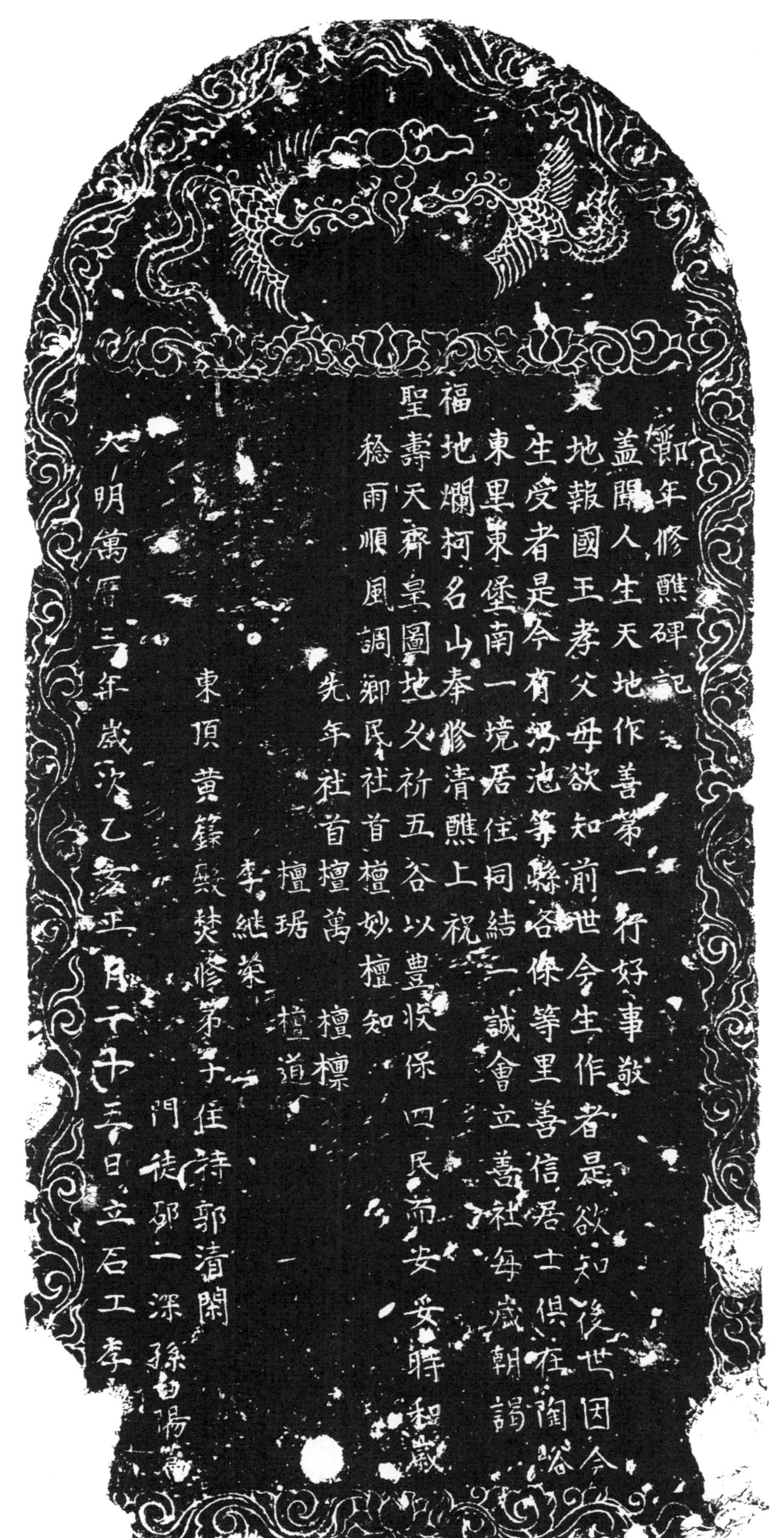

節年修醮碑記
蓋聞人生天地作善第一行好事敬
地報國王孝父母欲知前世今生作者是欲知後世因今
生受者是今有澠池等縣各保等里善信居士俱在陶峪
東里東堡南一境居住同結一誠會立善社每歲朝謁
福地爛柯名山奉修清醮上祝
聖壽天齊皇圖地久祈五谷以豐收保四民而安妥時和歲
稔雨順風調鄉民社首檀妙檀知
先年社首檀萬檀標
檀琚檀道一
李繼榮
東頂黃籙殿焚修弟子住持郭清閑
門徒邵一深孫自陽等
大明萬曆三年歲次乙亥正月二十三日立石工李

【一七〇】　節年修醮碑記

年代：明萬曆三年

尺寸：高 95 釐米，寬 44 釐米

立石地點：新安縣鐵門鎮洞真觀

節年修醮碑記

蓋聞：人生天地，作善第一。行好事，敬天地，報國王，孝父母。欲知前世今生作者是，欲知後世因今生受者是。今有澠池等縣各保等里善信居士，俱在陶峪東里東堡南一境居住，同結一誠，會立善社，每歲朝謁福地爛柯名山，奉修清醮，上祝聖壽天齊，皇圖地久，祈五穀以豐收，保四民而安妥。時和歲稔，風順雨調。

鄉民社首：檀妙、檀知。先年社首：檀萬、檀標、檀琚、檀道、李繼榮。

東頂黄籙殿焚修弟子住持：郭清閑。門徒：邵一深。孫：白陽篇。石工：李口。

大明萬曆三年乙亥正月二十五日立。

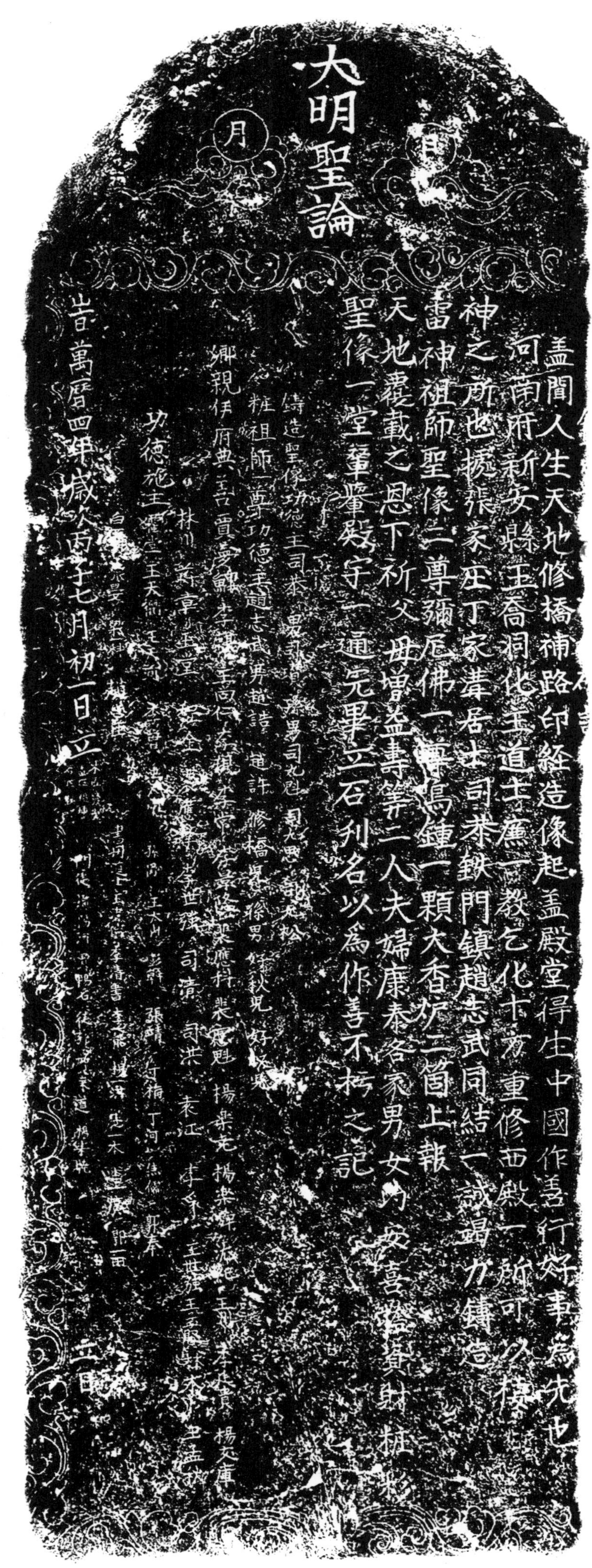

大明聖諭

蓋聞人生天地修橋補路印經造像起蓋殿堂得生中國作善行好事爲先也

河南府新安縣玉喬洞化主道士應一教乞化十方重修西殿一所可以棲

神之所也攬張家庄丁家莊居士司希欽門鎮趙志武同結一誠竭力鑄造

雷神祖師聖像二尊彌尼佛一尊鳥鍾一顆大香炉二箇上報

天地覆載之恩下祈父母增益壽筭二人夫婦康泰各家男女乃安喜捨資財粧彩

聖像一堂筆畢殺字一通完畢立石刊名以爲作善不朽之記

旹萬曆四年歲次丙子七月初一日立

【一七一】 重修西殿暨金粧聖像碑記

年代：明萬曆四年

尺寸：高 165 釐米，寬 69 釐米

立石地點：新安縣鐵門鎮洞真觀

〔碑首〕：大明聖諭　日月

蓋聞：人生天地，修橋補路，印經造像，起蓋殿堂，得生中國作善行好事爲先也。河南府新安縣王喬洞化主道士廉一教，乞化十方，重修西殿一所，可以棲神之所也。據張家莊、丁家溝居士司恭、鐵門鎮趙志武同結一誠，竭力鑄造雷神、祖師聖像二尊，彌尼佛一尊，鳴鐘一顆，大香爐二個，上報天地覆載之恩，下祈父母增益壽等，二人夫婦康泰，各家男女均安。喜捨貲財，粧彩聖像一堂，葦罨殿宇一通完畢，立石刊名，以爲作善不朽之记。

鑄造聖像功德主：司恭，男司贊，孫男司九魁、司九思、司九松。

粧祖師一尊功德主：趙志武，男趙誥、趙許、修橋兒，孫男好秋兒、好收兒。

乡親：伊府典善賈夢鯉、李麒、王尚仁、李現、李常、李景隆、裴應科、裴應魁、楊樂堯、楊樂舜、游紀、王州、李廷貴、楊文庫。功德施主：林川、蔣章、王堂、程金、裴應科、李世强、司清、司洪、袁江、李豸、王世强、王孟賢、林木、王孟秋、霍堂、王大衢、王天河、李貫、王大口、孫舅、王大山、彭幹、張靖、丁梅、丁河、焦儒、郭奉、白臣、張宴、梁一科、趙吉臣。書冊道士：王省儒、李清書、李一能、楊一洪、口一本、王一廣、郭一田，門徒廉陽河、賈陽石，徒孫賀來道、楊來兒。

木匠：戴堂。畫匠：楊坤。石匠：侯環。

時萬曆四年歲次丙子七月初一日立。

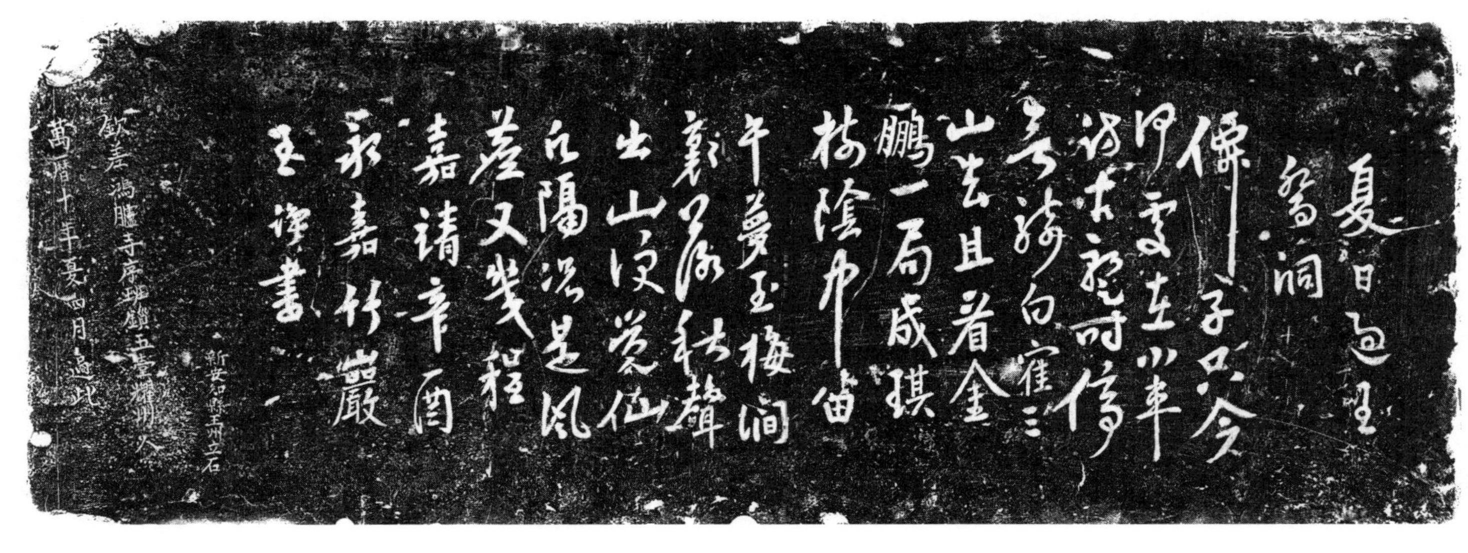

【一七二】　夏日過王喬洞詩碑

年代：明萬曆十年

尺寸：高 51 釐米，寬 143 釐米

立石地點：新安縣鐵門鎮洞真觀

夏日過王喬洞

僊子只今何處在，小車訪古暫時停。欲騎白鶴三山去，且看金鵬一局成。琪樹陰中留午夢，玉梅澗裏落秋聲。出山便覺仙凡隔，況是風塵又幾程。

嘉靖辛酉永嘉竹岩王諍書。

新安知縣王州立石。

欽差鴻臚寺序班鎖五臺耀州人。

萬曆十年夏四月過此。

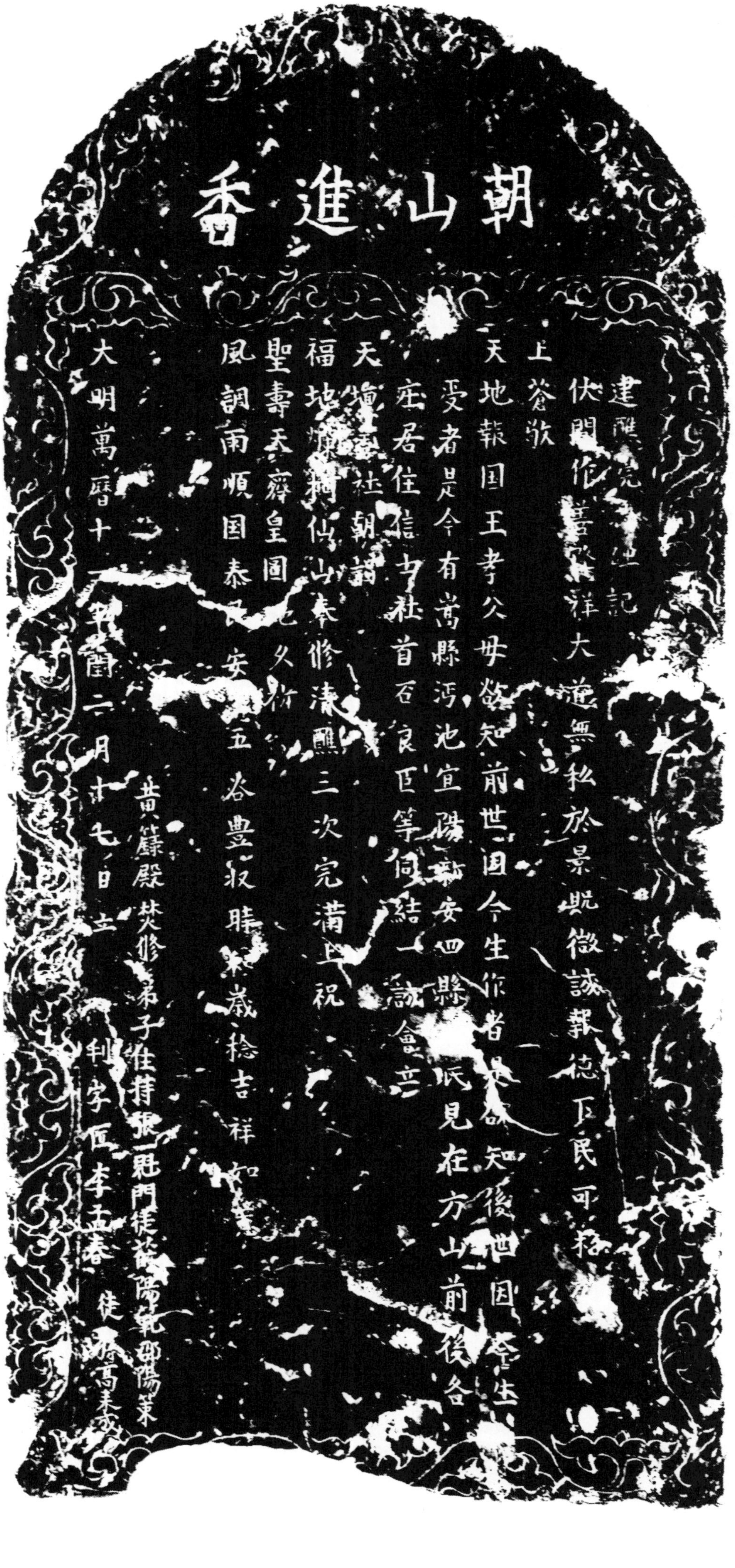

朝山進香
建醮 記
伏聞作善降祥大道無私於景既徽誠報德下民可格
上蒼敬
天地報国王孝父母敬知前世因今生作者是今知後世因今生
受者是今有嵩縣汚池宜陽新安四縣 民見在方山前後各
庄居住信士社首石良臣等同結一誠會立
天壇 社朝謁
福地 仙山奉修清醮三次完滿上祝
聖壽天齊皇圖永久祈
風調雨順国泰民安五谷豊收時和歲稔吉祥如
黄籙殿焚修弟子住持張 門徒
大明萬曆十一年閏二月廿七日立
刊字匠李孟春 徒

【一七三】 建醮完滿碑記

年代：明萬曆十一年

尺寸：高 98 釐米，寬 46.5 釐米

立石地點：新安縣鐵門鎮洞真觀

建醮完滿碑記

〔碑首〕：朝山進香

伏聞：作善降祥，大道無私。於景貺微誠，報德下民，可格上蒼，敬天地，報國王，孝父母。欲知前世因今生作者是，欲知後世因今生受者是。今有嵩縣、澠池、宜陽、新安四縣人氏，見在方山前後各莊居住，信士社首石良臣等，同結一誠，會立天壇善社，朝謁福地爛柯山，奉修清醮，三次完滿，上祝聖壽天齊，皇图地久。祈風調雨順，國泰民安，五穀豐收，時和歲稔，吉祥如意。

黄籙殿焚修弟子住持：張一魁，門徒薛陽範、邵陽策，徒孫高來成。刊字匠：李孟春。

大明萬曆十一年閏二月十七日立。

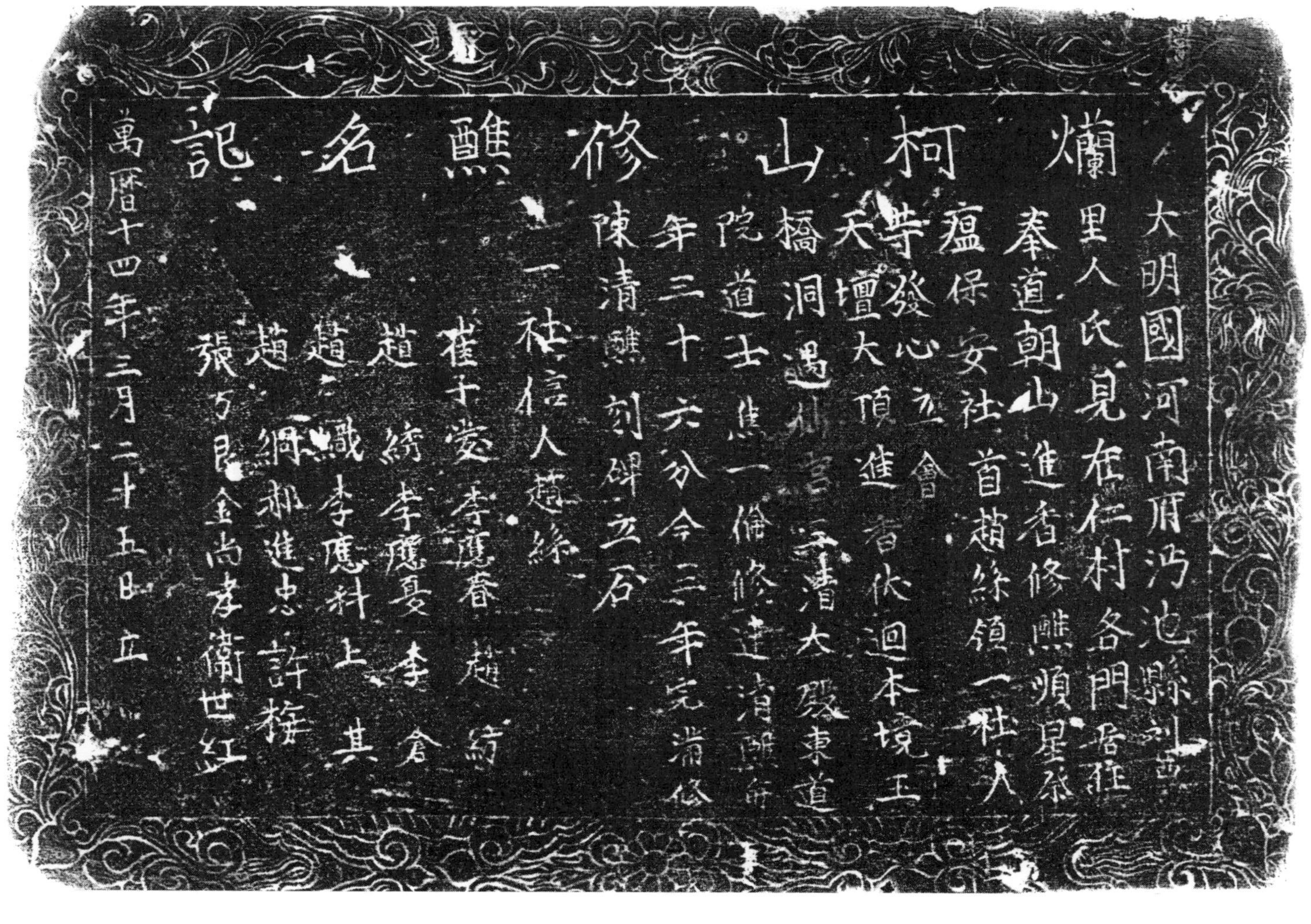
爛柯山修醮名記
大明國河南府澠池縣
里人氏見在仁村各門居住
奉道朝山進香修醮頂星
瘟保安社首趙綵領一社人
寺發心立會
天壇大頂進香伏迴本境王
橋洞遇仙宮重修大殿東道
院道士焦一倫修建清醮
年三十六分今三年完滿
陳清醮刻碑立石
一社信人趙綵
崔子愛 李應春 趙綸
趙綺 李應旻 李倉
趙識 李應科 上 其
趙綱 郝進忠 許榛
張万良 金尚孝 衛世紅
萬曆十四年三月二十五日立

【一七四】　爛柯山修醮名記

年代：明萬曆十四年

尺寸：高 35 釐米，寬 49 釐米

立石地點：新安縣鐵門鎮洞真觀

爛柯山修醮名記

大明國河南府澠池縣劉西里人氏，見在仁村各門居住，奉道朝山進香修醮，順星祭瘟保安。社首趙絲領一社人等發心立會，天壇大頂進香，伏回本境王喬洞遇仙宫，三清大殿東道院道士焦一倫修達清醮，每年三十六分，今三年完滿修陳清醮，刻碑立石。

一社信人：趙絲、崔子愛、趙繡、趙織、趙綱、張萬艮、李應春、李應夏、李應科、郝進忠、金尚孝、趙紡、李倉、上其、許梅、衛世紅。

萬曆十四年三月二十五日立。

【一七五】　進香修醮三次完滿記

年代：明萬曆二十三年

尺寸：高 82 釐米，寬 46 釐米

立石地點：新安縣鐵門鎮洞真觀

〔碑首〕：碑記

蓋聞天上垂科，天尊普化，廣施修醮之路，大開利之門。凡有祈禱，敢忘麥奏。大明國河南等郡承宣布政信司河南府新安、洛陽等縣靈院等里人士，見在鐵門鎮上莊居住，奉道進香三次，修醮完滿保安。信女裴門趙氏男裴唐用等領一社衆善人朝謁洞王屋名山，進香一炷，各表良愿，不用回至本境福地王喬洞遇仙宫大殿修達。清醮三次完滿，吉祥如意。

社首：信女裴門趙氏男裴唐用。衆信人：關紹孔李氏、趙玄張氏、王印周氏、鄭和全張氏、趙言□氏、田慶劉氏、郭□□鄧氏、郭洪□王氏、向周昭氏、劉氏男薛小、李□純王氏、丁山魁王氏、張子庫尚氏。

醮主梁陽□門徒郭來許、□會代書。

皇明萬曆貳拾叁年歲次戊戌三月二十四日。

【一七六】 爛柯山建醮三次完滿記

年代：明萬曆二十四年

尺寸：高 51 釐米，寬 57 釐米

立石地點：新安縣鐵門鎮洞真觀

爛柯山建醮三次完滿記

蓋聞：天地之間，爲善則吉，爲惡則殃。今據大明國河等處河南河南府新安、洛陽、偃、孟津、安益、澠池各縣各里人氏不同，見在客昌村居住，奉道朝山進香修醮保安。

社首邵馬等。

衆信：周全、吕黄、吕青、趙禄、張敬、唐士安、唐士英、唐士營、邵森、張應登、白守廉張成、邵見、李槐、余京。

領一社衆信人奉建清醮，祝國寧家人口平安，諸事吉利，保安家眷，請福通生。立不朽永遠爲記，吉祥如意。王喬洞遇仙宫焚香道士：邵陽梧、門徒張來美。石工：侯金斗、侯金邦。

大明萬曆二十四年三月吉旦。

【一七七】　修醮碑記

年代：明萬曆二十四年

尺寸：高76釐米，寬43釐米

立石地點：新安縣鐵門鎮洞真觀

蓋聞設醮三次完滿序

〔碑首〕：修醮碑記

伏聞醮酹天地，感格神明。作善者修設宫殿，齋濟布施，作大良緣。今俱大明國河南府澠池、宜陽等縣各里人氏不同，見在霍村居住，奉道朝山進香修醮，順星保安。

社首：信女劉門高氏男劉曉、次男劉香。掠首：左庫苗氏、馮朝高氏、吉連平氏、吉天保韓氏、吉萬周氏、陳隆褚氏、吉萬良王氏、席陽左氏、時氏男吉稷、吉氏男李尚乾、吉孟春時氏、吉孟夏李氏、裴尚營劉氏、吉孟勤平氏暨一社男女衆信人等，即日心拜于伏念人等建三次完滿，立石不朽，永遠爲記。

王喬洞遇仙宫本宫住持道士：梁陽相，門徒郭來許、王來詔。石刊匠：李慶。

萬曆二十四年歲次丙申三月吉旦立石。

修醮三宵宮滿[illegible]
伏以神藏宇宙咸[illegible]川遂之通聖桂杏[illegible]
之五應恩凡有來投[illegible]不奏聞長春萬
大明國河南府宜陽縣[illegible]保等里[illegible]氏見在[illegible]五[illegible]
藥樹村居住奉
道朝山進香修醮宮[illegible]社首趙氏夫郭韶
郭氏男王克智　賀[illegible]男趙[illegible]庫　馬氏夫趙永貴
伊氏男趙文魁　[illegible]男趙三槐　郭氏男于忠和
刘氏夫朱得倉　徐氏男[illegible]應春　[illegible]氏男郭守[illegible]
荀氏夫郭得川　蔡氏夫郭良　[illegible]氏夫郭天福
信士郭韶等
又社首郭九登　郭得川　于秋　于忠和
朱得万　朱九成　郭守清　郭守榮
郭守道　郭守安　郭守郡　郭守華
萬曆二十八年歲次庚子三月二十二日記

【一七八】　修醮三次完滿記

年代：明萬曆二十八年

尺寸：高 42.5 釐米，寬 52 釐米

立石地點：新安縣鐵門鎮洞真觀

修醮三次完滿記

伏以神藏宇宙，感而遂通，聖在杳□，□之立應。凡有來投，□不奏聞。臣奏爲大明國河南府宜陽縣各保等里人氏，見在紙五里藥樹村居住，奉道朝山進香，修醮完滿。

社首：趙氏夫郭照、郭氏男王克智、伊氏男趙友魁、劉氏夫朱得倉、芮氏夫郭得川、信士郭詔等、賀氏男趙友庫、岳氏男趙三槐、徐氏男郭應椿、蔡氏夫郭良、馬氏夫趙永貴、郭氏男于忠和、蔡氏男郭守志、趙氏夫邵天福。

又社首：郭九琴、朱得万、郭守道、郭德川、朱九成、郭守安、于秋、郭守清、郭守郡、于忠和、郭守榮、郭守華。

萬曆二十八年庚子三月二十二日記。

【一七九】　福地王喬洞洞真觀修醮完滿記

年代：明萬曆三十九年

尺寸：高 40 釐米，寬 64.5 釐米

立石地點：新安縣鐵門鎮洞真觀

福地王喬洞洞真觀修醮完滿記

天道昭昭，惟不言而善應，人心懇懇，想諒有能通。本司謹奏爲：大明國河南府新安縣羊義官莊第里人氏，見在七里站景家莊各門居住，奉道朝山進香，修醮順星。

社首岳海郭氏。

郭如友高氏、陳如一裴氏、張應時李氏、郭守全張氏、王三剛常氏、趙所增王氏、郭三川李氏、李争春張氏、李京郭氏、陳定方夏氏、李守才李氏、陳虎黄氏、王庫張氏、陳國煒郭氏、陳國耀邵氏、王彦高氏、郭三友李氏。

領一社衆信人等朝謁王屋仙山，進炷明香，各表心愿。次回爛柯仙山奉修清醮，保各家平安，吉祥如意。

福地王喬仙洞焚修弟子邵復德。

皇明萬曆三十九年三月二十五日同日立。

重脩
三清正堂正宫兩堂三門碑記
大明萬曆四十五年十一月大吉日立

【一八〇】　重脩三清玉皇三官四聖三門碑記

年代：明萬曆四十年

尺寸：高 237 釐米，寬 78.5 釐米

立石地點：新安縣鐵門鎮洞真觀

重修三清玉皇三官四聖三門碑記

新安縣知縣邵施穀拾石。功德主：孫第、霍應夅、孫文筆、樊任、生員耿日新、郭九、楊茂春。辛莊村：孫繼業、孫篁、孫國柱、孫一德、孫□統、孫維宗、孫維宦、孫維陞、孫維增、孫登雲、孫繼古。鐵門鎮：侯邦、王□氏、趙雲程、雷聖進、侯用、翟鳳鳴、李凡□、焦九道、焦天然、郭□極、徐養性、何應禎、劉應表、劉應賀、李九涯、李九仞、孫承業、武功著、郭加洞、李若會、趙良相、黄大昇、裴唐用、孫廷宗、于登雲、蘇貢、楊讓、郝用義、關鑒、趙從、高喜安、賈進忠、楊興、于深、俞守恩、雷昇、雷一龍、雷和臣、李□、侯三錫、劉邦任、張伸、劉西銘、雷興解、劉邦佐、郭天性、韓廷誥、王厚行、王才、□佃、李尚才、楊冬、王尚録、劉進名、李三成、朱天貴、丁詳。本山道衆：伊一寶、樊一遥、王陽選、劉陽支、梁陽相、張陽順、秦陽成、韓來臣、王來會、費來佳、郭來許、梁來錫、李復興、馬來亮。肴店：劉君寵、劉君賜、劉大木、李一經、鄭朝君、茹大本、李進名、劉文宦、劉大支、劉計英、李文學、李于木、李應山、宋上孔、李孟祥、宋子名、劉大卿、郝應科、喬啊時、喬自省、吕大木、吕大支、吕啓□、劉世增、劉孟夏、劉孟春、劉時貴、劉世漢、劉福全、黨賓、段蒼、田孟夏、曹進科、樊尚規、伊子順。上應：高天義、高天艾、高天相、高天渠、田孟□、□孟春、高孟夏、高天才、高義、李化梅、焦逢夏、楊梅、徐京、徐倉、李從鍇、李化京、趙得、徐子孝、王尚學、盧彩、高天河、賈東海、楊生。陳村：張自振、張任、張自立、張積、張九思、張省□、張自勝、張自翔、張常堯、張在、張維、張益、谷良倉、谷良庫、張守信。上莊：丁養魁、丁要科、于古□、劉寅、王全、徐玉簡。本山化首：黨一本、李陽恩、劉□□、李陽昇、李來强、楊表曉、趙□先、王來敬、刑來重、趙來安、黨來剛、王福懷、王福穩、王福國。本山住持：趙陽幸。仝立。

泥水匠：鄭邦、趙璧完。土工：潘斗、張大成、李茂云。

大明萬曆四十年十一月大吉日立。

大明國河南府宜陽縣北冊保一里人氏見在佛堂溝北冊新村居住奉
道修醮祈福懸掛燕袍社首吳從木 刘增祿 高孟陽
董應登 李進來
董應举 王國棟
董海 王自友
刘應河 張壯
王科 馬孟冬
王秋 刘世山
王門賀氏 王添倉
郭添益 居銀
賀君智 楊門郭氏
馬孟秋 王國明
李應節 王進登
王孟成 李文第
王孟礼 孫教出門中子仁留
王孟智
天壇進香俵愿三次已經圓滿復迴本境 王喬洞遇仙
宮東方伏住持刘來應門徒王從禄做下吉祥如意碑記
皇明崇禎二年春三月 吉 日立 刊字石匠李成林立

【一八一】　奉道修醮碑記

年代：明崇禎二年

尺寸：高 44 釐米，寬 48 釐米

立石地點：新安縣鐵門鎮洞真觀

大明國河南府宜陽縣北冊保一里人氏，見在佛窑溝北冊謝村居住，奉道修醮祈福，懸掛紅袍。

社首：吴從木、劉增禄、高孟陽、董應登、董應夆、董海、劉應河、王科、王秋、王門賀氏、郭承益、賀君智、馬孟秋、李應節、王孟成、王孟禮、王孟智、李進來、王國棟、王自友、張肚、馬孟冬、劉世山、王添倉、屠銀、趙門郭氏、王國明、于進金、李友弟、釋教沙門弟子仁富。

天壇進香俵愿三次，已經圓滿，復回本境王喬洞遇仙宫東方，仗住持劉來應、門徒王復穩啓事，吉祥如意。碑記。

刊字石匠：李成林立。

皇明崇禎二年春三月吉日立。

【一八二】 王喬洞修醮三年滿碑記

年代：明崇禎四年

尺寸：高 80 釐米，寬 46.5 釐米

立石地點：新安縣鐵門鎮洞真觀

天壇名山大頂進香三次復回宮，十方王喬洞修醮三年滿碑記。具大明國河南府等各府各州縣軍民人氏不同，見在□俠州朱家原仁里等各里人氏不同，見在宮前鎮居住，奉道朝山進香，修醮順星。

信士社首孟良弼。

衆信：孟學閔、高應禎、高應奇、鄭守志、高應和、李大寬、彭志利、楊孟秋、柴宗信、孟良補、王廷芳、孟良貴、費登露、高自春、李興、王廷語、田養情、吴自章、高應秋、陳三博、費朝剛、高茂揚、李邦進、王廷誥、鄭三喜、鄭三剛、陳三光、鄭三位、申科、吉進寶、張添順、杜守得、張守元、臧文書、杜林、王廷證、耿三平、王臣、韋□王、李士平、李江、王三河、高代、丁三佘、丁天文、王廷言、蔡□處、鄭守金、高茂梧、李如賓、高現。信女社首：李門蔡氏、高門張氏、王門宋氏、蔡門吉氏、高門申氏、王門馮氏、丁門張氏、常門劉氏、丁門衛氏、孟門馮氏、王門楊氏、王門郭氏、彭門晉氏、高門李氏。

同□王屋名山天壇大頂進香，祈保合社衆人口平安，吉祥如意。

代醮書□吴中寶。石匠：侯金佃刊。宫住持劉來應，徒王復禄，孫郭士會。

崇禎四年三月二十八日立碑記。

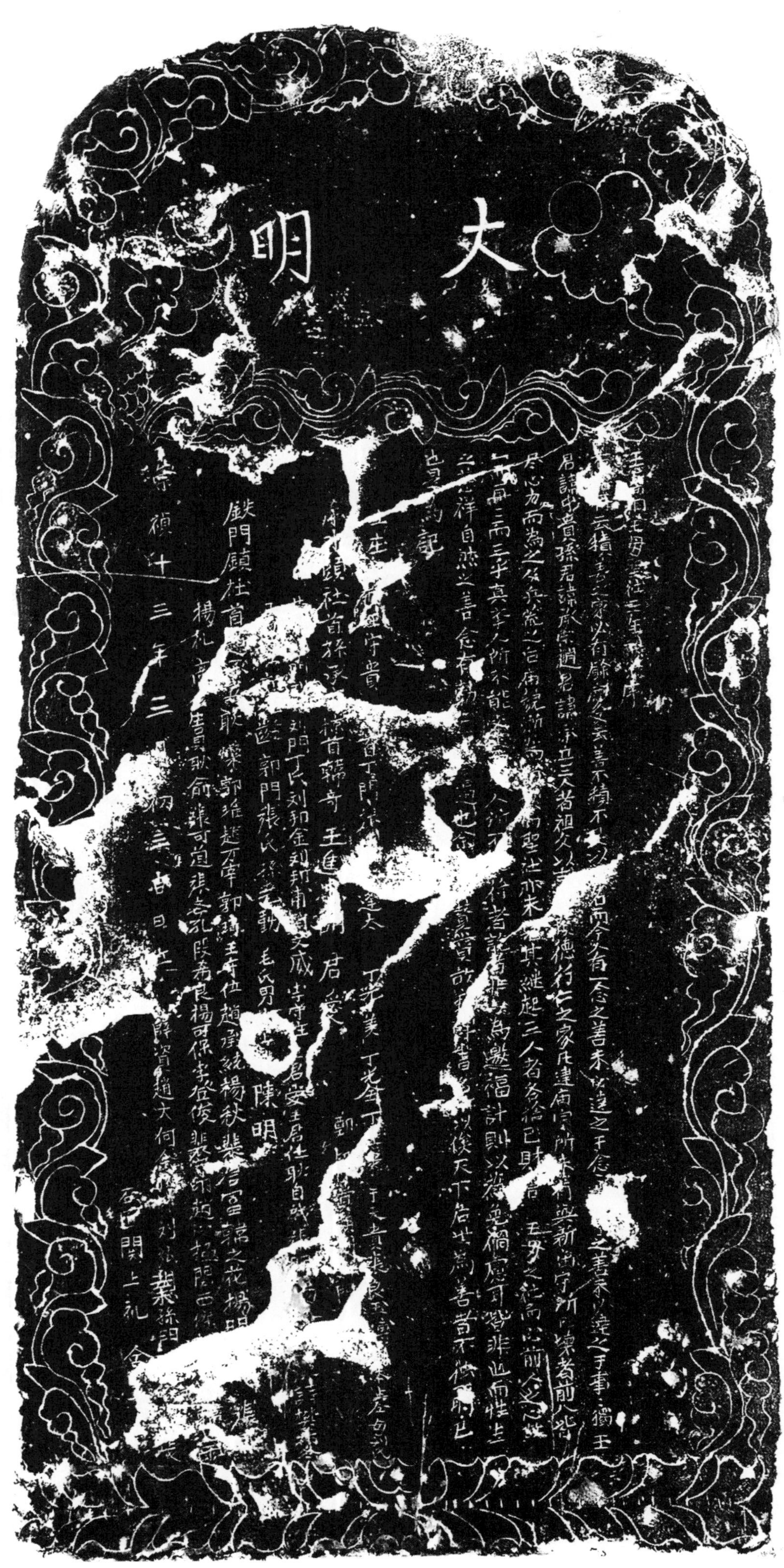

【一八三】　王喬洞王母聖社三年醮滿序

年代：明崇禎十三年
尺寸：高 105 釐米，寬 51 釐米
立石地點：新安縣鐵門鎮洞真觀

王喬洞王母聖社三年醮滿序
〔碑首〕：大明

有□□云：積善之家，必有餘慶。又云：善不積，不足以□名。而今人有一念之善，未必達之于念，□□□之善，未必達之于事。獨王君諱中貴、孫君諱承宗、趙君諱承立三人者，祖父以事□積德行仁之家，凡建廟宇所，□有興新。廟宇所已壞者，前人皆盡心力爲之。及兵荒之後，廟貌漸爲傾頽，而聖社亦未見其繼。三人者，各捨己財，□王母之社，而心前人之心，故一而再，再而三乎？真學人所不能學，而在人所不能符者，論者非□爲邀福計，則以爲免禍慮耳，皆非此而性生之慈祥，自然之善念，有勸三□□遏也。余□□□贊賞，故□拜書名諱，以俟天下各世爲善者，不獨□時已也。是爲記。

□莊社首：王守貴。掠首：丁門張氏、□逢太、丁光美、丁光全、丁全衆、于天貴、張良玉、傅□本、上仝母劉氏。東水頭社首：孫承□。掠首：韓奇、王進忠、胡君愛、鄭□貴……劉門丁氏、劉邦金、劉邦甫、趙文威、李守柱、王君愛、王君仕、耿自啓、張明揚、□□詩、樊希冬、郭□齡、郭門張氏、孫堯勤、毛氏男陳明。鐵門鎮社首：趙承立、耿燦、郭淮、趙萬宰、郭琦、王守位、趙承統、楊秋、裴治富、韓之花、楊明□、張然、楊禮、高□、生員耿俞、張可道、張學孔、段希良、楊可保、李登俊、裴守印、趙心極、關西傑、薛資、趙大何、余□□、劉弘業、孫門□氏。石匠：關上禮。仝立。

崇禎十三年三月初三日立。

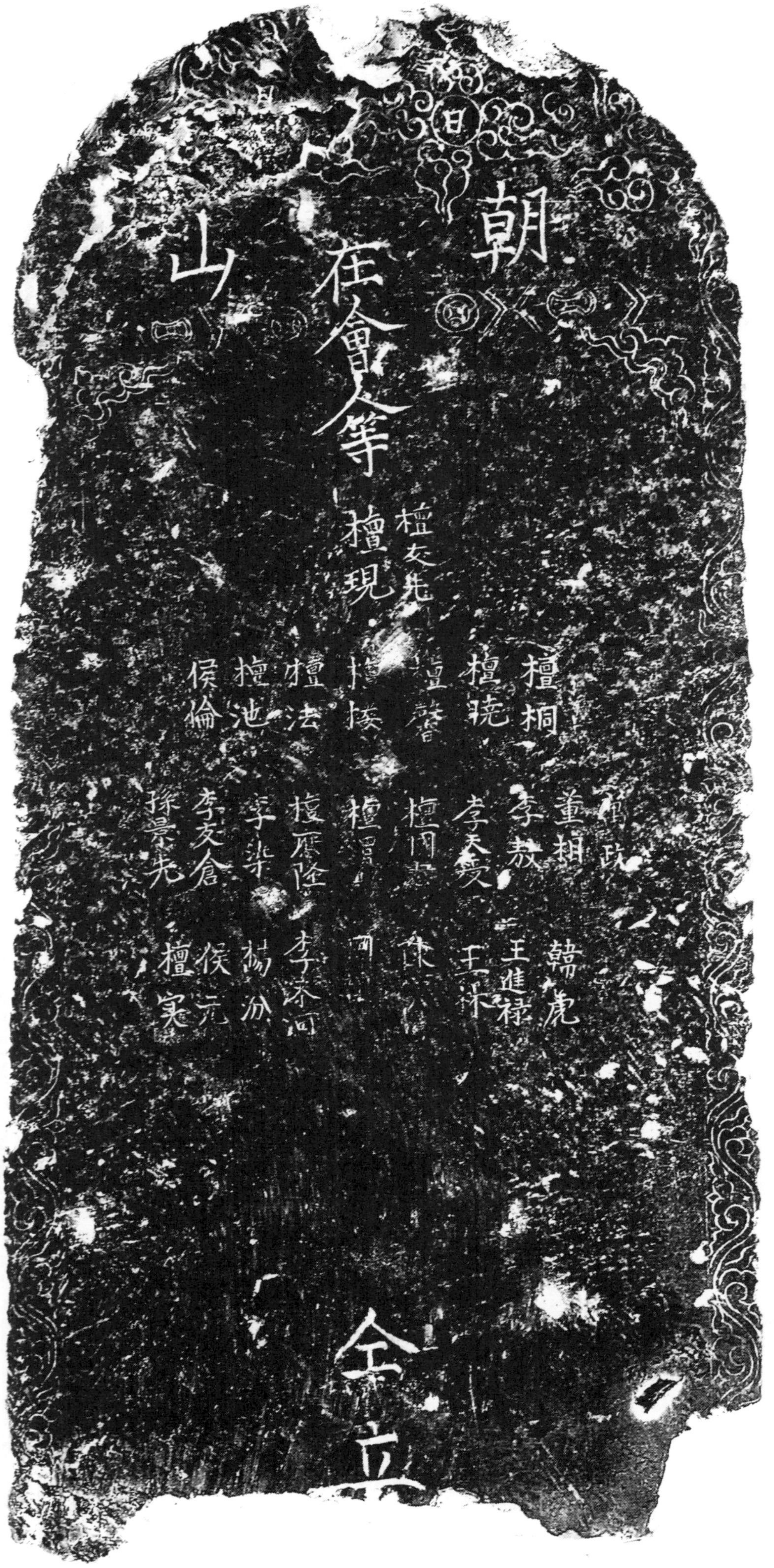
日
朝山
在會人等
檀現
檀桐
檀曉
檀法
檀池
侯倫
董相
韓虎
王進祿
孫景先
侯元

【一八四】 朝山在會人碑記

年代：明代

尺寸：高 95 釐米，寬 44 釐米

立石地點：新安縣鐵門鎮洞真觀

〔碑首〕：日月

朝山在會人等：檀友先、檀現、檀桐、檀曉、檀馨、檀樓、檀法、檀池、侯倫、萬政、董相、李敖、李天受、檀國忠、檀渭、檀應隆、李染、李友倉、孫景先、韓虎、王金禄、王林、陳實、周謂、李泰河、楊汾、侯元、檀實仝立。

【一八五】 重修三清殿記

年代：清順治十六年

尺寸：高 130 釐米，寬 63 釐米

立石地點：新安縣鐵門鎮洞真觀

〔碑首〕：重修三清殿記

計開施財功德主於後：

洛陽縣生員王恭傑錢一千文。李秉振銀四錢。□文蔚錢五百文。楊萬木錢五百。楊喜太錢五百。于春佑、王紀宫、張路、劉邦惠，以上各錢三百文。澠池縣鄉□□□□錢一千文。生員曹思□錢一千文。劉應才銀一兩。□成經銀六錢。陆洪壯、段希□、段如錦、張可明，以上各錢一千文。宜陽縣信士李逢泰錢三千文。張吉龍銀五錢。李芳、柴逢太、張文。趙周華，以上各一千文。侯應節錢四分。趙河四錢。新安縣生員裴翰芳銀一兩二錢。監生徐好□錢六千文。生員韓萬善、楊之允，以上各錢三千。李昇時錢五兩二錢。楊成保錢五千。生員邵賡若、生員邵□義、生員耿踰□、生員王榮、樊尚增、裴守望、楊所允、裴身、孫先軸、白恕晉、高麥、張世慶、張明德、邵一登、邵加高，以上各三千。王盡忠錢二千。翟胤禎錢三千、銀二錢。李重錢三千、銀二錢。王之中錢三千、銀一錢。馬千喜銀一兩。董進愈銀一兩。楊可敬銀一兩。□□□銀一兩。王君全錢二千、銀八錢。張自高錢二千、銀一錢。生員邵隆錢一千四百文。□□貝一千六百文。生員韓圖美、生員耿秉直、生員邵一蛟、生員張明遇、韓廷宇、張躍雲、彭天壽、張繼美、趙萬際、楊文冬、李崇儉、郭守才、張世惠、張世問、張文迎、陳以業，以上各二千。焦繼曾钱四千五百、銀二錢。生員郝詣玄、張鎖蘊、馬復壯、孫壤、裴□衣、張才選、生員張之□、白良璧，以上各錢一千五百文。生員邵際昌一千一百文。生員邵士翹錢一千一百文。段印實錢一錢、銀一錢。趙心極一千二十文。趙鳳錢一千、銀一錢。王秉鳳錢一千、銀一錢。安一新錢一千、銀一錢。生員裴廷相、生員鄧林夏、生員鄧林楠、生員鄧林盛、生員耿金星、耿炳星、胡泰德、邵一純、邵一德、邵名成、韓捷、生員白踵英、生員白燦、生員白其抱、白天爵、侯盡心、侯守竹、劉文秀、李登漢、趙承堯、翟太□、□自全、趙大蘭、雷横辰、趙翼兖、王國□、張振福、雷自正、雷登實、丁大秋、丁大冬、裴澤厚、趙江、宋盡明、趙來仕、張之球、張應德、姬盡禮、張握瑜、姬永周、樊朝輔、趙文咸、樊衍裔、□仕衆、張世獲、白良璽、陳守法、陳大用，以上各錢一千文。生員孫重新、孫重秀、朱道龍、許世春、張學言、孫守定、謝天錫、孫重燃、孫旺奇、王□本銀四錢。生員王楨錢八百文。白□錢八百文。王登第九百五十文。韓之臣銀三錢五分。邱□穎、張□辰、焦三義、邵一京、常其思、羅春，以上各銀三錢。邱用一千一百四十文。生員孫鎧銀一錢三分……

白璧刊石。

大清順治拾陸年六月吉旦立。

日
月
大清
恭逢上巳佳節獻戲
王母蟠桃會立載完滿記
康熙十一年歲在壬子

【一八六】　王母蟠桃會三載完滿記

年代：清康熙十一年

尺寸：高 94 釐米，寬 45 釐米

立石地點：新安縣鐵門鎮洞真觀

恭逢上巳佳節獻戲三臺，慶賀王母蟠桃會三載完滿記

〔碑首〕：大清　日月

從古以來，天下無難事，惟在人之爲與不爲耳。舉此事者，不過二三牧童樵子輩，初則亦甚畏難，及其時至事起，有始有終，爲之亦甚易易，不佞執鞭從事，□不述其始末，以爲有志接踵者告乎。八年三月初四日，不佞適遊遇仙宫，偶逢白子諱光宗、段子諱通、靳子諱九德，相爲聚首而談曰：上巳蟠桃大會，缺少傳奇，一□神人弗洽，名山寂廖，無人倡此義舉，香煙殊覺冷落，吾等願爲拋磚引玉，以穌神人，其如年少家貧何？不佞勉之曰：有志者，事竟成。汝不聞諺語乎：三人合一心，塵土可以化金。汝有志，勿空談，不佞與□谿王社友願爲輔佐，以勸不逮。三公欣然喜，遂沐手焚香，願以二年爲期。此倡彼應，敬約三十餘人，同心共事，既捐其財，復宣其力，開始於康熙庚戌，完滿於康熙壬子。事已告竣，不佞之慮接踵，無人方將有事君書以爲繼起者勸。三公不喻其意，□□衆曰：吉□小兒直舒塗羹之局，焉敢付論□□。不佞曰：否，此與小兒□□□□以異也。不佞所厚□□意人寄上，□倡偉舉，神人於焉協□□山，□覺生色，庶□負汝拋磚引玉之意，□刻之庸何傷？

社首：白光宗、靳九德。

同社：王長青、孫海霖、張文學、段文昌、于□然、丁大秋、張世用、郭毓樟、白光昭、趙景信、馬之冬、樊振邦、段信、段忻、孫重禄、孫耀武、孫憲文、馬驃、李二文、李國英、魏金花、李邦朝、李邦臣、于光全、樊念和、李□英、劉耀茂、靳九春……樊泰際、□大義、吕亮、高成、楊守貴。

石匠：毛思敬、男化民仝刻。

時康熙十一年歲在壬子姑洗律上巳日立。

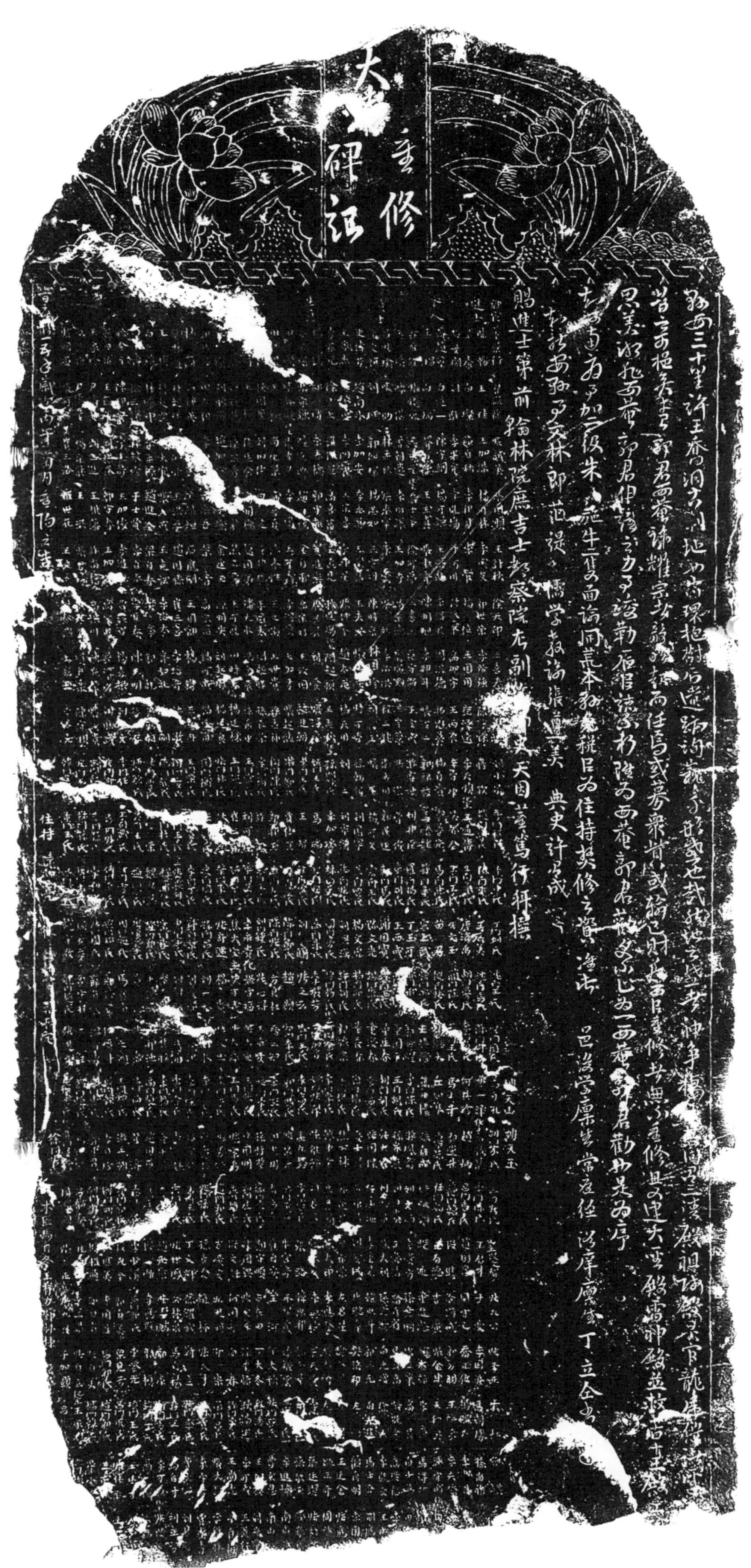

【一八七】 重修王喬洞碑記

年代：清康熙十五年

尺寸：高146釐米，寬69釐米

立石地點：新安縣鐵門鎮洞真觀

重修王喬洞碑記

〔碑首〕：大清重修碑記

縣西三十里許王喬洞，古刹地也，山川環抱，樹石遺跡，洵巍巍乎形勝也哉。然地之聖者，神争棲之，其間有三清殿、祖師殿、靈官龍虎殿，諸聖□□，昔奇挹矣。幸有郭君西菴諱耀宗者，毅然起而任焉，或募衆貲，或輸己財，□□以重修者，無不重修，且又建大聖殿、雷神殿，并救□十王殿，工□，思美、湘飛、郭君伊雖之力。事竣勒石，以誌不朽，愿爲西庵郭君勸，更不止爲一西庵郭君勸也，是爲序。

知河南府事加二級朱□施牛二隻，面諭開荒，本縣免税，以爲住持焚修之資，準此。

邑後學庠生常應經，洛庠庠生丁立仝立。

知新安縣事文林郎范緹，儒學教諭張遵美，典吏許有成。

賜進士第前翰林院庶吉士都察院左副□□史天因董篤行拜撰。

鄉宦董景行、進士陳熔、裴泰、張夏瑚、韓趙璧、孟珇、郭希銓、孟磷、吕兆瑜、孟文恒、史傳芳、王家杰、楊錫、生員吕兆琚、田璨、田琨、郭具昌、林蔚、鄧林選、王楨、白之璘、白濤、耿金星、龔曰忻、王家珍、白其抱、張國遇、翟胤祚、王珪、白燦、劉駐、白道一、張騰鳳、陳偡、張劭、劉鈺、趙南斗、王發興、徐上、邵璘、張永謙、張於凝、王鈊、侯國璽、王楨、白鍾慧、劉騰芳、田九仞、白鍾英、林起祥、林起雲、徐三讓、陳印安、王籍美、尹濟星、張行□、張試英、王加謀、茹自秋、李果完、陳守綱、□丁隆、王如元、林孟秋、郭佩環、李加安、李陽安、羅微顯、李春德、陸近池、張自義、尚化景、劉加仕、侯廷會、陳宗秀、趙加珍、李□□、□大官、李孟禄、薛獻珍、李廷芳、劉拱星、劉□進、楊守龍、崔三洛、榮國順、楊可林、李邦月、李進場、楊可謙、王全真、喬士舉、李所讓、張奉宰、楊思如、李奉選、王宗喜、高喜富、郭守節、趙志玄、李士鳳、臧喜夏、田泰芝、高明德、劉宗吾、王維垣、王洪要、張大成、趙進全、于士賢、王加俊、郭守春、王維藩、王洪、姬世花、王計秋、李成友、李官、于可川、王洪進、張泰奇、徐可榮、王加秀、李雲、王守淮、王業富、李邦星、賀進樂、金自甫、王可義、杜本性、董邦瑞、趙國弟、焦乙寧、金連玉、葉青、石應剛、趙國滕、王克松、梁自春、梁自奉、李進懷、王加□、許尚信、張君瑞、王文秀、徐天印、郭世榮、楊位、付登□、李得艮、陳明旭、王喜工、高榮德、張禮、陳明京、王夫興、張仲金、張進場、張君敬、高宗號　李得順、王之海、王國太、潘大水、王可應、陳明央、高宗富、王國節、崔三喜、李治太、樊學、李堯春……

住持：陳和亮。木匠：馬自冬、王有力、鄧林棟。

時康熙十五年歲次丙午菊月重陽之吉日。

【一八八】　王喬洞蟠桃會獻戲記

年代：清康熙十七年

尺寸：高 92 釐米，寬 51 釐米

立石地點：新安縣鐵門鎮洞真觀

王喬洞蟠桃會獻戲記

〔碑首〕：大清

善無小大，凡一絲一粒有功於神明者，悉謂之善。三月三日蟠桃大會獻戲一節，所以冀神聽，亦所以和民人也。其間，舉之者有時，廢之者有時，難以歷久而不變。今也，某爲之倡，□爲之應，兼吾友郝公諱太夔共社首白光晉等，而始終其事焉。時已三載，宜泐石以有□傳者勸。友笑謂余曰：此真戲局也，豈可博笑於石蹟乎？余曰：否否，戲局則誠戲局矣，寔爲神兩娶也。泐之，庸何傷？凡輪貲諸檀越，一一貞之珉，豈僅一絲一粒之謂云。

總社首：白光晉。

邑庠廩生王銈記事。

吴莊村社首：段文制、張□慶、王長清、趙□傳、張文星、李邦朝、鄭守順、李美、李邦臣、段文魁、段文昌、張自明、段信、段忻。鐵門鎮社首：李根時、侯應節、生員楊鐏、張文學、福建林性、茹咸征、喬清、劉承宗、楊可昌、郝太夔、李登業、宋時鑒、朱道隆、焦三禮、王選、張奇芳、劉文粹、張佑辰、李桂芳、張胤傑。卜水頭社首：孫耀武、劉耀義、山西趙芳、丁大秋、樊振邦、張奇瑄、耿惟精、于變、郭大壯、耿鑒、孫重禄、□大冬、于光全、□三德、樊泰際、劉文冬、馬之秋、張光美、張世花、靳之實如氏、郭三奇、孫憲文、馬之冬、張自秋、郭門趙氏、馬表、白光宗、郭自立、張世英。石匠：毛化民。

康熙十七年歲次戊午發生姑洗律穀旦。

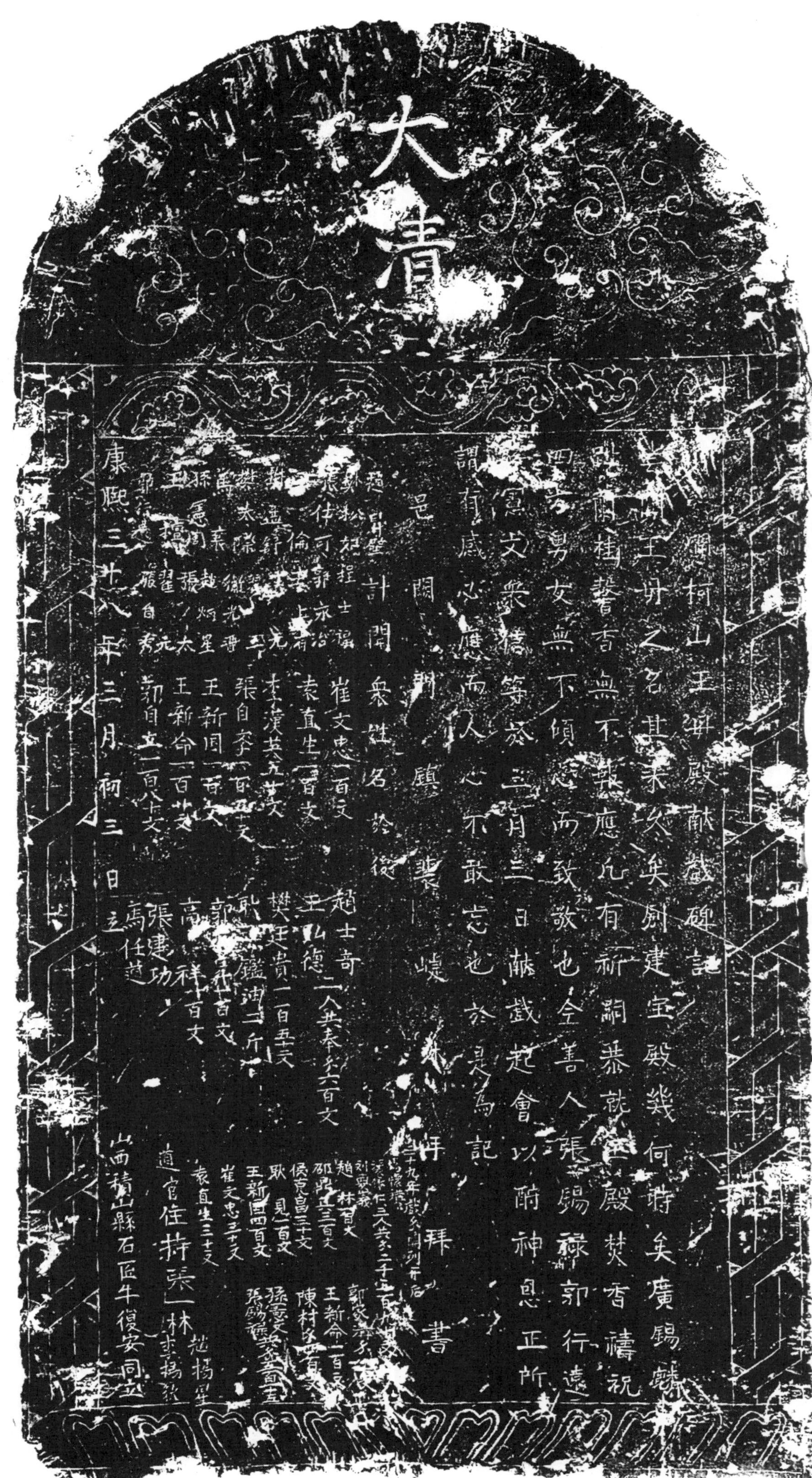

【一八九】 爛柯山王母殿獻戲碑記

年代：清康熙三十八年

尺寸：高95釐米，寬50.5釐米

立石地點：新安縣鐵門鎮洞真觀

爛柯山王母殿獻戲碑記

〔碑首〕：大清

嘗聞：王母之名，其來久矣，創建寶殿幾何時矣。廣錫麟趾，蘭桂馨香，無不報應。凡有祈嗣，恭就王殿焚香禱祝，四方男女無不傾心而致敬也。今善人張錫禄、郭行遠、孫憲文衆信等，於三月三日獻戲起會，以酧神恩，正所謂有感必應，而人心不敢忘也。於是爲記。

邑闕門鎮裴崨沐手拜書。

計開衆姓名於後：趙昇璧、樊松妃、張仕可、周倫、樊孟舒、樊太際、孫憲周、王檀、郭行還、程士福、郭永治、王上□、王元、翟丑、衛光晉、趙炳星、張太、翟元、張自秀、崔文忠一百文。袁直生一百文。李漢英五十文。張志學一百五十文。王新國一百文。王新命一百二十文。郭自立一百八十文。趙士奇、王弘德二人共奉錢六百文。樊廷貴一百五十文。耿□鑒油二斤。郭正昇一百文。高祥一百文。張建功、馬任道。

三十九年戲錢開列後：楊懷璜、張依仁、劉要義三人共錢二千五百九十文。趙林一百文。邵鼎興三百文。侯克昌三十文。耿見一百文。王新國四百文。崔文忠三十文。袁直生三十文。郭家溝錢八十文。王新命一百文。陳村錢四百文。孫憲文、張錫禄共錢五百一十五。

道官住持：張一林、趙羊星、李揚秋。山西稷山縣石匠：牛復安。仝立。

康熙三十八年三月初三日立。

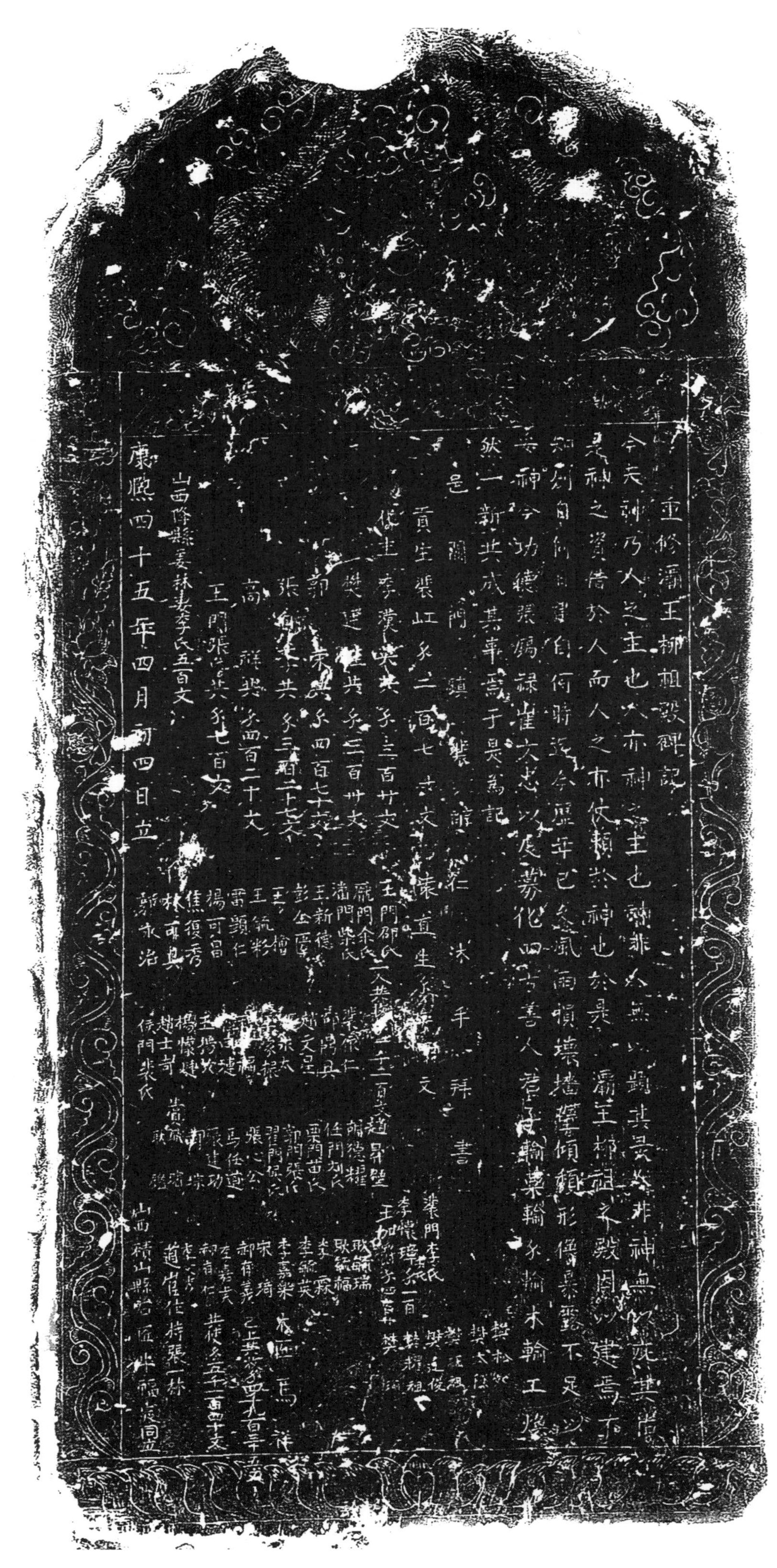

【一九〇】 重修灞王柳祖殿碑記

年代：清康熙四十五年

尺寸：高 116 釐米，寬 53 釐米

立石地點：新安縣鐵門鎮洞真觀

重修灞王柳祖殿碑記

今夫神乃人之主也，人亦神之主也。神非人無以顯其靈，人非神無以庇其佑。是神之資借於人，而人之亦仗賴於神也。於是，灞王柳祖之殿因以建焉，不知創自何日，建之何時，迄今歷年已久，風雨損壞，墻壁傾頽，形像暴露，不足以妥神。今功德張錫禄、崔大忠以虔募化，四方善人君子，輸粟輸錢，輸木輸工，焕然一新，共成其事焉。于是爲記。

邑闕門鎮裴醇仁沐手拜書。

貢生裴屸錢二百七十文。袁直生錢二千文。化主：李漢英共錢三百廿文。樊廷性共錢三百廿文。郭榮共錢四百七十文。張自學共錢三百廿七文。高祥共錢七百文。王門張氏共錢七百文。山西絳縣姜林妻李氏五百文。王門邵氏、龐門余氏二人共收錢一千二百文。潘門柴氏、王新德、彭全匱、王檜、王毓粉、雷顯仁、楊可昌、焦復秀、林可興、郭永治、裴依仁、邵鼎興、趙文星、張永太、王家振、程福、韓曰璉、王揚考、楊懷璉、趙士奇、侯門裴氏、趙昇璧、胡德耀、任門劉氏、栗門苗氏、郭門張氏、翟門侯氏、張心公、馬任道、張建功、郝琮、生員耿瑸、耿鑒、裴門李氏、李懷璋錢一百。王加爵錢四百廿。耿毓瑞、耿毓福、李霖、李毓英、李嘉樂、宋琦、郝有義、李嘉美、郝有仁、李文秀、樊松如、樊太際、樊繼祖、樊廷俊、樊耀祖、樊瑜、木匠馬祥，已上共收錢四千九百三十五文。共使錢五千一百四十文。

道官住持：張一林。山西稷山縣石匠：牛福定。同立。

康熙四十五年四月初四日立。

【一九一】 重修王母正殿拜殿并金粧碑記

年代：清雍正九年

尺寸：高 217 釐米，寬 82 釐米

立石地點：新安縣鐵門鎮洞真觀

重修王母正殿拜殿並金粧碑記

〔碑首〕：皇清　日月

蓋聞弭災藩患賴神靈而維持，易舊爲新資人力以變更。嘗按荒史敍，王母遺址居崑崙圃閬風苑，城千里，金臺五所，玉樓十二，左帶瑶，右環翠，多童女，善歌舞，此瑶池之美盛，所以至今膾炙人口也。吾邑治之坤隅念八里許有王喬洞，出爛柯山，碑影透靈，樹楉成石，玉梅環瀠，諸景集焉。其山舊有王母殿，或亦神人之變化，出於彼而處於此者歟。蟠桃巨會起於暮春朔三，奉牲薦馨，動乎遐邇，人士藉藉，相傳称盛事焉。但邇年來。風雨飄摇，墻垣傾圮，神像暴露，目睹難堪。居民王君諱玉汝，家君諱焕欲重新之，第屢慮宫廣費煩，於是抛磚引玉，先輸己貲，更約同志，募諸檀越，施財輸粟，慷慨兢先。財用既裕，百堵俱興。杞梓楩楠，爰作棟梁之需；朱緑丹鉛，上供塗茨之用。群工奮成風之技，大匠彰不日之靈。翊翊金鰲，争新於再生之檜；嚴嚴粉堞，重振於欲壞之宫。第見兩殿輝煌，諸聖嚴重，一堂錦繡，千載依然。從此神得所依，民有托命，允矣義舉，休哉醇風！茲當貞珉，家君命余爲記，余因覽山水秀麗，寫分列佳，貺述厥事之終始，喜重新之善行，可以妥神明，可以繼前美，可與爛柯而并峙，可與玉梅以同流。敢竭鄙誠，恭疏短引，施財姓氏并鐫碑陰。

邑庠生員耿鬵熏沐拜撰并書丹，又施錢二百五十文。

濟縣楊天眷五錢。武書文五錢。張漢栄四錢。劉養德四錢。劉騰龍三錢、車一撈。樊耀祖三錢。監生孫大體三錢。雷文燦五錢。劉弘耀車一撈。柳時秀車一撈。耿毓瑞、生員耿瓆、耿毓福車一撈、孫永祥，上各二錢。丁文炳一錢。韓起祥二錢。貢生裴紹祖、增生韓易、生員鄧思齊、生員侯如心、吏員王大志、生員孫登第，以上各一錢。丁永魁二錢。丁良福二錢、工二。生員耿毓祥、生員韓瀛、吏員孫來遠、生員白養淳、生員孫登淳、生員孫涵、生員白毅、生員耿璟，以上各二錢。韓都村功德主：耿焕子生員曜、生員旸施銀錢共五兩四錢，買桴梁成對青石滿簷。募化主：丁門趙氏子太運、樊門趙氏子廷禄廷龍、韓門邵氏子四瑞、生員耿煒子生員昭、耿煜、增生耿焜、生員白慧生、郝有仁，一撈。郝有義車二撈。宋瑶池、高進□車三撈。高進成、耿暲、樊廷俊、樊廷彦、樊琇、樊瑜、張建功、張建勳、樊珍、韓錫琚、高鵬、鄧思明、鄧思敬、韓錫贊、王金錫、張射明、張射瑞、苗既廷、苗既宗、苗培生、苗克生、李繼業、李乘龍、李騰龍、李起龍、李法祖、邵士敬、丁文耀、張百忍、周維省、周學、裴醇仁、賈盡仁、郭春昇、張從龍、李從先、任士傑、車金糧、張伸、張漢儒……

木匠：郭義、張木匠。塑畫匠：張嵩。泥水匠：魏康年。鐫字匠：楊天福、楊天培。住持道人：張一霖，門徒趙楊星、郝楊閏立石。

龍飛雍正九年歲次辛亥姑洗穀旦。

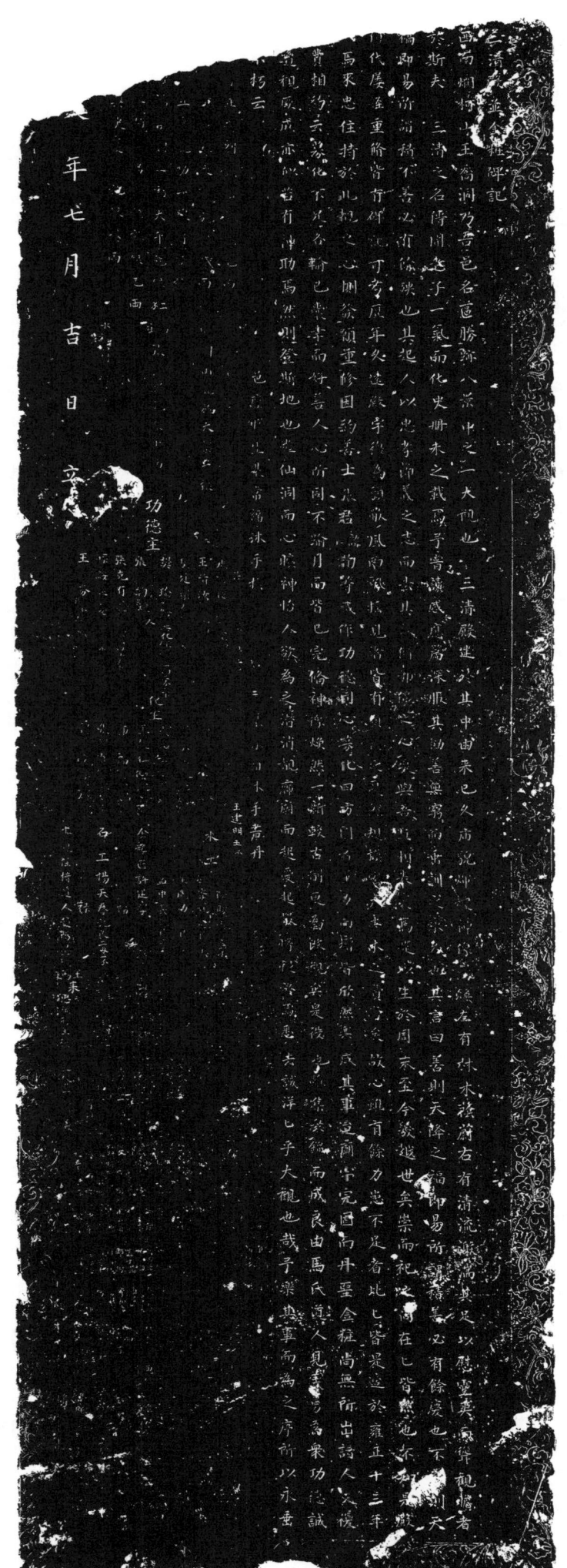

【一九二】　重修三清殿並金粧碑記

年代：清乾隆八年

尺寸：高 265 釐米，寬 88 釐米

立石地點：新安縣鐵門鎮洞真觀

重修三清殿並金粧碑記

□□□西南爛柯山王喬洞，乃吾邑名區勝跡八景中之一大觀也。三清殿建於其中，由來已久。廟貌輝煌，神像巍焕，左有林木蔭蔚，右有清流激湍，其足以慰靈爽而聳觀瞻者，□□□於斯夫。三清之名傳聞，老子一氣而化，史冊未之載焉。予嘗讀《感應篇》，深服其勸善無窮，而垂訓之永久也。其言曰："善則天降之福。"即《易》所謂"積善，必有餘慶"也。不善，則天降□禍，即《易》所謂"積不善，必有餘殃"也。其起人以忠孝節義之志，而去其放僻邪侈之心，是與吾道相表裏焉，是以生於周末，至今幾越世矣。崇而祀之尚在，在皆然也。不知是殿創於何代，屢經重修，皆有碑記可考。歷年久遠，殿宇復爲頹敝，風雨飄摇，見者皆有傾覆之憂。然規模宏大，土木之費奢矣。故心雖有餘，力患不足者，比比皆是。適於雍正十三年，□□馬來忠住持於此睹之心惻，發願重修，因約善士張君諱鞠等咸作功德，同心募化四方，聞者量力而增，皆欣然樂成其事。迨廟宇完固，而丹堊金粧尚無所出，諸人又復□□費，相約云：募化不足，各輸己囊。幸而好善人心所同，不踰月而皆已完備，神像焕然一新，較古制更爲改觀矣。是役也，雖集衆錦而成，良由馬氏道人見義勇爲，衆功德誠□□，道觀厥成，亦似若有神功焉。然則登斯地也，游仙洞而心曠神怡，人欲爲之潛消；睹廊廟而起愛起敬，惰慢於焉悉去。誠洋洋乎大觀也哉。予樂其事而爲之序，以永垂不朽云。

邑廩膳生裴常福沐手撰，裴承祖沐手書丹。

□□府正堂劉心幾施銀一兩。□□縣正堂康之麟施銀貳兩。□□縣正堂記功一次劉夢柱、□□縣儒學訓導郭大升施銀二錢。□□巡捕廳吕緒祖施銀一兩。□□□典史夏施銀叁兩。嶥山劉山龍施大梁二根。高莊張聰施銀十兩。水源合村施樹一株。

功德主：張漢臣施銀二兩五錢，化銀七兩。王前汝施銀四兩。樊廷楝施銀一兩五錢三。范瑜施銀一兩五錢。共化銀一百三兩二錢三分。張鞠施銀三兩。張克有施銀四兩五錢。孫綏遠施銀二兩，化銀十六兩五錢。王芬施銀二兩，化銀五兩。馮慶福化銀八兩。劉維馨施銀一兩、化銀三兩。翟永福施銀三錢、化銀三兩七錢。裴紹晉施銀三錢、化銀四兩。王起仁施銀一兩、化銀一兩三錢。郭福施銀一兩、化銀三兩二錢。張射有施銀一錢、化銀三兩九錢。梁份施銀二錢、化銀二兩五錢。王建明五錢。木工楊隆時施銀三錢。孫學禮施銀二錢。泥水匠王成功施銀三錢。孟中義施銀二錢。金粧匠許建學、許建福，石工楊天眷、楊天福、楊天禄共施銀二兩一錢。

本觀住持道人：趙陽星，徒王來忠、馬來忠，徒孫王復成、王復至、張復義。

乾隆八年七月吉日立。

王母及八仙柳將軍閻羅諸祠記

昔聖王制祭祀以敬鬼神皆民義中所不容已者也盖鬼神有益於民故祭祀有祈焉有報焉有由弭焉

祈者如祈穀禱雨之類是也報者如秋冬報賽之類是也由弭者如祭厲逐疫之類是也鬼神為民而立

敬鬼神即所以務民義盖民不可使知而可使由也即如王喬洞以子晉作仙傳而王母八仙祀且類

及於柳將軍閻羅王焉諸神之由來姑弟弗深考即其合聚索饗亦不煩强為之聯也但以鬼神之有益

於民不過損灾患增福祥而已王母之殿人比高禖之乞焉八仙之宇人同不死之藥焉為人除疾曰柳

將軍力為人祛鬼曰閻羅王功神以神道庇人人以人道事神人有衣冠猶神之有金粧也人有宫室猶

神之有堂廟也人之衣冠欲其新宫室欲其固而謂神之金粧堂廟可聽其剝落廢壞而不之理乎此王

母及諸神之續畫建修民義所不可闕也是為記　　庠膳生員鄧陳策沐手書丹

例授文林郎候銓縣正堂庚子科舉人鄧行簡沐手敬撰　　劉登才

大理寺卿蔣曰綸辛子内閣侍讀學士子蒲施銀二十两　　趙　璪　鶴宇

馬　松施銀三两　　楊　梅

王金亮捐碑六百一十個甞三葉石灰二百斤　　蔡大現捐个三百五十文　　住持　楊本李　徒　兒　王合祥　趙合成　李合詔　仝立

王元善捐个一百文　　孫本立

孫門劉氏施錢二千五百文

嘉慶三年七月下浣立石

【一九三】 王母及八仙柳將軍閆羅諸祠記

年代：清嘉慶三年

尺寸：高 184 釐米，寬 63 釐米

立石地點：新安縣鐵門鎮洞真觀

王母及八仙柳將軍閆羅諸祠記

昔聖王制祭祀以敬鬼神，皆民義中所不容已者也，蓋鬼神有益於民，故祭祀有祈焉，有報焉，有由弭焉。祈者如祈穀禱雨之類是也，報者如秋冬報賽之類是也，由弭者如祭癘逐疫之類是也。鬼神爲民而立，敬鬼神即所以務民義，蓋民不可使知而可使由也。即如王喬洞，以子晉作仙傳，而王母八仙并祀，且類及於柳將軍、閆羅王焉。諸神之由來姑第弗深考，即其合聚索饗亦不煩强爲之聯也。但以鬼神之有益於民，不過損災患、增福祥而已。王母之殿，人比高禖之乞焉；八仙之宇，人同不死之樂焉。爲人除疾曰柳將軍力，爲人祛鬼曰閆羅王功。神以神道庇人，人以人道事神。人有衣冠，猶神之有金粧也；人有宫室，猶神之有堂廟也。人之衣冠欲其新，宫室欲其固，而謂神之金粧、堂廟可聽其剥落、廢壞而不之理乎？此王母及諸神之繢畫、建修，民義所不可闕也。是爲記。

例授文林郎候銓縣正堂庚子科舉人鄧行簡沐手敬撰，廩膳生員鄧陳策沐手書丹。

大理寺卿蔣曰綸率子内閣侍讀學士予蒲施銀二十兩。馬松施銀三兩。王金亮捐磚六百一十個、席三葉、石灰二百斤。孫門劉氏施錢二千五百文。余大觀捐錢三百五十文。王元善捐錢壹佰文。

劉登才、趙蓁、楊梅鐫字。住持楊本學、孫本立，徒兒王合祥、越合成、李合詔。仝立。

嘉慶三年七月下浣立石。

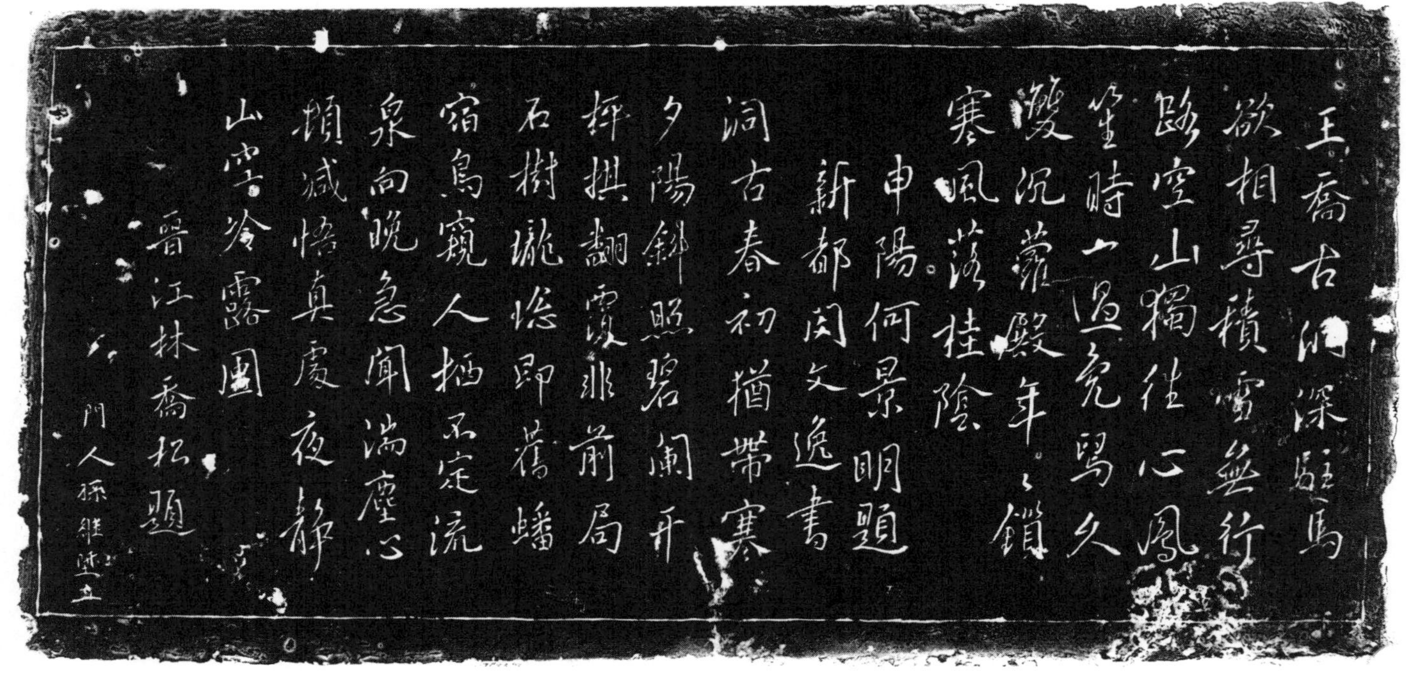
王喬古洞深疑馬
欲相尋積雪無行
路空山獨往心鳳
笙時一過鳧舄久
淪沉叢殿年年鎖
寒風落桂陰
申陽何景明題
新都閔文逸書
洞古春初猶帶寒
夕陽斜照碧闌干
枰棋翻覆非前局
石樹巃嵸即舊蟠
宿鳥窺人栖不定流
泉向晚急聞湍塵心
頓滅悟真處夜靜
山空冷露團
晉江林喬松題
門人孫繼堅立

【一九四】　何景明林喬松題王喬洞詩碑

年代：清代

尺寸：高 40 釐米，寬 81 釐米

立石地點：新安縣鐵門鎮洞真觀

王喬古洞深，駐馬欲相尋。積雪無行路，空山獨往心。鳳笙時一過，鳧舃久雙沉。蘿殿年年鎖，寒風落桂陰。

申陽何景明題。

新都閔文逸書。

洞古春初猶帶寒，夕陽斜照碧闌干。枰棋翻覆非前局，石樹瓏璁即舊蟠。宿鳥窺人棲不定，流泉向晚急聞湍。塵心頓減悟真處，夜靜山空冷露團。

晉江林喬松題。

門人孫維陞立。

【一九五】 游王喬洞詩碑

年代：清代

尺寸：高 51 釐米，寬 143 釐米

立石地點：新安縣鐵門鎮洞真觀

甲寅冬日雙石公同遊王喬洞次韻。

羽化本莫難，世俗定羨仰。塵劫苦迷人，洞雲遺絕響。棋殘溪不流，鳧去月還上。知樂即丹丘，脱俗離紅網。獨惜爛柯人，逢仙復歸想。承興絜遨遊，入道真反掌。

河南理刑浙西荊山周璞書。

後記

宗教文化是中華文化的重要組成部分，在我國數千年的歷史進程中，貫穿始終，上至朝廷、官府，下至普通民衆，雖觀念各異，目的不一，而無不對神靈頂禮膜拜，虔誠有加。朝廷、官府通過宗教信仰，弘揚大道一統，束縛民衆思想，達到鞏固其長期統治的目的。而民眾則通過宗教信仰，祈求國泰民安，保障一方，福佑家庭。因此，千百年來，寺廟、道觀遍佈城市、鄉村，缺而創、圮而修，不遺餘力，鍥而不捨。而正是這種對信念的追求，使得宗教文化代代傳承，長盛不衰。而寺廟、道觀碑刻，作爲最爲重要的文獻載體，承載着濃厚的宗教文化，見證了各個寺觀的興衰變化，折射出時代的變遷，從另一個角度反映各個歷史時期政治、經濟、文化以及各種社會關係狀況。寺觀碑刻書法、藝術價值也是毋庸置疑的，歷史上許多書法家作品的傳承，無不賴于碑刻的流傳；碑碣上的雕刻，也呈現了古代雕刻藝術的發展脈絡。同時，碑刻中描繪的廟宇建築風格，對當今研究古建藝術也有一定的借鑒意義。從這個意義上講，寺廟、道觀碑刻，是前人給我們留下的豐厚的文化遺産，是一部宗教史及社會發展史的百科全書，是一座燦爛輝煌的藝術寶庫。但隨着時間的變遷，風雨飄摇，人爲損壞，這些碑刻或漫漶不清，或殘缺不全，不免令有識之士心痛不已。因此，保護、挖掘、整理、研究這一文化遺産刻不容緩，也是一件功在當代、利在千秋的好事。河南省文物建築保護研究院正是基於這一原因，在大量調查研究的基礎上，編輯出版了"河南寺廟道觀碑刻集成"叢書，彌補了河南宗教石刻文獻的空白，對於傳承和保護中華文化，具有積極意義。

《河南寺廟道觀碑刻集成》洛陽卷二，共精選輯録了偃師市、孟津縣、新安縣現存碑刻195件，時間跨度上至宋代，下迄民國。運用文獻學、歷史學及語言文字學等相關學科相結合的整理研究方法，對碑刻進行釋文、點校、編目，按立碑時間先後順序，採取圖版與釋文對照的方法編排，印刷精美，對照方便，是編者竭盡心力試圖呈現給大眾的一場道盛筵。

本書出版，得到了洛陽市文物局的大力支持和協助。本卷由郭茂育釋文，余扶危校對，陳文學垂拓，王志軍拍照，在此一并致謝。

由於編者水平所限以及參稽資料的短缺，在釋文、句逗等方面難免有疏漏和訛誤之處，敬請專家批評指正。

编　者

二〇二〇年六月